资产配置理论与实证前沿问题研究

THEORY AND EMPIRICAL RESEARCH ON FRONTIER ISSUES OF ASSET ALLOCATION

杨朝军　周仕盈　崔彬哲◎著

图书在版编目（CIP）数据

资产配置理论与实证前沿问题研究/杨朝军，周仕盈，崔彬哲著．—北京：经济管理出版社，（2024.1重印）

ISBN 978－7－5096－7835－0

Ⅰ.①资…　Ⅱ.①杨…②周…③崔…　Ⅲ.①金融投资—资产管理—研究　Ⅳ.①F830.593

中国版本图书馆CIP数据核字(2021)第043279号

组稿编辑：乔倩颖
责任编辑：乔倩颖
责任印制：黄章平
责任校对：董杉珊

出版发行：经济管理出版社
（北京市海淀区北蜂窝8号中雅大厦A座11层　100038）
网　址：www.E－mp.com.cn
电　话：（010）51915602
印　刷：北京厚诚则铭印刷科技有限公司
经　销：新华书店
开　本：720mm×1000mm/16
印　张：21
字　数：376千字
版　次：2021年3月第1版　2024年1月第2次印刷
书　号：ISBN 978－7－5096－7835－0
定　价：89.00元

·版权所有　翻印必究·
凡购本社图书，如有印装错误，由本社发行部负责调换。
联系地址：北京市海淀区北蜂窝8号中雅大厦11层
电话：（010）68022974　　邮编：100038

前　言

根据现代投资组合理论，不同风险资产组合收益率的波动显著低于单一资产收益率的波动。因此，理性投资者通常会选择配置多个风险资产以分散风险，而不会“把鸡蛋放在一个篮子里”。然而，20 世纪 90 年代以来，中国金融市场的大多数投资者并没有采取基于上述原则的投资策略，究其原因主要有如下两点：其一，在过去很长一段时间里，中国房地产的“单边上涨”预期使我国居民资产集中在房地产。其二，我国的无风险收益率过高导致风险资产的投资占比过低。投资者进行风险资产投资时，无风险收益率是机会成本，若无风险收益率较高，甚至与风险资产相差无几，则投资者不会配置风险资产。过去由于“刚性兑付”，金融机构承担了风险，居民投资者获得了较高的理财产品收益，却无须承担风险，即获得了远高于理论水平的“无风险”收益。未来一方面随着我国经济进入新常态和产业升级转型的推进，经济增长模式将从过去的传统投资拉动转向高端制造业、新兴服务业拉动，房地产的“单边上涨”预期动力不足。另一方面资管新规明确提出金融机构要“去刚兑”“去通道”，无风险收益率也将逐渐回归正常。未来投资者要想获取高于无风险收益率的回报，只能通过投资风险资产，承担一定的风险以获得较高的预期收益。越来越多的投资者意识到短期投资的高风险性，并逐渐追求长期稳健的收益。这也是美国等成熟金融市场投资者的特征之一：经历了无数次大涨大跌后，长期稳健的收益比短期高收益往往更受投资者的青睐。随着我国金融市场逐渐走向成熟，投资者将更加偏好长期稳健的收益，而单一资产的短期高波动性和长期不确定性决定了其无法满足该需求，唯有资产配置是投资者的理性选择，投资者对资产配置的需求将与日俱增。因此，根据中国金融市场的特性，研究适合中国投资者投资期限和风险偏好的最优资产配置策略也迫在眉睫。

本书在此时代背景下，对资产配置理论和实证研究领域中的前沿问题进行了系统性研究，可以帮助读者理解资产配置中的重点和难点问题，并为其资产配置实践提供科学的理论方法指导。

本书内容分为三大部分，共 12 章。其中，第一部分为资产配置理论的背景介绍，由第 1 章和第 2 章组成：从理论和实证分析两个角度说明了资产配置的重要意义，接着回顾总结了资产配置的理论发展进程和经典的资产配置模型。

第二部分主要研究资产配置中的风险和收益预测问题。资产风险收益的估计和投资者需求的量化是资产配置决策流程中的核心问题。与股票投资策略相比，资产配置投资期限相对较长，如何考虑不同期限风险和收益的动态关系和内在关联性以及如何对资产配置中的多期风险偏好进行量化成为资产配置研究中的难点。第二部分的研究核心正是中国金融市场长短期资产配置中的风险和收益估计以及投资者风险偏好的量化，通过理论推导和实证分析两个角度分析了以上问题：第 3 章针对资产配置决策中风险厌恶系数估计的难点问题进行了重点讨论；第 4 章、第 5 章则进一步从期限角度，分别对资产配置中的单期和多期风险估计问题进行研究；第 6 章围绕资产配置实践中的另一类重点问题——收益预测进行了研究；第 7 ~9 章则在风险和收益预测问题研究的基础上进一步对短期、长期以及统一框架下的长短期资产配置实践进行了实证分析。第三部分则将传统的资产配置问题研究拓展到另类资产领域，对包含另类资产的资产配置问题做了进一步研究：第 10 章对另类资产的风险收益特征和加入另类资产后的资产配置难点问题进行了分析；第 11 章针对另类资产收益的状态变化特征，对基于资产区制转换特征的资产配置方法进行了研究；第 12 章则针对另类资产投资中面临的流动性缺乏问题，对考虑非流动性因素的资产配置方法进行了研究分析。

本书的研究成果回答了资产配置决策过程中亟须解决的关键问题，比如风险估计和投资者风险偏好的量化、收益率预测以及当投资组合中加入另类资产后所适用的资产配置方法等。本书对目前资产配置研究领域中的前沿问题提出了创新的方法：

第一，利用中国金融市场的实际数据，发现大类资产收益的协方差矩阵在投资期限变化时呈现的动态性特征，以及基于这一特征建立估计大类资产长期风险和短期风险的一致性理论框架的必要性，给出了该理论框架在实际风险估计中的具体操作方法。

第二，针对目前普遍采用的估计方法无法反映长期风险厌恶和短期风险厌恶的内在关联性的问题，本书通过理论推导建立了投资者可承受最大风险与投资者风险厌恶系数一一对应的关系，进而得到长短期风险厌恶系数之间的关联，从而能够更为合理和有效地估计投资者在不同期限的风险偏好。

第三，在考虑长期和短期风险的动态关系，以及投资者长期和短期的风险偏好内在关联性的基础上，把对大类资产长期和短期风险的估计以及对投资者长期和短期的风险偏好的估计融入长期战略与短期战术资产配置的理论框架，并对长短期资产配置决策进行了协同的实证分析。

第四，对于如何解决资产配置中的状态转换问题，利用我国市场的数据对基于 MSVAR 的均值—方差优化方法的应用进行了实证分析，由此证明了该方法对解决我国市场上包含另类资产的资产配置中的状态转换问题具有可行性和有效性。

第五，对于包含另类资产的资产配置中的流动性风险问题，利用流动性期权模型构造了一个非流动性惩罚函数；并通过将该非流动性惩罚函数加入到均值—方差模型中，构造了一个考虑非流动性因素的资产配置理论模型，由此为考虑非流动性因素的资产配置问题提供了解决方法。

目　录

第 1 章　资产配置的理论与实践概述

1.1　资产配置的重要意义

1.1.1　资产配置的研究意义

近年来，我国经济进入新常态，经济增速的放缓也意味着单一资产（如房地产）单边上涨的情形将再难出现，越来越多的投资者开始意识到资产配置的重要性。Ibbotson 和 Kaplan（2000）通过分析美国市场共同基金和养老基金的数据，发现资产配置对美国投资业绩的贡献在 90% 左右。然而，中美情况有所不同。美国的共同基金、养老基金和我国目前公募基金在配置策略、配置标的上均有所不同，而中美对应的样本区间也不尽相同。我国资本市场历史相对较短，公募基金的业绩到 2020 年为止方有十余年的数据可供参考。本书对国内资本市场进行业绩归因，以混合型基金和主动型股票基金为代表，探寻资产配置对投资业绩的贡献，发现资产配置对投资业绩的贡献较大。该结论表明，对资产配置方法论的研究有较强的现实意义。

2018 年，《关于规范金融机构资产管理业务的指导意见》（以下简称“资管新规”）正式实施，其中重要的一条，要求银行理财从过去的收益型产品向净值型产品转变。收益型产品的典型是保本型产品，银行有大量保本型产品，对应着许多刚兑的地方政府债券。目前，国家正逐步打破刚兑，释放金融市场风险。从模型的角度，收益型产品是指在保证最低预期收益的情况下寻求风险的最小化，即：

$$\min \mathbf{w}^{\mathrm{T}} \sum \mathbf{w}$$
$$\text{s. t. } \mathbf{w}^{\mathrm{T}} \boldsymbol{\alpha} \geqslant R \qquad (1-1)$$

其中，向量 $\mathbf{w}$ 表示各类资产的投资比例，R 是投资者预期收益目标，向量 $\boldsymbol{\alpha}$ 是各类资产的预期收益率，$\sum$ 是各类资产的收益率的协方差矩阵。而净值型产品是指在保证最大可承受风险的情况下寻求预期收益的最大化，即：

$$\max \mathbf{w}^{\mathrm{T}} \boldsymbol{\alpha}$$
$$\text{s. t. } \mathbf{w}^{\mathrm{T}} \sum \mathbf{w} \leqslant \sigma_{\max}^{2} \qquad (1-2)$$

其中，$\sigma_{\max}$是投资者可承受的最大风险。并且，式（1－1）和式（1－2）两个优化问题是等价的，然而，在实际应用中却截然不同。收益型产品在一定的收益目标下最小化风险，实则风险是不可控的。随着打破刚兑的推进，要保证收益可能意味着承担更高的风险。净值型产品则不同，根据式（1－2），净值型产品在一定的风险约束下最大化收益，其风险是可控的。因此，“资管新规”下，更重要的是对风险（$\sum$）的估计和对投资者风险偏好的量化，而在优化问题式（1－2）中的 $\sigma_{\max}$与投资者的风险偏好存在一一对应的关系，因此对投资者风险偏好的量化问题可转化为对 $\sigma_{\max}$的选择问题。与只注重短期收益的“市场择时”策略不同，资产配置的投资目标一般而言是长期，也即投资期限较长，例如，为了保证退休以后衣食无忧或是支付子女教育费用等。因此，一方面需要对长期风险和收益以及短期风险和收益在一个统一的框架下进行估计，另一方面也需要考虑投资者在长期和短期的风险偏好中的区别和联系。而这两个资产配置的核心问题目前在我国鲜见研究。

首先，资产配置决策和股票内投资决策在风险的估计上有所不同，主要体现在不同期限风险的动态关系和内在关联性。一方面，许多研究表明，个股收益率的自相关性较弱，而大类资产，尤其是债券、货币资产收益率自相关性较强。因此，随着投资期限的增加，个股波动率的动态变化相对较小，而大类资产的动态性较强。例如，以月度数据计算得到的个股年度标准差和以季度数据计算得到的个股年度标准差是近似的，而以月度数据计算得到的大类资产（尤其是债券、货币资产）的年化标准差和以季度数据计算得到的年化标准差存在较显著的差异。若资产收益自相关系数为正，则随着投资期限增加风险是增加的，若资产收益自相关系数为负，即存在一定程度的均值回归，则随着投资期限增加风险是下降的。另一方面，个股投资的期限较短，一般低于一年，因此有充分的历史数据可以对不同期限（如日度/周度/月度）的协方差矩阵进行较为准确的估计。资产配置的投资期限通常较长，一般在一年以上甚至长达十年、二十年（如年度/五年度），基于有限的历史数据直接估计的长期协方差矩阵误差较大，因此需要将估计较为准确的短期协方差矩阵转化为长期协方差矩阵。现有研究大多对不同期限标准差进行简单代数转化，如以月度标准差乘以 $\sqrt{12}$ 得年度标准差，而这一做法只有在资产收益率的自相关系数为零时才成立。如前文所述，大类资产的收益率存在一定的序列自相关性，因此该方法并不准确。本书提出了考虑到资产收益自相关性的短期协方差矩阵向长期转化的方法，从理论上提出并解决了这一问题，从而为最优资产配置的研究奠定了一块基石。

其次，资产配置决策和股票内投资决策在投资者风险偏好的估计上有所不同，主要体现在风险偏好随投资期限的变化。大类资产配置的投资期限相对较长，因此需要考虑投资者的短期风险偏好和长期风险偏好的差异及其内在的关联性。而股票投资期限较短，可以忽略投资者的风险偏好在投资期间的变化。为了有效地刻画投资者的风险偏好在投资期间的变化，需要更准确地量化投资者的风险厌恶系数。现有研究中对风险厌恶系数的获取主要通过对投资者的实际资产配置权重反推得到，然而这种方法无法有效刻画投资者的短期风险偏好和长期风险偏好的差异及其内在的关联性。本书通过理论推导得到获取短期风险和长期风险厌恶系数的具体方法，从而解决了风险偏好量化的问题，该方法不仅能够准确刻画长期风险偏好和短期风险偏好，而且保证了两者的内在关联性，从而为最优资产配置的研究奠定了另一块基石。

1.1.2　中美比较论资产配置的重要性

基金中的基金（Fund Of Funds，FOF）是资产配置最常见的形式之一。从美国金融市场的历史发展进程可知，FOF 对美国婴儿潮一代的财富积累，对整个基金行业的发展和美国养老体系的健全有着巨大的贡献。我国目前正处于经济增速换挡的关键时期，如何助力我国居民的财富积累从而跨越中等收入陷阱，如何促进金融市场的完善以助力产业升级转型，如何促进养老保险体系的进一步成熟以从容应对人口老龄化问题，都是值得思考的。而从美国经验可知，大类资产配置的理念将有助于实现以上目标。

1.1.2.1　资产配置与居民财富积累

婴儿潮一代为“二战”结束后美国 1946 ~ 1964 年出生的人，1990 年婴儿潮一代为 25 ~ 45 岁，2000 年为 35 ~ 55 岁，2010 年为 45 ~ 65 岁。统计三个时间点婴儿潮一代的财富状况和资产配置情况如下：

从财富状况来看，美国家庭净资产达到5万美元以上的家庭在1991年占美国总家庭数之比为43%，2000年为53%，2010年为59%，可以视为美国的中产以上阶层，美国婴儿潮一代在1991年仅有26%进入该阶层，2000年该比例提高到53.5%，2010年进一步提高到63%，占该阶层总人数的46%。美国家庭净资产达到10万美元以上的家庭在1991年占美国总家庭数之比为28%，2000年为37.6%，2010年为48%，可以视为美国的中高产以上阶层，美国婴儿潮一代在1991年仅有14.6%进入该阶层，2000年该比例提高到38.5%，2010年更是达到52.6%，占该阶层总人数的48%。美国家庭净资产达到25万美元以上的家庭在1991年占美国总家庭数之比为10.5%，2000年为18.2%，2010年为29.2%，可以视为美国的高产阶层。美国婴儿潮一代1991年仅有4.2%进入该阶层，2000年该比例提高到18%，到2010年婴儿潮一代已经有33%进入美国高产阶层，占该阶层家庭总数的50%以上。可见，婴儿潮一代在1990年以后迅速崛起，半数以上跻身为美国中产甚至高产阶层。

从资产配置情况来看，1991年，婴儿潮一代仅有16.8%的家庭投资股票和共同基金，到2000年该比例上升到29%，2010年下降到23%，但仍高于20.4%的整体水平（整体水平即投资股票与共同基金的家庭数占总家庭数的比例）。1991年婴儿潮一代投资401k计划占比可以忽略不计（401k计划推出不久），到2000年已经达到41%，到2010年更是有50%以上的婴儿潮一代加入401k计划，高于整体42%的水平。1991年婴儿潮一代仅有17.7%的家庭投资个人退休账户（IRA账户），2000年该比例上升到24%，到2010年进一步上升到34.3%，高于整体29.4%的水平。无论是401k计划还是IRA账户，都是美国养老保险体系的一部分，长期资金的属性决定了二者都是以资产配置决策为重点，追求长期稳健收益，而非以个券配置为重点，追求短期高额回报。

通过以上比较可见，婴儿潮一代在过去30年的迅速成长与其在股票、基金以及养老金三个方面高于美国整体水平的配置是分不开的。而其中又以养老金配置比例的增速更为明显。

1.1.2.2 FOF与基金/养老金发展

过去30年，美国基金以及养老金的发展离不开一项重要的工具——FOF。FOF的发展与美国基金业的发展相辅相成，浑然一体。而FOF与美国养老保险的发展则是互相促进，共同繁荣。

（1）基金的发展与FOF。

20世纪80年代以来，美国的共同基金迎来了爆发式的增长。基金数量从

1990年的不到3000只迅速增加到1999年的7000余只，出现了涵盖不同行业、不同主题、不同投资风格的基金品种，为FOF的发展提供了基础。

出于分散风险的需要，FOF也随之迅速发展。根据美国投资公司（ICI）协会统计，1990年美国仅有16只FOF，管理总资产达14亿美元，1999年达到210只，2007年已经达到723只，管理规模达到6400亿美元。

（2）养老金的发展与FOF的兴起。

20世纪80年代，美国养老保险体系迅速发展，形成了基本养老保险、雇主养老保险和个人储蓄养老保险在内的“三支柱”养老保险体系。其中又以雇主养老保险计划规模最大，个人保险计划IRA次之。雇主养老保险计划包括DB计划和DC计划。以401k计划为例，截至2015年底，401k计划资产总规模约为4.7万亿美元，占DC计划总资产规模的71%，是美国雇主养老保险DC计划的中流砥柱。因而美国DC模式的养老保险计划也称为401k计划。

20世纪80~90年代，美国401k计划的发展出现瓶颈，一个重要的问题在于初期的401k计划是由雇员自己进行资产配置，市场上出现了大量投资者非理性投资的情况，投资风险较大，违背了养老保险资金投资的初衷。雇员希望专业的机构投资者能够帮助他们进行资产配置，满足养老需求，一类重要的FOF——目标日期基金应运而生。目标日期基金（Target - Date - Funds，TDFs）是匹配投资者的预期退休年份（目标日期），并争取为投资者提供退休后生活所需的FOF。目标日期基金的推出即是为了更好地匹配投资者的养老需求。

由于FOF分散投资风险，获得长期收益的优势逐渐吸引了大量投资者加入401k计划，一方面促进了401k计划的发展，另一方面也促进了FOF自身的进一步发展。1997~2007年，FOF有70%左右的资金来自目标日期型基金和目标风险型基金，而这两种基金的主要持有者是美国养老金账户。2006年，美国颁布了《养老金保护法案》，规定若雇员提供合规默认投资者选择（QDIA），可对其投资损失免于承担受托责任，同时法案将目标日期基金纳入QDIA。该法案进一步鼓励养老金固定供款型计划（DC Plan）参与证券市场和FOF的投资，FOF迎来了爆发式增长。截至2015年底，目标日期基金的67%来自DC计划，21%来自IRAs计划，剩余12%来自其他投资者。

截至2014年底，72%的401k计划提供目标日期基金作为投资工具；48%的401k计划参与者在投资计划中持有目标日期基金；401k计划资产的18%投资于目标日期基金。而在2006年，三个指标的占比仅为57%、19%和5%。换言之，养老保险的发展极大地促进了美国FOF的发展，而FOF的优势也吸引了更多人加入 401k 计划和 IRA 计划，进一步促进了养老金市场的繁荣。

1.1.2.3 中美比较

2016 年我国人均 GDP 为 8126 美元，通过考察发达国家人均 GDP 历史变化状况可以发现，我国当前的经济发展水平接近于美国 1976 年的水平（人均 GDP 为 8610 美元）。同样是在 20 世纪 80 年代以后，美国的养老保险体系逐渐完善，基金业进入快速发展的通道，与我国目前情况类似。

美国在 20 世纪 80 年代以后，婴儿潮一代已经有一部分人步入中年，投资者分散风险，获得长期稳定收益的需求日益增加，FOF 的崛起给金融市场带来了新的活力。随着金融市场尤其是保险体系的逐渐完善，FOF 进一步发展，为美国居民部门分散风险、积累财富，为美国金融市场的稳定发展起到了重要作用。分别考虑目前我国居民部门与美国 20 世纪 70 年代居民部门的资产配置情况可以发现，当前我国居民在通货及存款类资产上的配置比例在 60% 左右，明显高于美国居民部门 20 世纪 70 年代 20% 左右的配置比例水平。2014 年我国居民在股权类资产上的投资比例仅为 8.7%，远低于 20 世纪 70 年代美国居民在该类资产上 40% 左右的配置比例。

换言之，我国居民部门过去一段时间风险偏好较低，居民部门目前仍有大量的资金尚未“盘活”。随着近几年人们生活水平的提高、金融市场的逐渐完善，可以预见未来一段时间我国居民部门将出现与日俱增的金融投资需求。目前我国老龄化已经显现，养老保险制度也在逐步完善，养老保险未来很可能是我国金融市场最大的一艘“航空母舰”，而保险资金的风险收益特征决定了单纯的股权和债权产品都未必是最好的选择，分散风险和获取长期稳定收益的需求更加凸显，FOF 或将成为一项重要的投资标的。在需求方面，FOF 投资种类多、灵活性高，能满足不同投资者分散风险的需求。随着养老保险的发展以及我国居民部门金融投资需求与日俱增，FOF 的出现是目前顺应时代需求的产物。在供给方面，随着未来资产证券化的进一步发展、投资标的进一步丰富，FOF 将有更加广阔的发展空间。

我国第一只 FOF 诞生于 2005 年，是招商证券发行的类公募 FOF。2014 年私募基金从事 FOF 资格的放开，券商集合理财类 FOF 规模逐渐缩减。截至 2016 年，我国私募 FOF 共 262 只。2016 年底，公募基金 FOF 的诞生提上日程，截至 2017 年 7 月底，共有 78 只公募 FOF 排队。截至 2018 年年中，共有 8 只公募 FOF 在售。反观美国，美国于 1996 年出台法案取消对公募基金公司发行 FOF 产品的限制，共同基金 FOF 数量从 1995 年的 36 只迅速增加到 1997 年的 94 只，随后进

入了快速发展的通道，到 2016 年底增加到 1445 只，总资产净值达 1.87 万亿美元。可以预见，随着相关法规的出台和制度的完善，我国未来几年 FOF 将有较大的发展。

美国 FOF 之所以能有大的发展，主要离不开两方面原因：一是基金产品在数量和种类上的迅速发展，二是投资者产生了专业化资产配置和分散风险的需求。20 世纪 90 年代，美国经济复苏，带动股市进入牛市阶段，投资者的需求增加，1990～2000 年，持有基金的家庭数从 2340 万增加至 5060 万，共同基金数量从 2000 余只增加到 7000 余只。而美国经济的发展、居民生活水平的提高以及 401k 计划和 IRA 计划的崛起则进一步增加了投资者的多样化投资需求。反观我国，目前我国公募基金接近 4000 只，私募基金管理人已经接近 2 万家，投资标的丰富，已经具备了 FOF 繁荣的土壤，而伴随着我国居民金融投资需求的增加、养老保险扶持政策的相继出台，FOF 的需求将进一步扩大。

FOF 的本质是大类资产配置。随着 FOF 需求的扩大，如何进行科学的资产配置将显得尤为重要。此即本书的研究意义之一。

1.1.3　资产配置决策对投资业绩的贡献

1.1.3.1　业绩归因分析

对证券投资基金的绩效归因已经有较长的研究历史。现有研究谈到资产配置对投资业绩贡献多数引用 Ibbotson 和 Kaplan（2000）以及 Brinson 和 Beebower（1986）的文章（刘广，2017；张雪莹，2005；李学峰和茅勇峰，2007），其中后者未能考察不同基金业绩的差异有多少由资产配置决策贡献，前者则更为全面。然而，一方面，Ibbotson 和 Kaplan（2000）的文章是对美国共同基金和养老保险基金的业绩归因，与我国现有基金在配置策略、配置标的上有所不同。另一方面，Ibbotson 和 Kaplan（2000）研究的样本区间为 20 世纪 90 年代，而并没有研究表明资产配置对投资业绩的贡献随时间推移是恒定不变的。此外，Ibbotson 和 Kaplan（2000）的研究结论是资产配置对投资业绩的贡献，而非大类资产配置对投资业绩的贡献，此间存在区别，不宜混为一谈。目前证券投资基金的业绩归因主要包括内部归因和外部归因两种模式。

（1）内部归因。

Brinson 和 Beebower（1986）将基金组合收益分解为资产配置收益、证券选择收益和交叉效应。其中资产配置收益由基金组合与基准组合中资产配置比例的差值乘以基准组合中对应资产的收益得到。证券选择收益由基金组合和基准组合中资产收益的差值乘以基准组合中对应资产的配置比例得到。于瑾（2004）将 Brinson 的模型拓展到了多期。Brinson 和 Beebower（1986）曾对美国共同基金进行业绩归因，但一方面，由于 Brinson 模型对基金持仓数据有较高要求，而我国资本市场历史较短；另一方面，Brinson 模型只在时间序列上进行分析，而无法对不同基金业绩的差异进行横截面归因，因此该方法通常用于内部基金归因。

（2）外部归因。

外部投资绩效归因有两种主流模式：

1）风格分析。

Sharpe（1992）提出风格分析方法，基于收益率的波动对投资业绩进行归因。由于无需持仓数据，该方法可用于对外部基金归因，适用范围更广。Ibbotson 和 Kaplan（2000）将 Sharpe（1992）的方法用于实践，主要探讨资产配置决策对投资业绩的贡献，发现美国的共同基金、养老基金的投资业绩有 90% 可由资产配置决策解释。Ibbotson 和 Kaplan（2000）把投资收益（TR）分为两部分：资产配置收益（Asset Allocation Policy Return，PR）和主动调整收益（Active Return，AR）。公式如下：

$$TR = (1 + PR)(1 + AR) - 1 \qquad (1-3)$$

其中，对于资产配置收益，Ibbotson 和 Kaplan（2000）把资产标的分为美国大盘股、美国小盘股、非美国股票、美国债券以及货币类资产。结合本书设定，美国大盘股、小盘股的划分已经不在大类资产的层面，而是大类资产内部的投资基准选择。Ibbotson 和 Kaplan（2000）在业绩归因中提出的资产配置收益（PR）实际包括了大类资产配置收益、投资基准选择收益以及无风险收益之和，而主动调整收益（AR）是择券及其他收益。本书对 Ibbotson 和 Kaplan（2000）的方法稍做修改，对资产的分类仅包括股票、债券、货币基金三大类。从而本章中的资产配置收益（PR）为大类资产配置的收益，而本章的主动调整收益（AR）包括投资基准选择的收益以及主动择券的收益。Ibbotson 和 Kaplan（2000）借鉴风格分析的方法对资产配置决策的贡献进行分析，Sharpe（1992）的风格分析公式如下：

$$R_i = b_{i1}F_1 + b_{i2}F_2 + b_{i3}F_3 + e_i \qquad (1-4)$$

其中，F_n 为对应风格因子的表现，如大盘股风格、小盘股风格等，从各风格因子的系数可判断该基金的收益主要由哪几类风格贡献。Ibbotson 和 Kaplan（2000）借鉴 Sharpe（1992）的方法，以 F_n 为对应资产，包括大盘股、小盘股、国债、企业债等的表现，从而根据各资产的系数可判断该基金业绩主要由哪几类

资产贡献。本书借鉴该方法，以 F_n 为大类资产的表现，如股票、债券、货币等，通过 R^2 可判断出资产配置对基金业绩的贡献大小。

然而，式（1－4）在应用中不能直接以简单回归的形式，因为各资产对应的系数反映了对应基金的业绩主要由哪几类资产贡献，各类资产对应的系数应为非负，且加总为 1。因此，公式（1－4）在应用中常以二次优化的形式。关于二次优化的拟合效果 R^2 如何计算，以及该 R^2 与线性回归得到的 R^2 是否存在显著区别，本书在后续分析中将进行讨论。

2）线性分解。

Lawton 和 Jankowski（2009）为美国特许金融分析师（Chartered Financial Analyst）协会编写的教材中将投资业绩（Total Return，TR）分解为四部分：无风险收益（rf）、资产配置收益（Asset Allocation，AA）、投资基准选择收益（Benchmark Selection，BS）以及证券选择收益（Security Selection，SS）。其中投资基准选择包括股票市场的行业、风格（价值/成长/大盘/小盘）决策，债券市场的期限（长/短期）、类型（信用/利率债）决策等。各部分可通过线性加总。此时投资业绩的分解如下：

投资收益(TR) = 无风险收益 +（基金收益 - 无风险收益）= 无风险收益 +（基金收益 - 投资基准收益）+（投资基准收益 - 大类资产收益）+（大类资产收益 - 无风险收益）= 无风险收益(rf) + 证券选择收益(SS) + 投资基准选择收益(BS) + 资产配置收益(AA)

应用该方法不仅可得到资产配置对投资业绩的贡献，同时也能得到投资基准选择的贡献以及择券的贡献。然而，该方法初衷是应用于具体基金的业绩归因。在对具体基金归因时，应用该方法可分别得到资产配置决策的收益、投资基准选择的收益以及基金主动择券的收益，而若将所有同类基金作为一个整体进行归因，则只能得到基金最终收益受各部分收益的影响的大小。此时，即以普通的线性回归即可。将上式移项可得：TR - rf = SS + BS + AA。因此线性回归的表达式可记为：$R'_i = c + b_{i1}x_{i1} + b_{i2}x_{i2} + e_i$。其中，$R'_i$ 为对应基金的超额收益，x_{i1}、x_{i2} 为各基金在 AA（资产配置收益）、BS（投资基准选择收益）、SS（证券选择收益）三者中的两个。此处不能将三部分都放入回归方程，原因是三者与基金的超额收益构成线性关系，同时放入将出现多重共线性。通过上述回归的 R^2 可得基金业绩有多少由资产配置/基金选择/证券选择贡献。

综上，风格分析法的优势在于不仅能进行时间序列分析，而且能进行横截面分析。前者反映各基金历史业绩受资产配置决策的影响，后者反映不同基金业绩的差异有多少可以由资产配置决策解释。风格分析的劣势在于其只能判断资产配置决策的贡献，而无法区分投资基准选择/证券选择贡献。线性分解的劣势在于其只能进行时间序列分析，即反映各基金历史业绩受资产配置决策的贡献的大小。其优势在于不仅能判断资产配置的贡献，也能判断投资基准选择/证券选择的贡献。

之后，笔者分别用两种不同的方法，基于我国资本市场过去十年的数据，对公募基金的投资业绩进行绩效归因。在时间序列分析中，通过风格分析的方法对我国混合型基金进行业绩归因，发现资产配置对我国混合型基金的业绩贡献较大，其中又以偏股型混合型基金更为显著。因此，笔者继续使用线性分解的方法对主动型股票基金进行业绩归因，结论近似。在横截面分析中，以风格分析对我国混合型基金进行横截面上的分析，发现资产配置决策可以解释不同混合型基金业绩差异的40%左右。通过业绩归因，我们从数据上论证了资产配置决策的重要性，进而提出投资者应该更加重视资产配置，而非追求个股短期波动。

1.1.3.2　时间序列分析

上节提到，时间序列分析既可用风格分析的方法，也可用线性分解的方法。由于风格分析主要用以分析资产配置决策的影响，而本节的目标即在于论证资产配置决策对投资业绩的贡献，因此本书以风格分析为主，以线性分解为辅。

（1）风格分析。

由于风格分析主要用以判断资产配置决策的贡献，因此以混合型基金为研究标的。市场上对混合型基金的分类大同小异。根据国内常见的一类基金分类体系，我国混合基金又分为偏股型、偏债型、灵活配置型、绝对收益型、对冲策略型。截至2018年6月，对冲策略型基金共13只，2015年7月之前成立的仅6只，因此不予考虑。剩余四类混合基金配置的资产主要有股票、债券、货币三大类，本书分别选取三类资产有代表性的标的如表1-1所示。

表1-1　大类资产标的指数

资产类别	标的指数
股票	中证全指
债券	中证全债指数
货币	货币基金指数

对偏股型、偏债型、灵活配置型、绝对收益型四类混合基金在时间序列上的

表现进行分析。根据上节所述，风格分析法又对应两种具体方法：回归分析和二次优化。此处笔者分别应用两种方法，并进行比较。

方法一：回归分析。以中证全指、中证全债指数以及货币基金指数的收益率数据作为自变量，以基金收益率数据作为因变量进行回归，形式如式（1-4）所示。式中，F_1、F_2、F_3 分别为中证全指、中证全债指数以及货币基金指数的收益率，回归的 R^2 值可体现资产配置决策对投资业绩的贡献。R^2 的计算如下：

$$R^2 = 1 - \frac{\mathrm{var}(e_i)}{\mathrm{var}(R_i)} \tag{1-5}$$

然而，上节提到，该方法存在一定的不足。由于式（1-4）的系数体现了各类资产的业绩贡献，而式（1-5）中的系数可能为负，也可能系数之和大于1，与实际不符。因此考虑二次优化的方法。

方法二：二次优化。借鉴 Sharpe（1992），用二次优化的方法，加入自变量系数大于 0 以及自变量系数之和为 1 的假设，形式如下：

$$\begin{aligned}
&e_i = R_i - b_{i1}F_1 + b_{i2}F_2 + b_{i3}F_3 \\
&\min \sum e_i^2 \\
&\text{s. t. } b_{i1} + b_{i2} + b_{i3} = 1 \\
&b_{i1} > 0,\ b_{i2} > 0,\ b_{i3} > 0
\end{aligned} \tag{1-6}$$

此时由于大类资产收益率与残差项之间不一定满足正交关系，且残差项的期望不一定为 0，因此方法一中的 R^2 公式不再成立，借鉴 Jagannathan 和 Meier（2002），$\widetilde{R}^2$ 的计算公式如下：

$$\widetilde{R}^2 = \frac{\sum (b_{i1}F_1 + b_{i2}F_2 + b_{i3}F_3)^2}{\sum R_i^2} \tag{1-7}$$

分别以方法一和方法二对所有混合型基金进行分析。为保证至少有 3 年的月度数据用以考察，我们只保留 2015 年 7 月前成立的基金，剔除 2015 年 7 月尚无净值数据的样本，剩余样本共 1011 只。此处对所有混合基金在 2015 年 7 月至 2018 年 6 月的业绩表现进行整体分析，大类资产收益率数据来自万得金融终端，基金的净值数据来自同花顺金融终端，结果如表 1-2 所示。

比较可见，整体来看，两种方法所得 R^2 近似，资产配置决策对混合基金投资业绩的贡献在 60% 左右。而方法二得到的因子暴露更为合理。为提高检验的稳健性，后文对四类基金分别用方法一和方法二进行检验。在检验之前，首先对各类混合型基金的成立时间进行统计。为了给各类基金至少保留 3 年的收益数据以便进行业绩归因分析，只对 2015 年 7 月之前成立的混合型基金进行统计。

表 1－2　所有混合基金资产配置贡献　　单位：%

	R^2	股票	债券	货币基金
方法一	68.6	67.7	15.5	205.2
方法二	61.3	64.3	12.2	23.5

如表 1－3 所示，偏股型混合基金在 2009 年 7 月前共成立 254 只，在 2009 年 8 月至 2012 年 7 月共成立 160 只，在 2012 年 8 月至 2015 年 7 月共成立 206 只。偏债型混合基金在 2009 年 7 月前仅成立 4 只，在 2009 年 8 月至 2012 年 7 月仅成立 1 只，在 2012 年 8 月至 2015 年 7 月共成立 41 只。灵活配置型混合基金在 2009 年 7 月前共成立 40 只，在 2009 年 8 月至 2012 年 7 月共成立 6 只，在 2012 年 8 月至 2015 年 7 月共成立 98 只。绝对收益型混合基金在 2009 年 7 月前仅成立 5 只，在 2009 年 8 月至 2012 年 7 月成立 5 只，在 2012 年 8 月至 2015 年 7 月共成立 191 只。综上，偏股型基金和灵活配置型基金诞生时间较早且发展迅速，二者的共同之处在于在股票资产的配置权重较高，而灵活配置型基金配置股票资产的自由裁量权更大。偏债型基金和绝对收益型基金诞生较晚，且直到 2012 年以后才逐渐发展起来，二者的共同之处在于在债券/货币类资产的配置权重较高，而绝对收益型基金配置债券/货币类资产的自由裁量权更大。以上统计结果也在一定程度反映了我国金融市场投资者从过去专注于股票投资，到近几年更加重视股票、债券、货币之间的资产配置的转变。

表 1－3　各类混合基金数量统计

成立时间	2009 年 7 月之前	2009 年 8 月至 2012 年 7 月	2012 年 8 月至 2015 年 7 月
偏股型基金	254	160	206
偏债型基金	4	1	41
灵活配置型基金	40	6	98
绝对收益型基金	5	5	191

1）偏股型基金。

偏股型混合基金样本量较大，2015 年 7 月前成立的共 620 只，由于此处主要考察混合基金业绩中资产配置决策的贡献，因此 620 只基金中不包含 2015 年 7 月前成立的 32 只行业主题型混合基金。

表 1－4 中，R^2_1 是基于方法一直接回归得到的 R^2；R^2_2 是基于方法二通过公式计算得到的 R^2。“5th” 是把 R^2 数据从小到大排序后的 5% 分位点，“25th” “50th” 等以此类推。两种方法计算得到的 R^2 类似，可见方法二是合理的。从结果来看，整个样本区间中，资产配置决策对偏股型基金的业绩贡献平均高达近 80%。

表 1－4　偏股型基金资产配置贡献　　单位：%

	5th	25th	50th	75th	95th	均值
R^2_1	66.3	74.8	79.4	83.8	89.0	79.0
R^2_2	65.9	73.5	78.7	83.1	88.6	77.9

表 1－5 中，R^2_1 和 R^2_2 的定义与表 1－4 一致，在三个阶段，也即三个子样本区间中，资产配置决策对投资收益的平均贡献都在 80% 上下。与全样本的结论基本一致，可见上述结论有一定的稳健性。

表 1－5　偏股型基金分阶段表现　　单位：%

	第一阶段	第二阶段	第三阶段
R^2_1	85.6	73.6	82.6
R^2_2	84.6	71.5	74.6

2）偏债型基金。

偏债型基金样本较少，在 2015 年前后迅速发展起来。2009 年 7 月之前成立的共 4 只，2012 年 7 月前成立的共 5 只，2015 年 7 月前成立的共 46 只。因此对于偏债型基金，我们只考察 2015 年 7 月之后近 3 年的业绩表现。

如表 1－6 所示，R^2_1 和 R^2_2 的定义与表 1－4 一致，“5th” 是把 R^2 数据从小到大排序后的 5% 分位点。从表 1－6 可见，平均而言，偏债型基金的收益有 30% 左右由资产配置决策贡献，且两种方法计算得到的 R^2 近似。

3）灵活配置型基金。

我国灵活配置型基金也有较长历史。2009 年 7 月之前成立的共 40 只，2012 年 7 月前成立的共 46 只，2015 年 7 月前成立的共 144 只。与偏股型基金类似，我们对全样本和三个细分阶段分别进行考察。

表 1－6　偏债型基金资产配置贡献　　单位：%

	5th	25th	50th	75th	95th	均值
R^2_1	8.9	23.2	35.6	44.6	80.0	37.2
R^2_2	7.2	15.5	23.8	42.7	79.3	30.3

表 1－7 中，R^2_1 和 R^2_2 的定义与表 1－4 一致，“5th” 是把 R^2 数据从小到大排序后的 5% 分位点，“25th”“50th” 等以此类推。“均值 1” 为第一个子样本（2009 年 7 月至 2012 年 6 月）R^2 的平均值，“均值 2”“均值 3” 分别对应第二和第三阶段 R^2 的平均值，三阶段的划分同表 1－5。结论显示，从整个样本区间来看，灵活配置型混合基金中资产配置对投资收益的贡献在 70% 左右。从子样本区间的表现来看，资产配置决策的贡献稳定在 50% 以上。

表 1－7　灵活配置型基金资产配置贡献　　单位：%

	5th	25th	50th	75th	95th	均值	均值 1	均值 2	均值 3
R^2_1	38.4	69.8	76.0	80.8	84.3	73.2	80.6	70.6	58.2
R^2_2	39.0	69.0	74.9	79.9	83.5	72.6	79.6	69.4	52.6

4）绝对收益型基金。

绝对收益型基金近年来迅速涌现。2009 年 7 月之前成立的仅 5 只，2012 年 7 月前成立的共 10 只，2015 年 7 月前成立的已达 201 只。与偏债型基金类似，我们只考察 2015 年 7 月之后近 3 年的业绩表现。

R^2_1 和 R^2_2 的定义、“5th” 的含义与表 1－4 一致。从表 1－8 可见，与偏债型混合基金类似，绝对收益型基金的收益有 30% 左右由资产配置贡献，两种方法计算得到的 R^2 近似。至此，已经通过风格分析得到资产配置决策对不同类型的混合型基金的业绩贡献，并通过不同的方法计算 R^2，以及对样本量较大的数据拆分为不同子样本的方式进行了稳健性检验。将上述四类混合型基金在全样本的拟合度（R^2）进行汇总如下：

R^2_1 和 R^2_2 的定义与表 1－4 一致。从表 1－9 可见，偏股型基金和灵活配置型基金的历史业绩有 70%～80% 由资产配置决策贡献。偏债型基金和绝对收益型基金有 30%～40% 由资产配置决策贡献。因此，接下来将以主动型股票基金为例，通过线性分解进行分析。从而一方面验证前文结论，另一方面发挥线性分解的优势，将资产配置决策的贡献与投资基准选择/证券选择的贡献进行比较。

表1-8　绝对收益型基金资产配置贡献　　单位：%

	5th	25th	50th	75th	95th	均值
R^2_1	9.0	19.3	35.6	54.2	82.1	39.8
R^2_2	4.3	12.8	30.0	46.7	76.7	32.8

表1-9　四类混合型基金资产配置贡献　　单位：%

	偏股型	偏债型	灵活配置型	绝对收益型
R^2_1	79.0	37.2	73.2	39.8
R^2_2	77.9	30.3	72.6	32.8

（2）线性分解。

为发挥线性分解法的优势，即不仅得到资产配置决策的贡献，同时也得到投资基准选择/证券选择的贡献，并将其与资产配置的贡献进行比较，本节将从主动型股票基金入手，对主动型股票基金的真实历史业绩进行归因分析。根据上节的说明，此时投资业绩的分解如下：

投资收益＝无风险收益（rf）＋资产配置收益（AA）＋投资基准选择收益（BS）＋证券选择收益（SS）＝无风险收益＋资产配置收益＋风格/行业配置收益＋选股收益

我国主动型股票基金相对混合基金较少，因此保留2015年12月前成立的所有基金，从而预留30个月的样本长度（2015年12月至2018年6月）。根据目前国内公认的一类基金分类，我国主动型股票基金包括标准型、行业主题型。其中标准型又包括普通型基金和沪港深基金。沪港深基金在2015年12月前成立的仅2只，予以剔除。普通型基金在2015年12月前成立的有104只，保留其中以沪深300、中证500、中证700、中证800为股票业绩基准的基金共75只。在行业主题型基金中，由于主题型基金往往覆盖多个行业，投资基准较难确定，剔除主题型基金和数据较少的行业基金，保留行业基金共29只。线性分解之后通过回归分析可得资产配置/投资基准选择/证券选择的贡献，具体方法详见上文。主动型股票基金的业绩归因结果如下：

在表1-10中，左侧两列是对以沪深300、中证500、中证700、中证800为业绩基准的普通型基金的业绩归因，此处的风格为大小盘风格。对各个基金分别进行时间序列回归，对回归结果取平均值，得到投资基准（风格）的贡献平均在4.9%，证券选择的贡献平均在15.3%，资产配置的贡献平均在67.2%。右侧两列是对行业基金的业绩归因。对各个基金分别进行时间序列回归，对回归的结果取平均值，得到投资基准（行业）的贡献平均在13.4%，证券选择的贡献平均在9.9%，资产配置的贡献平均在71.9%。由表1－10可见，无论是行业基金还是大小盘风格基金，资产配置对基金业绩的贡献都在70%左右，行业选择比大小盘风格选择对投资业绩的贡献更大，原因在于行业的轮动更加频繁。证券选择的贡献在9%～15%。

表1－10　主动型股票基金业绩归因　　单位：%

以风格为投资基准（均值）		以行业为投资基准（均值）	
投资基准选择（风格）	4.9	投资基准选择（行业）	13.4
证券选择	15.3	证券选择	9.9
资产配置	67.2	资产配置	71.9

综上，无论是通过风格分析还是线性分解，所得结论类似：资产配置决策对我国证券市场投资基金的业绩贡献较大。接下类，本章将通过横截面分析比较不同基金业绩的差异有多少可以由资产配置决策解释。

1.1.3.3　横截面分析

通过前述分析，我们对混合型基金在时间序列上的业绩归因进行了研究。为考察不同基金的业绩差异有多少可由资产配置决策进行解释，接下来进行横截面分析。根据前文的结论，横截面分析无法使用线性分解的方法，因此用风格分析。

横截面分析中若仍以三类资产在特定时点的收益作为自变量，则同一时点上各基金对应的大类资产收益率是相同的，从而无法得到同一时点不同基金收益的异同有多少由资产配置决策贡献。借鉴Ibboston和Kaplan（2000），本书横截面分析的因变量为样本区间内各基金的累计年化收益，自变量为样本区间内各基金对应的大类资产组合收益的累计年化收益率，在Ibboston和Kaplan（2000）中，又将其称为政策收益（Policy Return，PR）。其中，大类资产组合收益由大类资产收益进行加权平均得到，各大类资产进行加权平均的权重为风格分析法中各类资产收益的系数。在Sharpe（1992）中，将这些大类资产收益也看成因子，从而风格分析法中对应的系数又称为因子暴露（Factor Exposure），或称资产暴露（Asset Exposure），对应的资产收益率为因子回报（Factor Return），或称资产回报（Asset Return）。以各基金在其样本区间内的因子暴露为权重，通过式（1－

8）可计算得到大类资产组合的累计年化收益率。

$$PR_i = \sqrt[N]{(1+PR_1)(1+PR_2)\cdots(1+PR_T)} - 1 \tag{1-8}$$

其中，N为以年衡量的样本区间长度，T为以月衡量的样本区间长度。PR_T为各基金每月的资产配置收益，计算方式如式（1-9）所示：

$$PR_T = \sum \text{asset exposure} \times \text{asset return} \tag{1-9}$$

由于四大类混合型基金中，偏股型混合基金、灵活配置型基金的样本区间较长，偏债型混合基金、绝对收益型基金样本区间较短，取重合部分，本书对四大类混合型基金在2015年7月至2018年6月这一样本区间的表现进行比较。

根据时间序列分析中的结论，二次优化所得因子暴露更为合理。四大类基金在2015年7月至2018年6月间对应的平均因子暴露如表1-11所示。

表1-11　不同混合型基金的因子（资产）暴露　　单位：%

	股票	债券	货币基金
偏股型混合基金	87.5	5.9	6.6
偏债型混合基金	6.6	24.7	68.6
灵活配置型基金	50.6	16.6	32.8
绝对收益型基金	15.9	25.6	58.5

从表1-11中可见，偏股型混合基金和灵活配置型基金在股票资产上配置较多，而偏债型基金和绝对收益基金在货币基金和债券上的仓位较多。得到各类基金对大类资产的因子暴露之后，可计算得到各基金的累积年化大类资产加权平均收益率，将其作为自变量，以基金的累计年化收益率作为因变量，可对基金进行横截面分析。这里我们分别对四类基金和所有混合型基金进行横截面分析，得到的结果如下：

从表1-12中可见，整体来看，不同混合基金投资业绩的差异有35%左右可以由不同基金的资产配置决策进行解释。这与Ibboston和Kaplan（2000）对美国共同基金分析得到的结果（40%）非常近似。分别从四类混合型基金来看，偏债型混合基金中资产配置决策的不同对基金投资业绩的影响更大，高达50%；灵活配置型基金中资产配置决策的影响相对较小，但也有近30%左右可由资产配置决策进行解释；偏股型和绝对收益型混合基金与整体接近。

表 1-12 混合型基金的横截面归因 单位:%

横截面	偏股型	偏债型	灵活配置型	绝对收益型	所有混合型
R^2	38.5	52.2	27.2	31.3	35.7

1.2 资产配置方法论

1.2.1 资产配置相关概念

资产配置根据方法论的不同可分为资产管理中的资产配置与资产负债管理中的资产配置。与之相关的有四组易混淆的概念，分别是财富管理、资产负债管理、资产管理和资产配置。

1.2.1.1 财富管理

在美国等成熟市场，财富管理（Wealth Management）很普遍，客户群体常是有高收入、高支出的人。这些人一方面富有，另一方面也有大额的负债/或有负债。他们在一些时间节点上会有大额的流动性需求，因此需要有人帮他们对资产进行投资管理，从而实现资产增值以使得未来资产足够覆盖既定时间节点上的流动性需求。除此之外，客户也可能有特殊需求，如财产继承等。

1.2.1.2 资产负债管理

资产负债管理（Asset Liability Management），又称负债驱动投资（Liability Driven Management），是财富管理的重要环节。当客户无法妥善处理其负债/或有负债，投资管理人需站在客户的角度对未来潜在的流动性需求进行分析，进而确定投资目标，最终通过合理的资产配置实现投资目标，使资产能有足够的增值匹配未来的或有负债。资产配置是资产负债管理的一部分。对于终极投资者，也即有资产配置决策权的投资者，如个人投资者、养老金、保险公司等，其资产配置决策不可能离开负债端的考虑，因此通常都是资产负债管理。对于中介型投资者，即投资管理人，则根据客户需求的不同，可能是资产管理也可能是资产负债管理。

1.2.1.3 资产管理

一方面，资产管理（Asset Management）是财富管理的一部分。若客户能够

妥善处理其负债，明确其资产的目标收益或目标风险，以及资产的投资期限，则投资管理人将为客户进行资产管理。另一方面，资产管理与资产负债管理是平行交叉的关系，资产负债管理基于客户负债端的情况进行投资决策，而资产管理则无须考虑客户的负债端。此外，无论是资产管理还是资产负债管理都包括了资产配置，在此基础上还需综合考虑风险控制、业绩评估等环节。对于部分中介型投资者，如公募基金中的股票基金、债券基金等，投资管理人无须考虑客户负债端的情况，只需客户告知其资金的风险偏好和投资期限，中介型投资即可为其做资产管理。

1.2.1.4 资产配置

前面已经提到，无论是财富管理、资产管理还是资产负债管理，最终都离不开资产配置。资产配置既可以是资产管理，也可以是资产负债管理，而对于二者而言，资产配置的方法有所不同。在资产负债管理中，资产配置的目标是资产匹配负债，若使用均值—方差模型，则目标是一定收益目标下风险最小。而在资产管理中，资产配置的目标是最大化风险调整收益，若使用均值—方差模型，则目标是一定风险约束下收益最大的。

四组概念的关系如图1-1所示。

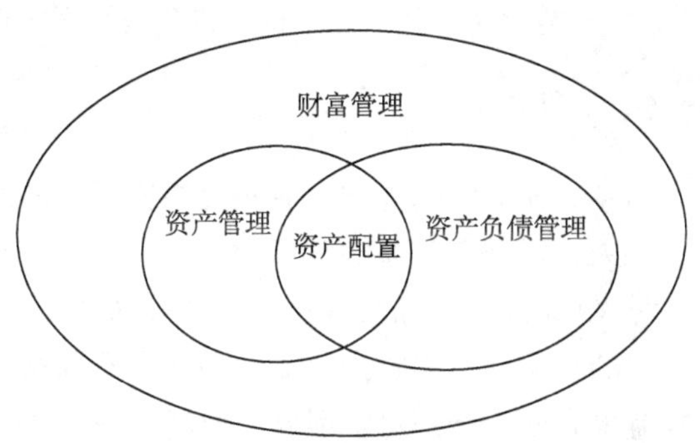

图1-1 资产配置相关概念

1.2.2 资产负债管理中的常见方法

资产负债管理常见的方法是免疫策略（Immunization），又称为久期匹配策略。此为资产匹配负债的典型方法。免疫策略的主要思想是使未来的资产和未来的负债能够匹配，为实现这一目标，免疫策略需要满足两个条件：

$PV_A = PV_L$

$D_A = D_L$

其中，PV_A 为资产的现值，PV_L 为负债的现值，D_A 为资产久期，D_L 为负债久期。换言之，在免疫策略下，资产的现值和负债的现值匹配，即若当下需要偿还负债，则资产是足够的。同时，资产的久期等于负债的久期。久期反映资产的价格随利率变化的敏感程度。当市场行情发生变化，未来的负债可能发生变化，久期匹配意味着资产也会出现类似变化，从而在未来某一时间点，将依然有足够的资产能够匹配负债，从而满足未来特定时点的流动性需求。久期匹配策略广泛应用于保险公司等机构。但其也存在一定的问题，例如，久期不是一成不变的，久期匹配未必凸性（久期随利率的敏感性）匹配等。

资产负债管理还有一类常见的方法依托现代投资组合理论。根据 Markowitz（1952），获取有效边界的式子如下：

$$\min \mathbf{w}^{\mathrm{T}} \sum \mathbf{w}$$

$$\text{s. t. } \mathbf{w}^{\mathrm{T}} \boldsymbol{\alpha} = R$$

其中，$\mathbf{w}$ 为资产配置权重，$\sum$ 为资产的协方差矩阵，$\boldsymbol{\alpha}$ 为收益率向量，R 为收益率目标。具体做法为：投资者首先需要了解客户未来特定时点的流动性需求，随后计算得到以当前资产需要多高的收益才有足够的资金应对未来的现金流支出，即获取收益率目标 R。将收益率目标代入公式即可得到投资者的最优配置方案。

1.2.3 资产管理的常见方法

资产管理的方法很多，在文献综述中已有系统的梳理。总的来说，资产管理的方法大体可分为三大类：仅基于收益的资产配置模型、仅基于风险的资产配置模型、既考虑收益又考虑风险的资产配置模型。其中，简单根据收益的预测进行资产配置实际缺乏一定的科学性。当资产收益预测非常准确时，实则不用进行资产配置，只需配置收益最高的资产即可。因此，此时不再是资产配置的问题，而是收益预测的问题。换言之，仅基于收益的资产配置模型与其说是资产配置模型，不如说是收益率的预测模型。

仅基于风险的模型以风险预算模型为代表，早期著名的风险预算模型包括固定比例组合保险模型（Constant Proportion Portfolio Insurance，CPPI）和时间不变性投资组合保险（Time Invariant Portfolio Protection，TIPP）。二者的特点在于资产的损失控制在一定范围内。CPPI 的模型如下：

$$A_t = D_t + E_t$$

$$E_t = \min \left[M \left(A_t - F_t \right),\ At \right]$$

其中，A_t 为 t 时刻的资产总值，D_t 为被动型投资仓位，E_t 为主动型投资仓位，F_t 为最低保险金额。从上式可见，当最低保险金额等于资产总值时，不做主动型投资。当最低保险金额接近资产总值时，主动型投资仓位较低。当最低保险金额相对资产总值较低时，主动型投资仓位较高。最低保险金额由投资者的可承受风险决定，视为风险预算。

由于最低保险金额对不同投资者差异较大，为提高模型的实用性，TIPP 在 CPPI 的基础上稍做变化。模型如下：

$$A_t = D_t + E_t$$

$$F_t = \max(A_t \times f_t,\ F_{t-1})$$

$$E_t = \min[M(A_t - F_t),\ At]$$

其中，f_t 为最低保险金额占总资产的比例，其他与 CPPI 相同。

还有一类著名的风险预算模型为风险平价模型，又称风险均衡模型。风险平价模型将风险约束等分，使得各资产的风险贡献相同，具体将在后续章节详细介绍。

同时考虑收益和风险的资产配置方法是现代投资组合的理论的核心思想之一。其代表性的模型是均值方差模型，在此基础上还有许多衍生模型，如 B－L 模型等。

1.3 资产配置类型

资产配置是投资决策的重要环节，投资者通常先选择要配置的大类资产，之后在各资产内部进行二次配置。根据杨朝军等（2005），一个完整的投资决策流程可以简化如下：

从图 1－2 中可见，在确定投资目标后，投资者首先需要确定长期的战略资产配置目标，进而在短期根据市场表现进行战术资产配置调整，最终选择具体的风格、行业或证券组合。根据 Ibbotson 和 Kaplan（2000），资产配置对投资业绩的贡献可高达 90%。我国资本市场，尤其是其中的混合型基金到目前已有十余年历史，本书在第 3 章对我国公募基金过去数年的真实历史业绩进行了归因分析，得到了与 Ibbotson 和 Kaplan（2000）类似的结论。综上，资产配置是投资决策的第一步和最重要的环节之一。

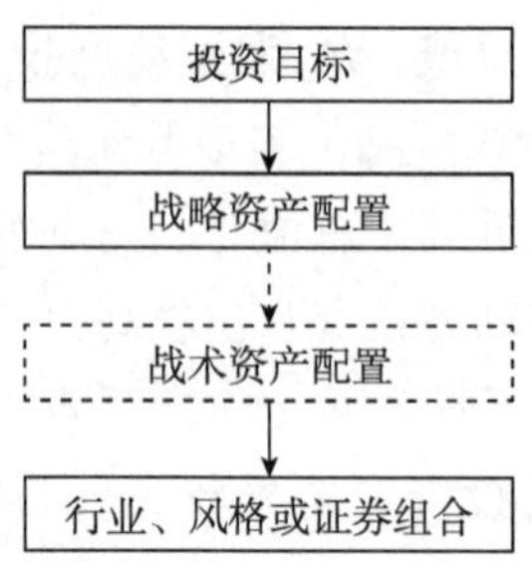

图 1-2 投资组合管理的一般过程

现有研究将资产配置分为两类：战略资产配置与战术资产配置。学术界对于战略资产配置决策和战术资产配置决策的定义相对比较多元，并无统一的概念。但有一点已成共识，即战略资产配置对应投资者的长期目标，而战术资产配置决策对应投资者的短期目标。换言之，战略资产配置和战术资产配置最显著的区别在于投资期限的不同。

（1）Brennan 和 Campbell 等人的观点。

Brennan 等（1997）、Campbell 和 Viceira（2002）、Rey（2003，2004）认为，执行战术资产配置决策的投资者只关注单一期限内（短期）各资产的期望收益率、风险和协方差，并不考虑各资产关键参数的长期运行规律：投资者非理性地忽略了投资机会的变化，从而战术资产配置决策是一个短视决策；而战略资产配置决策为一个长期并且动态最优化调整的决策：投资者关注各资产关键参数的长期运行规律，并在投资期限内结合投资机会的时变性特征对资产组合进行最优化调整。同时认为个人投资者是典型的战略资产配置投资者，而以共同基金为代表的机构投资者为典型的战术资产配置投资者。持相同观点的还有 Campbell 等（2001）、Campbell 和 Viceira（1999）等。

（2）Sharpe 等人的观点。

Sharpe（1987）认为投资者在选择了可投资资产类别后，基于长期目标的实现制定战略资产配置决策：投资者通过相关手段预测长期中资产期望收益率、风险和相关系数的参数值，利用最优化技术构造长期的资产组合，最优组合一旦确定，在整个投资期限内不再调节各类资产的配置比例；而战术资产配置决策的动机则来源于投资者不断寻求资产类别定价错误或失效：投资者通过预测短期中资产期望收益率、风险和相关系数的变化趋势（即投资机会的时变性特征）来进行决策。换言之，长期战略资产配置在初期买入持有（Buy and Hold），而短期战术资产配置主要基于短期信息，包括资产风险收益特征和投资者风险偏好进行决策，且每一期重新进行配置从而调整原有组合。持同样观点的还有 Arnott 和 Fabozzi（1988）、Philips 等（1996）、Ambachtsheer 和 Ezra（1998）、Brisonr 等（1986，1991）等。

（3）Farrell、Anson 和 Lucas 等人的观点。

在 Sharpe 的研究基础上，Farrell 首次将战略资产配置决策和战术资产配置决策作为一个整体体系来看待：战略资产配置决策作为投资计划长期目标实现的最重要决策，其任务是通过预测长期中资产期望收益率、风险和相关系数的参数值，确定最能满足投资者风险—收益率目标的长期资产组合；在这一长期资产组合确定后，投资者通过预测短期中资产期望收益率、风险和相关系数的变化趋势适时调整资产组合的构成，这一过程为战术资产配置决策。然而，Farrell 提到的战术资产配置在概念上是广义的资产配置决策，更强调的是资产内组合投资，而没有将短期大类资产仓位的调整与长期资产配置方案进行有机结合。

Anson（2004a，2004b，2005）认为战略资产配置决策的目的是保证投资者长期目标的实现，而不是为了获取短期收益率。战术资产配置决策是在实现投资者长期目标的基础上寻求短期的超额收益率：根据各资产的相对价值的变化适时调整资产组合。Lucas（1997）认为资产收益率长期时间序列和多变量时间序列中可能存在的协整性（Co – Integration）是战略资产配置决策存在的基石；而错误定价纠正机制（Error – Correction）则是战术资产配置决策产生的原因。

目前国内对战略资产配置和战术资产配置进行系统梳理的有杨朝军（2005）、陈浩武（2007）等。根据杨朝军提出的战略和战术资产配置的定义如下：

战略资产配置决策（Strategic Asset Allocation，SAA）为控制整体投资风险并满足投资收益率目标的最重要决策，反映投资者的长期投资目标和政策，主要确定各大类资产（如现金、股票、债券、房地产等）的投资比例，以建立最佳长期资产组合结构，有时也称为政策性资产配置决策（Policy Asset Allocation）或长期资产配置决策（Long – Run Asset Allocation）。

战术资产配置决策（Tactical Asset Allocation，TAA）则是一种更加积极的资产配置决策，投资者根据对资产短期收益率变化的预测能力，抓住各类资产的相对收益率变动机会对组合内各资产比例进行最优化再平衡，在保证长期目标实现的基础上获得短期超额收益，但投资者面临的投资风险也相应增加。本书作者在上述观点的基础上认为，广义的战术资产配置包括两类，分别是大类资产相对权重的调整和资产内二次配置权重的调整。而狭义的战术资产配置则仅包括大类资产层面的仓位调整。本书也仅就狭义的战术资产配置进行研究。

简言之，Brennan 等（1997）、Campbell 和 Viceira（2002）、Rey（2003，2004）等认为执行战术资产配置决策的投资者只关注单一期限内（短期）各资产的期望收益率、风险和协方差，并不考虑各资产关键参数的长期运行规律。Farrell（1997）首次将战略资产配置决策和战术资产配置决策作为一个整体来看待。然而，Farrell 提到的战术资产配置在概念上是广义的资产配置决策，更强调的是资产内组合投资，而没有将短期大类资产仓位的调整与长期资产配置方案进行有机结合。目前国内对战略资产配置和战术资产配置进行系统梳理的有杨朝军（2005）、陈浩武（2007）等。虽然不同学者给出的概念有所差异，但有一点是公认的，即战略资产配置反映长期目标，而战术资产配置体现短期目标。

国内关于战略资产配置的研究有很多。刘如海和张宏坤（2007）强调战略资产配置需要与资金特征匹配，体现资金的风险偏好。范利民（2010）从投资机会时变性的角度对长期投资者战略资产配置决策做了分析。陈婷和赵杨（2011）通过基于均值方差模型的实证检验，发现中国养老金配置一定比例的股票资产可提高长期受益水平，抵御通胀风险。杨朝军等（2012）研究了资产收益可预测性对长期投资者最优资产组合选择的影响。韩立岩和王梅（2013）构建了动态战略资产配置模型，通过跟踪通胀水平的战略资产配置组合，实现养老金的保值增值。

关于战术资产配置的研究，以及将战略与战术资产配置纳入统一框架进行分析的研究相对较少。李学峰和魏娜（2008）通过研究当时国内的 35 只股票开放型基金，发现战术资产配置对基金业绩贡献较大。然而，李学峰和魏娜（2008）将证券选择也纳入了战术资产配置的框架。本书对战术资产配置进行缩小解释，重点研究大类资产层面的战术资产配置。霍联宏（2010）强调了保险公司在确定战略资产配置方案的同时，进行季度战术资产配置调整的重要性。肖欣荣和孙权（2013）以 54 只公募基金为样本，发现战略资产配置和战术资产配置对于基金业绩几乎同等重要。

1.3.1 战略资产配置

战略资产配置是基于长期因素做出的资产配置决策。这些因素在短期内一般不会发生变化，因此战略资产配置对应的方案为长期方案。要理解战略资产配置，可将其与军事战略进行类比。关于军事战略，《孙子兵法》有云："上兵伐谋，其次伐交，其次伐兵，其下攻城。"意为运用政治、经济、文化方面的谋略，不战而屈人之兵是上上策；以外交手段或制造声势，或晓以利弊，最终无须诉诸武力而克敌为上策；动用军事力量逼迫敌人使其投降为中策，而攻占对方战略要地甚至全部领土为下下策。换言之，军事战略并非仅仅事关军事作战本身。

战国初期的秦国由于连年与西部戎族对抗，经济衰败，国立不振，无力对抗诸侯六国。弱国无外交，秦国此时的军事战略可称为“韬光养晦”，甚至不惜割地求和以赢得发展时间。商鞅变法后，秦国国力迅速提升，引发诸侯各国“合纵”抗秦。秦国此时改用新的军事战略：采纳纵横家张仪的建议而“连横”，即联合六国中的部分国家以对抗其他国家。秦昭襄王时期的宰相范雎进一步把该战略细化为“远交近攻”。该战略在秦始皇统一六国期间得到了充分体现。结合《孙子兵法》可以看到，一国军事战略的确定需要考虑到一国政治、经济、人口、军事、外交等各方面因素，而这些因素在短期内不会发生大的变化，因此军事战略往往会在较长时间内作为一国的军事指导方针。例如商鞅变法前长期积弱的秦国。然而，这些因素一旦发生变化，军事战略也当随之改变。正如商鞅变法之后逐渐强大的秦国。

从军事中的案例可见战略资产配置方案有两大特征。其一，在金融投资之中，之所以战略资产配置对应长期资产配置，实则是因为战略资产配置的决策需要考虑到经济增长、通货膨胀、人口因素、产业政策、国际环境等资产背后深层次的因素，而这些因素在短期内通常不会发生较大变化，因此战略资产配置的考察期限一般较长。其二，战略方案通常是抽象的指导方针，而不作为具体落实的方案。理论上的战略资产配置为实践操作中资产配置方案的确定提供了一个准绳，类似“锚”，又类似一个钟摆的中轴线和平衡点。钟摆围绕中轴线会左右摆动，但终究不会大幅偏离平衡点。

1.3.2 战术资产配置

战术资产配置是基于短期内市场表现给出的应对方案，市场瞬息万变，因此战术资产配置对应的方案为短期方案。同样以军事战术举例。《孙子兵法》有云：“十则围之，五则攻之，倍则战之，敌则能分之，少则能守之，不若则能避之。”意为兵力为对方十倍则可包围并将其剿灭；兵力为对方五倍则可正面进攻；兵力为对方两倍则努力与敌军缠斗；势均力敌则要分而攻之，各个击破；兵力少于对方，则守住战略要地；兵力远不如对方，则避其锋芒，伺机而动。因此，战术的制定是战争中根据对手方具体情况做出的应对，无须从政治、经济等宏观层面进行分析判断。

战术决策若脱离战场的实际情况，再好的战略决策也将功亏一篑。战国后期只会“纸上谈兵”的赵括，即因战术决策没有考虑战场的实际变化情况而断送了赵国的前程。彼时唯有赵国可与秦国抗衡，两军对阵于长平。赵国主将赵括深信《孙子兵法》中“十则围之”的经典战术。初期两军兵力相当，赵括遂认为赵军不会陷入“围地”。随后秦国名将白起佯败而诱敌深入，并断其后路，最终将赵括大军团团围住。赵军粮草耗尽，45 万大军全军覆没，至此赵国再无反抗之力，而秦国则以较低的损伤取得了巨大的胜利。

从以上军事案例中可见战术资产配置决策也有两大特征。其一，金融投资中战术资产配置通常对应短期资产配置，实则因为战术资产配置的决策往往基于资产短期表现，或对资产短期表现存在影响的其他金融市场内部因素，例如，市场资金面是否紧张、市场情绪是否高涨等，如同战争中粮草是否充足、士气是否高昂等，这些因素均围绕战争行为本身，且均只存在于短期。因此，正如战争中将领会不断调整对敌战术，金融投资中战术资产配置的周期也通常较短。其二，战术资产配置是具体的落实方案，一个好的战略资产配置方案如果不能以好的战术资产配置的方案进行落实，则再好的战略资产配置方案也无济于事。

1.3.3 战略/战术资产配置与投资期限的关系

目前学界关于战略与战术定义的争议有很多，但公认的一点是，战略资产配置通常对应长期配置，而战术资产配置通常对应短期配置。然而，战略/战术资产配置与长期/短期资产配置并非一一对应的关系。

从上文可知，战略与战术资产配置方案的根本区别在于二者考虑的因素不同，前者考虑市场外的诸多因素，后者主要围绕市场；二者对投资者的意义不同，前者是指导方针，后者是操作指南；二者对应期限不同，前者期限长，后者期限短。

然而，长期资产配置与短期资产配置并不必然体现战略与战术资产配置的特征。对于不同投资者而言，其投资期限不同，有的期限长，是为长期资产配置，有的期限较短，是为短期资产配置，此时长期和短期资产配置相互独立。对于同一个投资者而言，其有长期目标和短期目标，二者相互联系，此时即体现了战略与战术资产配置的特征。

综上，战略/战术资产配置与长期/短期资产配置并非一一对应的关系。战略/战术资产配置不仅有投资期限的差异，也受许多其他因素的影响。长期/短期资产配置对于同一投资者而言体现了战略/战术的关系，对于不同投资者而言则相互独立。

1.4　资产配置决策流程

资产配置包括三要素：资产配置模型的选择、投资者需求的量化以及资产风险收益的估计。

1.4.1　资产配置模型的选择

资产配置模型有很多，理论上，模型可分为两大类：离散模型和连续模型。实践中，连续模型往往参数繁多，可提供参考，却难以直接应用。连续模型的代表是以 Merton（1982）为基础的生命周期模型。而离散模型可分为三类：仅考虑收益的模型、仅考虑风险的模型以及同时考虑收益和风险的模型。其中，仅考虑收益的模型并非真正意义上的资产配置模型。若收益率预测非常准确，则只配置收益最高的资产即可，无须资产配置。若收益率预测不甚准确，则仅基于收益的资产配置模型也无太大意义。仅考虑风险的模型有一定道理，其代表是风险平价策略（Dalio，2004），目前的桥水基金通过该策略取得了优秀的长期业绩回报。由于收益率预测非常困难，基于风险的模型直接回避了该问题，而仅关注风险的分散化。既考虑收益又考虑风险的模型可称为最全面的一类模型，始于马科维茨的均值方差模型，后来衍生出许多模型，其中应用最广泛的是 Black - Litterman 模型。该类模型充分利用了投资者对收益率预测的信息，同时也考虑了投资的风险，是最科学的资产配置模型之一。

1.4.2　投资者需求的量化

在资产配置层面，投资者需求包括很多类型，美国特许金融分析师（Chartered Financial Analyst）教材在谈及财富管理（WM）时，对投资者需求进行了详细的归纳，包括收益率目标、风险承受能力、投资期限、流动性需求、税收考虑、法律考虑以及特殊需求七大类。根据上节对财富管理、资产管理、资产负债管理以及资产配置等概念的梳理，将财富管理的范围适当缩小，仅考虑资产负债管理或资产管理，则投资者需求主要包括四大类，分别是收益率目标、风险承受能力、投资期限以及流动性需求。

在这四类需求中，收益率目标和风险承受能力是非此即彼的关系，根据现代投资组合理论，投资者可以给定收益率目标，也可以给定风险约束，但要使得二者同时满足则存在一定难度。对于资产负债管理而言，投资者的目标是资产的收益能够满足未来的现金流需求，因此通常会有收益率目标。而对于资产管理而言，投资者的目标是最大化收益，因此通常会设置风险约束。投资期限和流动性需求也存在一定联系。对于资产负债管理而言，客户往往不能自己处理其负债，因此投资者需要分析其未来流动性需求，从而得到其投资期限。对于资产管理而言，客户通常已经处理好其未来的或有负债，其资金交于投资管理人时会直接告知其投资期限。综上，由于本书主要探究资产管理中的资产配置，而非资产负债管理，也非财富管理，因此投资者需求主要包括两类：风险偏好和投资期限，而这两方面在本书均有研究。2018 年，依托公募基金管理的资产配置产品——养老目标 FOF 在我国正式发行。由于公募基金管理公司对应的是资产管理，而非资产负债管理或财富管理，因此养老目标 FOF 主要包括两类：目标日期和目标风险，分别对应本书所说的投资期限和风险偏好，与本书结论一致。

1.4.2.1 投资者风险偏好

风险偏好的概念最早来自 Morgenstern 和 Neumann（1953）的期望效用理论，早期经典的冯 - 诺依曼 - 摩根斯坦效用函数将效用表示为财富水平的函数 U[W]。该效用函数的一阶导通常大于零，即随着财富水平上升，效用随之增加。而效用函数的二阶导数则反映了风险偏好。其中，二阶导小于零为风险厌恶，二阶导大于零为风险偏好，二阶导等于零为风险中性。在此基础上 Arrow（1971）、Pratt（1978）提出绝对风险厌恶系数和相对风险厌恶系数。从期望效用理论出发可证明相对风险厌恶系数也即现代投资组合理论中的风险厌恶系数 λ。

风险偏好影响因素相对复杂。Chiappori 和 Paiella（2011）通过实证检验，发现投资者风险偏好与财富变化的关系相对稳定，Bucciol 等（2017）也发现了类似现象。Jianakoplos 和 Bernasek（1998）、Guiso 和 Paiella（2008）等的研究表明投资者风险偏好随财富增加逐渐递减。Gollier 和 Pratt（1996）的研究则发现投资者的风险偏好随财富增加是递增的。王晟和蔡明超（2011）通过收集问卷对投资者风险偏好进行实证分析，发现投资者风险偏好随年龄增长逐渐下降，且身体健康等因素对投资者风险偏好不产生显著影响。Berkowitz 和 Qiu（2006）则发现投资者健康状况的变化将影响其资产配置决策。

目前对于投资者风险偏好的量化没有统一的方法。许多研究从投资者的实际资产配置数据倒推得到投资者风险偏好，如 Friend 和 Blume（1975）、Riley 和 Chow（1992）、Kimball 等（2009）、Bucciol 和 Miniaci（2011）等。然而这样的方法存在几个问题。其一，投资者的配置结果反映的是过去的风险偏好，而非当下/未来的风险偏好，而投资者的风险偏好并非一成不变的。其二，投资者真实的资产配置权重通常不易获取。

1.4.2.2 投资期限

不同投资者对投资期限的要求不尽相同，通常与投资者自身的年龄有关。在不同的年龄阶段，投资者通常有不同的资产配置目标，如青年时期的购房需求、中年时期的赡养需求、退休后的养老需求等。Poterba 和 Samwick（1997）对美国的研究论证了不同年龄的投资者有着不同的资产配置方案。

同一个投资者通常也会同时有短期目标和长期目标，例如，投资者一方面追求长期的回报，另一方面也会对短期业绩欠佳的投资管理人“用脚投票”。长期目标对应的配置方案又称战略资产配置，短期目标对应的方案又称战术资产配置。战略与战术的概念最早见于军事作战，如《孙子兵法》等。Markowitz（1952）提出的资产组合理论认为投资者是短视的，资产配置决策只与风险偏好有关，与投资期限无关。事实上，对于不同的投资期限，投资者的风险偏好也是不同的。Samuelson（1969）针对这一问题，提出了动态规划的方法，从资产收益的时变性特征出发，将不同期限的资产配置方案区分开来。目前国内对战略资产配置和战术资产配置进行系统梳理的有杨朝军（2005）、陈浩武（2007）等。

1.4.3 资产风险收益的估计

资产收益的预测极为复杂。对于资产配置而言，若收益预测 100% 准确，则只需 100% 配置收益最高的资产即可，无须分散风险。然而，资产收益永远无法做到 100% 预测准确。Malkiel（1973）所著的《漫步华尔街》曾言市场是随机游走，换言之，市场不可预测。Fama（1970）提出的“有效市场假说”（Efficient Market Hypothesis，EMH）也认为，若市场是有效的，则战胜市场是不可能的。风险的估计较收益预测而言更具可操作性。常用的风险度量维度是标准差，而标准差包含了资产收益上升和下降两种情况，因此下行标准差应运而生。然而，数学上的不易处理使得下行标准差难以广泛应用。现有资产配置的研究中以样本协方差矩阵作为风险估计最为常见，在进行长期资产配置决策时将短期样本协方差矩阵向长期简单转化。然而，样本协方差矩阵一方面无法反映资产在既定时点波动的集聚性，另一方面简单将其向长期转化也忽略了协方差矩阵随期限变化的动态性。例如，月度标准差乘以 $\sqrt{12}$ 得到的“年化标准差”与用年度数据直接计算得到的年度标准差并不相同。本书对这一问题提供了解决方案。

1.4.3.1　资产风险估计

金融风险包括很多种，主要有市场风险、信用风险、流动性风险、操作风险等。其中最普遍、探讨最多、最难把握的是市场风险。而信用风险、流动性风险和操作风险均可在人为干预下得以缓解。著名的风险管理协议《巴塞尔协议》即分别对三类风险管理提出了准则。早在 1988 年，意识到银行体系内存在严重的信用风险，《巴塞尔协议Ⅰ》对信用风险的防范提出了要求。1996 年，《巴塞尔协议Ⅰ》的修订版增加了市场风险相关内容。1997 年“巴林银行事件”发生后，巴塞尔协议委员会意识到控制操作风险的重要性，于 2004 年推出《巴塞尔协议Ⅱ》。2008 年全球金融危机爆发，金融机构出现流动性危机，巴塞尔协议委员会随后在 2011 年推出《巴塞尔协议Ⅲ》。可见，金融从业者控制风险的意识在不断提高。本书主要就资产配置中的风险进行探讨，因此重点在市场风险的度量。

Klein 和 Bawa（1976）的研究表明风险估计对最优组合业绩的影响较大。Markowitz（1952）首次将投资的市场风险表示为预期收益的波动程度，即方差/标准差，并提出不同资产经过组合后，组合的方差将小于单一资产的方差，即风险可在不同资产之间分散。不同资产构成的组合风险以方差协方差矩阵（以下简称协方差矩阵）衡量，其中方差反映资产自身的波动率，协方差反映资产之间的相互关系，由标准差和相关系数计算得到。

当资产种类繁多时，计算两两资产之间的相关系数相对复杂，Sharpe（1963）提出单因子模型，将资产收益与单个因子收益联系起来，并以因子收益的系数，即 beta 系数来反映风险。Sharpe（1964）、Lintner（1965）在此基础上提出了 CAPM，即以市场收益作为唯一的因子。因此，Beta 系数常用来反映资产收益相对某个因子，尤其是市场因子的风险。然而，Beta 系数在数值上等于资产收益与因子收益的协方差除以因子收益的方差，因此本质上没有脱离以方差/标准差度量风险的框架。

标准差作为风险衡量维度的一大问题在于，标准差衡量的是实际收益相对期望的偏离，而无论是资产收益上行还是资产收益下行都是对期望的偏离，也即都被视作风险。许多学者对方差作为风险度量维度存在质疑。Konno 和 Yamazaki（1991）以绝对离差代替方差衡量风险，即从二阶矩变为一阶矩，此时只需要计算均值，而无须计算方差。张鹏（2006）以平均绝对离差作为风险度量维度构建投资组合，通过中美市场实证发现其在一定程度上是有效的。Kahneman 和 Tversky（1979）的研究表明，在方差的计算过程中对收益上升和收益下降用同样的

处理方式有悖投资者对风险的真实感受。许多学者探究了替代标准差的风险度量指标。Harlow（1991）等提出了下行风险（Downside - Risk），即收益分布的左侧风险。Markowitz（1993）引入临界线算法（Critical Line Algorithm），尝试将均值—半方差模型纳入均值方差的体系中。Rom 和 Ferguson（1994）、Ogryczak 和 Ruszczynsk（2001）也对下行风险在投资组合中的应用进行了尝试，Unser（2000）通过实证研究表明投资者更倾向于通常以下行风险作为风险。Choobineh（2007）提出了半方差的一种简单估计。然而，下行风险在数学上缺乏方差/标准差的灵活性，在实践中应用不多。

20 世纪 90 年代，Morgan（1996）首次提出了在险价值（Value at Risk，VaR）的概念，为市场风险的度量提供了新的工具。在险价值基于收益的概率分布，衡量一定时间区间内，一定置信度下，组合可能出现的最大损失。由于许多研究表明金融资产收益存在尖峰后尾的特征（Bakshi 等，2003；Cont，2001；Prakash 等，2003），近年来，许多研究尝试以 VaR 取代标准差成为资产配置的度量维度（Guo 等，2018；Lwin 等，2017），而由于 VaR 在数学上不易处理，也给均值—VaR 框架的应用带来不便（Natarajan，2008）。

综上，尽管关于风险度量维度的讨论有很多，但由于标准差的优良性质，协方差矩阵仍然是使用最为广泛的风险度量维度之一。根据 Markowitz（1952），均值方差模型中方差的计量公式如下：

$$\sigma^2 = \sum p_i (y_i - E)^2 \tag{1-10}$$

$$E = \sum p_i y_i$$

其中，E 为预期收益的期望，p_i 为各种情况发生的概率，y_i 为收益的各种可能取值，通常取历史收益率。现有研究中计算方差时，通常取 σ^2，即期望收益是历史均值，而方差是样本方差。但正如 Ankrim、Fox 和 Hensel（1996）所述，样本的协方差矩阵只有当收益服从均值恒定、方差恒定的联合正态分布的时候才是有效的。Engle（1982）提出了条件协方差矩阵的概念，并在此基础上考虑波动率的时变性，建立了自回归条件异方差模型（ARCH 模型），使得资产风险的度量更加精确。此后，有关条件协方差矩阵的研究迅速发展。Bollerslev 等（1988）提出了一般化的多元 ARCH 模型（GARCH 模型），称为 Vech 模型。Nelson（1991）、Engle 和 Ng（1993）考虑市场中的杠杆效应提出 EGARCH/NGARCH 模型。Bollerslev（1992）提出了 CCC - GARCH 模型，Engle 和 Kroner（1995）提出了 BEKK 模型。Ding 和 Engle（2001）论证了在美国 CCC - GARCH 是较好的协方差矩阵估计模型。当资产数量较多时，其协方差矩阵的构建需要估计大量参数。Fan 和 Lv（2008）提出了基于因子结构的多维协方差矩阵估计方法。Fan 和 Liao（2013）将主成分分析法应用到多维协方差矩阵。刘丽萍（2017）将改进的乔列斯基分解和惩罚函数等非参数方法应用到 DCC - GARCH 模型，用于计算大数据背景下的协方差矩阵。

1.4.3.2 资产收益估计

资产定价的研究已经有很长的历史。Rappaport（1986）提出了现金流贴现模型（Discounted Cash Flow，DCF），公式如下：

$$P = \sum_{t=1}^{T} \frac{CF_t}{(1+r)^t} + \frac{PV_t}{(1+r)^T} \tag{1-11}$$

根据式（1-11），资产定价需要确定资产的未来现金流和折现率。在 DCF 的基础上，又出现了针对股票的股利贴现模型，以股息作为现金流对股票进行定价。其后发展出两阶段增长模型，又称 Gordon 模型，此时折现因子以加权平均资本成本计算（WACC）。因此，要估计资产价格，可分别从资产的未来现金流和折现因子两个方面进行考虑。Chen、Roll 和 Ross（1986）提出因子回报会对现金流和折现率产生影响。

Sharpe（1964）、Lintner（1965）提出的资本资产定价模型（Capital Asset Pricing Model，CAPM）给出了市场均衡出清的情况下，个券收益与市场整体收益之间的关系，从而可用于个券的定价。随后，Roll 和 Ross（1980）提出套利定价模型（APT），Fama 和 French（1993，1994，1995）提出三因子模型，Carhart（1997）结合 Fama - French 三因子模型及 Jegadeesh 和 Titman（1993）提出的一年期动量因子，提出四因子模型。Fama 和 French（2013）在三因子模型的基础上加入盈利能力（Profitability）和投资模式（Investment Pattern），构成五因子模型。这些模型的共同特征在于，找到资产收益背后的影响因子，并以因子回报给资产回报进行定价。在此基础上，因子模型在金融资产收益预测的理论研究和实际应用中得以迅速发展。因子模型的表达式如下：

$$\mathbf{r}_t = \mathbf{x}_{t-1}\mathbf{f}_t + \boldsymbol{\varepsilon}_t$$

早期的因子模型假设横截面上不同资产的残差项是不相关的。Chamberlain 和 Rothschild（1983）论证了因子模型中，各类资产的特殊收益（残差项）对应的风险可分散，因子组合的残差风险接近于零，从而为因子模型用于实践奠定了基础。Connor（1995）对因子模型进行了系统梳理，将因子模型分为三类：宏观模型（Macroeconomic Model）、基本面模型（Characteristic - based Model）和统计因子模型（Statistical Factor Model）。其中基本面模型的代表包括 Fama - French 三因子模型等，也是最常见的一类模型。统计因子模型主要通过主成分分析得到影响因子，但各因子没有经济学含义。宏观模型包括两类，Connor 和 Korajczyk（1991）提出宏观模型的一种构建方式——通过沟通宏观因子和统计因子之间的关系得到宏观因子模型。宏观模型另一种构建方式是直接构建，如 Chan 等（1985）、Chen 等（1986），他们提出通胀、利率以及经济周期相关的变量可作为宏观因子。其中因子回报通过历史时间序列直接构造，而因子暴露通过回归分析得到。Shanken 和 Weinstein（2006）发现直接构建的宏观模型稳健性较差，因子的小幅变化或样本的变化将对估计产生较大的影响。Connor（1995）论证了直接构建的宏观因子模型在理论上对资产收益有更强的解释力，但实际应用中不及统计因子模型和基本面因子模型。

现有研究通常认为大类资产受宏观因素影响较大，代表有美林投资时钟（Greetham 和 Hartnett，2004）等。其核心思想是经济的不确定性会使得资产收益出现不确定性。Barker 等（2016）的研究发现经济的不确定性包括经济政策和经济运行两方面。田磊和林建浩（2016）指出经济政策不确定性是经济不确定性的重要来源之一。

除此之外，资产收益的预测方法还包括逆向优化（Black 和 Litterman，1994）、向量自回归模型（Sims，1980）、向量误差修正模型（Davidson 等，1978）等。其中，逆向优化模型的思想是各类资产的市值权重在一定程度上反映了该类资产的风险收益特征，因为资产的风险收益特征是投资者决策的重要依据。因此，以资产的市值权重可倒推得到资产的预期收益水平。向量自回归模型基于资产收益有一定的自相关性，或者说有一定的可预测性。前面提到，大类资产收益较个股收益有更强的自相关性（Chowdhury 等，2017），因此向量自回归模型是大类资产收益预测的重要工具之一。误差修正模型更多的是挖掘不同资产之间的相互关系。若两类资产存在长期稳定的关系，而在近期的表现出现偏离，则可以合理假设两类资产在近期的偏离将在长期收敛，此即误差修正模型的主要思想。误差修正模型一方面可直接挖掘投资机会，另一方面也能为资产收益率的预测提供参考。

1.4.4 资产配置决策流程图

综上，资产配置的决策流程图如图 1－3 所示。对于不同的投资期限，资产的风险/收益需要分别进行估计。对于不同的风险偏好/收益目标，可直接反映在模型的约束条件中。而模型的约束条件随模型的不同而有所不同。最终，结合资产的风险/收益估计、模型约束条件，可得模型的配置结果。

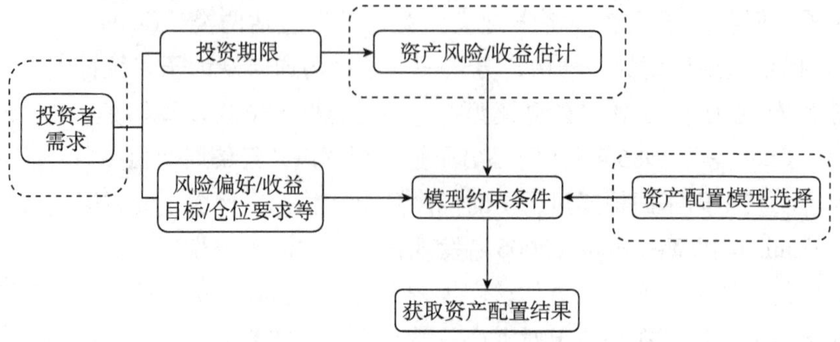

图 1-3　资产配置决策流程

1.5　本章小结

首先，本章探讨资产配置的重要意义。一方面，本章从理论层面对资产配置的重要性进行阐述，结合我国当前国情的分析，论证了资产配置是国家产业发展和投资者实现投资目标的必然选择。通过对美国 FOF 历史发展的回顾，论证了资产配置对中产阶级财富积累的重要意义。另一方面，通过时间序列分析和横截面分析两个不同的角度对我国资本市场混合型基金、主动型股票基金进行了业绩归因，发现资产配置对我国资本市场投资业绩的贡献较大数据分析给出了资产配置决策对投资业绩的贡献程度，进一步论证了资产配置决策的重要性。

其次，本章对大类配置的理论发展进行阐述，对与资产配置有关的易混淆的概念进行了比较，提出了资产配置的两种不同方法论，并将战略/战术资产配置与投资期限之间的关系进行了梳理，系统地阐述了资产配置的决策流程。与资产配置相关的概念包括资产管理、资产负债管理、财富管理等，本章对其内在关系进行了梳理。同时，资产管理和资产负债管理中的资产配置往往有不同的投资目标，对应了资产配置的两种不同方法论。由于本书的研究重点围绕短期和长期资产配置，因此本章也对长期/短期资产配置与战略/战术资产配置之间的异同进行了分析，明确了二者并非一一对应的关系。对于不同投资者而言，长期/短期资产配置仅体现了不同投资者对投资期限的不同需求。对于同一投资者而言，长期/短期资产配置则分别反映了投资者的长期目标和短期目标，此时体现了战略/战术资产配置的理念。

最后，对资产配置的决策流程进行了概括。

第2章　资产配置模型类别

2.1　资产配置模型的发展

自从金融投资出现以来，资产配置模型已经历了长期的发展。早在两千多年前，《塔木德》（*Talmud*）中就提到应将个人资产分为三等份：土地、商业和现金储备。对不同资产进行分配的理念早已存在。虽然《塔木德》提出的是等权配置，但当时的量化思想尚不成熟，《塔木德》所强调的乃是分散化的理念。20世纪初，美国金融市场以股票和类现金资产（国债等）为主，人们认为股票和债券相关性较低，股票的亏损能被债券的收益弥补。因此诞生了以60/40模型为代表的恒定混合策略。

20世纪50年代，以Markowitz（1952）均值方差模型为代表的现代投资组合理论诞生，开启了量化资产配置的时代。均值方差模型量化了资产配置的过程，但早期的模型在实际应用中存在困难。Sharpe（1963）随后引入单因子模型对均值方差模型的求解过程进行了简化。1964年，Tobin（1964）又引入无风险资产，将均值方差模型中的有效边界变成一条直线，并引入了著名的两基金分离定律。然而，现代投资理论有明显的缺陷，例如，模型对参数的敏感性较高、对风险衡量的标准相对单一、存在“资产配置之谜”（Canner和Mankiw，1997）等。

20世纪80年代，美国推出了401k计划，养老金的资产配置需求与日俱增，基于风险预算的模型应运而生。早期主要有固定比例投资组合保险策略和时间不变性投资组合保险策略，其共同点在于给予投资者一个安全的资产份额，从而控制风险。这种模型缺乏灵活性，且安全资产的利用率较低。

20 世纪 90 年代以来，人们一方面仍在不断完善均值方差模型，另一方面更加注重不同资产之间的轮动关系。1994 年，Clare 等（1994）首次在学术界提出 GEYR（Gilt – Equity Yield Ratio），即利用股票收益率和债券收益率的差异判断是否增持股票份额，并发现基于 GEYR 的滞后变量模型具有一定的预测能力。在此基础上，Clare 等（1994）进一步制定了交易策略。1997 年，美联储提出 FED 模型，其本质与 GEYR 类似。2004 年，美林证券（现美银美林）对美国 1973 ~ 2004 年的数据进行统计分析，得到了著名的美林投资时钟，对四种不同的宏观经济环境下如何配置股票、债券、现金以及大宗商品给出了指导性建议。同一时期，均值方差模型取得了重大进展——引入投资者观点的 B – L 模型于 1992 年诞生，使得均值方差模型的适用性更广。

21 世纪以来，全球风险上升，人们逐渐意识到追求短期高收益并非战略资产配置的目标，而在控制风险的情况下取得长期稳健的收益更加重要。基于风险预算的资产配置策略逐渐崭露头角并大行其道。Qian（2005）首次提出风险平价模型，Ang（2014）提出风险因子模型。与此同时，随着全球人口老龄化进程的加快，养老金的资产配置引起了广泛的重视，一类重要的资产配置模型——生命周期模型再次受到关注。生命周期模型是动态随机模型，其目标是使得个体能够合理管理人力资本和金融财富，从而能在各生命阶段维持可接受的生活水平。

尽管资产配置模型的发展已经历经数十载，我国的资产配置研究才刚刚起步。随着我国经济走向“新常态”，单一资产如股票或房地产的长期高收益将不复存在，大类资产配置将逐渐取代单一的股票投资抑或是房地产投资，成为追求长期稳健回报的投资者之必然选择。美国自 20 世纪 80 年代 401k 计划推出和 20 世纪 90 年代商品关联证券推出以来，资产配置行业经历了迅速的发展，不同资产的组合能有效降低资产组合的风险水平，取得稳健的收益，大类资产配置行业因此将整个金融市场形成有机的整体。随着我国商品期货品种的不断丰富，股票、债券市场不断完善，我国的大类资产配置产业已经具备发展的基础，并将迎来巨大的发展空间。

国内对于大类资产配置的研究始于最近几年。娄飞鹏（2017）从人口老龄化的视角，对银行、证券公司、保险公司、信托公司的资产配置情况进行了阐述。但没有对资产配置模型进行系统的梳理。张学勇、张琳（2017）对各类资产配置模型进行了梳理，但没有考虑到生命周期模型，对包括风险配置模型在内的诸多重要模型也是点到为止。换言之，国内现有文献综述尚未能较全面地涵盖已有的资产配置模型。本书从大类资产配置模型诞生的时间顺序和模型的类型两个维度进行了梳理，见表 2－1。

表 2－1　大类资产配置模型归纳

模型 \ 时间		1950 年以前	1950～1970 年	1970～1990 年	1990～2000 年	2000～2010 年	2010 年以后
恒定混合模型	60/40 模型	经验法则					
	等权重模型	Talmud					
均值方差及其衍生模型	现代资产组合理论		Markowitz 提出，Tobin 和 Sharpe 改良				
	B－L 模型				Black 和 Litterman		
基于收益判断的模型	GEYR 模型				Clare 等		
	美林投资时钟					Greentham 和 Hartnett	
基于风险预算的模型	固定比率组合保险、时间不变性组合保险			Black 和 Jones/Estep 和 Kritzma			
	风险均衡模型					Qian（2005）系统阐述	
连续时间序列模型	基于生命周期资产配置模型			Samuelson 提出，Merton 完善	Campbell 和 Viceira 提出数值化方法	Carroll 改进数值方法	

在前文提到，连续时间序列模型通常为资产配置决策提供参考，而不会直接应用于实践。基于收益判断的模型由于缺乏在不同资产之间分散风险的思想，也不是典型的配置模型。因此，本书在整理中将资产配置模型归为三大类：均值—方差及其衍生模型、基于风险预算的模型、其他模型。

2.2 均值—方差模型及其衍生模型

均值—方差模型通过二次优化的方法得到资产配置方案，又称最优化模型，始于 1952 年马科维茨的开创性研究，其特点是在一系列约束条件下实现效用函数的最优化。马科维茨提出的均值—方差模型开启了量化资产配置的篇章，其卓越的贡献在于将标准差作为风险的度量维度，并发现相关性较低的资产可以有效地降低整个组合的风险（Markowitz，1952，1959）。

马科维茨的均值—方差模型给出了一定期望收益率对应的最小方差组合，即有效资产组合，而所有的有效组合共同构成了有效边界（Efficient Frontier，EF）。马科维茨开创了量化资产配置的时代，但其投资组合理论最初并非针对大类资产，而是主要用在不同股票类资产的组合。由于股票种类较多，不同股票之间需要两两计算相关系数工作量较大，因此均值方差模型在当时应用起来存在困难。Sharpe（1963）提出单因子模型，在均值方差框架中引入 Beta 值，从而避免了对不同股票两两计算相关系数。均值—方差理论自此进入实际应用阶段。

然而，均值—方差模型仍然存在一些问题。首先，该模型没有考虑无风险利率以及投资者的风险偏好。其次，Markowitz（1952）的优化模型对输入参数十分敏感，尤其是期望收益率（Merton，1980）；有学者认为，模型对参数敏感是正常的（Green 和 Hollifield，1992）。但由于稳定性方面的问题，均值—方差模型的实践并不理想（Michaud，1989）。最后，模型假设资产收益服从正态分布。

针对第一个问题，Tobin（1958，1965）进行了改良。Tobin 在马科维茨的基础上加入了无风险资产，将有效边界由曲线转变为一条直线，并提出了两基金分离定律，即投资组合的决策包括两个步骤：第一步是投资者选择最优市场组合的过程，由于引入了无风险资产，最优配置为连接无风险资产与原有效边界的切线对应的切点。因此，在 Tobin 的理论框架中，最优市场组合是恒定的，为市场上各资产的市值占比。第二步是不同投资者根据各自的风险偏好在最优市场组合和无风险资产之间进行配置，即投资者无风险曲线与“拉直”后有效边界的切点。

值得注意的是，均值—方差模型认为风险资产的组合应为市场组合，即不随投资者风险偏好变化的组合，然而，该结论是存在争议的。一个著名的观点是 Canner 等（1997）提出的资产配置之谜。Canner（1997）通过两家投资咨询顾问

公司、富达基金、美林证券在 20 世纪 90 年代初对不同投资者推荐的资产组合模式进行分析，发现保守的投资者倾向于持有更多的债券（相对于股票），而不是常数的股债比率。

针对第二个问题，Black 和 Litterman（1992）提出 B－L 模型，将投资者观点作为观点矩阵引入，从而改变了期望收益分布和协方差矩阵，使得模型对收益率数据（原输入值）的敏感性降低，然而，B－L 模型对投资者观点的输入值仍然较为敏感。Tibshirani（1996）提出了 LASSO 方法，又称最小绝对收缩选择法（Least Absolute Shrinkage and Selection Operator，LASSO），即通过设定一个惩罚函数，把较小的系数向零压缩使得对应的协变量被剔除，从而使得模型更加稳健。Ledoit 和 Santa－Clara（1999）等引入多变量的 GARCH 模型对协方差矩阵进行调整。Jagannathan 和 Ma（2003）提出了收缩法，即通过引入约束条件从而改变协方差矩阵，对模型进一步改进。

针对第三个问题，Fama（1976）发现月度收益能较好地满足正态分布，而 Tu 和 Zhou（2004）也发现考虑厚尾分布对于均值方差模型而言并无显著改进。因此均值方差模型中假设正态分布有一定的合理性。

2.2.1　均值—方差模型

均值—方差模型（Mean Variance Framework，MVF）由马科维茨（Markovitz）在 1952 年提出，有如下假设：

（1）投资者是根据证券的期望收益率的方差或标准差估测证券组合的风险。

（2）投资者的决定仅仅是依据证券的风险和收益。

（3）在一定的风险水平上，投资者期望收益最大；相对应的是在一定的收益水平上，投资者希望风险最小。

（4）投资者对证券的收益、风险及证券间的关联性具有完全相同的预期。

（5）资本市场没有摩擦。前四个假设是对投资者行为的简化，第五项是对市场的简化。

换言之，均值—方差模型从收益和风险两个维度进行资产配置决策，且基于投资者风险厌恶，证券收益服从一定概率分布、方差能够度量风险等假设前提。

均值—方差模型的输入值包括三部分：收益指标、风险指标和反映投资者风险偏好的参数。其中，资产的风险以波动率，即方差/标准差表示，可谓投资领域的创举。收益指标即期望收益率，因此将 MVF 翻译成“均值—方差模型”实则不妥，而应该是“期望方差模型”。数学期望的表达式如下：

$$m = \sum p_i x_i$$

在均值—方差模型中，p_i 反映了不同情况发生的概率。而均值的表达式如下：

$$m = \frac{1}{n} \sum x_i$$

因此，当且仅当 $p_i = 1/n$ 时有均值等于期望。而在计算预期收益时，令各种情况发生的概率相等显然是不现实的假设，用历史均值作为预期收益也非专业投资者的实际操作手法。因此，MVF 实则“期望方差模型”，但为方便表述，后续仍称之为均值方差模型。

反映投资者风险偏好的系数有几种不同形式。早期在 Markowitz（1952）刚提出均值方差模型时，公式如下：

$$\min \mathbf{w}^{\mathrm{T}} \sum \mathbf{w}$$

$$\text{s.t. } \mathbf{w}^{\mathrm{T}} \boldsymbol{\alpha} \geqslant R \qquad (2-1)$$

或

$$\max \mathbf{w}^{\mathrm{T}} \boldsymbol{\alpha}$$

$$\text{s.t. } \mathbf{w}^{\mathrm{T}} \sum \mathbf{w} \leqslant \sigma_{\max}^2 \qquad (2-2)$$

其中，$\mathbf{w}$ 为资产配置权重，$\sum$ 为资产的协方差矩阵，R 为投资者的收益目标，$\sigma_{\max}^2$ 为投资者可承受的最大方差。式（2-1）和式（2-2）中反映风险偏好的参数分别为 R 和 $\sigma_{\max}^2$。

以上两式均可得到由风险资产构成的有效边界。如图 2-1 所示：

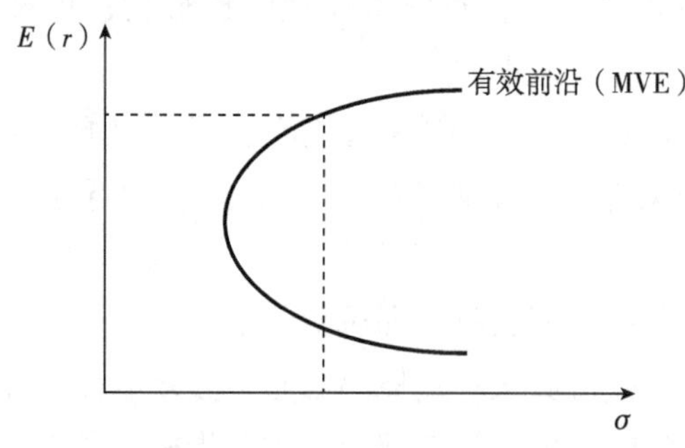

图 2-1　有效边界

从图 2-1 可见，两式在数学上是等价的，而在应用中则不尽相同。前面已

经提到，在资产负债管理中，通常用式（2－1）而非式（2－2）。原因在于资产负债管理需要考虑客户未来的流动性需求，而为了匹配未来的现金流支出，资产收益需要达到一定的水平。因此在给定收益目标的情况下最小化风险。此时风险是不可控的，若实现投资者的预期目标难度较大，则投资管理人可能会承担很高的风险。

资产管理中，以上二式均有涉及。正如前文所述，过去银行理财中保本产品屡见不鲜，实则对应了式（2－1），此时投资为实现收益目标而忽略了风险约束，从而使得风险不可控。然而，出于控制金融风险的需要，银行理财的保本型产品已经开始向净值型产品转变，式（2－2）在控制风险约束的情况下尽可能地争取收益最大化，可严格控制市场风险，也将是资产管理领域进行资产配置的主要模型之一。在上述有效边界的基础上，最优组合的确定即有效边界与投资者无差异曲线的切点。如图2－2所示。

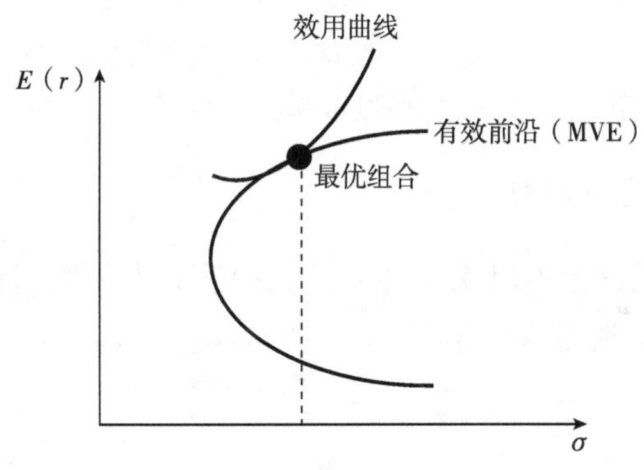

图2－2 最优组合

其中，投资者无差异曲线即对应投资者效用，投资者的常见效用函数为：

$$\max_{w}\mathbf{w}'\boldsymbol{\alpha}-\frac{\lambda}{2}\mathbf{w}'\sum\mathbf{w}$$

此时反映风险偏好的参数为风险厌恶系数 λ。托宾（1958，1965）在马科维茨的基础上加入了无风险资产，将有效边界由曲线转变为一条直线，并提出了两基金分离定律。即投资组合的决策包括两个步骤：第一步是投资者选择最优市场组合的过程，最优市场组合原本为有效边界上的点，而由于引入了无风险资产，最优配置为连接无风险资产与最优市场组合的切线与原始有效边界（曲线）的切点。因此，在托宾的理论框架中，最优市场组合是恒定的，为市场上各资产的市值占比。第二步是不同投资者根据各自的风险偏好在风险资产和无风险资产之间进行配置，即投资者无差异曲线与“拉直”后有效边界的切点。如图 2 - 3 所示。

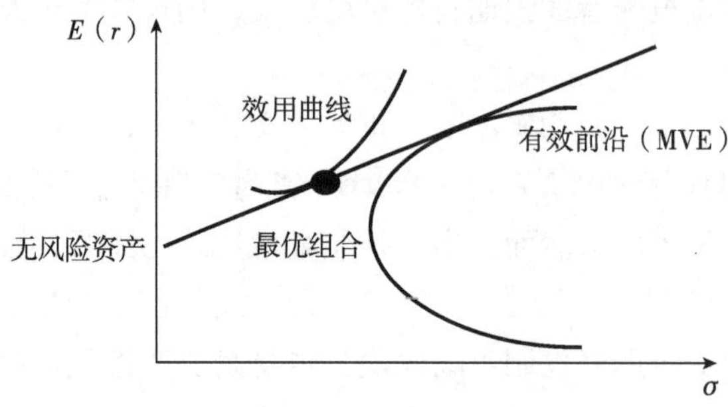

图 2 - 3　Tobin 改良后的有效边界

均值—方差模型是目前资产配置领域最主流的模型之一，均值—方差模型在应用过程中存在许多问题。例如预期收益的风险如何衡量、风险偏好如何准确地量化、不同期限的资产配置模型如何结合等。

2.2.2　均值—方差模型的变式

自均值—方差模型诞生以来，许多研究表明，由于收益预测存在误差，均值—方差组合的业绩通常表现不佳。（Litterman 等，2004；Cochrane，2014；等等）。自 Merton（1980）以后，越来越多的研究转向均值方差模型的一类特殊形式，最小方差组合（Global Minimum Variance，GMV），并发现在一定情况下 GMV 要优于均值—方差模型（Jagannathan 和 Ma，2003；DeMiguel 等，2009）。最小方差组合同样位于均值方差有效前沿上（MVE），但在求解过程中无须考虑预期收益，其求解方式如下：

$$\min \mathbf{w}^{T}\sum \mathbf{w}$$

$$s.t.\ \mathbf{w}^{T}\mathbf{1} = 1$$

均值—方差模型的另一种特殊情况称为切点组合（Tangency Portfolio）。Sharpe（1964）、Lintner（1965）和 Mossin（1966）的研究发现，给定无风险资产，最优的风险组合即切点组合，此时单位风险对应的超额收益最大，这一概念也即夏普比率。换言之，切点组合也即夏普比率最大的组合（Elton 和 Gruber，1998；Estrada，2009）。切点组合的特征在于不考虑投资者的风险偏好，且不配置无风险资产，所得组合为市场均衡下的最优风险资产组合。切点组合一直是投

资领域的研究热点之一（Bilir，2016；Bodnar 等，2019）。

最小方差组合和切点组合如图 2－4 和图 2－5 所示。

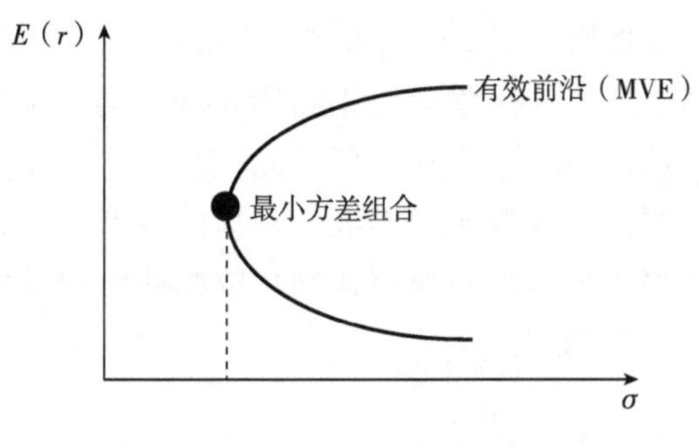

图 2－4　最小方差组合

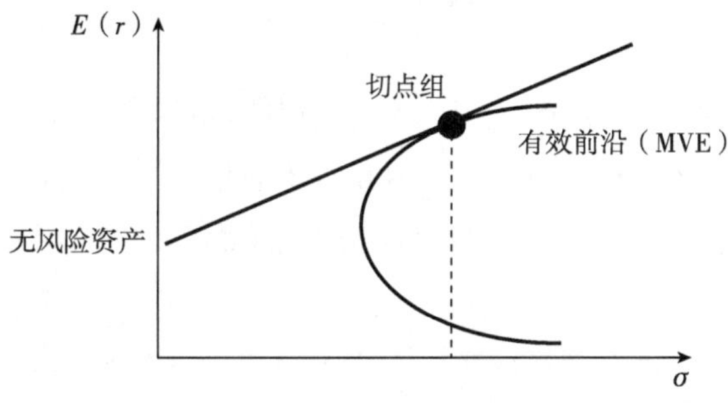

图 2－5　切点组合

总而言之，最小方差组合是不考虑预期收益的均值—方差模型的，而切点组合是不考虑投资者风险偏好的均值—方差模型的，换言之，二者都是要素不全面的均值—方差模型。由于本书目标在于系统地研究资产配置的方法，包括资产配置的三大要素。因此本书将以常见的均值—方差模型展开研究。B－L 模型是均值方差模型与主观预期的结合，而主观判断本质上属于收益预测的一部分，本书结论同样适用于 B－L 模型。

2.2.3　切点组合举例

前面已经提到，切点组合的一大特征在于不考虑投资者的风险偏好。在现代资产组合理论框架中，根据共同基金法则，最优风险资产组合的权重是固定的，不同投资者的投资决策只是在风险资产和无风险资产之间进行配置。而该决策过程在很大程度上取决于不同投资者风险偏好系数。当我们不考虑投资者的风险厌恶系数，如对全社会平均的资产配置情况进行分析时，切点组合就提供了一个思路。

本节以全社会最优的资产配置情况为例，应用切点组合模型进行探究。此时将所有资产均列为风险资产进行考察，以在 Markowitz 的框架中得到“固定”的最优风险资产组合，从而排除风险偏好系数的影响。事实上，真正意义上的无风险资产并不存在。这里把无风险资产看成一项风险资产——“低风险资产”进行配置，从而得到忽略不同投资者风险偏好系数的抽象的最优“风险”资产配置有一定的合理性。模型如下：

$$\max \frac{E_p(r)}{\sigma_p(r)} \tag{2-3}$$

$$\text{s. t. } E(r) = \mathbf{w}^{\mathrm{T}}\mathbf{R}$$

$$\sigma_p(r) = \sqrt{\mathbf{w}^{\mathrm{T}} \sum \mathbf{w}}$$

其中，$\mathbf{W} = [\mathbf{w}_1, \mathbf{w}_2, \mathbf{w}_3, \cdots, \mathbf{w}_n]$ 为有效边界资产组合中各类资产的权重向量，$\mathbf{R} = [\mathbf{r}_1, \mathbf{r}_2, \mathbf{r}_3, \cdots, \mathbf{r}_n]$ 为收益率向量，$\sum$ 为各类资产的协方差矩阵。为了求得上式，首先需要得到有效边界上的资产组合，有效边界的求解过程如下：

$$\min \sigma_p^2(\mathbf{r}) \tag{2-4}$$

$$\text{s. t. } E(\mathbf{r}) = \mathbf{w}^{\mathrm{T}}\mathbf{R}$$

$$\sigma_p^2(\mathbf{r}) = \mathbf{w}^{\mathrm{T}} \sum \mathbf{w}$$

$$\mathbf{w}^{\mathrm{T}}\mathbf{1} = 1$$

其中，$\mathbf{w}$ 为所有可能资产组合的权重向量，$\mathbf{w}^{\mathrm{T}}$ 为权重矩阵的转置，$\mathbf{R} = [\mathbf{r}_1, \mathbf{r}_2, \mathbf{r}_3, \cdots, \mathbf{r}_n]$ 为收益率向量，$\sum$ 为各类资产的协方差矩阵，$\mathbf{1}$ 为单位向量。由于最终要优化的式（2－4）非线性，这里采用数值化方法得到最优资产配置权重的数值解。

计算方法如下：

（1）确定 $E(r)$ 的取值范围。

$E(r) \in [r_{i\min}, r_{i\max}]$

其中，$r_{i\min}$ 为一段时间内资产收益率平均值的最小值，$r_{i\max}$ 为一段时间内资产收益率平均值的最大值。

（2）将的曲直空间分为 10000 等份，对于每个 $E(r)$，通过二次规划方法得到每个有效边界上的资产组合 **W**。

（3）对于每一个有效资产组合 **W** 代入式（2-4），得到收益风险比最大的资产组合，即本书所求全社会最理性的资产配置组合。

由于资产配置决策是一个长期的过程，因此本书以数据作为决策的依据，对三年滚动周期的数据进行分析，得到滚动的最优资产配置权重。笔者分别从 Wind 金融终端、同花顺金融终端、国泰安数据库、RESSET 锐思金融数据库、彭博数据库以及 CEIC 经济数据库对房地产销售价格数据进行采集，发现只有 CEIC 数据库中房地产价格数据起始时间较早，始于 2007 年，以三年为滚动周期，则最早的样本数据始于 2009 年，因此本书选取 2008～2016 年数据，其中房价数据来自 CEIC 经济数据库，债券数据以及股票数据来自 Wind 金融终端，货币类资产的价格数据来自锐思 RESSET 数据库，将数据代入上述模型进行实证检验，得到结果如表 2-2 所示。

表 2-2　理性资产结构　　　　单位：%

年份	企业债	国债	股票	房地产	货币类
2009	1.61	3.04	0.23	14.53	80.59
2010	2.11	5.61	0.49	14.92	76.87
2011	5.13	6.45	0.77	17.25	70.40
2012	2.34	4.14	0.23	13.39	79.90
2013	2.46	5.11	0.27	6.72	85.44
2014	5.78	8.16	0.49	6.32	79.25
2015	6.89	7.78	0.20	6.05	79.08
2016	4.87	3.45	0.17	15.14	76.37

资料来源：Wind、CEIC、《国家资产负债表 2015》，经笔者计算所得。

为判断上述通过切点组合得到的全社会理性资产结构是否合理，本书统计了实际的全社会资产结构如表 2-3 所示。

表 2-3　实际资产结构　　　　单位：%

年份	企业债	国债	股票	房地产	货币类
2007	0.81	7.90	22.73	39.40	29.16
2008	1.32	10.04	8.97	42.71	36.97

续表

年份	企业债	国债	股票	房地产	货币类
2009	1.77	8.21	13.56	41.10	35.36
2010	2.15	8.00	12.98	39.56	37.31
2011	2.64	7.31	9.49	42.55	38.01
2012	3.21	6.87	9.16	42.08	38.68
2013	3.49	6.66	8.27	42.14	39.45
2014	3.68	6.34	11.41	41.83	36.73
2015	3.63	6.76	13.61	39.62	36.38
2016	3.47	8.02	11.80	40.17	36.54

数据来源：Wind，CEIC，《国家资产负债表2015》，经笔者计算所得。

经比较可见，实际资产结构和以切点组合得到的理性资产组合是比较接近的。主要差异体现在房地产和货币类资产的权重。考察两种资产的属性，一个很明显的特征在于二者对通货膨胀的敏感性。其中，房地产作为实物类资产其收益率对通货膨胀有较高的正相关性，而货币类资产收益则与通货膨胀有较直接的负相关性。本章在计算切点组合时并未将通胀预期纳入考虑，因此上述结论可以解释。对全社会资产结构的研究非本书重点，此处不做展开。

2.2.4 均值—方差模型的衍生——B-L模型

B-L模型由Black和Litterman（1994）提出，其本质上仍然是均值方差模型的框架，只是对资产的预期收益和风险水平进行了调整。均值方差模型应用的一大问题在于资产收益量化预测的不准确性，而B-L模型基于贝叶斯的思想，在资产收益先验分布的基础上，融合投资者主观观点形成后验分布，从而充分弥补了通过单一量化模型进行收益预测的不足。根据杨朝军等（2005）的研究，B-L模型最早诞生于高盛资产管理公司（GSAM），随后被许多金融机构广泛使用。

如图2-6所示，投资者形成组合观点P及其协方差矩阵以后，结合逆向优化得到的隐含收益率，即可得到资产预期收益的后验分布，之后，考虑客户目标、交易成本等因素，代入均值方差的框架中即可得到最优化结果。B-L模型自诞生以来，许多学者对其进行了诠释和完善。根据Black和Litterman（1994），通过 B－L 模型计算得到的资产后验收益如下：

$$E[R]=[(\tau\sum)^{-1}+P^{T}\Omega P]^{-1}[(\tau\sum)^{-1}\prod+P^{T}\Omega Q] \qquad (2-5)$$

其中，P 为观点矩阵，Q 为观点收益向量，$\sum$ 为收益的协方差矩阵，Ω 为观点误差的协方差矩阵，$\prod$ 为资产均衡收益。τ 为权重标量，反映了观点的准确性。τ 和 Ω 的取值问题一直存在许多争议，这也使得目前 B－L 模型的应用存在一些限制。关于 τ 值，Satchell 和 Scowcroft（2000）认为其取值可设为 1，Blamont 和 Firoozye（2003）提出其取值可设为观测值的倒数。关于 Ω 的取值，目前认可度较高的是 He 和 Litterman（2002）以及 Idzorek（2007）的方法，但该方法同样存在较强的主观性。

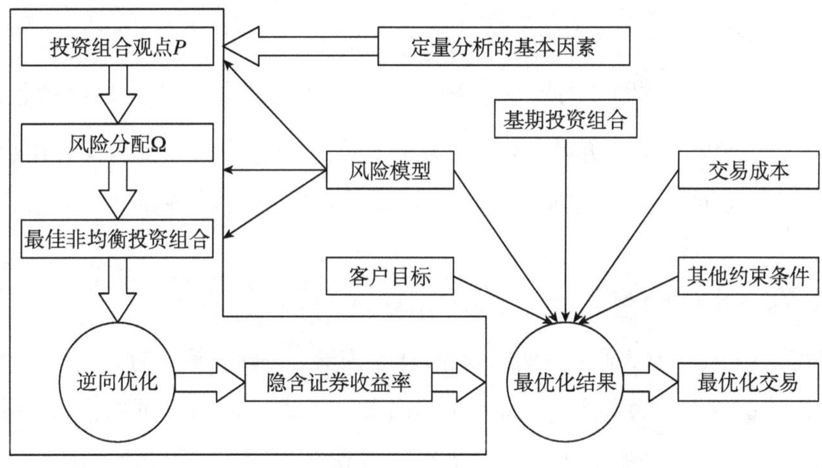

图 2－6　高盛资产管理量化投资体系

资料来源：杨朝军等（2005）。

2.2.4.1　B－L 理论模型

（1）Black－Litterman 模型基本思想。

Black－Litterman 模型的基本思想包括两个方面：其一，通过逆向优化获取资产均衡收益及其分布，也即资产收益的先验分布；其二，加入投资者观点，通过贝叶斯公式计算得到资产收益的后验分布。具体而言，均衡收益提供一个基准，即当投资者观点呈中性或互相抵消从而市场出清时的收益。该收益的分布也即贝叶斯公式中的先验分布。在此基础上加入的投资者观点可以理解为新的信息出现导致的对均衡基准的偏离，结合观点之后的分布也称后验分布。贝叶斯思想是B－L模型的核心思想，通过严格的贝叶斯公式推导，可得到融合了先验分布和主观观点的资产收益后验分布。

（2）均衡收益及其分布。

B－L模型认为，当前市场各类资产市值占比可以反映均衡收益下的配置。由于大类资产相对市值占比不易发生大幅变化，该比值较稳定。假设投资者的效用函数为：

$$U = \mathbf{w}^{\mathrm{T}} \prod - \frac{1}{2}\lambda \mathbf{w}^{\mathrm{T}} \sum \mathbf{w} \tag{2-6}$$

其中，U为效用函数；$\mathbf{w}$为各项资产在投资组合中的权重向量；$\prod$ 为各资产均衡超额收益率向量；λ 为风险厌恶系数。将上式中的效用函数 U 对权重 $\mathbf{w}$ 求一阶导，并令一阶导数等于0，则有：

$$\prod = \lambda \sum \mathbf{w}_{mkt} \tag{2-7}$$

其中，$\prod$ 为超额隐含均衡收益率向量（$N \times \mathbf{1}$ 列向量）；λ 为风险厌恶系数；$\sum$ 为资产超额收益的协方差矩阵（$N \times N$ 矩阵）；$\mathbf{w}_{mkt}$为市场均衡投资组合的权重向量（$\mathbf{N} \times \mathbf{1}$ 列向量）。根据Black 和 Litterman（1994），各类资产的收益可以用下式表示：

$$E(R_i) = \prod + \gamma E(Z) + E(v_i) \tag{2-8}$$

其中，$E(R_i)$ 为资产 i 的期望收益，$\prod$ 为资产 i 的均衡收益，Z 为不同资产的共同影响因素，v_i 为资产 i 的特殊影响因素。从式（2－8）可见，均衡收益Π的波动性小于$E(R_i)$ 的波动性。$E(R_i)$ 的波动性为 $\sum$ ，因此均衡收益的波动性可以用$\tau \sum$ 衡量。换言之，均衡收益的方差与资产实际收益率的波动成正比，假设资产实际收益率波动为 $\sum$ ，则均衡收益服从 $x \sim N(\prod, \tau\sum)$ 的正态分布，其中 τ 系数反映均衡收益的协方差矩阵与实际协方差矩阵的比重。

（3）投资者观点收益及其分布。

Black 和 Litterman 假设观点收益服从 $I \sim N(\mathbf{Q}, \Omega)$ 的正态分布，其中 $\mathbf{Q}$ 为观点收益向量，Ω 为观点误差的协方差矩阵。

（4）投资者观点收益向量 $\mathbf{Q}$。

投资者的观点由两部分构成：投资者观点矩阵 P 和投资者观点的收益向量 $\mathbf{Q}$，满足公式：

$$P \cdot E(R)' = \mathbf{Q} + \varepsilon \tag{2-9}$$

其中，ε 服从均值为0，方差为 Ω 的正态分布，例如，若投资者A认为资产1的收益会上涨2%，投资者B认为资产2的收益会上涨3%，则投资者观点矩阵 P 和观点收益矩阵 $\mathbf{Q}$ 为：

$$P=\begin{pmatrix}1 & 0\\ 0 & 1\end{pmatrix},\ \mathbf{Q}=\begin{pmatrix}2\\ 3\end{pmatrix} \tag{2-10}$$

其中，P 为 $k\times n$ 矩阵，其中 k 为投资者观点个数，n 为资产数。$\mathbf{Q}$ 为 $k\times 1$ 矩阵，其中 k 为投资者观点个数。

（5）投资者观点误差的协方差矩阵 Ω。

由于投资者观点误差 ε 的存在，需要确定投资者观点误差的协方差矩阵 Ω，也即投资者观点的可信度。Black 和 Litterman（1992）假设投资的观点相互之间没有影响，因此其方差协方差矩阵应为对角阵，形式如下：

$$\Omega=\begin{pmatrix}e_1 & 0 & 0\\ 0 & \ddots & 0\\ 0 & 0 & e_k\end{pmatrix} \tag{2-11}$$

（6）B－L公式。

综上，通过逆向优化得到的均衡收益服从 $N(\prod,\tau\sum)$ 的先验分布，投资者观点收益服从 $N(Q,\ \Omega)$ 的分布，根据贝叶斯公式，计算可得后验分布服从 $N(E(R),\ \Theta)$ 的正态分布。具体形式如下：

$$E(R)=[(\tau\sum)^{-1}+P^T\Omega^{-1}P]^{-1}[(\tau\sum)^{-1}\prod+P^T\Omega^{-1}Q]$$

$$\Theta=[(\tau\sum)^{-1}+P^T\Omega^{-1}P]^{-1} \tag{2-12}$$

式（2－12）又称B－L公式，可通过贝叶斯公式推导得到。其中，$E(R)$ 是新合成（后验）的收益率向量（$\boldsymbol{N}\times\mathbf{1}$ 列向量）；τ 是均衡收益协方差矩阵相对资产实际收益协方差矩阵的权重，是0－1的标量；$\sum$ 是 N 个资产收益的协方差矩阵（$N\times N$ 矩阵）；P 是投资者的观点矩阵（$K\times N$ 矩阵，当只有一个观点时，则为 $\mathbf{1}\times\boldsymbol{N}$ 行向量）；Ω 是观点误差的协方差矩阵，为对角阵，表示每个观点的信心水平（$K\times K$ 矩阵）；$\prod$ 是隐含均衡收益率向量（$\boldsymbol{N}\times\mathbf{1}$ 列向量）；Q 是观点收益向量（$\boldsymbol{K}\times\mathbf{1}$ 列向量）

从上节描述可知，B－L模型待估参数较多，除均衡收益 $\prod$ 和资产自身的协方差矩 $\sum$ 以外，还需要估计观点误差的协方差矩阵 Ω 以及最富争议的 τ 系数等。因此，根据对具体参数处理方式的不同，B－L模型的实际应用方式并不唯一。目前对 B－L 模型的主要应用方式包括如下两种：基于 Idzorek 方法的 I－BL 模型以及基于 Benninga 方法的 B－BL 模型。本章在此基础上进一步改良得到 MP－BL 模型。

2.2.4.2　基于 Idzorek 方法的 I－BL 模型

Idzorek（2002）认为，观点误差的协方差矩阵中 e_i 为单一观点的置信程度，公式如下：

$$e_i = \frac{1}{LC_i} \times CF \tag{2-13}$$

其中，LC_i 为置信程度，取值分别为 50%、65%、30% 等；CF 为校准因子。上节提到，先验分布的方差为 $\tau\sum$，则 B－L 模型可以看成是在先验分布和观点分布之间的加权，或者说是在 τ 和 e'之间进行权衡，其中 e'为观点矩阵的平均置信程度。Idzorek（2007）认为，τ 与最终权重分配给先验分布的比例成反比，因此借鉴 He 和 Litterman（2002），可以用$\frac{e'}{\tau}$等于观点矩阵的整体方差，用公式表示如下：

$$\frac{e'}{\tau} = p_k \sum p_k^T \tag{2-14}$$

当只有一种资产时，观点误差的平均置信程度 e'等同于第一个观点误差的方差 $e_1 = \frac{1}{LC_1} \times CF$，当存在多种资产时，观点误差的平均置信程度 e'等于 e 的平均，即：

$$e' = \frac{1}{k} \sum_{i=1}^{k} \frac{1}{LC_i} \times CF \tag{2-15}$$

此时有：

$$\frac{e'}{\tau} = \frac{\frac{1}{k} \sum_{i=1}^{k} \frac{1}{LC_i} \times CF}{\tau} = p_k \sum p_k^T \tag{2-16}$$

由 $p_k \sum p_k^T$ 可知，τ 要不断调整使得式（2－16）成立。Idzorek（2007）认为当只有一个观点时，τ 为 1，从而可求得 CF 值。因此令 τ 为 1，则：

$$\frac{1}{k} \sum_{i=1}^{k} \frac{1}{LC_i} \times CF = p_k \sum p_k^T \tag{2-17}$$

Idzorek（2007）认为观点的置信程度服从均值为 50%，方差为 16.33% 的正态分布，即假设 0%～100% 处于均值为 50% 的 3 倍标准差内。在式（2－17）中代入投资者的置信水平 LC_i 的平均值 50%，则可以求得 CF 值。根据 Idzorek

（2007），我们得到投资者观点误差的方差矩阵如下：

$$\Omega=\begin{pmatrix}\frac{1}{LC_i}\times CF & 0 & 0\\ 0 & \ddots & 0\\ 0 & 0 & \frac{1}{LC_k}\times CF\end{pmatrix} \tag{2-18}$$

其中，LC_i 为投资者信心的置信程度。校准因子 CF 的值在上一步中已经得到，将所有投资者观点的置信水平以及投资者观点收益的方差代入式（2－16），即可以得到 τ 的值。至此，我们已经得到 $\prod$、τ、$\sum$、P、Q、Ω 的值，回顾 B－L 模型的公式：

$$E(R)=[(\tau\sum)^{-1}+P^T\Omega^{-1}P]^{-1}[(\tau\sum)^{-1}\prod+P^T\Omega^{-1}Q]$$

$$\Theta=[(\tau\sum)^{-1}+P^T\Omega^{-1}P]^{-1} \tag{2-19}$$

分别代入上述值，即可得到经投资者观点调整的后验分布期望和方差，代入最优化框架即可得到结果。Idzorek 的方法是经典 B－L 模型的典型实践，对于 B－L 模型中极具争议的参数取值问题给出了更直观的方法，然而对于 B－L 模型固有的问题，诸如模型相对复杂、收益和风险估计的灵活性不足等问题，Idzorek 的方法并未从根本上解决。

2.2.4.3　基于 Benninga 方法的 B－BL 模型

由于 Idzorek 方法仍然无法避免参数众多的问题，从而在应用中存在难度，Benninga（2015）对其进行了大幅简化，其核心思想包括两点：

其一，B－L 模型的核心是结合主观观点对预期收益进行调整，因此 Benninga 仅考虑收益，不调整协方差矩阵，从而也无须通过贝叶斯公式计算得到后验分布。其二，尽管 Benninga 不对协方差矩阵进行调整，但主观观点不宜直接用来调整均衡收益，最终收益的调整将受到协方差矩阵的影响。例如，若两类资产存在较高的相关性，则针对其中某一类资产的主观观点将不仅对该资产收益产生影响，也将对与其相关性高的资产产生影响。

具体而言，Benninga 同样通过逆向优化求得均衡收益。之后通过构建 B－L 追踪矩阵（B－L Tracking Matrix），从而实现主观观点向预期收益的转变。以四类资产为例，Benninga 构建的 B－L 追踪矩阵形式如下：

$$BL\_tm=\begin{pmatrix}\beta_{11}&\beta_{21}&\beta_{31}&\beta_{41}\\\beta_{12}&\beta_{22}&\beta_{32}&\beta_{42}\\\beta_{13}&\beta_{23}&\beta_{33}&\beta_{43}\\\beta_{14}&\beta_{24}&\beta_{34}&\beta_{44}\end{pmatrix}=\begin{pmatrix}\frac{\sigma_{1,1}}{\sigma_1^2}&\frac{\sigma_{2,1}}{\sigma_2^2}&\frac{\sigma_{3,1}}{\sigma_3^2}&\frac{\sigma_{4,1}}{\sigma_4^2}\\\frac{\sigma_{1,2}}{\sigma_1^2}&\frac{\sigma_{2,2}}{\sigma_2^2}&\frac{\sigma_{3,2}}{\sigma_3^2}&\frac{\sigma_{4,2}}{\sigma_4^2}\\\frac{\sigma_{1,3}}{\sigma_1^2}&\frac{\sigma_{2,3}}{\sigma_2^2}&\frac{\sigma_{3,3}}{\sigma_3^2}&\frac{\sigma_{4,3}}{\sigma_4^2}\\\frac{\sigma_{1,4}}{\sigma_1^2}&\frac{\sigma_{2,4}}{\sigma_2^2}&\frac{\sigma_{3,4}}{\sigma_3^2}&\frac{\sigma_{4,4}}{\sigma_4^2}\end{pmatrix}\tag{2-20}$$

其中，BL_tm 为 B－L 追踪矩阵，$\sigma_{i,j}$ 为第 i 类资产和第 j 类资产之间的协方差，σ_i^2 为第 i 类资产的方差。

式（2－20）中，任意两类资产收益之间的关系通过二者的协方差与方差之比，也即 β 系数来表示。若第 i 类资产的观点为 α_i，则第 j 类资产将通过 β_{ij} 受到该观点的影响。因此，假设对于四类资产的观点收益向量为 $\boldsymbol{\alpha}=(\boldsymbol{\alpha}_1, \boldsymbol{\alpha}_2, \boldsymbol{\alpha}_3, \boldsymbol{\alpha}_4)'$，则四类资产的实际调整向量为：

$$\boldsymbol{\alpha}_A=BL\_tm'\boldsymbol{\alpha}\tag{2-21}$$

例如，若投资者预期资产 1 的收益上升 3%，资产 2 的收益上升 5%，资产 3、资产 4 的收益保持不变，假设追踪矩阵为全 1 矩阵，则初始收益调整向量为 $\boldsymbol{\alpha}=(\mathbf{3}, \mathbf{5}, \mathbf{0}, \mathbf{0})'$，最终收益调整向量分别为：

$$\boldsymbol{\alpha}_A=\begin{pmatrix}1&1&1&1\\1&1&1&1\\1&1&1&1\\1&1&1&1\end{pmatrix}'\begin{pmatrix}\mathbf{3}\\\mathbf{5}\\\mathbf{0}\\\mathbf{0}\end{pmatrix}=\begin{pmatrix}\mathbf{8}\\\mathbf{8}\\\mathbf{8}\\\mathbf{8}\end{pmatrix}\tag{2-22}$$

可见，即使投资者对资产 3、资产 4 并无直接观点，但对于资产 1、资产 2 的观点仍将作用在资产 3 和资产 4 的收益上。综上，若均衡收益向量记为 $\prod$，则经观点调整的收益向量为：

$$\boldsymbol{\alpha}_v=\prod+\boldsymbol{\alpha}_A=\prod+BL\_tm'\boldsymbol{\alpha}\tag{2-23}$$

从上述过程可见，Benninga 改良的 B－BL 模型虽然极大地简化了传统的 B－L 模型，但由于未对协方差矩阵进行调整，忽略了观点的不准确性对模型的影响。

2.2.5 其他基于收益—风险均衡的资产配置模型

马科维茨的均值—方差模型在追求收益—风险平衡（Return－Risk Tradeoff）

框架下，首次使用均值、方差（标准差）来刻画投资的收益和风险，并根据收益和风险的权衡来决定资金在投资选择中的配置，其从理论层面提供了一种数学上的方法来解决资产配置问题，开创了现代资产组合理论，具有革命性的重大意义。尽管马科维茨模型具有理论重要性，但只有当资产收益分布是正态分布时，或者当经济主体具有二次效用时，这种简化的框架才是合理的，然而这一系列不现实的假设以及模型估计误差的问题使得均值—方差优化方法受到了质疑，以至于均值—方差优化在其提出初期并没有得到市场的青睐。其中，假设条件方面，均值—方差模型的一大缺陷在于使用方差（标准差）作为唯一的风险衡量标准，一方面其假设资产回报是正态分布的，忽略了非正态分布情形下的高阶矩风险，另一方面包括马科维茨在内的许多学者（Porter，1974；Harlow，1991）认为，投资者在期望收益两侧的风险感受并不对称，方差不是最贴切的风险度量指标，下方风险才更符合投资者的真实风险态度。当认识到均值—方差模型存在的这些问题后，学者们开始在传统的均值—方差模型之上从放松正态分布假设条件和改进风险度量方法两个角度对均值—方差模型进行改进，并在收益—风险均衡框架下衍生出许多其他优化模型。

2.2.5.1 放松正态分布假设

由于在构建非线性模型的过程中，如果引入高阶项，则会导致参数项的指数增长，包含高阶矩的资产配置模型往往过于复杂、难以求解，即使使用仿真模拟方法求解也会遇到结果不稳健等问题。因此，学者们从实用性的角度提出了一种比较可行的方法是利用分状态的线性预测模型，通过对每期市场中每种状态的发生概率进行预测来对非正态分布时的资产收益率进行预测。其中，主要有以下几种预测收益率分布的方式：

（1）高斯混合模型（Gaussian Mixture Model，GMM）。

高斯混合模型或称混合高斯模型，是单一高斯密度函数的延伸，其将数据对应的概率分布表示为多个高斯分布的加权组合。该模型可以平滑地近似任意形状的密度分布，被广泛用于语音、图像识别等方面。Buckley 等（2008）将该模型引入投资组合管理中，用 GMM 来刻画资产收益率的概率分布情况。

高斯混合分布的概率密度函数可以表示为 K 个高斯分布概率密度函数的加权之和：

$$p(\mathbf{X} \mid \lambda) = \sum_{i=1}^{K} \omega_i N(\mathbf{X} \mid \mu_i, \Sigma_i) \tag{2-24}$$

其中，$\mathbf{X} = [\mathbf{x}_1, \mathbf{x}_2, \cdots, \mathbf{x}_m]$ 是 m 维数据向量，当 m 等于 1 时，表示数据概率分布服从一元高斯混合分布，当 m 大于 1 时，则表示服从多元高斯混合分布；ω_i（$i=1$，2，…，K）表示第 i 个分量分布在混合分布中的权重，权重大小则代表了分量分布的重要程度，分量分布权重满足权重之和等于 1（$\sum_{i=1}^{K}\omega_i=1$）；$N(\mathbf{X}\mid\mu_i,\sum_i)$，$i=1$，2，…，$K$ 表示各分量概率密度函数，均值向量为 $\boldsymbol{\mu}_i$（m 维），方差/协方差向量为 $\sum_i$（$m\times m$ 维）的 m 维高斯分布的概率密度函数：

$$N(X\mid\boldsymbol{\mu}_i,\sum_i)=\frac{1}{\sqrt{(2\pi)^n\left|\sum_i\right|}}\exp\left\{-\frac{1}{2}(x-\boldsymbol{\mu}_i)'\sum_i^{-1}(x-\boldsymbol{\mu}_i)\right\}\tag{2-25}$$

如果用 GMM 来估计 N 类资产的联合概率分布，假设 $N_1(\mathbf{X}\mid\mu_1,\sum_1)$ 表示均值向量为$\boldsymbol{\mu}_1$，协方差矩阵为 $\sum_1$ 的 N 元正态分布的概率密度函数 $N_2(\mathbf{X}\mid\mu_2,\sum_2)$ 表示另一个均值为$\boldsymbol{\mu}_2$，协方差矩阵为 $\sum_2$ 的 N 元正态分布的概率密度函数。根据 GMM 模型，我们可以将 N 类资产收益率的联合概率密度函数表示为：

$$p(\mathbf{X}\mid\omega_1,\mu_1,\mu_2,\sum_1,\sum_2)=\omega_1*N_1(\mathbf{X}\mid\mu_1,\sum_1)+(1-\omega_1)*N_2(\mathbf{X}\mid\mu_2,\sum_2)\tag{2-26}$$

这样假设的经济学含义可以理解为：N 类资产的收益率联合分布存在两种状态，在一定概率里（ω_1）处于状态 1，此时资产收益率联合分布满足第一个 N 元正态分布 $N_1(\mathbf{X}\mid\mu_1,\sum_1)$，剩下的时间（$1-\omega_1$）资产收益率的联合分布则处于状态 2，满足第二个 N 元正态分布 $N_2(\mathbf{X}\mid\mu_2,\sum_2)$。模型中每种状态的发生概率与历史数据不相关，同时前后期状态的发生概率也不相关。

（2）自激励门限自回归模型（SETAR）。

Tong 于 1978 年首次提出了门限自回归模型（Threshold Autoregressive Model，TAR），而 SETAR 模型则是一种特殊的 TAR 模型，其门限变量由时间序列的滞后值来代替。假设为 $\{y_t\}$ 一组随机数列，$\{r_1,r_2,\cdots,r_i\}$ 为门限值，d 为时滞。当门限个数为 2、门限值为 r 时，每种分段状态下自回归模型的滞后阶数均为 p 的 SETAR（2，p，p）模型可以表示为：

$$y_t=\sum_{i=1}^{p}A_{1i}y_{t-i}I(y_{t-d};r)+\sum_{i=1}^{p}A_{2i}y_{t-i}[1-I(y_{t-d};r)]+\varepsilon_t\tag{2-27}$$

其中，$I(A)$为指数函数，表示当事件 A 发生时，$I(A)=1$，否则 $I(A)=0$：

$$I(y_{t-d};\ r)=\begin{cases}1 & \text{if}\quad y_{t-d}\leqslant r\\0 & \text{if}\quad y_{t-d}>r\end{cases}\tag{2-28}$$

在该模型中，市场处于何种状态取决于历史数据 y_{t-d} 与门限值 r 的比较，每种状态的发生概率与历史数据相关，但前后期状态的发生概率不相关。门限个数为2的SETAR模型，若 $y_{t-d} \leqslant r$，则市场处于状态1，y_t 的取值由第一个表达式决定，反之则市场处于状态2，y_t 的取值则由第二个表达式决定。

（3）马尔可夫区制转换模型（Markov Regime Switching Model）。

马尔可夫区制转换模型是目前应用非常广泛的一种非线性区制转换模型，常常用于对发生状态转换的单变量或多变量时间序列数据进行分析。该模型认为在现实生活中，我们不能直接观察到市场状态，只能得到每个市场的价格信息并从中推断市场的状态，隐马尔可夫模型则是推断金融市场隐藏状态的一种最常用的选择。Fraser（2008）给出了隐马尔可夫模型的基本框架。在隐马尔可夫模型中，生成观测值的概率分布依赖于未观测到的马尔可夫链的状态。一个离散随机变量序列 $\{S_t: t \in N\}$ 如果对所有 $t \in N$ 都满足马尔可夫性质，则称其为一阶马尔可夫链：

$$Pr(S_{t+1} \mid S_t, \cdots, S_1) = Pr(S_{t+1} \mid S_t) \tag{2-29}$$

条件概率 $Pr(S_{t+1} = j \mid S_t = i)$ 被称为转移概率，对于含有 m 个区制的一阶马尔可夫链的转移概率可以用转移矩阵 P 来表示：

$$P = \begin{bmatrix} p_{11} & \cdots & p_{1m} \\ \vdots & \ddots & \vdots \\ p_{m1} & \cdots & p_{mm} \end{bmatrix} \tag{2-30}$$

其中，p_{ij} 表示从区制 i 转移到区制 j 的概率，如果 $\mathbf{P\Gamma} = \mathbf{P}$，并且 $\mathbf{1'P} = \mathbf{1}$，其中，$\mathbf{1}$ 是一个单位列向量，则马尔可夫链的转移矩阵 $\mathbf{\Gamma} = \{\gamma_{ij}\}$ 服从一个平稳分布 π。如果 γ_{ij} 均是严格为正的，则该马尔可夫状态过程被称为不可约过程。

以上三种收益率分布估计模型中，高斯混合分布模型只能用于描述当期市场所处的状态，不能用于预测；SETAR模型中假设前后期状态的发生概率不相关，而这显然与真实的市场状态转换形式不一致；MRS模型中状态的发生遵循一个马尔可夫链条，每一时期每种状态发生概率与前后期状态的发生概率相关，该模型的假设相对更符合金融市场，收益率建模投资组合管理中的一个环节，除此之外还需通过优化方法才能得到具体的配置结果，而优化方法可以是均值—方差优化方法，也可以是下文所提及的基于风险的其他资产配置方法。

2.2.5.2　改进风险衡量方法

均值—方差模型提出以后，许多学者通过引入各种下行风险度量方法来替代方差，从而通过衡量低于指定目标收益的分散度来衡量现实的风险敞口。Roy

（1952）提出的安全第一原则被认为是发展下行风险度量的基本原则。Roy 的安全第一准则建议选择一个投资组合，该投资组合将收益低于某个预先确定的风险水平的可能性降到最低。因此，越来越多的专家和学者提出了基于低偏矩的下行风险度量方法。

（1）均值—半方差模型。

均值—半方差模型是马科维茨于 1959 年，针对收益率方差作为风险度量指标存在的不足，提出用半方差代替风险作为下方风险度量来改进均值—方差模型的一种方法。Stone（1973）、Fishburn（1977）在此基础上将半方差进一步扩展到一般形式，用目标收益率代替马科维茨最开始提出的半方差中的均值，将半方差定义为实际收益与期望收益负偏差的平方的数学期望，即：

$$SVAR = E[(r_0 - r)^2 \mid R \leqslant r_0] \tag{2-31}$$

其中，r_0 表示投资者的期望收益率，R 代表实际可能的收益。在收益率连续分布下，半方差可以表示为：

$$SVAR = \int_{-\infty}^{R} (r_0 - R)^2 \mathrm{d}F(R) \tag{2-32}$$

其中，$F(R)$ 表示收益率的分布函数。假设有 n 种证券资产，n 个资产的期望收益为 $\mathbf{r} = [\mathbf{r}_1, \mathbf{r}_2, \cdots, \mathbf{r}_n]'$，收益率的联合概率分布函数用 $F(R)$ 表示，投资者对每个资产的配置权重以 n 维向量 $\mathbf{w} = [\mathbf{w}_1, \mathbf{w}_2, \cdots, \mathbf{w}_n]'$表示，那么投资组合收益率的半方差可以表示为：

$$SVA\mathbf{R}_{\mathbf{w}} = \oiint_{\mathbf{w}'x \leqslant r_0} (r_0 - \mathbf{w}'\mathbf{R})^2 \mathrm{d}F(r) \tag{2-33}$$

传统的均值—半方差模型可以表示为：

$$\min_{\mathbf{w} \in \Omega} \quad SVA\mathbf{R}_{\mathbf{w}}$$

$$\text{s. t.} \begin{cases} \mathbf{w}'\mathbf{r} = r_0 \\ \mathbf{w}'\mathbf{1} = 1 \end{cases} \tag{2-34}$$

均值—半方差模型本质上也是一种建立在收益—风险标准上的资产配置模型。相比于均值—方差模型，该模型以下方风险为风险度量指标，不仅能够更有效地衡量风险，更符合投资者的真实风险态度，也更贴近实际情况，而且可以克服用方差衡量风险要求资产收益率及其联合分布是正态的局限性。此外，是分散化风险均值—方差模型的精髓之一，而均值—半方差模型则保留了分散投资组合风险的功能。

（2）广义的均值—LPM 模型。

Athayde 等（1975）和 Fishburn（1977）将半方差的思想进一步推广，提出了广义的下方风险（Lower Partial Moments，LPM）作为风险度量指标，LPM 可以表示为：

$$\mathrm{LPM}(n,T)=\int_{-\infty}^{T}(r_0-R)^n \mathrm{d}F(R) \tag{2-35}$$

其中，n 表示 LPM 的阶数，r_0 表示目标收益率，$F(R)$ 为资产收益率 r 的分布函数。LPM 作为广义的下方风险度量方法，其他下方风险度量方法如半方差、半绝对离差等都可以看作是 LPM 的特例。另外，通过 LPM 还可以表示资产收益的高阶矩风险。

假设 n 个资产的期望收益为 $\mathbf{r}=[\mathbf{r}_1, \mathbf{r}_2, \cdots, \mathbf{r}_n]'$，投资者对每个资产的配置权重可以以 n 维向量 $\mathbf{w}=[\mathbf{w}_1, \mathbf{w}_2, \cdots, \mathbf{w}_n]'$表示，$r_0$ 代表投资者的期望收益水平，理论上投资组合的下方方差可以通过以下公式计算：

$$\mathrm{LPM}_{\mathbf{w}}(n,T)=\oiint_{w'x\leqslant r_0}(r_0-w'R)^n \mathrm{d}F(r) \tag{2-36}$$

那么均值—LPM 模型可以表示为：

$$\min_{\mathbf{w}\in\Omega} \quad \mathrm{LPM}_{\mathbf{w}}(n, T)$$

$$\text{s. t.}\begin{cases}\mathbf{w'r}=r_0\\ \mathbf{w'1}=1\end{cases} \tag{2-37}$$

其中，阶数 n 能够表示投资者的风险偏好类型，当 $n<1$ 时，$(r_0-R)^n$ 是 R 的一个凹函数，可以证明在该情况下投资者可以接受公平博弈，属于风险喜好型；当 $n=1$ 时，表明投资者是风险中性的；当 $n>1$ 时，$(r_0-R)^n$ 是 R 的一个凸函数，投资者是风险厌恶的。另外，二阶 LPM 就是半方差，当 $n=2$ 时，均值—LPM 等价于均值—半方差。

均值—LPM 模型的优势在于其与随机占优之间存在着等价关系。具体来说，均值—零阶 LPM 模型的最优配置组合是一阶随机占优集的一个真子集；均值—一阶 LPM 模型最优配置组合是二阶随机占优集的一个真子集；均值—二阶 LPM 模型的最优配置组合等价于三阶随机占优集和 DARA 随机占优集（具体的证明可见侯成琪，2005）。然而，无论是均值—半方差模型还是均值—LPM 模型如果在非正态分布的假设下，如何计算投资组合的 LPM 也是学术界目前尚未解决的难题，虽然通过上一节的分析，我们可以通过各种模型来对收益率分布进行预测，然而即使知道收益率的分布，不能将组合 LPM 中的权重向量 **w** 分离出来，所以投资组合的 LPM 无法像投资组合的方差那样表示成权重向量 **w** 的初等函数，其理论计算公式一般非常复杂，这也就大大增加了对均值—LPM 模型进行求解的难度。因此，使用下偏风险的资产配置模型很难应用于实践。

（3）加入 VaR（CVaR）约束。

在险价值（Value at Risk，VaR）是一种以概率估计风险的方法，其定义为在一定概率水平下，在特定的时间范围内，投资组合的最大可能损失。VaR 的值与金融资产的收益概率分布、时间范围和置信水平有关。根据定义，VaR 可以表示为：

$$\mathrm{VaR}^{\alpha}(R) = -\inf\{z \mid \Pr(R \leqslant z) \geqslant \alpha\} = -F^{-1}(\alpha) \tag{2-38}$$

其中，$\alpha \in (0, 1)$ 为给定的置信水平，$F^{-1}(\alpha)$ 是 r 的累积分布函数 $F(r)$ 的广义逆函数。

计算 VaR 的常用方法主要有三种：参数法（方差—协方差）、非参数法（历史模拟）和蒙特卡罗模拟方法。其中，只有当资产收益率 r 服从正态分布时，单个证券资产的 VaR 可以用期望收益率和方差（标准差）表示：

$$\mathrm{VaR}^{\alpha} = -(r + Z_{\alpha}\sigma) \tag{2-39}$$

其中，r、σ 分别为该证券资产的期望收益和标准差，$Z_{\alpha} = \Phi^{-1}(\alpha)$ 表示标准正态分布的 α，$\Phi(\cdot)$ 代表标准正态分布的累积分布函数。

然而，当资产收益率不满足正态分布时，则只能通过非参数（历史模拟）方法和蒙特卡罗模拟方法衡量 VaR。其中，历史模拟法是实际价格变化的历史数据来估计证券价格的分布，并在此基础上估计单个资产或组合的损失和收益，蒙特卡罗模拟则可以选择一种主观认为最适合、最有效的统计分布，由此进行模拟并得到单个资产或组合的 VaR。具体的估计步骤可以参考 Linsmeier 和 Pearson（1996）、Dueff 和 Pan（1997）、叶五一（2006）等。

VaR 成为一种被广泛应用的风险管理方法后，学者们对将 VaR 约束加入投资组合管理的尝试也在不断发展。根据 VaR 风险约束在决策中的地位不同，可以将带有 VaR 约束的投资组合优化方法分为两大类：①在传统均值—方差模型中加入 VaR 约束，即 VaR 约束下的均值—方差优化；②以 VaR 作为决策变量的优化模型，即均值—VaR 优化。

首先，VaR 约束下的均值—方差优化实际上就是在给定的风险价值约束下 VaR_0 获得一个使得组合的收益—风险最优化的投资组合，该模型可以表示为：

$$\max_{\mathbf{w} \in \Omega} \mathbf{w}'\mathbf{r} - \frac{\gamma}{2}\mathbf{w}' \sum \mathbf{w}$$

$$\text{s. t. } Pr(r_p < -\mathrm{VaR}_0) \leqslant 1 - c$$

$$\mathbf{w}'\mathbf{1} = 1 \tag{2-40}$$

其中，由于 VaR 约束为非线性约束，无法用传统的拉格朗日法对模型求解，采用几何解法可以求得 VaR 约束下的最优投资组合，具体的求解方法详见 Alexnader 和 Baptisat（2002）。

其次，均值—VaR 模型考虑的投资组合优化问题与均值—优化方法相似，只是用 VaR 代替原有模型中的方差，该模型的有效前沿可以定义为方程（2－41）的解：

$$\max_{\mathbf{w}\in\Omega}\mathbf{w}'\mathbf{r}$$

$$\min_{\mathbf{w}\in\Omega}\mathrm{VaR}$$

$$\text{s. t. } \mathbf{w}'\mathbf{1} = 1 \tag{2-41}$$

对于均值—VaR 优化，学者们提出了梯度算法和启发式算法等对模型进行求解，详细的内容可以参见王春峰（2002）。

由于 VaR 不满足次可加性（Sub－additivity），这意味着投资组合的 VaR 可能大于各组成部分的 VaR 之和，且 VaR 还存在非凸性等不良的数学特性，参与投资组合优化时存在诸多障碍。对此，Rockafeller 和 Uryasev（2000）提出了条件风险价值（CVaR），CVaR 反映了损失超过 VaR 的极端损失的平均值：

$$\mathrm{CVaR}^{\alpha}(R) = F^{-1}(1-\alpha \mid X_t) \tag{2-42}$$

这里，$F^{-1}(\cdot \mid X_t)$ 是在给定 X_t 条件下的分布函数的反函数，即条件分位函数。国内外的学者们给出了众多条件分位函数以及 CVaR 的估计方法，包括参数估计方法、半参数估计方法以及非参数估计方法。由于 CVaR 被证明是一致性的风险度量，且可以充分测量尾部风险。另外，Rockafeller 和 Uryasev（2000）还证明了 CVaR 优化问题是凸规划问题，可以通过线性规划（LPs）有效地求解。因此，CVaR 提出之后，其被认为比 VaR 更适合用于投资组合优化中，因而类似于 VaR 约束下的均值—方差模型和均值—VaR 模型，CVaR 约束下的均值—方差模型和均值—CVaR 模型也被相继用于实证分析。

总的来说，VaR（CVaR）约束下的均值—方差优化是在均值—方差优化基础上增加了风险控制指标，使得投资组合的选择被限制在传统的有效前沿与 VaR（CVaR）约束之间，可以在一定程度上弥补传统均值—优化方法由于风险估计不足可能造成的损失，且该模型简单易解，在实务工作者中获得了较大的认可并广泛用于投资组合的风险管理中。然而，其最优投资组合的选择仍然是基于均值—方差优化流程，对非正态分布情形下的投资组合优化问题并不适用。相比之下，均值—VaR（CVaR）模型是用风险价值替代传统均值—方差模型中的方差作为衡量风险的指标，在相同收益的组合中选择 VaR（CVaR）最小的投资组合或在相同 VaR（CVaR）的组合中选择收益最高的组合来实现资产配置优化，是一种不同于均值—方差优化的投资组合优化方法。并且，该优化方法对资产的收益分布没有特殊的假设，在正态分布的情况下，当置信水平大于 0.5 时，均值—VaR（CVaR）模型等价于均值—方差模型，在其他收益率分布下，VaR（CVaR）的估计精度决定了最优投资组合的有效性。因此，在基于均值—VaR（CVaR）模型的投资组合优化中，对 VaR（CVaR）的估计是优化过程中需要解决的关键问题，也是学术界的研究重点之一。虽然学者们提出了许多估计方法，但至今也没有形成统一的结论。无论是基于历史数据的参数估计还是蒙特卡罗模拟等非参数估计方法，都有其各自的优缺点。事实上，在以收益—风险均衡为目标的资产配置方法中，收益和风险的预测是相辅相成、共同影响的，优化的收益率（分布）估计可以提高风险的估计精度，从而共同提高优化结果的有效性。

2.3 基于风险预算的模型

2.3.1 固定保险金额模型

固定保险金额法包括固定比率组合保险（Constant - Proportion Portfolio Insurance，CPPI）和时间不变性投资组合保险策略（Time Invariant Portfolio Protection，TIPP）等。CPPI 由 Black 和 Jones（1987）提出，主要特征包括：组合价值始终高于某个阈值，该阈值为根据投资者的风险偏好能力确定的绝对值，组合不断调整，计算相对简单。TIPP 由 Estep 和 Kritzma（1988）提出。主要特征包括：组合价值始终高于某个阈值，该阈值为投资组合最高价值的百分比，组合不断调整，计算相对简单。二者均是确定一个保险金额或保险比例从而控制风险的方法，其共同的弊病是没有考虑频繁调整的成本，且安全资产的利用率较低。

2.3.2 风险均衡模型

风险平价模型（Risk Parity Model），又称风险均衡模型，最早由美国桥水基金应用于实际资产配置中，Qian（2005）将风险平价模型进行了理论梳理。风险平价模型的思想很简单，即各类资产的风险贡献相同。

风险平价模型在美国市场已经得到广泛应用，表 2 – 4 展示了部分优秀的风险平价基金。

表 2 – 4 部分风险平价基金及其投资策略

风险平价基金	基金管理人	成立时间	投资策略
All Weather	Bridgewater Associates	1996 年	通过有效地分散使得不同经济驱动因素下的风险暴露相同
Pear Tree PanAgora Risk Parity Emerging Markets Fund	Pear Tree Fund	2013 年	分散投资于 MSCI 新兴市场指数证券，使得每个国家的证券对组合的风险贡献相同
Invesco Balanced Risk Allocation	Invesco	2009 年	使用风险平价方法积极管理股票、债券、商品，上述资产的风险暴露各占 1/3，根据当前经济环境会适当调整各类资产的风险暴露比重
Risk Parity Fund	AQR Funds	2010 年	在全球范围内投资股票、债券、货币、商品，寻求股票风险、固定收益风险、通胀风险、信用/货币风险的平衡，有时也基于投资研判做适度调整
Risk Parity 7 Fund	Aquila Capital	2010 年	以风险平价为方法，均衡投资于股票、债券、商品、外汇，目标波动率为 7%

资料来源：华宜证券研究创新部。

在这些以风险平价模型为基础对各类资产进行配置的资产管理方法中，又分为以下两种配置策略：

（1）基于资产类别的风险平价策略，最早由桥水基金公司的创始人 Ray Dalio 提出，著名的全天候（All Weather）基金使用的即该策略。该策略认为资产的表现与市场经济环境息息相关，例如，在通货紧缩式经济衰退的情况下，债券的投资表现将会明显好于其他资产。因此，为了使组合内各资产在不同经济环境下的风险达到平衡，该策略对每一种经济环境都配置了同等的风险水平。

（2）基于风险因子的风险平价策略，由 Ang（2017）、Qian（2014）等提出。Ang 曾任职于高盛资产管理公司，该策略也为高盛所应用。该策略认为部分资产间拥有很高的相关性，且部分与固定收益型产品类似的资产（如 REITS）对利率的敏感性与债券相似。当针对某一种风险因子的事件突然发生，组合的风险敞口（未加以保护的、冲销后未能抵减的风险）会远高于预期，为组合带来重大损失。因此，基于风险因子的风险平价策略的理念是设立一揽子风险因子，以此为基础来平衡组合内各资产所包含的风险因子类别。本节仅介绍基于资产类别的风险平价策略。

根据风险度量方式的不同，风险平价模型在操作中有许多不同变化。根据余家鸿（2018）的观点，风险平价模型根据是否考虑资产之间相关性的不同可分为简单风险平价和标准风险平价。其中，前者不考虑资产之间的相关系数，各类资产的配置权重如下：

$$w_i^t = \frac{(\sigma_i^t)^{-1}}{\sum_j (\sigma_j^t)^{-1}}$$

其中，σ_i、σ_j 为各类资产的标准差。上述模型非常直观，当某资产风险较大时，其配置权重相对较小，当某资产风险较小时，其配置权重较大。现有许多研究中以上式计算得到的风险平价模型的配置方案。标准风险平价考虑资产之间的相关系数。模型如下：

$$RC_i = w_i \frac{\partial R_p}{\partial w_i}$$

其中，R_p 为资产组合的风险。通常的风险度量维度为标准差。将标准差的公式代入得：

$$RC_i = \frac{\sum_j w_i w_j \sigma_{ij}}{\sigma_p}$$

其中，σ_p 为组合的标准差，σ_{ij} 为资产两两之间的协方差。从上式可知，风险平价模型并无解析解，因此可通过牛顿法得到数值解。而牛顿法存在两方面问题：其一，牛顿法是通过给定初值，不断试错的过程，换言之，所得结果会在一定程度上受初值影响；其二，虽然通过设置初值可以在一定程度上避免权重为负，但通过上式求解的过程并不能严格保证这一点。因此风险平价模型常见的还有另一种方法（Braga，2016），如下式所示：

$$\min \sum_{i=1}^{N} \sum_{j=1}^{N} \left(w_i \frac{\partial \sigma_p}{\partial w_i} - w_j \frac{\partial \sigma_p}{\partial w_j} \right)^2$$

$$\text{s. t. } \sum_{i=1}^{N} w_i = 1$$

$$w_i \geqslant 0$$

由上述公式，可在保证权重非负的前提下，实现不同资产的风险贡献尽可能相等，从而得到风险平价组合。需要注意的是，风险平价模型在一定条件下得到的配置方案与马科维茨均值方差模型得到的最优化方案是一致的，此时需要满足两个条件：其一，各类资产的夏普比率相等；其二，各类资产之间的相关系数

相等。

根据上文分析可知，均值方差模型的最优化过程实则在挑选一定风险约束下获得收益最大的组合，换言之，夏普比率是最高的组合。余家鸿（2018）统计了美国近 30 年中股票、债券、大宗商品的夏普比率，发现三者接近。因此，条件一有其合理性。资产之间的相关系数不稳定，本书后续章节中有展示：不同样本区间对应的相关系数可能截然不同，甚至符号相异，换言之，相关系数非常不稳定，不同资产的相关系数相等也可能是其中的一种情况，因此，条件二也有其合理性。以上两点为风险平价模型的应用提供了依据。

风险平价模型与均值方差模型虽然在一定条件下可得到一致的结果，但大多数情况下，二者存在差异。首先，风险平价模型不考虑收益，仅基于风险进行资产配置决策。这是显而易见的。其次，本书后续章节将会论证，风险平价模型和均值方差模型在风险度量维度的选择上有所不同。除此之外，风险平价模型与均值方差模型的一大不同之处在于，均值方差模型在最优化过程中即设定了风险约束，如投资者可承受的最大标准差。因此最优化的结果可直接用于资产配置。而风险平价模型在模型的计算过程中并未设定风险约束，换言之，风险平价模型中，资产类别确定后，组合的风险水平已经确定了。若该风险水平高于投资者可承受的最大标准差，则可配置一定的无风险资产，如货币类资产；若该风险水平未达到投资者事先设定的风险约束，也即投资者最大可承受标准差，则在得到资产配置权重后，只能通过加杠杆的形式满足投资者的风险目标。

2.4　其他模型

2.4.1　恒定混合模型

恒定混合模型是目前应用最广泛的资产配置模型之一。一类重要的恒定混合模型为等权重模型。根据 Gibson（2014），2000 ~ 2009 年，对美国高质量债券、大公司股票以及不动产证券（不动产投资信托基金，REITS）进行等权重配置的复利年收益率为 6.13%，高于同期美国大公司股票 -0.95% 的复利年收益率以及 2.52% 的年通货膨胀率。Ang（2014）也发现，通过每期再平衡到一个固定的权重（也即恒定混合模型），长期来看最终将取得优于买入持有策略的收益。日本政府养老金（GPIF）2016 年股债配置比例为 1∶1，即为等权重配置的代表。

另一类重要的恒定混合模型为 60/40 模型，即投资 60% 在股权资产，40% 在债权资产，实为一种资金加权的混合配置方法。机构投资者曾广泛采用 60/40 混合配置方法。2001 ~2012 年，以标普 500 指数与美国国债进行六四混合的组合平均收益为 5.4%，高于美国大学捐赠基金平均收益的 4.6%；波动率为 10.2%，低于捐赠基金平均波动率的 11.3%（Ang，2014）。挪威主权养老基金（GPDF）严格遵守 60/40 配置，获得了高于通胀 5% 以上的稳健收益。然而，60/40 的配比使得投资组合的风险 90% 集中在股票资产（Qian，2005），当股票价格下跌时抵御风险的能力较差。

2.4.2 基于收益判断的模型

仅考虑收益的资产配置模型，与其说是资产配置模型，不如说是资产轮动模型。其与均值方差模型、风险平价模型等主流模型最大的差异在于缺少了风险分散的理念。下面以美林投资时钟为代表进行介绍。

美林在 2004 年 10 月和 2005 年 7 月分别发表了题为 *The Investment Clock—Special Report #1*：*Making Money from Macro* 和 *The Investment Clock—Special Report #2*：*Tming the Turns* 的研究报告，系统地阐述了“美林投资时钟”模型，受到市场广泛关注。该模型以及严谨的逻辑、翔实的统计以及完美的表达形式而得到迅速传播。美林投资时钟将经济周期、大类资产配置和部门行业类别三大因素综合在一起进行考虑，是投资界频繁参考使用的经济周期分析工具。美林根据超过 30 年的数据统计分析发现：虽然每个经济周期都有其独特性，但其中确实隐藏了一些相似的因素，如果可以合理运用将取得更好的收益。美林投资时钟将“资产”“行业轮动”“债券收益率曲线”以及“经济周期四个阶段”联系起来。而根据经济增长和通胀状况，美林的投资时钟将经济周期划分为四个不同的阶段，即衰退、复苏、过热和滞胀阶段。利用不同经济周期阶段的数据，比如资产回报率来检验该投资时钟逻辑，并比较股票、债券、大宗商品等各自的收益表现。同时，结合股票板块之间的轮动规律和债券收益率曲线的变化而总结出相应规律。

如图 2－7 所示，从投资时钟上看，一个经典的“繁荣—萧条”周期始于左下方，沿顺时针方向循环。债券、股票、大宗商品和现金组合的表现依次超过大市。但往往并没有这么简单。有时候，时钟会逆时针移动或跳过一个阶段，而圆环不同的层次，越靠近圆心的产业，轮动性的统计数据越丰富。经济增长和通货膨胀是时钟的驱动力，经济增长率指向南北方向，通胀率指向东西方向。如图

2－7所示，从左下角的衰退（Reflation）阶段开始分析。

2.4.2.1 衰退（Reflation）阶段（6～9点）

GDP增长乏力，过剩产能以及不断下降的商品价格驱动通货膨胀走低。企业盈利微薄，实际收益下降。中央银行试图促使经济返回到可持续增长路径上而降低利率，债券收益率曲线下行而且陡峭。此阶段债券是最好的资产选择。根据美林用1973年4月至2004年7月完整的超过30年的美国资产和行业回报率数据，和预想的一样，在这个阶段，债券是表现最好的资产，实际平均年收益率为9.8%，而债券资产的长期平均收益率只有3.5%，时钟对角处大宗商品Commodities的表现最糟糕。

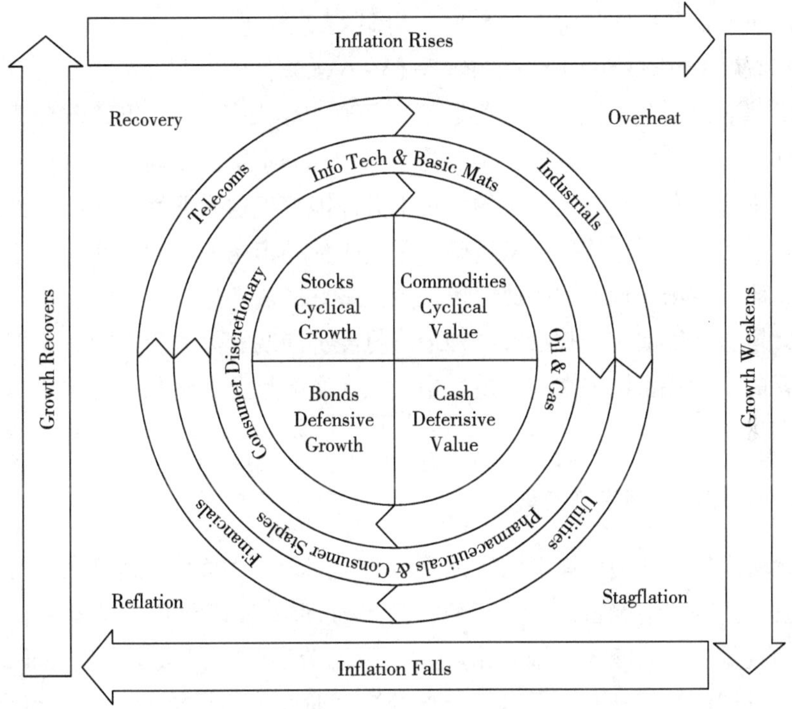

图2－7 美林投资时钟

2.4.2.2 复苏（Recovery）阶段（9～12点）

宽松的政策发挥效力，经济加速增长到长期增长趋势附近。然而，通货膨胀继续回落，因为剩余产能尚未消耗干净，周期性生产增长强劲。企业利润急剧恢复，但央行仍保持宽松的货币政策，债券收益率曲线保持在低位。此阶段是股权投资者的“黄金时期”，股票是最好的资产选择。根据美林统计数据，对30年美国市场而言，股票是所有资产中表现最好的，实际收益率达到19.9%，而其长期收益率为6.1%。现金的收益很差，商品的收益率为负（绝大部分是由于石油价格的回落）。

2.4.2.3 过热（Overheat）阶段（12~3点）

生产增长减缓，生产能力接近极限，通货膨胀上升。央行提高利率，驱使经济返回到可持续增长路径上，但是GDP增长率顽固地保持在趋势上方。债券表现糟糕，收益率曲线上行和平坦。股票投资收益依赖于强劲的利润增长和价值重估两者的权衡，常常伴随着卖出债券。此阶段大宗商品是最佳的资产选择。根据美林统计数据，对于30年美国市场而言，商品是最好的资产，实际收益率达到19.7%，而其长期平均收益率为5.8%。债券表现最差。

2.4.2.4 滞胀（Stagtlation）阶段（3~6点）

GDP增长降低到长期增长趋势以下，但通货膨胀率继续上升，部分原因是石油价格冲击。由于生产不景气，企业为了保护利润水平而提高产品价格，造成工资价格螺旋式上升，只有失业率的大幅上升才能打破这一恶性循环。直到通货膨胀达到顶点后，央行才改变政策措施，限制了债券市场的回暖步伐。由于企业盈利恶化，股票市场表现糟糕。此阶段现金是最好的资产选择。

在此模型基础上，美林投资时钟最终将经济周期、大类资产配置、部门行业类别三者的相关关系统一在一个模型中，其中影响行业类别配置的主要因素在本节不做探讨。

2.4.3 连续时间序列模型

连续时间的生命周期模型的研究始于Samuelson（1969），其引入动态随机过程，并就一些特殊情况得到了最优解。但Samuelson（1969）的模型中存在独立同分布的收益率、无摩擦的金融市场、不考虑劳动收入等假设。Merton（1969）在动态随机过程的基础上，提出了经典的连续时间下跨期消费和投资组合问题。Merton（1971）进一步引入了劳动收入。Merton早期的模型由于需要求解非线性偏微分方程，因此无法得到闭合解析解。之后人们求解连续时间下的生命周期问题往往伴随各种假设条件，如收益服从几何布朗运动、完备市场假设等。随着生命周期模型的进一步发展，假设不断放宽，离散问题下的近似解和数值化求解方法逐渐发展起来。Kimball和Mankiw（1989）发现人们存在预防性储蓄动机，当未来收入能准确预测时，人们会消费多于当前收入的水平。Carroll（1997）分别在有限和无限期离散模型中引入预防性储蓄动机，提出预防性储蓄（Buffer - stock Saving）相对于恒定收入水平在生命周期模型中更为恰当，即平均消费增长与劳动收入增长相当。Campbell 和 Viceira（1999）在 Merton 的经典连续时间生命周期模型的基础上，用对数线性化方法得到了离散状态下的近似解。Campbell 和 Cocco（2000）在 Campbell 和 Viceira（1999）提出的近似解析方法的基础上，提出了求解无限生命投资者跨期消费和投资决策问题的数值化方法。Carroll（2005）引入内生网格算法，避免了复杂的重复求根过程。Cocco 等（2005）求解了现实和定量校准的有限生命周期模型，并考虑借贷约束，发现借贷能力是收入分布的下边界。投资者因此面临正的内生借贷约束，从而在年轻时候倾向于借贷（净资产为负）且不投资股票。Carroll（2006）对有限期生命周期模型的动态随机最优化问题提供了一套完整的数值求解方法。Carroll 认为，考虑到风险的不确定性以及不同投资者的风险偏好，不用数值化方法很难求解一个贴近实际的生命周期模型，而随着数学方法和计算机水平的提高，数值化方法有了更广阔的空间。然而，以连续时间序列模型为基础的生命周期模型存在大量待估参数，因此通常不会直接用于实践，但可为资产配置决策提供参考。

2.5 本章小结

本章对资产配置的模型进行讨论。首先，以时间顺序对资产配置模型的历史发展进行了梳理，并提出了资产配置模型主要可分为四类：基于收益判断的模型、基于风险预算的模型、均值方差模型及其衍生模型、其他模型。其中，其他模型又包括恒定混合模型、时间序列模型等。本书认为，基于收益判断的模型不能称为真正意义上的资产配置模型，若收益判断完全准确，则配置收益最高的资产即可，无须资产配置，若收益判断不准确，则该类模型也没有太大意义。因此，本书重点探讨三类模型，均值方差及其衍生模型、基于风险预算的模型以及其他模型。

均值方差模型同时考虑了资产的风险和收益特征，是比较全面的一类模型。均值方差模型的衍生模型包括切点模型、最小方差模型以及 B - L 模型等。本书以切点模型为例进行了分析。B - L 模型由于其量化结合主观的优势，在我国当前时代背景下有较强的实践意义。基于风险预算的模型以风险平价模型为代表。

从美国桥水基金的经验可见，风险平价模型对于获取长期稳健收益有较强的优势，但难以捕捉短期收益上涨的机会。其他模型中的恒定混合模型是一类被动投资模型，美银美林和富达等国外金融机构曾广泛使用该模型。由于恒定混合模型强调再平衡的理念，收益通常较为稳健。时间序列模型有非常巧妙的数学设计，但由于参数较多且不易确定，通常不会直接用于实践，但可为资产配置决策提供参考。

综上，实践中资产配置通常包括三类框架：均值—方差框架、风险平价框架以及恒定混合框架。

第3章　投资者风险偏好研究

3.1　风险偏好与风险厌恶系数

3.1.1　风险偏好与期望效用函数理论

风险厌恶的概念最早来源于冯－诺依曼－摩根斯坦效用函数（von Neumann－Morgenstern utility function，VNM），也即期望效用函数理论。Morgenstern 和 Neumann（1953）于20世纪50年代首次提出这一理论框架，旨在对不确定条件下理性人的选择进行分析。早期经典的冯－诺依曼－摩根斯坦效用函数将效用表示为财富水平的函数 $U[W]$。该效用函数的一阶导通常大于零，即随着财富水平上升，效用随之增加。而效用函数的二阶导数则反映了风险偏好。

3.1.1.1　风险态度分类

（1）风险厌恶。风险厌恶型投资者在相同预期回报下倾向于更低风险的选择，或者说，面对相同的期望收益，风险厌恶型投资者偏好结果更确定的选择，表现为：

$$U(E[W]) > E(U[W])$$

因此，风险厌恶型投资者的效用函数为凹函数，对应的效用函数二阶导数小于零。

（2）风险中性。风险中性投资者对其所承担的风险无须风险补偿。换言之，在面对相同期望收益时，不在意是否采取风险更小、更加确定的选择，表现为：

$$U(E[W]) = E(U[W])$$

因此，风险中性投资者的效用函数为一条直线，对应的效用函数二阶导数等于零。

（3）风险偏好。风险偏好型投资者偏好不确定性，在面对相同期望收益时，风险偏好型投资者倾向于选择有较大不确定性的方式，表现为：

$$U(E[W]) < E(U[W])$$

因此，风险偏好型投资者对应的效用函数为凸函数，对应的效用函数二阶导数小于零。

3.1.1.2 风险厌恶系数

由于效用函数二阶导数的数值在线性变换时会发生变化，因此不宜直接用来反映风险厌恶程度。而二阶导数与一阶导数的比值则是在数值上更为稳定的，可用来反映投资者风险厌恶程度的指标，表示为：

$$T = \frac{U''(W)}{U'(W)}$$

该指标又被称为阿罗－普拉特绝对风险厌恶系数（Arrow－Pratt Absolute Risk Aversion）。绝对风险厌恶系数考察初始财富水平相同时，不同行为主体对风险投资的态度。换言之，绝对风险厌恶系数与初始财富水平无关。在此基础上，Arrow（1971）、Pratt（1978）引入相对风险厌恶系数（Arrow－Pratt Relative Risk Aversion），表达式如下：

$$R = \frac{U''(W)}{U'(W)}W$$

相对风险厌恶与初始财富水平有关，当初始财富水平变化时，投资者的风险厌恶程度随之变化。在投资实践中，投资者的风险偏好往往与他们的初始财富水平高度相关。

3.1.1.3 常数相对风险厌恶

在对经济体行为进行分析的框架中，终身效用函数是一项重要的研究工具。早期经典的终身效用函数通常假设行为人的效用可用其终身消费效用的折现值得到，后续研究中又加入了劳动价值、闲暇成本等因素。以终身消费效用贴现为例，由于每期消费需要通过 $U(C_t)$ 转化为当期效用，每期的风险厌恶系数可能不同。为了简化模型，终身消费效用函数往往使用常数相对风险厌恶（Constant Relative Risk Aversion，CRRA）效用函数，以 Mankiw（1985）为例，形式如下：

$$E_t \sum_{t=0}^{\infty} \gamma^{-t}[U(C_t)]$$

$$U(C_t) = \frac{C_t^{1-\theta}}{1-\theta}, \ \theta > 0$$

其中，θ 为 Arrow - Pratt 相对风险厌恶系数。根据相对风险厌恶系数的计算公式，CRRA 效用函数的相对风险厌恶系数即常数 θ，此时行为人的风险厌恶系数不随每期消费水平的变化而发生变化，从而终身效用模型得以简化：

$$R=\frac{U''(C)}{U'(C)}C=\theta\frac{C^{-\theta-1}}{C^{-\theta}}C=\theta$$

Weber（1975）通过居民消费支出数据估算了风险厌恶系数的大致区间。Mankiw（1985）也基于 CRRA 通过对投资者消费水平进行测算得到了风险厌恶系数。期望效用理论为风险厌恶系数的获取提供了扎实的理论基础，但冯 - 诺依曼 - 摩根斯坦效用函数的形式存在多种假设。因此以上测算方式均难以保证风险厌恶系数在数量上的准确性。Merton（1969）从常数相对风险厌恶的期望效用理论出发，构建连续时间模型，得到投资者配置最优风险资产的比例如下：

$$w=\frac{r}{\delta\sigma^2}$$

其中，r 为风险资产超额收益，σ 为风险资产标准差，δ 为 Arrow - Pratt 相对风险厌恶系数。随后，Friend 和 Blume（1975）通过投资者配置风险资产的比例倒推得到风险系数。

3.1.2 风险厌恶系数与现代投资组合理论

20 世纪 50 年代，以 Markowitz（1952）均值方差模型为代表的现代投资组合理论诞生，开启了量化资产配置的时代。均值方差模型量化了资产配置的过程，但早期的模型在实际应用中存在困难。Sharpe（1963）随后引入单因子模型对均值方差模型的求解过程进行了简化。1964 年，Tobin（1964）又引入无风险资产，并引入了著名的两基金分离定律，将均值方差模型中的有效边界变成一条直线，马科维茨、托宾和夏普的现代资产组合理论是当今资产配置实践的基础，其最优化的经典效用函数可以概括为下式。此后，大量资产配置相关研究建立在该效用函数基础上，其中比较著名的有 Black 和 Litterman（1992）提出的 B - L 模型等。

$$\max_{w}\ \mathbf{w}'\boldsymbol{\alpha}-\frac{\lambda}{2}\mathbf{w}'\sum\mathbf{w}$$

然而，该效用函数在实际应用中一个重要的问题在于风险厌恶系数的获取。通常来说，投资者按风险偏好分为三类。现代资产组合理论中，三类投资者的风险偏好与风险厌恶系数 λ 的关系为：风险厌恶型投资者在承受风险时需要有一定的风险溢价进行补偿，此时 $\lambda>0$；风险中性投资者仅关注收益，其效用函数不受投资组合风险的影响，此时 $\lambda=0$；风险偏好型投资者承受的风险能带来正效用，此时 $\lambda<0$。该模型自诞生以来获得了广泛认同。风险厌恶系数在多数情况下为正值，即投资者主要以风险厌恶型为主。马科维茨的经典框架认为，投资者都倾向于选择夏普比率最大的组合，即切点组合（Tangency Portfolio），在市场均衡时，供给等于需求，因此切点组合对应的风险资产配置即市场组合。而风险厌恶系数决定了市场组合和无风险资产之间的配置。然而，实际的市场环境存在许多限制，市场均衡并非常态，在不允许自由借贷时，切点组合并非始终最优。本节通过理论模型证明，随着风险承受能力的变化，风险厌恶系数与资产配置的关系也会发生变化。因此，合理地估计风险厌恶系数对于资产组合理论在实践中的应用至关重要。

从期望效用函数中绝对风险厌恶和相对风险厌恶的定义可知，相对风险厌恶与初始财富水平有关，更贴合实际，因此现代资产组合理论中的风险厌恶系数与期望效用函数理论中的相对风险厌恶系数更具一致性。Campbell（2004）证明了在投资者具有关于财富的幂效用函数（常数相对风险厌恶）且资产收益率服从对数正态分布时，最大化下一期的期望效用与最大化现代资产组合理论的效用函数是等价的，二者的风险厌恶系数完全相同。Guiso（2018）测算的风险厌恶系数与期望效用理论对相对风险厌恶系数的定义出现偏离，其中或有心理学因素的影响。

总而言之，理性预期下，现代资产组合理论中的风险厌恶系数 λ 与期望效用理论中相对风险厌恶系数 θ 在经济学含义上具有一致性。三种风险偏好下的 Arrow－Pratt 相对风险厌恶系数的符号如图 3－1 所示。

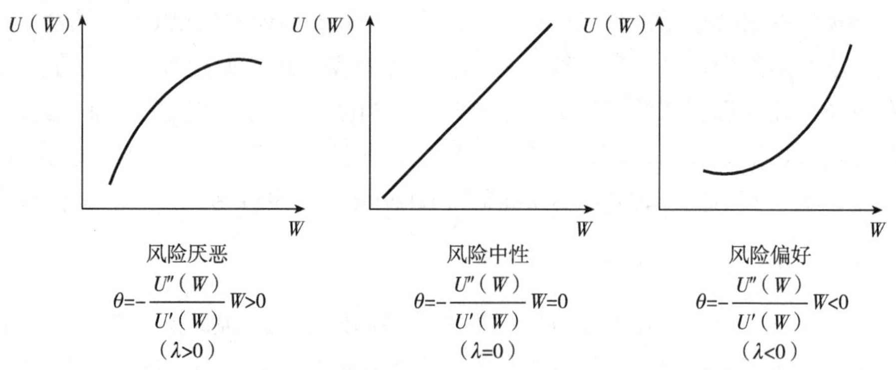

图 3－1　不同风险偏好

3.2 风险厌恶系数的理论建模——新的视角

国内外对风险厌恶系数的测算已经有较长的历史，Weber（1975）、Mankiw（1985）、Alessandro 和 Raffaele（2008）等都对该系数进行了估算或测算。这些研究普遍通过对投资者的社会属性、财务情况进行定性和定量的综合估计得到。这一过程有扎实的理论基础，然而相对复杂的过程和定性因素的存在使得风险厌恶系数在数值上的准确性难以得到保证。王晟和蔡明超（2011）以股票指数作为风险资产，通过调研投资者在风险资产和无风险资产之间的配置权重得到投资者风险厌恶系数。本书稍后的讨论表明，这种方式存在三大问题：其一，投资者的资产配置权重反映的是过去的风险偏好，而在做投资决策时需要了解投资者当下/未来的风险偏好；其二，投资者的实际资产配置权重不易获取；其三，本书稍后的讨论将表明，对于不同风险偏好的投资者，计算风险厌恶系数的公式是不同的。对于配置了无风险资产的投资者而言，王晟和蔡明超（2011）所用方法是成立的，而当部分风险厌恶程度较低的投资者仅配置风险资产时，该方法不适用，此时本书提供更为一般的求解方式。简言之，本书从数量化的角度对风险厌恶进行理论建模，无须获取投资者的具体配置比例，是一种更为快捷有效的获取方式。

本书在此问题上主要做了以下创新：其一，不同于以往需要通过收集投资者的资产配置权重数据，或者通过诸多定性因素综合考量得到投资者的风险厌恶系数，本节沟通了投资者最大可承受标准差与风险厌恶系数的关系，从而对风险厌恶系数进行了理论建模，得到获取风险厌恶系数更为精确、有效的一种数量化方法。其二，本节通过理论推导发现，当投资者考虑无风险资产且存在借贷限制时，风险厌恶系数对资产配置的影响会随着风险厌恶程度的变化而有所不同。在风险承受能力低于某一阈值时，风险厌恶系数仅决定无风险资产和风险资产之间的配置，不改变风险资产的内部配置；而当风险承受能力高于一定阈值，风险厌恶系数将影响风险资产的内部配置。其三，在实际资产配置过程中，以投资者最大可承受波动率作为约束条件往往存在时变性问题，即最大可承受标准差将随市场行情（资产收益、协方差矩阵）的变化而不断变化，频繁地对投资者进行调研无论从成本角度考量还是从实际操作层面考量都并非好的解决方式。本书的模型提供了一种解决方案，使得资产组合理论在实际应用中更为有效。

本节首先通过理论建模详述以上问题，之后通过基于 Python 的数值模拟对本节结论进行了验证。

3.2.1 模型准备

由 Markowitz（1952）开创的现代资产组合理论与冯－诺依曼－摩根斯坦期望效用理论诞生于同一时期，是现代资产配置实践的理论基础。现代资产组合理论中常见的效用函数有两种。可以证明，两种效用函数在一定条件下是等价的。在对风险厌恶系数进行研究之前，我们首先需要论证两类优化问题的等价关系：

效用函数 1：

$$\max_{w} \mathbf{w}'\boldsymbol{\alpha} - \frac{\lambda}{2}\mathbf{w}'\sum\mathbf{w} \tag{3-1}$$

效用函数 2：

$$\max_{w} \mathbf{w}'\boldsymbol{\alpha} \tag{3-2}$$

效用函数 1 多见于理论研究，λ 为投资者的风险厌恶系数，λ 的取值及含义在前文已有论述。而在资产组合理论的实际运用过程中，λ 系数不易获取。因此，效用函数 2 多见于实务操作。可以证明，上述两个优化问题在以下两个条件满足时是等价的：

（1）效用函数 2 存在以下约束条件：

$$\text{s. t. } \mathbf{w}'\sum\mathbf{w} \leqslant \sigma_{\max}^2$$

也即在投资者可承受的最大风险范围内，最大化投资者的期望收益。

（2）投资者是风险厌恶的，也即 $\lambda > 0$。

为了证明以上结论，我们先以一种相对简单的情况举例。假设投资者仅配置风险资产，不存在借贷约束。给定投资者可以承受的最大风险 $\sigma_{\max}^2$，则投资者追求的最优配置可以表述为如下最优化问题：

$$\max_{w} \mathbf{w}'\boldsymbol{\alpha}$$

$$\text{s. t. } \mathbf{w}'\sum\mathbf{w} \leqslant \sigma_{\max}^2$$

由于存在不等式约束，这里我们用 KKT（Kuhn－Tucker）条件，令

$$L = \mathbf{w}'\boldsymbol{\alpha} - \frac{\lambda}{2}(\mathbf{w}'\sum\mathbf{w} - \sigma_{\max}^2)$$

则有：

$$\frac{\partial L}{\partial \mathbf{w}} = \boldsymbol{\alpha} - \lambda\sum\mathbf{w} = 0 \tag{3-3}$$

$$\lambda \frac{\partial L}{\partial \lambda} = \lambda(\mathbf{w}' \sum \mathbf{w} - \sigma_{\max}^2) = 0 \quad (3-4)$$

$$\lambda \geqslant 0 \quad (3-5)$$

由式（3－5），λ 分两种不同情况讨论：

若 $\lambda > 0$，

此时有：

$$\mathbf{w}' \sum \mathbf{w} - \sigma_{\max}^2 = 0 \quad (3-6)$$

则可以解得：

$$\mathbf{w} = \lambda^{-1} \sum{}^{-1} \boldsymbol{\alpha} \quad (3-7)$$

这与效用函数 1：$\max\limits_{w} \mathbf{w}'\boldsymbol{\alpha} - \frac{\lambda}{2}\mathbf{w}' \sum \mathbf{w}$ 的解是一致的。

若 $\lambda = 0$，此时有隐含约束：

$$\mathbf{w}' \sum \mathbf{w} - \sigma_{\max}^2 < 0 \quad (3-8)$$

则新的最优化问题可以表述为：

$$\max_{w} \mathbf{w}'\boldsymbol{\alpha}$$

在没有任何约束的情况下，要使式（3－8）成立，当且仅当投资者可承受的最大风险 $\sigma_{\max}^2$ 大于任何可能存在的组合下组合的方差 σ_p^2，也即投资者的资产配置决策完全不需要考虑风险。此时很难说投资者仍是风险厌恶的，或者说投资者是近乎风险中性的。

因此，针对典型的风险厌恶型投资者，也即 $\lambda > 0$ 时，对投资者最大可承受风险施加约束的效用函数 2 与效用函数 1 是等价的。由此可见，λ 与 $\sigma_{\max}$ 存在某种对应关系，或者说，投资者最大可承受标准差在一定条件下可以反映投资者的风险厌恶程度。

综上，效用函数（3－1）的问题在于风险厌恶系数 λ 值不易确定。效用函数（3－2）以最大可承受波动率替代 λ，以一种实际可得的量化指标替代了不易获取的参数值，但存在一些问题。本书将证明，投资者可承受的最大波动率是随市场环境不断变化的，而市场的变化是连续的，因此投资者可承受的最大波动率需要不断调整，也意味着需要不断地对投资者进行调研，这显然是不现实的。本书通过沟通效用函数（3－1）和效用函数（3－2）的关系，可通过特定时期投资者可承受的最大波动率计算得到相对稳定的 λ 值，进而以该 λ 值计算得到一段时期内随着市场环境变化投资者最大可承受标准差的变化，从而指导资产配置过程。

在 Ding（2017）重建“主动投资基本定律”的文章中，Ding 基于主动投资的思想，论证了当资产配置权重为相对权重，即权重之和为零时，“风险厌恶”系数与追踪误差存在如下关系：

$$\lambda^* = \sigma_{A,t}^{-1}\sqrt{\boldsymbol{\alpha}'_t\Omega_t^{-1}\boldsymbol{\alpha}_t - \kappa\mathbf{1}'\Omega_t^{-1}\boldsymbol{\alpha}_t}$$

其中，$\kappa = (\boldsymbol{\alpha}'_t\Omega_t^{-1}\mathbf{1}')/(\mathbf{1}'\Omega_t^{-1}\mathbf{1})$，$\sigma_{A,t}^{-1}$ 为追踪误差的倒数，$\boldsymbol{\alpha}_t$ 为收益率向量，Ω_t^{-1} 为协方差矩阵的逆矩阵，$\mathbf{1}$ 为单位矩阵。

Ding 的模型基于主动投资思想，即在指数投资获取 beta 收益的基础上，通过主动投资获取 alpha 收益，因此所求权重为基于基准组合调整的相对权重，权重之和为 0。此处风险 σ 为追踪误差，或称“相对”波动率，而非本书所说投资者可承受的绝对波动率。此处“风险厌恶”系数 λ^* 反映投资者对于投资组合偏离基准的容忍度。由于基准的选取不唯一，该指标并不能体现不同投资者对于风险的偏好程度。因此，为了衡量投资者的风险偏好，我们需要考察投资者可承受的绝对波动率，即我们考察的配置权重为绝对权重，权重之和为 1。

此外，该模型主要用于股票内部配置而非资产配置。在大类资产配置过程中，例如，在股票、债券、货币、商品之间进行配置，反映大类资产整体表现的基准（指数）是不存在的。因此我们在应用现代资产组合理论时，也无法使用相对权重，而应该使用绝对权重。在使用绝对权重时，对应的风险维度 σ 是绝对风险指标，体现了投资者可承受的最大绝对波动率。后文将论证，从投资者可承受的绝对波动率可进一步精确对应到投资者的风险厌恶系数。

上文已经证明了两种效用函数等价时，有 $\lambda > 0$，即投资者是风险厌恶的，根据 KKT 条件，约束条件 $\mathbf{w}'\sum\mathbf{w} = \sigma_{\max}^2$ 将始终成立，因此，接下来将不再探讨 $\mathbf{w}'\sum\mathbf{w} < \sigma_{\max}^2$ 的情况。在此基础上，我们将对不同情况下风险厌恶系数 λ 与投资者最大可承受标准差 $\sigma_{\max}$ 之间的关系进行推导论证。

我们将投资者分为三种类型：可自由借贷的投资者、不可自由借贷的风险资产投资者以及不可自由借贷的综合型投资者。第一类主要为我国个人投资者，激进型的个人投资者可能融资买入风险资产；后两者主要为我国的机构投资者，包括资产管理公司、公募基金等存在严格借贷限制的投资者。

3.2.2 案例 1：可自由借贷的投资者

上一节我们探讨了一种简单情况，在此基础上，假设投资者可以配置无风险资产，或以无风险利率自由借贷，则效用函数为：

$$\max_{w} \mathbf{w}'\boldsymbol{\alpha} + (1 - \mathbf{w}'\mathbf{1}) r_f$$

其中，w 为风险资产配置比例，r_f 为融资成本。由于 $\lambda > 0$，小于号不成立，此时的约束条件为：

$$\text{s. t. } \mathbf{w}' \sum \mathbf{w} = \sigma^2_{\max}$$

为了后续推导便于表述，我们做如下设定：

$$A = \mathbf{1}' \sum^{-1} \boldsymbol{\alpha}, B = \boldsymbol{\alpha}' \sum^{-1} \boldsymbol{\alpha}, C = \mathbf{1}' \sum^{-1} \mathbf{1}, D = BC - A^2, \kappa = A/C$$

详细推导见附录，解得：

$$\mathbf{w} = \lambda^{-1} \sum^{-1} (\boldsymbol{\alpha} - rf\mathbf{1}) = \sqrt{\frac{\sigma^2_{\max}}{B - 2r_f A + r_f^2 C}} \sum^{-1} (\boldsymbol{\alpha} - r_f \mathbf{1}) \tag{3-9}$$

$$\lambda = \left(\sqrt{\frac{\sigma^2_{\max}}{B - 2r_f A + r_f^2 C}} \right)^{-1} \tag{3-10}$$

式（3－9）给出第一类投资者风险资产配置的解析解，随着投资者可承受的最大波动率上升，风险厌恶程度下降，各类风险资产的配置权重等比上升。而无风险资产的配置比例通过以下方式得到：

$$w_f = 1 - \mathbf{w}'\mathbf{1}$$

换言之，该情况下，风险厌恶程度不改变风险资产内部的配比，仅决定投资者对各类风险资产的绝对配置仓位，从而决定了风险资产和无风险资产之间的配置比例。此时的最优风险资产组合也即我们常说的切点组合（Tangency Portfolio）。我们假设无风险资产的标准差为0，则组合的标准差为：

$$\sqrt{\mathbf{w}'_r \sum \mathbf{w}_r + (1 - \mathbf{w}_r)'\mathbf{0}} = \sigma_{\max}$$

如图3－2所示。

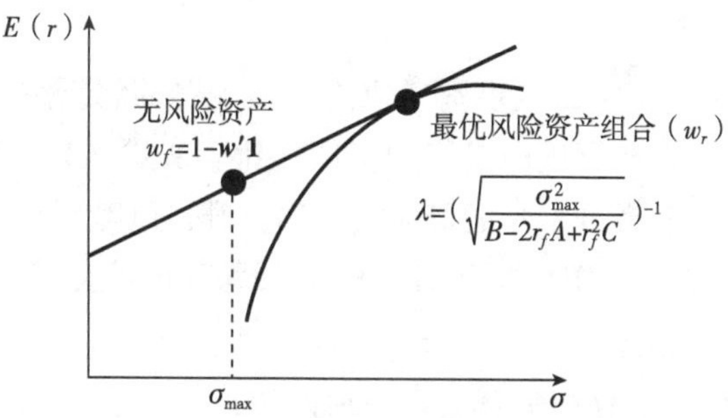

图3－2　案例1：可自由借贷投资者最优组合

因此，对于可自由借贷的投资者，风险厌恶系数不改变风险资产的配置，仅改变风险资产和无风险资产的相对配置。王晟、蔡明超（2011）估算风险厌恶系数就基于该假设。然而，现实中的投资者往往存在借贷约束，因此后文将考虑两种更常见的情况。

式（3－10）给出了可自由借贷的投资者风险厌恶系数 λ 与最大可承受标准差之间的关系，从公式可见，第一类投资者的风险厌恶系数与可承受的最大波动率成反比。投资者可承受波动率越大，风险厌恶系数越小，风险承受能力越高。通过式（3－10），可以根据第一类投资者的最大可承受标准差计算得到第一类投资者的风险厌恶系数。

3.2.3 案例 2：存在借贷约束的风险资产投资者

存在借贷约束时，较激进的投资者将有限的资金完全配置在风险资产，此时风险资产的权重之和为 1，此时的效用函数为：

$$\max_{w} \mathbf{w}'\boldsymbol{\alpha}$$

$$\text{s. t. } \mathbf{w}' \sum \mathbf{w} = \sigma_{\max}^{2} \mathbf{w}'\mathbf{1} = 1$$

令：

$$L = \mathbf{w}'\boldsymbol{\alpha} - \frac{\lambda}{2}(\mathbf{w}' \sum \mathbf{w} - \sigma_{\max}^{2}) - \gamma(\mathbf{w}'\mathbf{1} - 1)$$

详细推导过程见附录，解得：

$$\mathbf{w} = \lambda^{-1} \sum^{-1} (\boldsymbol{\alpha} - (\kappa - \lambda / C)\mathbf{1}) = \sqrt{\frac{\sigma_{\max}^{2} C - 1}{D}} \sum^{-1} (\boldsymbol{\alpha} - \kappa\mathbf{1}) + (1/C) \sum^{-1}\mathbf{1} \tag{3-11}$$

$$\lambda = \left(\sqrt{\frac{\sigma_{\max}^{2} C - 1}{D}}\right)^{-1} \tag{3-12}$$

式（3－11）给出了第二类投资者风险资产配置的解析解，此时投资者不配置无风险资产，风险资产配比即最终的资产配比。从式（3－11）和式（3－12）可见，随着第二类投资者可承受的最大波动率上升，风险厌恶程度下降，风险资产的配置比例出现非线性变化。此时，风险厌恶程度改变了风险资产的配置比例，与第一类投资者相异。如图 3－3 所示。

式（3－12）给出了存在借贷约束时风险资产投资者的风险厌恶系数与最大可承受标准差之间的关系。从式（3－12）可见，第二类投资者的风险厌恶系数与可承受的最大波动率反向相关，但无严格的反比关系。投资者可承受波动率越

数决定了风险资产内部的配置。因此，在获取风险厌恶系数的具体取值时，对于风险厌恶程度处于不同区间的投资者而言，风险厌恶系数λ的获取方式应当有所区别。

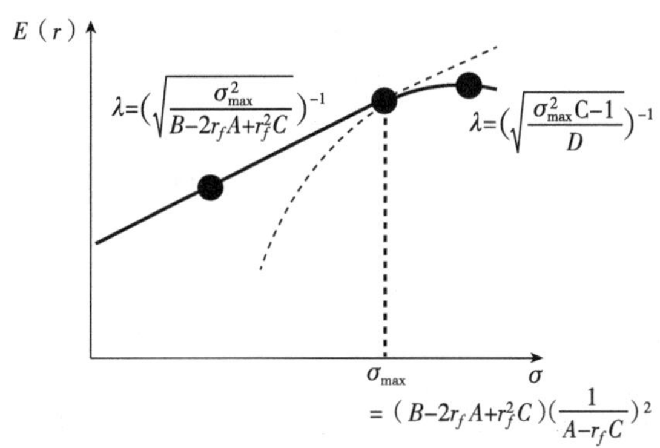

图3-4 案例3：不可自由借贷的综合型投资者最优组合

3.2.5 模型总结与数值模拟

三类投资者资产配置权重、风险厌恶系数与投资者最大可承受标准差之间的对应关系见表3-1：

综上所述，不同类型投资者的风险厌恶系数与投资者最大可承受标准差之间存在不同的对应关系，通过该对应关系我们可以求得各类投资者的风险厌恶系数。从上述公式可见，投资者的风险厌恶系数一方面取决于投资者的最大可承受波动率，另一方面取决于当前市场表现，包括资产收益率向量与资产的协方差矩阵。换言之，在不同市场环境下，投资者可承受的最大波动率是时变的。因此，目前许多投资者以固定的最大可承受标准差作为风险约束，实则未考虑这种时变性。此时投资者的风险厌恶系数也可记为：

$$\lambda = f(\boldsymbol{\alpha}, \sum, \sigma_{max}) \tag{3-19}$$

其中，$\boldsymbol{\alpha}$为资产的收益向量，$\sum$为资产收益的协方差矩阵，而σ_{max}为投资者可承受的最大标准差。因此，在投资实践中，可以先在某一时点获取投资者在当前市场环境下可以承受的最大标准差，进而通过本书公式获取投资者的风险厌恶系数，从而在一定程度上解决了风险厌恶系数取值不易确定的问题和以最大可承受标准差作为风险约束的时变性问题，通过本书模型计算得到准确的风险厌恶系数以后，即可以该风险厌恶系数指导资产配置决策。

表 3－1　三类投资者比较

投资者类型		资产配置权重（风险资产配置权重 $\mathbf{w}$ 无风险资产权重 w_f）	风险厌恶系数 λ 与投资者最大可承受标准差 σ_{max} 对应关系
第一类投资者	可自由借贷的投资者	$\mathbf{w}=\lambda^{-1}\sum^{-1}(\boldsymbol{\alpha}-rf\mathbf{1})$ $w_f=1-\mathbf{w}'\mathbf{1}$	$\lambda=\left(\sqrt{\frac{\sigma^2_{max}}{B-2r_fA+r_f^2C}}\right)^{-1}$
第二类投资者	有借贷约束风险资产投资者	$\mathbf{w}=\lambda^{-1}\sum^{-1}(\boldsymbol{\alpha}-\kappa\mathbf{1})+(1/C)\sum^{-1}\mathbf{1}$ $w_f=0$	$\lambda=\left(\sqrt{\frac{\sigma^2_{max}C-1}{D}}\right)^{-1}$
第三类投资者	有借贷约束的综合型投资者	（1）当 $\sigma^2_{max}\leqslant\sigma^2_{maxtheresh1}$ 时 $\mathbf{w}=\lambda^{-1}\sum^{-1}(\boldsymbol{\alpha}-r_f\mathbf{1})$ $w_f=1-\mathbf{w}'\mathbf{1}$ （2）当 $\sigma^2_{max}>\sigma^2_{maxtheresh1}$ 时 $\mathbf{w}=\lambda^{-1}\sum^{-1}(\boldsymbol{\alpha}-\kappa\mathbf{1})+(1/C)\sum^{-1}\mathbf{1}$ $w_f=0$	（1）当 $\sigma^2_{max}\leqslant\sigma^2_{maxtheresh1}$ 时 $\lambda=\left(\sqrt{\frac{\sigma^2_{max}}{B-2r_fA+r_f^2C}}\right)^{-1}$ （2）当 $\sigma^2_{max}>\sigma^2_{maxtheresh1}$ 时 $\lambda=\left(\sqrt{\frac{\sigma^2_{max}C-1}{D}}\right)^{-1}$

至此，本书已得到 λ 与 σ_{max} 的理论对应关系，接下来本书将用 Python 进行数值模拟，以论证本书结论的准确性。首先本书生成投资者最大可承受波动率的随机数，并根据本书公式计算得到 λ 值，其次对两种效用函数分别进行模拟。

在本书所列的三种情况中，以第三类投资者，即存在借贷约束的投资者最为常见。因此本书以第三种情况为例。本书的分析仍然基于风险厌恶型投资者，也即 $\lambda>0$。此时两种效用函数如下：

效用函数 1：

$$\max_{w}\mathbf{w}'\boldsymbol{\alpha}+(1-\mathbf{w}'\mathbf{1})r_f-\frac{\lambda}{2}\mathbf{w}'\sum\mathbf{w}$$

$$\text{s. t. } \mathbf{w}'\mathbf{1}\leqslant 1$$

效用函数 2：

$$\max_{w}\mathbf{w}'\boldsymbol{\alpha}+(1-\mathbf{w}'\mathbf{1})r_f$$

s. t. $\mathbf{w}'\sum\mathbf{w}=\sigma_{\max}^{2}\mathbf{w}'\mathbf{1}\leqslant 1$

数值模拟步骤如图 3－5 所示。

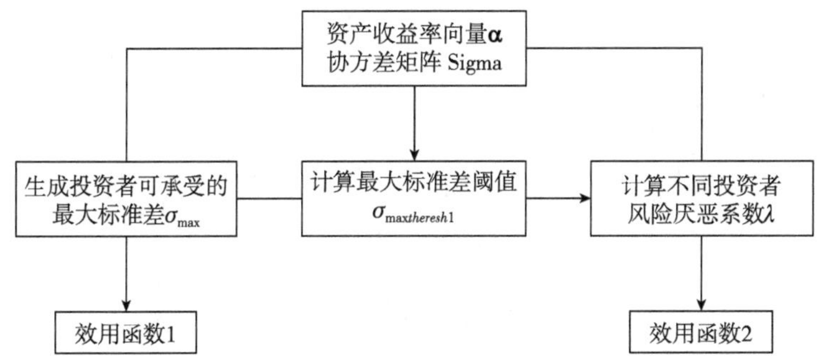

图 3－5　数值模拟流程

首先，生成各类资产的收益率向量和协方差矩阵。利用 python 随机生成收益率向量 $\boldsymbol{\alpha}$ 和协方差矩阵 Ω：

$$\boldsymbol{\alpha}=(0.009791\quad 0.005117\quad 0.004358)$$

$$\Omega=\begin{pmatrix}0.01831 & 0.00147 & 0.00079\\ 0.00147 & 0.01230 & -0.000022\\ 0.00079 & -0.000022 & 0.00048\end{pmatrix}$$

再次，根据资产收益率向量和协方差矩阵，计算得到标准差的阈值：

$$\sigma_{maxtheresh1}=0.02526$$

根据 $\sigma_{maxtheresh1}$ 的取值，将区间［0.01，0.05］等分为 30 份，分别对应 30 个投资者的最大可承受波动率 σ_{max}。

再次，根据以上得到的 σ_{max}，计算得到对应的 30 组 λ 值，其中 $\sigma_{maxtheresh1}$ 对应的 λ 值为 3.061。

最后，将 σ_{max} 与对应 λ 值分别代入两个效用函数，进行数值模拟。得到 λ 和 σ_{max} 的比较直方图如图 3－6 所示。

为使得数值模拟的结果更加直观，本书在结果中加入有效边界。有效边界仅包含风险资产，且资产组合的收益率不大于单个资产收益的最大值，不小于单个资产收益的最小值。因此，收益率向量 α 的最大值和最小值之间均匀选取 30 个点，对应收益率的值记为 $E(r)$，通过最优化如下效用函数可得有效边界。

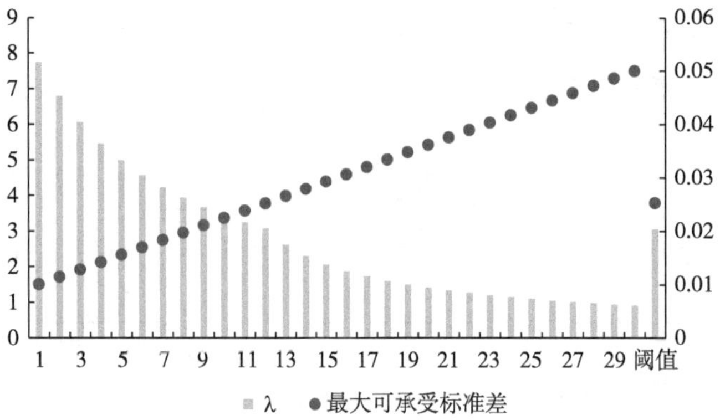

图 3-6　风险厌恶系数和最大可承受标准差关系

$$\min_{w} \mathbf{w}' \sum \mathbf{w}$$

$$\text{s.t. } \mathbf{w}'\boldsymbol{\alpha} = E(r) \quad \mathbf{w}'\mathbf{1} = 1$$

最终模拟的结果如下：

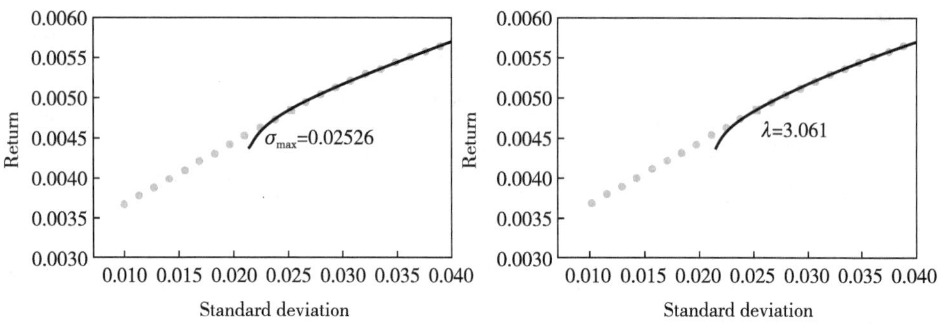

图 3-7　数值模拟结果

从图 3-7 可见，当资产的收益、风险特征相同时，投资者的风险厌恶系数与投资者可承受最大标准差确实存在一一对应的关系。换言之，本书所述通过后者精确计算得到前者的方法是可行的。

3.3 多期风险厌恶系数的估计

3.3.1 最大可承受损失与风险厌恶系数

在调研投资者风险偏好时，通常最容易获取的是投资者可承受的最大损失（Possible Maximum Loss，PML）。要以本书所述方法得到投资者在不同期限的风险厌恶系数，则需要将 PML 与投资者最大可承受标准差联系起来。

在投资伊始，投资者可承受的最大损失也可看成投资者在第一期可承受的在险价值（Value at Risk ，VaR）上限，VaR 的定义如下：

$$VaR_t = Z(x\%)\sigma_t - R_t \tag{3-20}$$

其中，VaR_t 为 t 期潜在损失，R_t 为资产在 t 期的期望收益率，Z（$x\%$）为正态分布下置信度为 $1-x$ 时的临界值，σ_t 为资产收益在 t 期的标准差。可改写为：

$$\sigma_t = \frac{R_t + VaR_t}{Z(x\%)_t} \tag{3-21}$$

即当给定投资者在 t 期可承受的最大损失 VaR_t，投资者在 t 期的要求回报率 R_t，则 σ_t 为投资者的 $1-x$ 置信度下的最大可承受标准差。出于稳健性的考虑，在风控实践中常令预期收益 R_t 为 0。此时若令预期收益为 0，则在正态分布的情况下，所得投资者最大可承受标准差可能偏小。然而，一方面实际金融资产收益通常服从尖峰肥尾，因此实际的 $Z(x\%)_t$ 往往大于正态分布下的临界值，根据正态分布估计得到的投资者最大可承受标准差可能偏大。另一方面下一期的预期收益 R_t 往往难以准确估计。从稳健性和准确性的角度考虑，此处将预期收益率设为 0 有一定的合理性。从而式（3-21）可改写为：

$$\sigma_t = \frac{VaR_t}{Z(x\%)_t} \tag{3-22}$$

其中，以 VaR 表示投资者在整个投资期能承受的最大损失率（PML），则可将其分解到每一期的最大损失率 VaR_t，分解过程如下：

（1）t_1 期，投资者可承受的最大损失率即整个投资期的最大本金损失率 VaR，则置信度为 $1-x$ 时投资者可承受的最大标准差：

$$\sigma_1 = \frac{VaR_1}{Z(x\%)_1} = \frac{VaR}{Z(x\%)_1} \tag{3-23}$$

（2）t_2 期，资产组合的名义本金发生变化，当 t_1 期收益为正时，t_2 期可承受的损失区间扩大；当 t_1 期收益为负时，t_2 期可承受的损失区间收缩可记为：

$$VaR_2 = \frac{1+\mathbf{r}'_1\mathbf{w}_1 - (1-VaR)}{1+\mathbf{r}'_1\mathbf{w}_1} = 1 - \frac{1-VaR}{1+\mathbf{r}'_1\mathbf{w}_1} \tag{3-24}$$

其中，$\mathbf{r}_1$ 为 t_1 期的实际收益率向量，以股票、货币、债券三类资产为例，r_s、r_m、r_b 分别为股票资产、货币资产、债券资产的收益率，则有 $\mathbf{r}_1 = [r_s, r_m, r_b]$，$\mathbf{w}_1$ 为 t_1 期实际的资产配置比例。$\mathbf{r}'_1\mathbf{w}_1$ 即 t_1 期资产组合的收益率。则置信度为 $1-x$ 时 t_2 期投资者可承受的最大标准差为：

$$\sigma_2 = \frac{VaR_2}{Z(x\%)_2} = \frac{1-\dfrac{1-VaR}{1+\mathbf{r}'_1\mathbf{w}_1}}{Z(x\%)_2} \tag{3-25}$$

（3）t_3 期，类似地，由于资产组合的市值进一步变化，考虑到 t_1 期、t_2 期的组合收益率，t_3 期可承受的潜在最大损失可记为：

$$\begin{aligned} VaR_3 &= \frac{(1+\mathbf{r}'_1\mathbf{w}_1)(1+\mathbf{r}'_2\mathbf{w}_2)-(1-VaR)}{(1+\mathbf{r}'_1\mathbf{w}_1)(1+\mathbf{r}'_2\mathbf{w}_2)} \\ &= 1-\frac{(1-VaR)}{(1+\mathbf{r}'_1\mathbf{w}_1)(1+\mathbf{r}'_2\mathbf{w}_2)} \end{aligned} \tag{3-26}$$

此时 $(1+\mathbf{r}'_1\mathbf{w}_1)(1+\mathbf{r}'_2\mathbf{w}_2) = 1+\mathbf{r}'_1\mathbf{w}_1+\mathbf{r}'_2\mathbf{w}_2+\mathbf{r}'_1\mathbf{w}_1\times\mathbf{r}'_2\mathbf{w}_2$，由于 t_1 期和 t_2 期组合收益率的乘积较小，对整个分式影响较小，因此可记为：

$$VaR_3 = 1-\frac{(1-VaR)}{(1+\mathbf{r}'_1\mathbf{w}_1)(1+\mathbf{r}'_2\mathbf{w}_2)} \approx 1-\frac{1-VaR}{1+\mathbf{r}'_1\mathbf{w}_1+\mathbf{r}'_2\mathbf{w}_2} \tag{3-27}$$

综上，对于任意 $t>1$ 期，可得：

$$VaR_t \approx 1-\frac{1-VaR}{1+\sum_{i=1}^{t-1}\mathbf{r}'_i\mathbf{w}_i} \tag{3-28}$$

从而置信度为 $1-x$ 时投资者在 t 期的最大可承受标准差可记为：

$$\sigma_t = \frac{VaR_t}{Z(x\%)_t} = \frac{1-\dfrac{1-VaR}{1+\sum_{i=1}^{t-1}\mathbf{r}'_i\mathbf{w}_i}}{Z(x\%)_t} \tag{3-29}$$

根据前文分析，若投资者可以无风险利率自由借贷，则风险厌恶系数取值为：

$$\lambda = \frac{Z(x\%)_t}{1-\dfrac{1-VaR}{1+\sum_{i=1}^{t-1}\mathbf{r}'_i\mathbf{w}_i}}\sqrt{B-2r_fA+r_f^2C} \tag{3-30}$$

其中，$A = \mathbf{1}'\sum^{-1}\boldsymbol{\alpha}$，$B = \boldsymbol{\alpha}'\sum^{-1}\boldsymbol{\alpha}$，$C = \mathbf{1}'\sum^{-1}\mathbf{1}$。接下来，我们将对置信度 $1-x$ 进行探讨，根据前文结论，此时的最优配置权重为：

$$\mathbf{w} = \frac{1 - \dfrac{1 - VaR}{1 + \sum_{i=1}^{t-1}\mathbf{r}'_i\mathbf{w}_i}}{Z(x\%)_t}\sqrt{\frac{1}{B - 2r_fA + r_f^2C}}\sum^{-1}(\boldsymbol{\alpha} - rf\mathbf{1}) \tag{3-31}$$

若投资者对每一期有要求的最低回报率，则资产组合收益需大于投资者要求的最低回报率，有：

$$\boldsymbol{\alpha}'_t\mathbf{w}_t = \frac{1 - \dfrac{1 - VaR}{1 + \sum_{i=1}^{t-1}\mathbf{r}'_i\mathbf{w}_i}}{Z(x\%)_t} \times \boldsymbol{\alpha}'_t\sqrt{\frac{1}{B - 2r_fA + r_f^2C}}\sum^{-1}(\boldsymbol{\alpha}_i - rf\mathbf{1}) \geqslant R_t \tag{3-32}$$

则最大置信度 $1-x$ 需要满足以下条件：

$$Z(x\%)_t \leqslant \left(1 - \frac{1 - VaR}{1 + \sum_{i=1}^{t-1}\mathbf{r}'_i\mathbf{w}_i}\right) \times \frac{\boldsymbol{\alpha}'_t\sqrt{\dfrac{1}{B - 2r_fA + r_f^2C}}\sum^{-1}(\boldsymbol{\alpha}_t - rf\mathbf{1})}{R_t} \tag{3-33}$$

选择最优的 x，记为 X，则有每期的资产配置比例为：

$$\mathbf{w}_t = \frac{1 - \dfrac{1 - VaR}{1 + \sum_{i=1}^{t-1}\mathbf{r}'_i\mathbf{w}_i}}{Z(X\%)_t}\sqrt{\frac{1}{B - 2r_fA + r_f^2C}}\sum^{-1}(\boldsymbol{\alpha}_t - rf\mathbf{1}) \tag{3-34}$$

若投资者没有对每期的收益率要求，则投资管理人可自行定义 R_t，或主观设定 $1-x$ 的取值。综上，本节从投资者可承受的最大损失出发，可得投资者在每一期的风险厌恶系数，进而得到每一期的最优配置权重。对于不同类型投资者，其风险厌恶系数如下：

如表 3－2 所示，$A = \mathbf{1}'\sum^{-1}\boldsymbol{\alpha}$，$B = \boldsymbol{\alpha}'\sum^{-1}\boldsymbol{\alpha}$，$C = \mathbf{1}'\sum^{-1}\mathbf{1}$，$D = BC - A^2$，$\lambda_t$ 为投资者在第 t 期的风险厌恶系数，$\boldsymbol{\alpha}$ 为大类资产的收益率向量，$\sum$ 为大类资产收益的协方差矩阵。PML 为投资者可承受的最大损失。$1-x$ 为投资者对 t 期的累计损失达到该损失水平的置信度，$Z(x\%)_t$ 为该置信度对应的 Z 值。$\mathbf{w}_i$ 为投资者第 i 期（$i=1, 2, \cdots, t-1$）的配置权重，$\mathbf{r}_i$ 为第 i 期大类资产的收益向

量。至此，结合投资者可承受的最大损失和资产收益随时间的变化情况，可得到投资者在每一期的风险厌恶系数，从而得到了投资者在短期和长期的风险偏好的内在联系。

表 3-2　t 期风险厌恶系数 λ_t 取值

投资者类型		t 期风险厌恶系数 λ_t 取值
无借贷约束	无借贷约束的投资者	$\lambda_t = \dfrac{Z(x\%)_t}{1-\dfrac{1-PML}{1+\sum_{i=1}^{t-1}\mathbf{r}'_i\mathbf{w}_i}}\sqrt{B-2r_fA+r_f^2C}$
存在借贷约束	有借贷约束的风险资产投资者	$\lambda_t = \sqrt{\dfrac{D}{\left(\dfrac{1-\dfrac{1-PML}{1+\sum_{i=1}^{t-1}\mathbf{r}'_i\mathbf{w}_i}}{Z(x\%)_t}\right)^2C-1}}$
	有借贷约束的综合型投资者	（1）当 $\left(\dfrac{1-\dfrac{1-PML}{1+\sum_{i=1}^{t-1}\mathbf{r}'_i\mathbf{w}_i}}{Z(x\%)_t}\right)^2 \leqslant (B-2r_fA+r_f^2C)\left(\dfrac{1}{A-r_fC}\right)^2$ 时，同第一类投资者 （2）当 $\left(\dfrac{1-\dfrac{1-PML}{1+\sum_{i=1}^{t-1}\mathbf{r}'_i\mathbf{w}_i}}{Z(x\%)_t}\right)^2 > (B-2r_fA+r_f^2C)\left(\dfrac{1}{A-r_fC}\right)^2$ 时，同第二类投资者

3.3.2　投资基准与风险厌恶系数

有些投资者对具体可承受的损失并没有明确的目标，或者该目标是时变的。例如，许多投资者在市场平稳时可承受的最大损失相对更小，反之则相对更高。为了体现投资者的这一特征，可用“投资基准”对其进行刻画。“投资基准”即事先设定的一个组合，当市场平稳时，该组合的波动也较小，反之则反。假设基准组合为 $\mathbf{w_b}$，结合本书公式，若投资者为第一类投资者（可自由借贷），则投资者风险厌恶系数如下：

$$\sigma_{\max}^2 = \mathbf{w'}_{\mathbf{b}} \sum \mathbf{w}_{\mathbf{b}}$$

$$\lambda = \left(\sqrt{\frac{\sigma_{\max}^2}{B - 2r_f A + r_f^2 C}}\right)^{-1} = \left(\sqrt{\frac{\mathbf{w'}_{\mathbf{b}} \sum \mathbf{w}_{\mathbf{b}}}{B - 2r_f A + r_f^2 C}}\right)^{-1} \tag{3-35}$$

其中，$A = \mathbf{1}' \sum^{-1} \boldsymbol{\alpha}$，$B = \boldsymbol{\alpha}' \sum^{-1} \boldsymbol{\alpha}$，$C = \mathbf{1}' \sum^{-1} \mathbf{1}$，$\sum$ 为资产协方差矩阵，$\mathbf{w}_{\mathbf{b}}$ 为基准组合。不同的投资者通常有不同的基准资产配置方案 $\mathbf{w}_{\mathbf{b}}$，对应不同的风险偏好水平。因此，基准的获取需要结合客户的需求。

3.3.2.1　长期风险厌恶系数

由于投资基准获取不易，不宜频繁调整，因此可用来刻画长期战略资产配置的风险偏好。投资基准的选择可参照恒定混合模型。

目前许多机构投资者都采用了恒定混合模型（Constant Mix）进行资产配置，即不同大类资产保持恒定的比例进行配置，代表有挪威主权养老基金（GPDF）、日本政府养老金（GPIF）等。美国许多机构投资者根据客户类型的不同设定了不同的基准。以美国著名的富达基金、美银美林证券以及先锋基金为例。富达基金和美银美林将客户分为保守型（Conservative）、中庸型（Moderate）和激进型（Aggressive）三类，对应的基准如表 3-3 所示。

表 3-3　富达基金、美银美林投资者分类　　单位：%

机构	投资者类型	股票	债券	货币类
富达（Fidelity）	保守型	20	30	50
	中庸型	40	40	20
	激进型	65	30	5
美银美林	保守型	45	35	20
	中庸型	55	40	5
	激进型	75	20	5

数据来源：Fidelity 及 Merrill Lynch 相关网站。

自美国 401k 计划推出以来，资产配置和 FOF 越发受到重视。其中，先锋基金率先推出养老目标 FOF 基金。养老目标 FOF 基金包括养老目标日期 FOF 和养老目标风险 FOF。截至 2014 年底，美国 72% 的 401k 计划提供目标日期基金作为投资工具，48% 的 401k 计划参与者在投资计划中持有目标日期基金，401k 计划资产的 18% 投资于目标日期基金。以先锋基金的目标日期养老 FOF 为例，先锋对不同类型（不同投资期限）的投资者设定了不同的基准，先锋目标养老 2050

基金（Vangurad Target Retirement 2050 Fund）的基准如表 3－4 所示。

表 3－4　先锋目标养老 2050 基金的基准资产配置　　　单位：%

投资者类型	股票	债券	货币类
距退休 25 年	90	10	0
距退休一年	50	50	0
退休中	30	65	5

资料来源：Ang（2014）。

上述金融机构确定的基准都用来进行恒定混合的资产配置，即以该组合权重保持不变的配置策略。然而，恒定混合策略缺乏灵活性。根据本书所述方法，可以将表 3－4 中恒定混合模型的配置方案作为前文所述的“投资基准”，进而以该基准作为计算风险厌恶系数的输入变量，此时的实际配置方案将不再是恒定的，而是动态的配置过程。此时投资者的长期风险厌恶系数如表 3－5 所示。

表 3－5　长期风险厌恶系数 λ_L 取值

投资者类型		长期风险厌恶系数 λ_L 取值
无借贷约束	无借贷约束的投资者	$\lambda_L = \left(\sqrt{\frac{\mathbf{w}'_\mathbf{b}\sum\mathbf{w}_\mathbf{b}}{B-2r_fA+r_f^2C}}\right)^{-1}$
存在借贷约束	有借贷约束的风险资产投资者	$\lambda_L = \left(\sqrt{\frac{\mathbf{w}'_\mathbf{b}\sum\mathbf{w}_\mathbf{b}C-1}{D}}\right)^{-1}$
	有借贷约束的综合型投资者	（1）当 $\mathbf{w}'_\mathbf{b}\sum\mathbf{w}_\mathbf{b} \leqslant (B-2r_fA+r_f^2C)\left(\frac{1}{A-r_fC)}\right)^2$ 时， $\lambda_L = \left(\sqrt{\frac{\mathbf{w}'_\mathbf{b}\sum\mathbf{w}_\mathbf{b}}{B-2r_fA+r_f^2C}}\right)^{-1}$ （2）当 $\mathbf{w}'_\mathbf{b}\sum\mathbf{w}_\mathbf{b} > (B-2r_fA+r_f^2C)\left(\frac{1}{A-r_fC)}\right)^2$ 时， $\lambda_L = \left(\sqrt{\frac{\mathbf{w}'_\mathbf{b}\sum\mathbf{w}_\mathbf{b}C-1}{D}}\right)^{-1}$

如表 3－5 所示，$A = \mathbf{1}'\sum^{-1}\boldsymbol{\alpha}$，$B = \boldsymbol{\alpha}'\sum^{-1}\boldsymbol{\alpha}$，$C = \mathbf{1}'\sum^{-1}\mathbf{1}$，$D = BC - A^2$，

λ_L 为投资者的长期风险厌恶系数，$\boldsymbol{\alpha}$ 为大类资产的收益率向量，$\sum$ 为大类资产收益的协方差矩阵，$\mathbf{w_b}$ 为事先确定的投资基准，可借鉴金融机构进行恒定混合投资的基准配置方案，也可通过对投资者的长期目标进行分析得到。例如，在确定客户在某一时间的预期收益和可承受的最大回撤以后，可通过“网格法”遍历所有可能的组合，并计算该组合下的预期收益和最大回撤，将其与客户的预期收益和可承受最大回撤进行匹配，选取最能满足客户需求的一项组合方案作为该类客户的基准，进而投资者可得风险厌恶系数。后文在应用本章公式时直接简记为 $\lambda_L = f(\boldsymbol{\alpha}_L, \sum_L, \mathbf{w_b})$，例如，若以股债六四比作为“投资基准”，则长期风险厌恶系数可记为 $\lambda_L = f(\boldsymbol{\alpha}_L, \sum_L, (6, 4))$。

3.3.2.2　短期风险厌恶系数

上文通过基准组合得到了长期资产配置的风险厌恶系数，则短期风险厌恶系数的获取仍需探讨。此时可以分为两种情况。若投资者独立地进行短期资产配置决策，则风险厌恶系数的取值与上文长期风险厌恶系数的取值方法相同。而若投资者在短期资产配置决策之前已有长期资产配置目标，也即此时的短期资产配置纳入了战略与战术资产配置的框架，则需另行探讨。前文提到，长期战略资产配置通常是短期战术资产配置的“锚”，因此，在计算得到长期资产配置方案后，投资者往往以长期的配置方案作为短期配置的基准，在该基准的基础上进行短期调整，是为短期战术资产配置。因此，此时同样可以通过确定“投资基准”的方式确定投资者的短期风险厌恶系数。对于已经得到长期战略资产配置方案的投资者而言，其长期方案即可作为短期的“投资基准”。该方案也是将长期战略资产配置与短期战术资产配置纳入统一框架进行研究的重要方法。此时，不同类型投资者对应的短期风险厌恶系数如下：

如表 3－6 所示，$A = \mathbf{1}'\sum^{-1}\boldsymbol{\alpha}$，$B = \boldsymbol{\alpha}'\sum^{-1}\boldsymbol{\alpha}$，$C = \mathbf{1}'\sum^{-1}\mathbf{1}$，$D = BC - A^2$，$\lambda_t$ 为投资者在短期资产配置决策中第 t 期的风险厌恶系数，$\boldsymbol{\alpha}$ 为大类资产的收益率向量，$\sum$ 为大类资产收益的协方差矩阵，$\mathbf{w}_{Lt}$ 为第 t 期对应的长期战略资产配置方案。若投资者进行独立的短期资产配置决策，则风险厌恶系数的取值同长期的风险厌恶系数取值，即 $\lambda_t = f(\boldsymbol{\alpha}_t, \sum_t, \mathbf{w}_b)$，其中，$\boldsymbol{\alpha}_t$、$\sum_t$ 分别为大类资产在短期的收益和协方差矩阵，$\mathbf{w}_b$ 可通过网格法获取。若投资者已有长期资产配置目标，则短期风险厌恶系数可简记为 $\lambda_t = f(\boldsymbol{\alpha}_t, \sum_t, \mathbf{w}_{Lt})$，其中，$\boldsymbol{\alpha}_t$、$\sum_t$ 为大类资产在 t 期的收益和协方差矩阵，$\mathbf{w}_{Lt}$ 为大类资产在 t 期对应的长期资产配置

方案。例如，若长期资产配置方案为股债6:4，则此时的短期风险厌恶系数可记为 $\lambda_t = f(\boldsymbol{\alpha}_t, \sum_t, (6, 4))$，这种情况多见于战略与战术资产配置的框架中。

表3-6　短期第 t 期风险厌恶系数 λ_t 取值

	投资者类型	短期风险厌恶系数 λ_t 取值
有长期资产配置目标的短期资产配置	无借贷约束的投资者	$\lambda_t = \left(\sqrt{\dfrac{\mathbf{w}'_{Lt}\sum\mathbf{w}_{Lt}}{B-2r_fA+r_f^2C}}\right)^{-1}$
	有借贷约束的风险资产投资者	$\lambda_t = \left(\sqrt{\dfrac{\mathbf{w}'_{Lt}\sum\mathbf{w}_{Lt}C-1}{D}}\right)^{-1}$
	存在借贷约束的综合型投资者	（1）当 $\mathbf{w}'_{Lt}\sum\mathbf{w}_{Lt} \leqslant (B-2r_fA+r_f^2C)\left(\dfrac{1}{A-r_fC}\right)^2$ 时， $\lambda_t = \left(\sqrt{\dfrac{\mathbf{w}'_{Lt}\sum\mathbf{w}_{Lt}}{B-2r_fA+r_f^2C}}\right)^{-1}$ （2）当 $\mathbf{w}'_{Lt}\sum\mathbf{w}_{Lt} > (B-2r_fA+r_f^2C)\left(\dfrac{1}{A-r_fC}\right)^2$ 时， $\lambda_t = \left(\sqrt{\dfrac{\mathbf{w}'_{Lt}\sum\mathbf{w}_{Lt}C-1}{D}}\right)^{-1}$
独立的短期资产配置	同表3-2	

综上，由于资产配置的投资期限通常较长，投资者的风险偏好随市场环境变化也将发生一定的变化。当投资者有明确的损失目标时，本章根据投资者可承受的最大损失（PML）得到投资者在每一期的风险厌恶系数（见表3-2）。当投资者没有明确的损失目标时，可以事先确定“投资基准”得到投资者的长期风险厌恶系数，在得到投资者的长期战略资产配置方案以后，可将该方案作为“投资基准”，从而计算得到投资者在短期中每一期的风险厌恶系数（见表3-6）。

3.4　本章小结

本章从现代资产组合理论常见的两类效用函数出发，通过严谨的数理推导，发现投资者的风险厌恶系数与投资者在特定市场环境下可承受的最大标准差之间存在一一对应的关系，且不同类型投资者、同一类型但其风险承受能力存在差异的投资者，其对应关系有所不同。此外，本章结论表明，不同类型投资者风险厌恶系数对其投资组合权重的影响是不同的。以本书所述第三类投资者为例，当投资者风险厌恶程度高时，风险厌恶系数不影响风险资产的内部配比，仅影响风险资产与无风险资产的配置比例；当投资者风险厌恶程度较低时，风险厌恶系数将影响风险资产的内部配比。通过风险厌恶系数与投资者最大可承受波动率之间的对应关系，我们可以解决资产配置实践中的两个常见问题。

其一，更便捷、更准确地获取风险厌恶系数。运用本章所述方法，可以通过获取投资者可承受的最大波动率，更便捷地计算得到投资者的风险厌恶系数，从而为特定投资者资产组合的构建提供指导。现有研究对风险厌恶系数的测度主要经过多方综合考量，包括投资者的风险承受能力和风险承受意愿两方面，或者通过投资者的资产配置权重倒推得到风险厌恶系数。前者往往很难保证数值上的准确性，后者数据获取难度较大，且存在一定的滞后性，不符合资产配置实践的一般流程——获取投资者的风险厌恶程度需要在完成资产配置之前，而非之后。本章所述方法从一个全新的角度出发，简化和精确化了这一过程。投资者最大可承受标准差的获取有很多办法，本书第六部分所述为其中较简单易行的一种。

其二，解决了直接使用投资者最大可承受标准差作为约束条件的时变性问题。在机构投资者的资产配置实践中，常常直接以投资者最大可承受标准差作为约束条件指导资产配置，由此规避了风险厌恶系数的参数估计，往往更加便捷。然而，该方法在应用中存在一定的问题。根据本章中的公式，投资者的风险厌恶系数实际由两方面因素决定：当前市场环境（包括各类资产的收益率向量和协方差矩阵），当前市场环境下投资者的最大可承受波动率。风险厌恶系数在短时间内是相对稳定的，而随着市场不断波动，同一个投资者所能承受的最大波动率实则是时变的。因此，如果要直接使用本章所述效用函数（3-2），即以投资者可承受的最大标准差作为约束条件，一个可行的办法是运用本章的方法，通过特定时点对投资者调查得到的投资者最大可承受波动率计算得到投资者的风险厌恶系数，然后在短期内可直接用该系数倒推得到随市场变化投资者最大可承受波动率的变化情况，进而指导资产配置实践。当然，通过投资者最大可承受标准差获取了投资者的风险厌恶系数以后，此时的风险厌恶系数在数值上的准确性高，因此也可以直接使用效用函数（3-1）指导资产配置。

其三，考虑到资产配置的投资期限通常较长，风险厌恶系数可能发生变化，本章基于前述推导得到的模型，对长期和短期风险厌恶系数之间的关系进行了研究。传统的以投资者实际资产配置权重反推得到风险厌恶系数的方法所得到的不同期限的风险厌恶系数是相互独立的。而本章模型则可沟通不同期限风险厌恶系数之间的关系。具体来说，当投资者有明确的损失目标时，本章根据投资者的最大可承受损失（PML）得到了投资者每一期的风险厌恶系数（见表3－2）。当投资者没有明确的损失目标时，可以用事先确定的“投资基准”得到投资者的风险厌恶系数。若投资者进行单期的资产配置决策，则通过表3－5的方法可直接计算得到。若投资者进行多期资产配置决策，则通过表3－5的方法首先计算得到长期风险厌恶系数，在得到投资者的长期战略资产配置方案以后，可将该方案作为“投资基准”，进而计算得到投资者在短期中每一期的风险厌恶系数（见表3－6）。

综上，本章所述模型一方面解决了资产配置决策中风险厌恶系数估计难的问题，另一方面考虑到资产配置通常期限较长，期间投资者的风险偏好也可能出现变化，本章进一步论述了不同期限风险厌恶系数之间的关系。本章结论可有效地应用于具体投资者的资产配置实践。但该模型尚有所不足，比如未考虑交易成本等。根据Ding（2018）的研究，把换手成本纳入考量后，本章所述模型将得以更广泛地应用。

第 4 章　资产配置中的单期风险估计

资产配置决策和股票内投资组合在风险指标的计算上有所不同。研究表明，个股收益的自相关性通常弱于股指的自相关性，而自相关性反映了其可预测性，换言之，个股可预测性不及大类资产，其条件/非条件协方差矩阵的差异较小，而大类资产，尤其债券、货币等资产的自相关性较强，此时条件/非条件协方差矩阵的差异较大。在经济学含义上，前者衡量预测出现误差的风险，后者衡量资产自身的波动。本章将比较二者在资产配置中有何区别。为控制变量，本书控制波动率恒定进行数值模拟。为使研究更加全面，本章第三部分加入波动时变性进行实证分析。

4.1　资产配置中的风险度量

风险的类型有很多，根据全球风险管理专业人士协会（GARP）的划分，其中主要的四类为市场风险、流动性风险、信用风险和操作风险。

市场风险是因资产价格或价值的波动带来的风险，市场价格与资产价值并不总是一致的，价格可能会存在高于或低于价值的时候。但价格总是围绕着价值波动，当市场对资产重新估值，市场价格会回到其内在价值附近。如果投资者在价格高于价值时买入，但在持有期价格回落，那么投资者就承担了其中的市场风险。市场风险又包括可分散风险和系统性风险。个券对应的风险，或者说，公司层面的风险是可以通过多元化投资进行分散的，也无法带来更多的回报。而组合层面的风险对应系统性风险，往往对应更高的潜在风险溢价。

流动性风险分为融资流动性风险和市场流动性风险，前者强调货币供给的充裕程度，后者强调金融市场上资产变现的难易程度。对于商业银行而言，资产端的流动性也即市场流动性，即出售资产以获取所需资金时，由于市场流动性不足而导致无法以合理价格迅速变现的风险。负债端的流动性也即融资流动性，即商业银行存在正常资金需求时无法以合理成本快速融到资金的风险。因此，在资产配置中，流动性管理非常重要，通常需要持有一部分流动性高的资产，如现金、政府债券、ETFs 或股票等，来方便及时应对市场中的一些变化。在购买流动性较差的资产时，投资者往往会要求流动性溢价。

信用风险，又被称为履约风险或交易双方风险，是资金方由于借款方未能按照约定还本付息而可能造成损失产生的风险，包括违约、债务重组、部分还款等情况。就政府债券和公司债券而言，公司债券之所以总会为投资者提供比政府债券更高的到期收益率，是因为投资者需要为其承担更高的信用风险。对于银行来说信用风险是其面临的主要风险，来源于贷款、承兑、担保等业务，一些国有企业在向银行借款时就没有还款打算。我们一般使用信用评级来作为测量公司信用风险的指标，信用评级机构包括标准普尔、穆迪和惠誉等，以穆迪为例，通过对被评级公司的财务和历史情况做出分析，对公司信用进行从 AAA 到 CCC 信用等级的划分。AAA 为信用等级最高，最不可能违约；CCC 为信用等级最低，很可能违约。信用风险可以通过衍生工具对冲来控制。

操作风险是由于内部流程、人员或系统不充足或缺失，或者由于外部事件原因导致的直接或非直接的损失，可能发生的原因包括欺诈、市场操纵、不正当交易、会计错误、系统崩溃、背信行为等。公司或机构各部门发生的错误都有可能导致操作风险，且多承担该风险类别无法为投资者带来更高的收益。以一个典型的事件作为案例，来自于巴林银行的倒闭事件，其原因就是由于内部员工擅自交易、忽视风控，为银行带来 8.27 亿英镑的亏损。我们常通过尽职调查对该类风险进行控制和管理，具体清楚的风控、保险、赔偿条款也能规范各部门的行为，管理操作风险。

前面已经提到，资产决策包括两种应用场景：一种为资产负债管理，另一种为资产管理。本书重点在后者，而后者的目标是在一定的风险约束下最大化组合收益。在现有研究框架下，流动性风险不易量化，因而此时的风险主要指市场风险，也即资产价格波动的风险。本书即对资产配置决策中的市场风险进行探究。

从前文的研究可知，在资产配置决策中，风险的度量是关键的步骤之一。在资产配置实践中，不考虑风险的资产配置决策是极为少见的。常见的风险度量维度有很多，例如最大回撤、最大可承受损失、标准差（方差）、半方差、追踪误

差等。其中标准差的应用最为广泛。Markowitz（1952）即首次提出以标准差衡量风险的理论框架。标准差衡量实际收益偏离期望收益的程度。若不考虑收益的自相关性，则不同期限的风险（以标准差衡量）与时间的平方根成正比，而收益与时间成正比，从而风险资产的风险调整收益随投资期限的增加而不断增加，从这个角度而言，长期更应该配置风险资产。然而，收益存在一定的自相关性，本书后续章节将会论证，不同期限的标准差与时间的平方根不成正比，而随着投资期限增加，以标准差衡量的风险甚至可能是下降的。因此，结论仍然是投资者在长期更应该配置风险资产，但结论背后的原理更加科学。各类资产的长期平均波动率各不相同，以资本市场常见的三类资产为例，股票波动较高，债券次之，现金波动最小。相应地，现金的收益较小，而股票则有出现较高收益的可能性，债券则介于二者之间。在投资中，投资者常用的其他风险指标还有在险价值(VaR)、半方差和跟踪误差。

（1）在险价值（VaR）。

在险价值（Value at Risk，VaR）由 Morgan（1994）首次提出，之后被金融市场机构投资者广泛应用。VaR 描述了在特定投资期限、特定置信水平下，组合可能出现的最大亏损金额。例如，投资期限为60天，置信水平为95%的条件下，VaR 为 -8% 意味着在置信水平为95%的置信区间中，投资组合60天最大可能的亏损为8%，或者说有5%的可能投资组合的损失会超过8%。因此，计算 VaR 主要依靠对两个参数的设置：投资期限和置信水平。对不同的投资者来说参数的设置并不相同，个人投资者可根据需要设置参数，而对于银行、保险公司等特定机构而言，相应的参数则需满足相应的监管需求。

通常使用方差—协方差法、历史数据法或蒙特卡罗模拟法来计算 VaR，它在市场稳定的情况下是一种非常有用的风险衡量工具；但当市场处于振荡期时，金融监管者会使用压力测试和情景分析作为 VaR 的辅助工具，作为衡量风险的必要补充。

（2）半方差（下行风险）。

方差/标准差作为风险度量指标的方法自诞生以来，常被学者诟病的一点是，资产收益可能出现上行也可能出现下行，而收益上行对于投资者而言其实并不是风险。因此，下行风险或称半方差应运而生。半方差是将所有低于回报的平均值与平均值之间差值的平方相加所得的风险度量维度，与方差的计算方法相比，半方差舍去了高于回报平均值的观察值，换言之，仅考虑损失，不考虑收益。计算半方差时，通常投资者会设置一个特定的目标回报率，而计算的半方差则描述的是收益无法达到该目标的可能性。例如，在资产负债管理中，经对负债端的考察，投资者有20%的收益目标以匹配负债，半方差解释了投资者无法达到该目标的概率，由于此时负债端的需求非常重要，半方差或能更大程度衡量投资者实际面临的风险。然而，半方差在计算上相对烦琐，不具备标准差在数学上的简单直观，因此应用相对较少。

（3）跟踪误差。

一方面，跟踪误差仍然没有跳出标准差的理论框架，事实上，跟踪误差仍然是标准差的一种。另一方面，站在投资决策的角度，追踪误差和标准差存在差异。后者描述绝对风险，反映的是组合业绩偏离期望的程度；而前者描述相对风险，反映的是组合业绩偏离比较基准的程度。换言之，追踪误差是组合回报偏离业绩比较基准的标准差。追踪误差指标常见于指数型基金的风险管理中，投资组合如果完美跟踪业绩，如指数收益，则跟踪误差等于0。

在美国等成熟市场，市场相对有效，指数型基金往往有较高的收益，因此很多时候投资者的目标在于实现指数型基金收益的基础上，争取得到比指数型基金更高的收益目标。因此，以追踪误差为风险度量指标进行相对配置是常见的策略，也称主动型投资管理。根据美国市场经验，股票市场主动型投资管理的追踪误差通常设置为年化5%～8%。

以上介绍了投资决策中几种常见的风险度量维度，其中半方差、追踪误差都属于标准差的理论框架，而VaR不同。其中半方差理论上有其优势，但应用中存在困难。追踪误差应用的前提是存在业绩比较基准，股票投资中通常以股票指数为基准，而大类资产配置则缺乏相应的“指数”。本书在后续章节的研究表明，战略资产配置通常无法以追踪误差作为风险度量，原因在于不存在有广泛群众基础的大类资产指数。而战术资产配置可以追踪误差作为风险度量维度，其业绩比较基准为战略资产配置方案。

综上所述，标准差仍然是资产配置决策中应用最广泛的风险指标。许多研究表明，金融数据存在显著的波动率集聚性，即资产收益的标准差是时变的（Engle，1982等）。Engle（1982）提出自回归条件异方差（ARCH）模型，用以捕捉金融时间序列的波动率集聚性。随后BollerSlev（1986）提出广义自回归条件异方差（GARCH）模型。在投资决策中，应用较多的有样本标准差，也有条件异方差。标准差结合相关系数可得到协方差矩阵。不同类型协方差矩阵在资产配置决策中有何区别，是本章探讨的主要问题。

4.1.1　不同类型协方差矩阵

根据 Markowitz（1952）提出的均值方差模型，投资决策人（Portfolio Decision Maker，DM）的目标是在有效边界上寻找合适的组合，而其前提假设在于资产的期望和方差事先已知，即充分信息下有效边界是事先确定的。

然而，实践中期望和方差都是未知的。研究表明，由于收益预测存在误差，均值方差组合的业绩通常表现不佳（Michaud，1989；Best 和 Grauer，1991；Chopra 和 Ziemba，1993；Broadie，1993；Litterman 等，2004；Cochrane，2014 等），而许多研究发现协方差矩阵对组合业绩的影响不及收益预测那般严重（Chopra 和 Ziemba，1993）。因此，Simaan 等（2018）在协方差矩阵恒定的前提下，考察了预测误差对组合业绩的影响。然而，在均值—方差模型中应用条件标准差，而不是非条件标准差，就可将预测误差纳入考量，从而使得均值模型能够在一定预测误差范围内实现最优。

现有研究中绝大多数应用均值—方差模型仍以样本方差，即非条件方差为主，如 Simaan 等（2017）、Fan 等（2013）、Cai 和 Zhou（2012）、Cai 等（2011）、Bodnar 和 Schmid（2009）、傅毅（2017）、何朝林（2015）等。近年来，也有越来越多的研究将条件异方差模型（ARCH/GARCH 族模型）应用于投资管理的研究中，如 Ding 和 Martin（2017）、Cong 和 Oosterlee（2015）、董孝伍（2017）等，此时的协方差矩阵为时变的条件协方差矩阵。然而，并没有文献系统超过二者在资产配置决策中的差异。

自回归条件异方差（ARCH）最早由 Engle（1982）提出，随后 BollerSlev（1986）提出广义自回归条件异方差（GARCH）模型。条件异方差的核心观点在于金融资产收益的波动存在集聚性，即下一期的波动往往受到上期的影响。自回归条件异方差（ARCH）模型可分为两部分，自回归模型（AR）和条件异方差（CH）。假设有简单的 AR（1）模型如下：

$$r_t = \beta_0 + \beta_1 r_{t-1} + \varepsilon_t$$

考虑残差项的波动 $\sigma_t^2 = Var(\varepsilon_t \mid I_{t-1})$ 存在如下形式：

$$\sigma_t^2 = \alpha_0 + \alpha_1 \varepsilon_{t-1}^2$$

则上述模型为 ARCH（1）模型。若残差项的波动 σ_t^2 依赖前 p 期残差项的平方，则可得 ARCH（p）模型如下：

$$\sigma_t^2 = \alpha_0 + \alpha_1 \varepsilon_{t-1}^2 + \cdots + \alpha_p \varepsilon_{t-p}^2$$

若滞后项 p 较大，则上述模型待估参数较多，应用较为复杂。BollerSlev

（1986）因此提出广义 ARCH 模型，即 GARCH 模型。GARCH（p，q）形式如下：

$$\sigma_t^2 = \alpha_0 + \alpha_1\varepsilon_{t-1}^2 + \cdots + \alpha_p\varepsilon_{t-p}^2 + \gamma_1\sigma_{t-1}^2 + \cdots + \gamma_p\sigma_{t-p}^2$$

其中，ε_t^2 称为 ARCH 项，σ_t^2 称为 GARCH 项。GARCH（1，1）可写成无穷阶 ARCH 模型，因此 GARCH 较 ARCH 应用更为广泛。由于 GARCH 本质上仍是 ARCH 模型的一种，后文将统称为 ARCH 族模型。

ARCH 模型得到的标准差和样本标准差存在两方面差异。其一，正如前文所述，ARCH 模型考虑了波动率的时变性；其二，ARCH 模型考虑的是条件标准差，而样本标准差对应非条件标准差，前者衡量预测存在误差的风险，后者衡量资产自身的波动。第一点是 ARCH 模型的主要优势所在，也是许多学者研究的重点。第二点在个股投资组合中差异较小，而在大类资产配置中差异较大，原因在于大类资产与个股的可预测性存在差异。

资产收益的自相关性在一定程度上反映了其可预测性。在收益的自相关性方面，个股和大类资产存在较大差异。现有研究明确了股指收益有较强的自相关性（Stoll 和 Whaley，1990；Lo 和 MacKinlay，1988，1990）。而关于个股的自相关性并无定论。Atchison 等（1987）研究发现个股基本没有自相关性，Chan（1993）则发现大公司股票收益存在自相关性。Rahman 等（2013）的研究表明，由于信息不对称、羊群效应、市场非有效等原因，新兴市场股票有更强的自相关性，Chowdhury 等（2017）研究发现新兴市场的个股和股指都存在自相关性，但股指的自相关性显著高于个股。股指仅反映了大类资产的一种，本书研究表明，大类资产中的债权、货币等资产较股票有更强的自相关性。

因此，在对股票的投资组合决策中，由于个股的可预测性不强，预测误差和资产自身的波动差异较小，即条件/非条件标准差的差异较小。而大类资产，尤其是债券、货币等资产有着较强的可预测性，此时预测误差和资产自身的波动或存在较大差异，也即条件/非条件标准差的差异较大。关于二者的比较在相关文献中鲜有涉及。本书将分别从以上两点出发，将标准差分为三类：不考虑波动率集聚性的非条件标准差、不考虑波动时变性的条件标准差、考虑波动时变性的条件标准差。本书通过数值模拟对前两者进行比较，分析在不考虑波动时变的前提下，条件/非条件标准差的选择对资产配置业绩的影响。为使研究更加完整，本章将通过实证检验对后两者进行比较，检验波动时变性对资产配置业绩的影响。

条件标准差的概念最早由 Engel（1982）提出。Engle（1982）认为，当对下一期的变量进行预测时，下一期的预测值是基于过去的信息，下一期的标准差也

是基于上一期信息的条件标准差。

根据 Engle（1982），若变量 x_t 满足一阶自回归：

$$x_t = \gamma x_{t-1} + \varepsilon_t \tag{4-1}$$

若 ε_t 服从白噪声，与自变量不相关，且 $\text{VaR}(\varepsilon) = \sigma^2$，则条件标准差为：

$$\text{VaR}(x_t \mid I_{t-1}) = \text{VaR}(\varepsilon) = \sigma^2 \tag{4-2}$$

其中，I_{t-1}为上一期的信息集。非条件标准差为：

$$\text{VaR}(x_t) = \text{VaR}(\gamma x_{t-1} + \varepsilon_t)$$

$$\text{VaR}(x_t) = \frac{\sigma^2}{1-\gamma^2} \tag{4-3}$$

换言之，条件标准差为残差（预测误差）的标准差，而非条件标准差为资产本身的标准差。将条件/非条件标准差与相关系数结合，可得条件/非条件协方差矩阵。以两类资产 X，Y 为例，设两类资产的条件/非条件标准差分别为 σ_x，σ_y，相关系数 ρ_{xy}，则条件/非条件协方差矩阵如下：

$$\sum\nolimits_t = \begin{pmatrix} \sigma_x^2 & \rho_{xy}\sigma_x\sigma_y \\ \rho_{xy}\sigma_x\sigma_y & \sigma_y^2 \end{pmatrix} \tag{4-4}$$

总而言之，自回归异方差条件方差模型（ARCH）相对样本方差（非条件方差）可以更好地衡量金融资产的波动水平，主要原因在于金融资产波动率存在集聚性。然而在资产配置决策中，二者还有一个差异，即 ARCH 对应的是条件方差，反映的是预测模型中残差的波动，即资产配置决策中的预测风险；非条件方差反映的则是资产自身的波动。在不考虑波动的集聚性（时变性），即假设波动率恒定时，二者在资产配置决策中是否存在区别？本章将重点对其进行分析。

前面提到，常见的资产配置模型主要有两种：均值方差模型及其衍生模型和风险平价模型。前者以标准差作为风险的度量维度，后者也常用标准差作为风险的度量维度。本书将基于这两类模型，分别对考虑波动时变性的标准差、不考虑波动时变性的条件标准差、不考虑波动时变性的非条件标准差进行分析比较。

4.1.2　考虑波动时变性的描述性统计

Ding 和 Fox（1999）提出了多期限 VAR 可以在一定程度上捕捉大类资产收益率的形成过程（Data Generating Process）。因此，本书通过一个简单的 VAR 模型演示两种不同协方差矩阵的构建。令 $\mathbf{r}_t$ 为资产收益的 $n \times 1$ 向量，则收益率预测模型为：

$$\mathbf{r}_t = \mathbf{c} + \mathbf{A}_1\mathbf{r}_{t-1} + \mathbf{A}_2\mathbf{r}_{t-2} + \cdots + \mathbf{A}_p\mathbf{r}_{t-p} + \boldsymbol{\varepsilon}_t$$

$$\boldsymbol{\varepsilon}_t \mid \mathbf{I}_{t-1} \sim N(\mathbf{0}, \sum\nolimits_t) \qquad (4-5)$$

与前文类似，式（4－5）对应的非条件协方差的计算方式为：

$$\sum\nolimits_t = \frac{1}{12}\sum_{k=1}^{12}(r_{t-k} - \bar{r})(r_{t-k} - \bar{r})' \qquad (4-6)$$

其中，$\bar{r}$为过去12个月资产收益率的平均值，因此基于VAR预测非条件协方差矩阵与基于历史收益预测的非条件协方差矩阵相同，都是资产自身的协方差矩阵。条件协方差矩阵的计算方式为：

$$\sum\nolimits_t = \frac{1}{12}\sum_{k=1}^{12}(r_{t-k} - \hat{r}_{t-k})(r_{t-k} - \hat{r}_{t-k})' \qquad (4-7)$$

其中，$\hat{r}_t$ 由式（4－5）计算得到。根据Ding（2002）对美国数据的测算，CCC－GARCH（Constant Conditional Correlation General Auto Regression Conditional Heteroskedasticity）是刻画大类条件协方差矩阵的较优模型。本书因此以CCC－GARCH模型作为GARCH模型的代表，与其他协方差矩阵进行比较。

最一般化的多元GARCH模型由Bollerslev等（1988）提出，其中大量的待估参数使得模型的运用存在困难。Bollerslev等（1988）继而提出了一种简化，即各类资产的协方差仅受其自身的历史波动和残差的影响，表达式如下：

$$\sum\nolimits_t = \mathbf{C} + \mathbf{A} * \varepsilon_{t-1}\varepsilon'_{t-1} + \mathbf{B} * \sum\nolimits_{t-1} \qquad (4-8)$$

其中，＊为Hadamard乘积，即两个矩阵对应元素相乘得到新的矩阵。此时仍有大量参数待估计。CCC－GARCH在此基础上进一步简化，将标准差的计算和相关系数分开。参考Ding（2002）公式如下：

$$\sigma_{iit} = w_i + \alpha_i \varepsilon_{it-1}^2 + \beta_i \sigma_{iit-1},\ i = 1, \cdots, N \qquad (4-9)$$

$$\sigma_{ijt} = \rho_{ij}\sqrt{h_{iit}}\sqrt{h_{jjt}},\ i, j = 1, \cdots, N \qquad (4-10)$$

令 $R = (\rho_{ij})$，D_t 为$\sqrt{h_{iit}}$，$i = 1, \cdots, N$ 的对角阵，则CCC－MGARCH的条件协方差矩阵可记为：

$$\sum\nolimits_t = D_t R D_t \qquad (4-11)$$

CCC－MGARCH要用计量软件实现较为困难，Splus可以较好地实现，而Stata等则会常常无法收敛。因此，这里借鉴Ding（2001），以两步法计算得到CCC－GARCH模型下的多元误差协方差矩阵。

步骤一：以式（4－9）分别对各类资产拟合得到GARCH表达式，进而计算得到标准差。

步骤二：求得相关系数。具体做法为：各类资产的残差项除以其标准差，将所得结果在样本区间内求得相关系数，并假设该相关系数保持不变。

与上文类似，考虑股票、债券、货币三类资产，基于 2004 年 12 至 2018 年 12 月的数据，本书对股票、债券、货币三类资产构建的向量自回归（VAR）模型如下：

$$\begin{bmatrix} r_{1t} \\ r_{2t} \\ r_{3t} \end{bmatrix} = \begin{bmatrix} 0.041 \\ 0.001 \\ 0.000 \end{bmatrix} + \begin{bmatrix} 0.096 & -1.043 & -10.553 \\ -0.012 & 0.383 & 0.495 \\ -0.000 & -0.012 & 0.968 \end{bmatrix} \begin{bmatrix} r_{1t-1} \\ r_{2t-1} \\ r_{3t-1} \end{bmatrix} + \begin{bmatrix} \varepsilon_{1t} \\ \varepsilon_{2t} \\ \varepsilon_{3t} \end{bmatrix} \quad (4-12)$$

其中，r_{1t}为股票在 t 期的对数收益，r_{2t}为债券在 t 期的对数收益，r_{3t}为货币类资产在 t 期间的对数收益。ε_{it}为残差项，即各类资产的预期收益与真实收益的偏离。通常构建 VAR 之前需要进行单位根检验，而此三类资产中货币类资产在常用的计量软件如 Eviews 中会容易检验出单位根。然而，货币类资产收益不可能服从随机游走，而是始终处于相对稳定的区间，且货币类资产可计算得到标准差。因此，本书构建 VAR 模型进行展示有一定的合理性。

当大类资产收益率通过式（4－12）获取，分别计算三类资产的非条件协方差矩阵、条件协方差矩阵以及一类特殊的条件协方差矩阵（CCC－GARCH）。其中，三类资产的 GARCH 效应检验结果如下。

如表 4－1 所示，由于 GARCH 效应比 ARCH 效应要求更严格，因此先检验 GARCH 效用。从结果来看，股票收益存在显著的 GARCH 效应，而债券和货币的 GARHC 效应不显。因此，仅对债券和货币两类资产检验二者是否存在 ARCH 效用。

表 4－1　三类资产的 GARCH（1，1）检验

资产类别	项目	系数	P 值
股票	常数项	3.5×10^{-4}*	0.10
	ARCH 项	0.22**	0.03
	GARCH 项	0.75***	0.00
债券	常数项	2×10^{-5}	0.22
	ARCH 项	0.20	0.19
	GARCH 项	0.47	0.17
货币	常数项	2.9×10^{-8}***	0.00
	ARCH 项	0.43***	0.00
	GARCH 项	0.16	0.19

注：***、**、*分别表示估计系数在 1%、5%、10% 水平上显著。

如表4-2所示，债券和货币资产的收益均存在显著的ARCH效应。因此，本书以单变量GARCH得到股票标准差，以单变量ARCH得到债券、货币类资产标准差，再另行求得三者条件相关系数，最终得到常数条件相关系数多元GARCH（CCC-MGARCH）的估计结果。

表4-2　两类资产的ARCH（1）检验

资产类别	项目	系数	P值
债券	常数项	4×10^{-5}***	0.00
	ARCH项	0.20*	0.10
货币	常数项	4×10^{8}***	0.00
	ARCH项	0.51***	0.00

注：***、**、*分别表示估计系数在1%、5%、10%水平上显著。

分别以股票/债券为例，三类标准差在2014~2018年的表现如下：

如图4-1所示，var_non为VAR预测模型下的非条件标准差，即资产本身的样本标准差。var_con为VAR预测下的条件标准差，var_ecc为VAR预测下通过CCC-GARCH得到的条件标准差。常数相关系数理论上由固定样本区间求得，但由于样本区间较短，这里将固定样本区间变为扩展区间（Expanding Window），即随着时间推进，计算条件相关系数的样本区间是不断扩大的，这里简称"ecc"。从图中可见，var_non和var_con十分近似。var_ecc和var_con则有着更显著的差异。体现在当资产波动率（var_non）上升时，var_ecc会将上升趋势持续更久，反之则反。这也是GARCH族模型的特征——拟合资产波动率的集聚特征（Clustering）。

如图4-2所示，bond_var_non为债券资产本身的样本标准差，即非条件标准差bond_var_con为VAR预测下的条件标准差，bond_var_ecc为VAR预测下通过CCC-GARCH得到的条件标准差，与前文类似，这里用扩展窗口（Expanding Window）进行计算。与股票不同，在VAR预测模型下，非条件标准差和条件标准差出现了较大差异。根据式（4-12）可知，债券收益存在一定的一阶自相关，因此债券收益的可预测性相对股票更强，从而预测误差的标准差与债券自身的标准差出现较大偏离。基于CCC-GARCH的标准差与股票类似，体现了资产收益波动的集聚性。

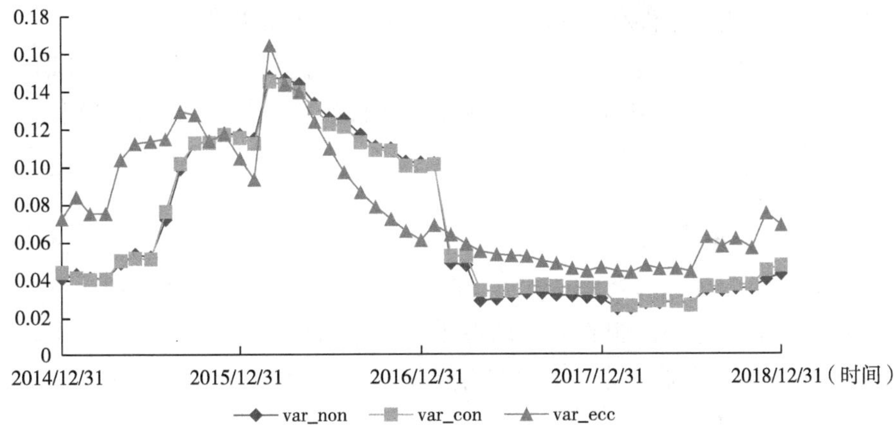

图 4-1 2014~2018 年股票非条件标准差、条件标准差（VAR 预测）和 CCC-GARCH 比较

资料来源：Wind。

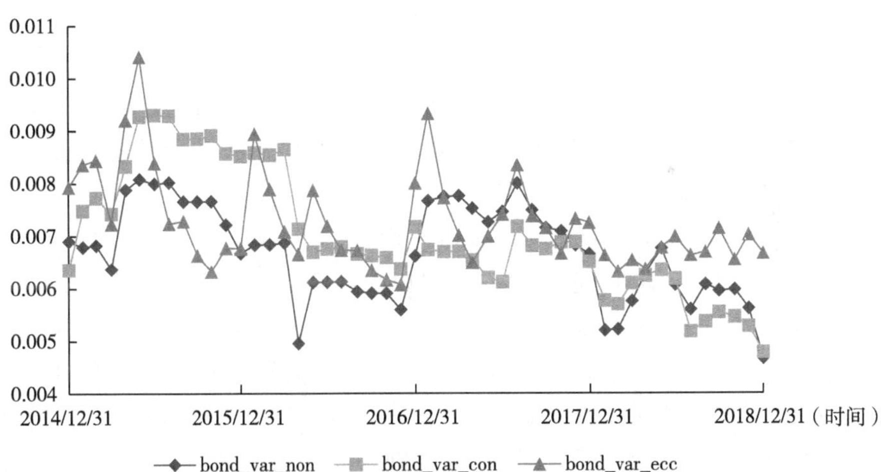

图 4-2 2014~2018 年债券非条件标准差、条件标准差（VAR 预测）和 CCC-GARCH 比较

资料来源：Wind。

4.1.3 不考虑波动时变性的描述性统计

前文已经比较了考虑波动集聚性与不考虑波动集聚性的差异。下面将比较条件和非条件标准差的差异。由于条件标准差随预测模型的不同而有所不同，本书以历史收益预测构建条件/非条件标准差，与上文的 VAR 模型进行比较。

历史收益预测即用过去一段时间的历史平均收益率作为下一期的预期收益率。本节以过去 12 个月收益率均值作为下一期收益率预测。此时预测模型为：

$$\mathbf{r}_t = \frac{1}{12}\sum_{i=1}^{12}\mathbf{r}_{t-i} + \boldsymbol{\varepsilon}_t \tag{4-13}$$

$$\boldsymbol{\varepsilon}_t \mid \mathbf{I}_{t-1} \sim N(\mathbf{0}, \textstyle\sum_t) \tag{4-14}$$

前面提到，非条件协方差即资产本身的协方差，是不基于任何预测信息的。因此，非条件协方差矩阵很多时候即样本协方差矩阵。这里以 12 个月为样本，每月基于过去 12 个月收益率均值计算得到非条件协方差矩阵，公式如下：

$$\sum_t = \frac{1}{12}\sum_{k=1}^{12}(r_{t-k} - \bar{r})(r_{t-k} - \bar{r})' \tag{4-15}$$

其中，$\bar{r}$为过去 12 个月资产收益率的平均值。条件协方差矩阵又称误差协方差矩阵，即过去 12 个月残差项的协方差矩阵，换言之，通过对过去 12 个月真实收益率减去预测收益率所得的残差求得。公式如下：

$$\sum_t = \frac{1}{12}\sum_{k=1}^{12}(r_{t-k} - \hat{r}_{t-k})(r_{t-k} - \hat{r}_{t-k})' \tag{4-16}$$

其中，$\hat{r}_t$ 由式（4-13）计算得到。换言之，此时需要通过 t 期过去 12～24 个月的数据计算得到过去 12 个月的预期收益，再通过过去 12 个月实际收益和预期收益的残差计算得到条件协方差矩阵。

本章考察的大类资产包括股票、债券、货币三类。样本区间从 2004 年 12 月至 2018 年 12 月共 14 年的月度数据。股票以中证全指为代表，债券以中证全债指数为代表，货币类资产以货币基金指数为代表。数据来源为 Wind 金融终端。

由于在股票、债券、货币三类资产中，股票和债券是通常意义上的风险资产，风险较难估计，货币类资产风险较小，因此重点将股票/债券的条件/非条件标准差分别进行比较，为便于观测二者区别，此处展示 2014～2018 年的结果如下：

如图 4-3、图 4-4 所示，历史收益预测下，股票非条件标准差和条件标准差略有差异但大体相同。债券非条件标准差和条件标准差则存在一定差异。综上，无论是历史收益预测，还是向量自回归（VAR）预测，股票的条件标准差和非条件标准差接近，债券的条件标准差和非条件标准差存在偏离。在考虑了波动集聚性后，条件标准差和非条件标准差均出现较大偏离。而对于不同的预测模型，其非条件标准差相同，均为资产历史收益的样本标准差，而条件标准差不同。不考虑 CCC-GARCH 这一特殊的条件协方差矩阵，分别将股票/债券的非条

件标准差、基于历史收益的条件标准差、基于 VAR 的条件标准差进行比较如下：

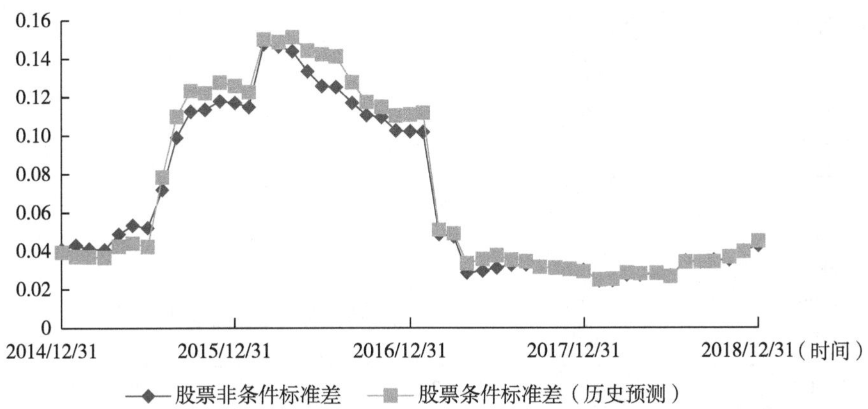

图 4－3　2014～2018 年股票非条件/条件标准差比较（历史预测）

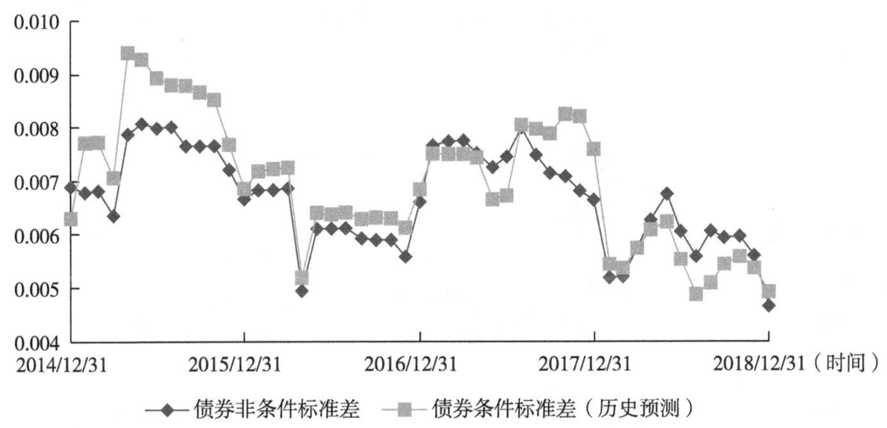

图 4－4　2014～2018 年债券非条件/条件标准差比较（历史预测）

资料来源：Wind。

如图 4－5 所示，股票的非条件标准差、基于历史收益预测的条件标准差、基于 VAR 预测的条件标准差非常接近。如图 4－6 所示，债券的非条件标准差与基于 VAR 预测的条件标准差、基于历史收益预测的条件标准差均有较大偏离。股票与债券的不同之处在于资产收益的预测难度不同。由于条件协方差矩阵是基于收益率预测模型的误差协方差矩阵，当资产收益率的预测性不强时，误差协方差矩阵与资产本身的协方差矩阵类似。以股票为例，根据式（4－12），其自相关性不显著，可预测性不强，因此预测的条件标准差与非条件标准差类似。其中，当预测模型包含实际预测信息时，条件标准差与非条件标准差出现分离，这可以解释图中出现的细微偏离。

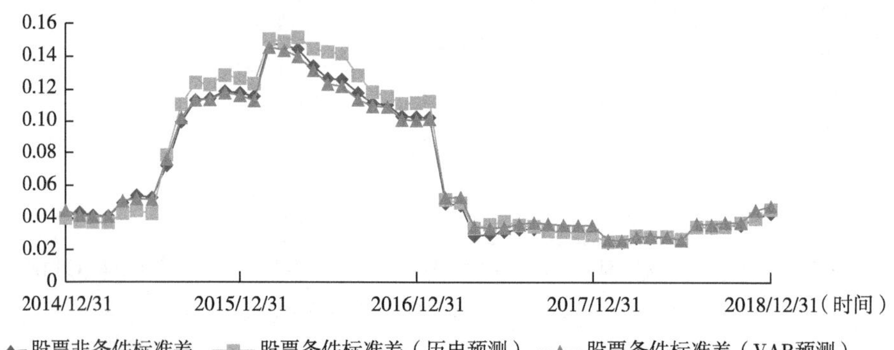

图 4－5　2014～2018 年股票非条件标准差、条件标准差（历史预测）和条件标准差（VAR 预测）

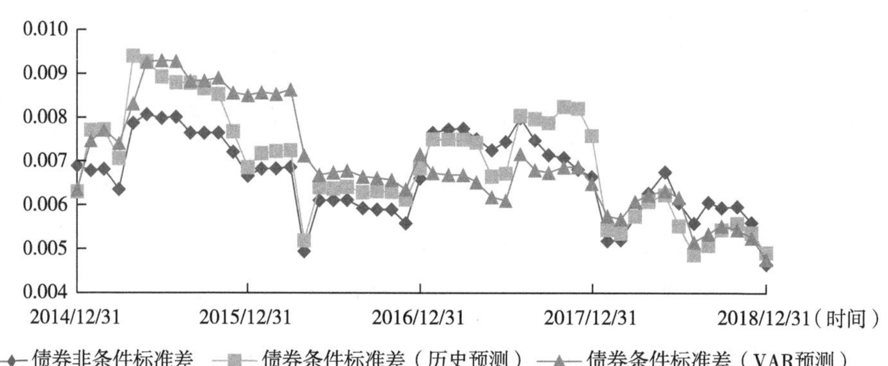

图 4－6　2014～2018 年债券非条件标准差、条件标准差（历史预测）和条件标准差（VAR 预测）

数据来源：Wind。

对于债券而言，其收益率有一定自相关性，可预测性相对较强，因此条件标准差和非条件标准差存在较大偏离。其中，条件标准差与收益率预测模型相关，历史收益预测和向量自回归预测包含不同的预测信息，因此二者对应的条件标准

差亦有所不同。为证明该结论，以上述图示区间（2014 年 12 月至 2018 年 12 月）为样本，分别计算股票/债券的真实收益对不同预测模型得到的预期收益率的拟合程度，即回归的 R^2 值，结果如下：

如表 4－3 所示，无论是历史收益预测还是 VAR 预测，债券的可预测性均显著好于股票的可预测性，与前述结论相一致。

表 4－3 历史预测与 VAR 预测的 R^2 单位：%

R^2	股票	债券
历史预测	0.013	4.2
VAR 预测	0.71	3.1

综上，条件标准差和非条件标准差存在差异，尤其当资产收益的可预测性较强时，这种差异尤其明显。因此，对于不同的收益率预测模型，其对应的条件协方差矩阵亦有所不同。条件协方差矩阵的计算应该与收益率的预测模型相匹配。

4.2 条件与非条件标准差比较

本节的主要目标是考察条件标准差和非条件标准差的资产配置决策中的异同。前面提到，在资产配置决策中，条件标准差反映投资者的预测误差，而非条件标准差反映资产自身的波动。换言之，二者有着不同的经济学内涵。为控制变量，此处控制波动率保持恒定。波动恒定是较强的前提假设，因此宜用数值模拟的方法。

4.2.1 基于均值—方差模型的比较

本节构建一类常见的均值—方差模型，为便于得到解析解，模型中约束条件较少。基于本节构建的模型可以论证，在均值方差模型中，若不考虑波动率的时变性，则条件协方差矩阵较非条件协方差矩阵更优，与加入更多约束条件后的推导类似。本节构建的一般化的均值—方差模型如下：

$$\max_{w} \mathbf{w}'\boldsymbol{\alpha}$$

s. t. $\mathbf{w}'\sum\mathbf{w}\leqslant\sigma_{\max}^{2}$

其中，$\boldsymbol{\alpha}$ 为预期收益向量，$\sigma_{\max}^{2}$ 为投资者可承受的最大方差。由于存在不等式约束，这里我们用 KKT（Kuhn - Tucker）条件，令：

$$L=\mathbf{w}'\boldsymbol{\alpha}-\frac{\lambda}{2}(\mathbf{w}'\sum\mathbf{w}-\sigma_{\max}^{2})$$

则有：

$$\frac{\partial L}{\partial\mathbf{w}}=\boldsymbol{\alpha}-\lambda\sum\mathbf{w}=0 \tag{4-17}$$

$$\lambda\frac{\partial L}{\partial\lambda}=\lambda(\mathbf{w}'\sum\mathbf{w}-\sigma_{\max}^{2})=0 \tag{4-18}$$

$$\lambda\geqslant 0 \tag{4-19}$$

由式（4 - 19），λ 分两种不同情况讨论：

若 $\lambda=0$，

此时有隐含约束：

$$\mathbf{w}'\sum\mathbf{w}-\sigma_{\max}^{2}<0 \tag{4-20}$$

则新的最优化问题可以表述为：

$$\max_{w}\ \mathbf{w}'\boldsymbol{\alpha}$$

在没有任何约束的情况下，要使式（4 - 20）成立，当且仅当投资者可承受的最大风险 $\sigma_{\max}^{2}$ 大于任何可能存在的组合下组合的方差 σ_{p}^{2}，也即投资者是风险中性的，此处不予讨论。

若 $\lambda>0$，

此时有：

$$\mathbf{w}'\sum\mathbf{w}-\sigma_{\max}^{2}=0 \tag{4-21}$$

则可以解得：

$$\mathbf{w}=\lambda^{-1}\sum{}^{-1}\boldsymbol{\alpha} \tag{4-22}$$

将式（4 - 22）代入约束条件，则有：

$$\mathbf{w}'\sum\mathbf{w}=(\lambda^{-1}\sum{}^{-1}\boldsymbol{\alpha})'\sum(\lambda^{-1}\sum{}^{-1}\boldsymbol{\alpha})=\sigma_{\max}^{2}$$

可以解得：

$$\lambda^{-1}=\sqrt{\frac{\sigma_{\max}^{2}}{\boldsymbol{\alpha}'\sum^{-1}\boldsymbol{\alpha}}} \tag{4-23}$$

将式（4 - 23）代入式（4 - 22），得：

$$\mathbf{w} = \sigma_{\max}\sqrt{\frac{1}{\boldsymbol{\alpha}'\Sigma^{-1}\boldsymbol{\alpha}}}\Sigma^{-1}\boldsymbol{\alpha} \tag{4-24}$$

结合式（4－24），可得组合收益和夏普比率（不考虑无风险收益率）的表达式如下：

$$E(R) = \mathbf{w}'\boldsymbol{\alpha} = \sigma_{\max}\sqrt{\boldsymbol{\alpha}'\Sigma^{-1}\boldsymbol{\alpha}} \tag{4-25}$$

$$SR = \frac{\left(\sigma_{\max}\sqrt{\frac{1}{\boldsymbol{\alpha}'\Sigma^{-1}\boldsymbol{\alpha}}}\Sigma^{-1}\boldsymbol{\alpha}\right)'\boldsymbol{\alpha}}{\sigma_{\max}} = \sqrt{\boldsymbol{\alpha}'\Sigma^{-1}\boldsymbol{\alpha}} \tag{4-26}$$

从上式可见，当资产收益的标准差较小，即协方差矩阵 Σ 对应的元素较小时，组合收益和夏普比率较大。对于股票内投资组合而言，由于个股收益的自相关性较弱，条件和非条件标准差近似，因此对应的夏普比率差异较小。而对于资产配置而言，由于大类资产收益的自相关性相对较强，条件与非条件标准差存在差异，根据式（4－3），条件标准差始终小于或等于非条件标准差。因此，在均值方差模型中，应用条件标准差可获得更高的组合收益和夏普比率。

4.2.2　基于风险平价模型的比较

4.2.2.1　理论分析

风险平价的思想令所有资产的风险贡献相等。各类资产的风险贡献（Risk Contribution，RC）如下：

$$RC_i = w_i\frac{\partial R_p}{\partial w_i}$$

其中，R_p 为组合的风险，可为任何风险度量维度，通常为标准差。在风险平价模型中，应用条件和非条件标准差对应模型的意义有所不同。当应用非条件协方差矩阵构建风险平价模型时，模型的目标使各类资产自身的波动率贡献相等。即高配波动率小的资产，低配波动率大的资产；而应用条件协方差矩阵构建风险平价模型时，模型的目标使各类资产预测误差的贡献相等。即高配可预测性强的资产，低配可预测性弱的资产。换言之，无论是应用条件标准差还是非条件标准差，风险平价模型的目标都是高配风险低的资产，低配风险高的资产。因此，在风险平价模型中使用条件/非条件协方差矩阵均有其合理性。

当投资者对收益预测没有突出优势时，可预测性强的资产通常是风险较低的资产，而可预测性弱的资产通常是风险较高的资产，因此此时应用条件协方差矩阵和非条件协方差矩阵的逻辑是相似的。然而，当投资者对某一类收益预测有突出优势时，高配可预测性强的资产在于发挥投资者的预测优势。而低配可预测性弱的资产在于避免投资者的预测劣势。例如，若存在一类资产的风险较大，但投资者有较强的预测能力，则该资产的预测风险较小，若应用条件协方差矩阵，则投资者在风险平价模型中高配该资产。此时，若资产的业绩较好，则应用条件协方差矩阵的风险平价策略将取得更优的业绩。换言之，理论上说，若投资者对资产收益预测没有突出优势，应用条件协方差矩阵和非条件协方差矩阵没有太大差异。而若投资者对资产收益预测有突出优势，应用条件协方差矩阵和非条件协方差矩阵各有道理。

根据上述分析，在数值模拟之前，可提出合理假设如下：

假设1：资产可预测性存在差异时，对条件/非条件协方差矩阵的最优选择不同。

若资产 A 的可预测性大于资产 B 的可预测性，则分两种情况讨论。若资产 A 的表现优于资产 B 的表现，则条件协方差矩阵优于非条件协方差矩阵，因为此时以条件协方差矩阵作为风险度量指标则会配置更多的 A 类资产。反之，若资产 B 的表现优于资产 A 的表现，则非条件协方差矩阵优于条件协方差矩阵。若资产 A 的可预测性小于资产 B 的可预测性，则结论相反。

假设2：资产可预测性无差异时，对条件/非条件协方差矩阵的最优选择相同。

若资产 A 的可预测性和资产 B 的可预测性接近，则两类资产的条件标准差之间关系和非条件标准差之间关系没有差异，此时在风险平价模型中，使用条件/非条件协方差矩阵也是无差异的。

4.2.2.2　数值模拟

常见的风险平价模型包括两种，简单风险平价和标准风险平价。根据余家鸿（2018），简单风险平价不考虑资产之间的相关系数，各类资产的权重为：

$$w_i^t = \frac{(\sigma_i^t)^{-1}}{\sum_j (\sigma_j^t)^{-1}} \tag{4-27}$$

标准风险平价考虑标资产之间的相关系数。此时各类资产的风险贡献（Risk Contribution，RC）为：

$$RC_i = w_i \frac{\partial \sigma_p}{\partial w_i} = \frac{\sum_j w_i w_j \sigma_{ij}}{\sigma_p} \tag{4-28}$$

令各资产的风险贡献 RC_i 相等，可求得各类资产的配置权重。式（4－28）

无解析解，可求得数值解。由于标准风险平价求解的复杂性，现有研究多以简单风险平价为主。但资产之间的相关系数很大程度决定了资产的风险贡献，因此标准风险平价更接近实际。本书以标准风险平价为基础进行研究。假设资产的数据生成过程服从 AR 过程。令 $r_{1t}r_{2t}$分别为资产 1、资产 2 在时刻 t 的收益率，各资产波动率恒定，则收益率预测模型为：

$$r_{1t}=c_1+\gamma_1 r_{1t-1}+\varepsilon_{1t},\ \varepsilon_{1t}\mid I_{t-1}\sim N(0,\ \sigma_1^2)$$

$$r_{2t}=c_2+\gamma_2 r_{2t-1}+\varepsilon_{2t},\ \varepsilon_{2t}\mid I_{t-1}\sim N(0,\ \sigma_2^2)$$

其中，c_1、c_2 为常数项，反映资产收益的长期表现，不随时间变化。γ_1、γ_2 为滞后项系数，反映资产收益的可预测性，此时假设也不随时间变化。σ_1^2、σ_2^2 为两类资产残差的方差，也即条件方差。设两类资产的相关系数为 ρ，且保持不变。从前文描述性统计可知，γ_1、γ_2 反映了资产收益的可预测性，分别取 0. 1/0. 4/0. 8，共 9 组。二者初值均为 0. 1。为便于确定参数取值，以上证综指反映股票资产整体表现，以中证全债指数反映债券资产整体表现，统计 2004 年 12 月至 2018 年 12 月两类资产的平均收益和标准差，所得结果如表 4 - 4 所示。

表 4 - 4　股票/债券历史业绩

	月平均收益	月标准差	相关系数
股票（上证综指）	0. 007	0. 09	- 0. 2
债券（中证全债指数）	0. 004	0. 008	

参照表 4 - 4 的统计数据，两类资产的条件标准差 σ_1、σ_2 取值分别取 0. 09、0. 008，对应两类风险相异的资产。两类资产之间的相关系数为 - 0. 2，两类资产的条件协方差矩阵为：

$$\sum=\begin{pmatrix}0.0081 & -0.00014\\ -0.00014 & 0.000064\end{pmatrix}$$

两类资产的非条件标准差分别为：

$$\sigma_{1u}=\frac{\sigma_1}{(1-\gamma_1^2)}=\frac{0.09}{(1-\gamma_1^2)}$$

$$\sigma_{2u}=\frac{\sigma_2}{(1-\gamma_2^2)}=\frac{0.008}{(1-\gamma_2^2)}$$

常数项 c_1、c_2 的取值对应资产的期望收益率（长期收益率）。关系如下：

$$E(r_1)=\frac{c_1}{(1-\gamma_1)}$$

$$E(r_2)=\frac{c_2}{(1-\gamma_2)} \tag{4-29}$$

债券的收益相对更稳定，由于债券的月度平均收益率在0.004，因此当γ_2取0.1时，对应$c_2=0.004\times(1-\gamma_2)=0.0036$，同理，$\gamma_1$取0.1时，$c_1$的取值为0.0063。二者取值随$\gamma_1$、$\gamma_2$的变化而变化。至此，各参数的初值如表4-5所示。

表4-5　数值模拟初值设定

参数	初值	取值范围
c_1	0.0063	随式（4-22）调整
c_2	0.0036	随式（4-22）调整
γ_1	0.1	{0.1，0.4，0.8}
γ_2	0.1	{0.1，0.4，0.8}
r_{1t}	0	随机生成
r_{2t}	0	随机生成
ρ	-0.2	—
σ_1	0.09	—
σ_2	0.008	—
σ_{1u}	0.09	—
σ_{2u}	0.008	—

2004年12月至2018年12月共有169组月度数据，因此数值模拟中取样本量为200。根据上述初值，可生成两个样本量均为200的收益率序列，随机取样100次，得到100个样本，在每一样本中，计算条件/非条件标准差对应的夏普比率，并对其进行比较，得到二者夏普比率的关系。重复上述过程100次，观察二者关系的稳健性。依次取γ_1、γ_2的值为0.1/0.4/0.8，可得9组不同的方案。

从前述描述性统计可知，资产2的初始夏普比率高于资产1的夏普比率。根据二者夏普比率的关系，以两种情况进行分析。

其一，风险平价的通常假设是各类资产的夏普比率相等。余家鸿（2018）以美国过去30年数据为样本，统计了股票、债券、商品的夏普比率，发现三者近似。事实上，当各类资产夏普比率相等且相关系数相等时，风险平价组合与最优化组合在一定条件下是一致的。此处比较当夏普比率相等时，应用条件/非条件

协方差矩阵的差异。则有：

$$SR_1=\frac{E(r_1)}{\sigma_1/\sqrt{1-\gamma_1^2}}=\frac{c_1\sqrt{1+\gamma_1}}{\sigma_1\sqrt{1-\gamma_1}}=\frac{c_2\sqrt{1+\gamma_2}}{\sigma_2\sqrt{1-\gamma_2}}=SR_2$$

其中，σ_1、σ_2 恒定，γ_1、γ_2 时变，则 c_1、c_2 时变。从上述关系式可知，c_1、c_2 需要确定其一。由于资产 2 的波动性较少，收益相对稳定，因此固定 c_2 取值，即初值 0.0036，c_1 根据上式调整。结果如表 4－6 所示。

表 4－6 风险平价模型数值模拟结果——夏普比率相等 单位：%

		$P(SR_C>SR_U)$	$P(SR_C<SR_U)$	$P(SR_C=SR_U)$
$\gamma_1=0.1$	$\gamma_2=0.1$	0	0	100
	$\gamma_2=0.4$	44.7	55.3	0
	$\gamma_2=0.8$	39.1	60.9	0
$\gamma_1=0.4$	$\gamma_2=0.1$	44.8	55.2	0
	$\gamma_2=0.4$	0	0	100
	$\gamma_2=0.8$	41.7	58.3	0
$\gamma_1=0.8$	$\gamma_2=0.1$	32.4	67.6	0
	$\gamma_2=0.4$	37.1	62.9	0
	$\gamma_2=0.8$	0	0	100

从表 4－6 可见，当两类资产的夏普比率相等时，非条件协方差矩阵略优于条件协方差矩阵。

其二，令二者夏普比率为初始夏普比率并保持不变，即二者夏普比率不相等，资产 2 的夏普比率始终高于资产 1。

$$SR_1=\frac{c_1\sqrt{1+\gamma_1}}{\sigma_1\sqrt{1-\gamma_1}}=\frac{0.0063\sqrt{1+0.1}}{0.09\sqrt{1-0.1}}=0.077$$

$$SR_2=\frac{c_2\sqrt{1+\gamma_2}}{\sigma_2\sqrt{1-\gamma_2}}=\frac{0.0036\sqrt{1+0.1}}{0.008\sqrt{1-0.1}}=0.497$$

则此时 c_1、c_2 的取值随 γ_1、γ_2 取值变化而变化。非条件和条件协方差矩阵对应的结果如表 4－7 所示。资产 2 的夏普比率高于资产 1，可见当夏普比率高的资产可预测性更强时，条件协方差矩阵对应的组合业绩更佳；当夏普比率高的资产可预测性更弱时，非条件协方差矩阵对应的组合业绩更佳；当资产的可预测性相等时，条件/非条件协方差矩阵的选择没有差异。假设 1 和假设 2 此时成立。为比较股债的夏普比率，统计 2004 年 12 月至 2018 年 12 月中证全指和中证全债指数在不同投资期限的夏普比率。取投资期限分别为 6 个月、1 年、1.5 年、2 年、2.5 年、3 年。结果如图 4－7 所示。

表 4－7　风险平价模型数值模拟结果——夏普比率不等　　单位：%

		$P\ (SR_C > SR_U)$	$P\ (SR_C < SR_U)$	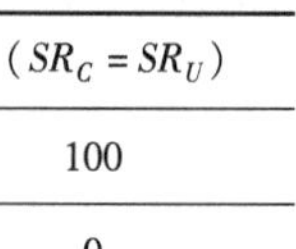 $P\ (SR_C = SR_U)$
$\gamma_1 = 0.1$	$\gamma_2 = 0.1$	0	0	100
	$\gamma_2 = 0.4$	100	0	0
	$\gamma_2 = 0.8$	100	0	0
$\gamma_1 = 0.4$	$\gamma_2 = 0.1$	0	100	0
	$\gamma_2 = 0.4$	0	0	100
	$\gamma_2 = 0.8$	100	0	0
$\gamma_1 = 0.8$	$\gamma_2 = 0.1$	0	100	0
	$\gamma_2 = 0.4$	0	100	0
	$\gamma_2 = 0.8$	0	0	100

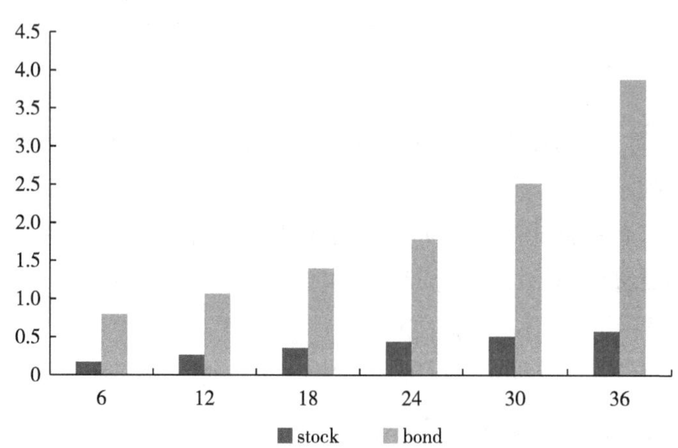

图 4－7　不同期限股票/债券夏普比率比较

余家鸿（2018）关于美国市场的论述为：当考察较长的样本区间时，美国市场股票、债券和商品的夏普比率近似。我国情况与之不同。从图 4－7 中可见，回顾过去 15 年我国资本市场表现，我国股票和债券的夏普比率相差较大。随着投资期限增加，二者差异更为明显。从前文研究可知，债券的可预测性较股票更强，因此风险平价策略中应用条件协方差矩阵可取得更优的业绩。

4.3　时变与非时变标准差比较

Engle（1982）的研究表明金融资产收益的时间序列通常存在波动的集聚性，因此理论上考虑波动时变性将提高资产配置业绩。然而，一方面为了本书的完整性，另一方面也由于目前研究鲜有通过实证论证在资产配置决策中考虑波动集聚性的优势。因此本节从实际数据出发，考察波动时变性对资产配置业绩的影响。结合前文所述，将分别对均值—方差模型和风险平价模型进行分析。

4.3.1　基于均值—方差模型的实证分析

均值—方差模型的设定同上节数值模拟。由于不同的方法计算得到的协方差矩阵有不同的样本区间。例如，hist_con 需要先以 12 个月的预期收益和真实收益计算得到残差后再以 12 个月为周期计算得到条件标准差，因此样本区间将减少 24 个月。var_ecc 需要在计算得到标准差后再以残差除以标准差计算条件标准差，因此样本量将减少 36 个月左右。为统一样本区间，方便比较均值—方差模型得到的最优化结果。以下将统计区间统一为 2007 年 12 月至 2018 年 12 月。

分别以条件标准差和 CCC - GARCH 得到的条件标准差进行上述最优化，所得夏普比率分别记为 SR_f 和 SR_v。夏普比率随样本统计区间的不同有所不同。从 2007 年 12 月开始，分别以 12 个月（1 年）、24 个月（2 年）、36 个月（3 年）、60 个月（5 年）为周期滚动地计算夏普比率。对于每一种周期，可得多个不同的样本。例如，以 12 个月为例，2007 年 12 月至 2008 年 11 月为第一个样本，2008 年 1 月至 2008 年 12 月为第二个样本……以此类推。各周期不同样本中两类标准差的比较结果如下。

如图 4 - 8、图 4 - 9、图 4 - 10、图 4 - 11 所示，横轴对应不同的样本区间，纵轴反映考虑波动时变性的夏普比率与不考虑波动率时变性的夏普比率之差。从图中可见，考虑波动时变性的业绩在绝大多数情况下优于后者。统计各样本中 SR_v 大于 SR_f 的比例如表 4 - 8 所示。

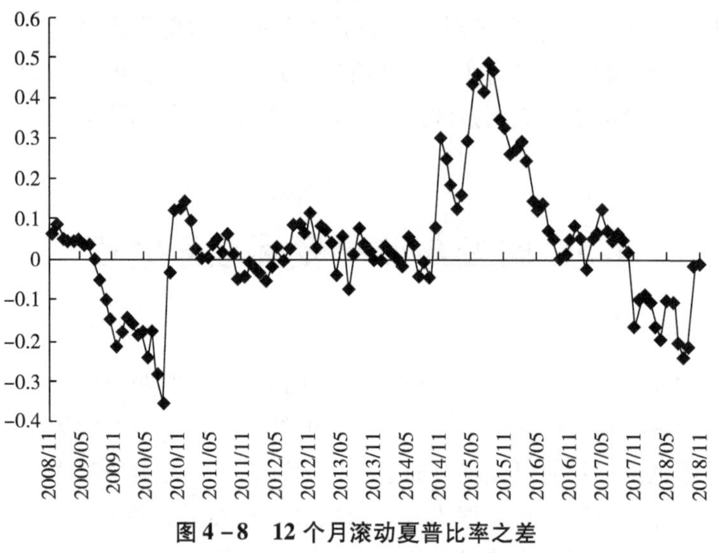

图 4 -8　12 个月滚动夏普比率之差

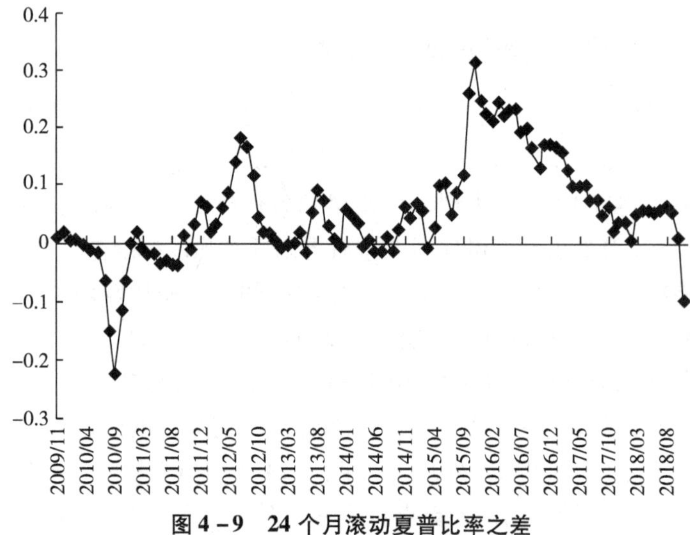

图 4 -9　24 个月滚动夏普比率之差

从表 4 -8 中可见，对于不同的统计周期，考虑波动时变性的组合业绩始终较不考虑波动时变性的组合业绩更优。且随着统计周期的增加，前者的优势更为明显。

表 4 -8　均值—方差模型中不同样本实证结果

周期（样本长度）	样本数量	$P(SR_v - SR_f)$（%）
1 年	121	64

续表

周期（样本长度）	样本数量	$P(SR_v - SR_f)$（%）
2年	109	76
3年	97	88
5年	73	93

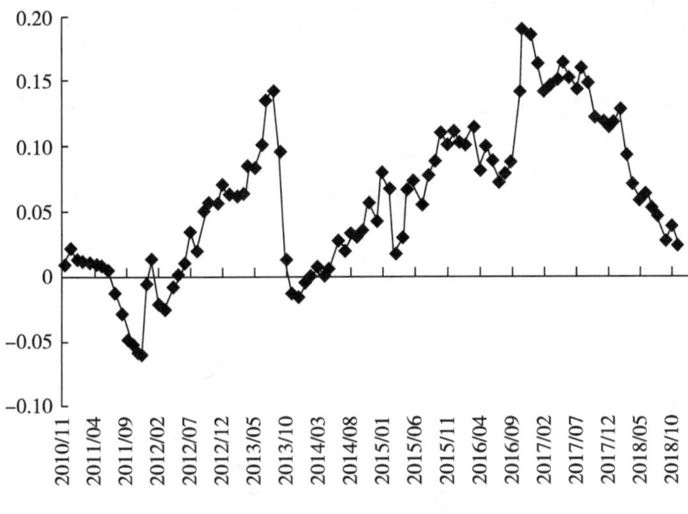

图4－10 36个月滚动夏普比率之差

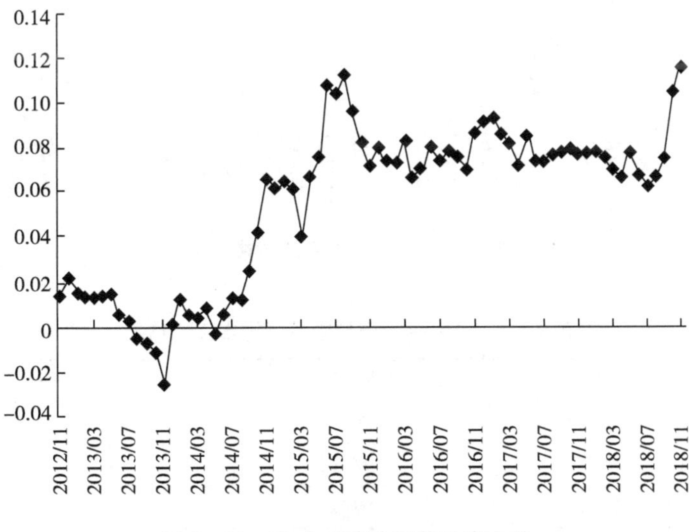

图4－11 60个月滚动夏普比率之差

4.3.2 基于风险平价模型的实证分析

风险平价模型的设定同上节数值模拟。与均值—方差模型的实证类似，以2007年12月至2018年12月的月度协方差矩阵估计得到风险平价策略。分别以1年、2年、3年、5年为周期对夏普比率进行比较，与上节类似，不同周期对应不同的样本数量。计算各样本中两类协方差矩阵对应的夏普比率之差，结果如下：

如图4-12、图4-13、图4-14、图4-15所示，整体而言，考虑时变波动的夏普比率 SR_v 在绝大多数时候显著高于不考虑时变波动的夏普比率 SR_f，结论与均值方差模型类似。统计在不同周期（样本长度）下 SR_v 大于 SR_f 的比例如表4-9所示。

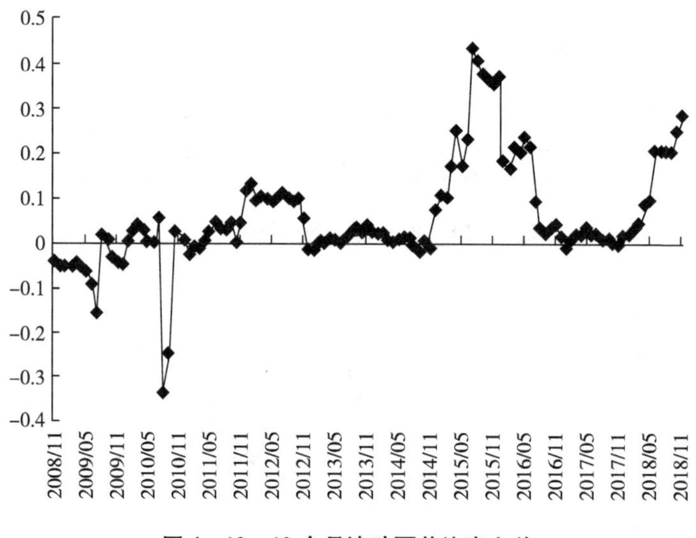

图4-12　12个月滚动夏普比率之差

表4-9　风险平价模型中不同样本实证结果

周期（样本长度）	样本数量	$P(SR_v - SR_f)$（%）
1年	121	79
2年	109	78
3年	97	80
5年	73	93

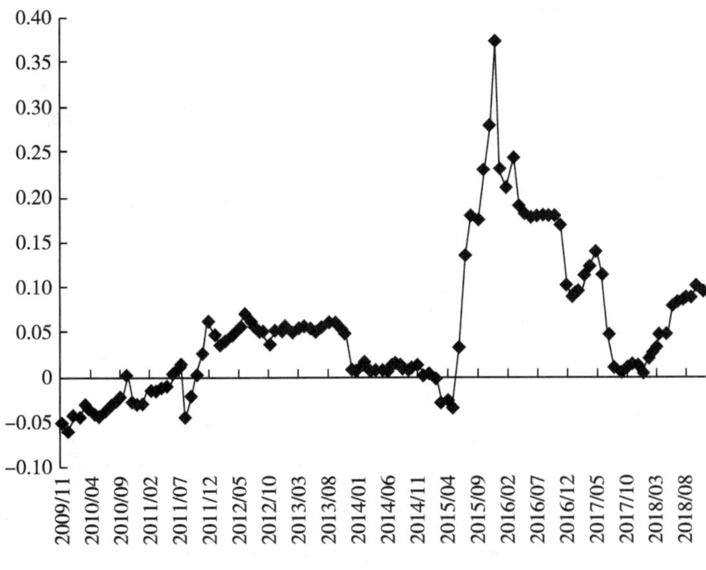

图4-13 24个月滚动夏普比率之差

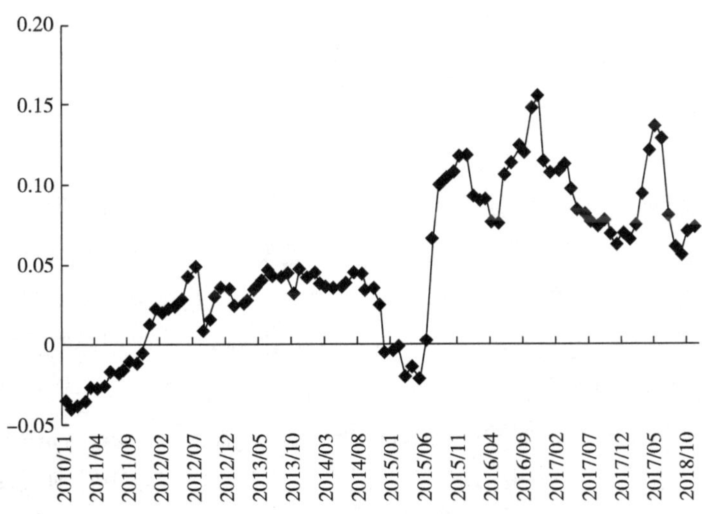

图4-14 36个月滚动夏普比率之差

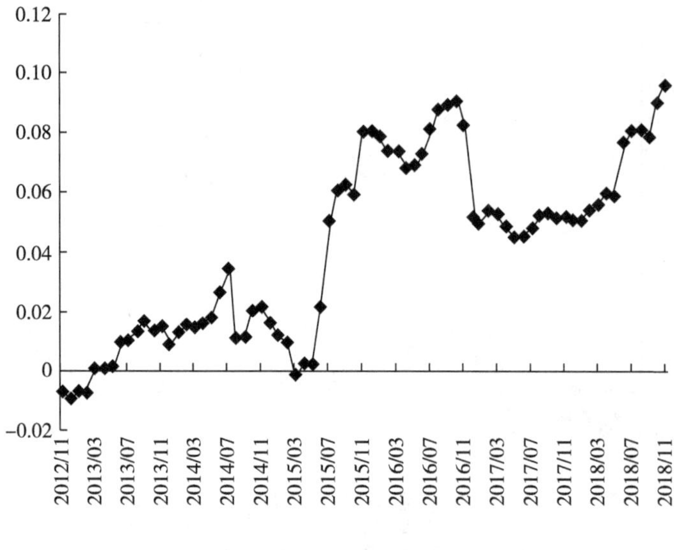

图 4－15　60 个月滚动夏普比率之差

4.4　本章小结

根据前文结论，资产配置广泛应用于资产管理和资产负债管理中。对于资产负债管理，资产配置多使用久期匹配［又称免疫策略（Immunization）］等策略。而对于资产管理，常用的模型主要有两种：均值—方差模型和风险平价模型。而二者都离不开协方差矩阵的估计。在估计协方差矩阵时，应用样本协方差矩阵和以 ARCH 族模型计算得到协方差矩阵是两种常用方式。ARCH 族模型和样本标准差的一个重要区别在于，前者使用条件标准差，后者使用非条件标准差。条件协方差矩阵反映了收益率预测出现误差的风险，非条件协方差矩阵则反映了资产自身的波动。在不考虑波动率集聚性的前提下，本章通过比较条件/非条件协方差矩阵应用在两种主流资产配置模型中的差异，发现不同资产配置模型对于风险指标的最优选择不尽相同。

对于均值—方差模型而言，本章通过理论模型推导发现，当波动率恒定时，应用条件标准差相比非条件标准差可获得更高的夏普比率。在风险平价模型中，使用条件和非条件协方差矩阵的含义有所不同。前者使得不同资产预测误差的贡

献相等，后者使得资产实际波动的贡献相等。若资产可预测性不强，则两类协方差矩阵的含义类似，可预测性不强的资产也即自身波动较大的资产。若投资产可预测性较强，则又分为两种情况。在美国，风险平价策略的一个重要前提是不同大类资产的夏普比率相等。从本章数值模拟的结论可知，当不同资产风险贡献相等时，非条件标准差相对条件标准差更优。然而，从我国资本市场过去 15 年的统计可知，我国股债的夏普比率差异较大，此时条件标准差是更优的选择。

本书强调资产配置决策，而非股票内部的投资决策。二者不同在于，个股的可预测性较差，且不同个股的可预测性相似，因此，在个股的组合投资中，无论是均值方差模型还是风险平价模型，在波动率恒定时，条件和非条件方差没有显著区别。唯有在资产配置中，不同大类资产的可预测性存在较显著的差异，主因债券、货币等资产的收益有较强的可预测性，从而有本书所述结论。

ARCH 族模型和样本标准差的另一个重要区别在于，ARCH 族模型因为捕捉了金融资产的波动集聚性，理论上是较样本标准差更优的选择。然而，并没有研究对资产配置决策中是否需要考虑波动时变性进行实证检验，以至于目前许多研究中应用均值方差模型仍然以非时变的样本标准差对风险进行估计。本章第三部分通过将历史数据分为多个不同区间的样本进行实证检验，证明了资产配置决策中应该考虑波动的时变性，也使得本章研究更为全面。

因此，综合考虑均值方差模型或是风险平价模型，在我国当前国情下，当不考虑波动率时变性时，资产配置决策中应用条件方差是较非条件方差的更优选择。而金融资产的波动率通常存在集聚性，因此自回归条件异方差模型及其衍生模型（ARCH 族模型）的应用更显重要。本章通过理论推导和数值模拟，论证了在投资决策尤其是资产配置决策中，ARCH 族模型较样本标准差更优的原因不仅在于前者考虑了波动率的时变性，也在于条件标准差在一定条件下较非条件标准差能取得更优的业绩。

第5章　资产配置中多期风险估计

5.1　协方差矩阵随期限变化的动态特征

资产配置决策和股票内投资组合在不同期限的风险估计上有所不同。相对个股收益，大类资产收益通常存在更强的自相关性，因此资产收益的协方差矩阵随期限变化有一定的动态性特征。例如，以月度标准差乘以$\sqrt{12}$得到的“年度”标准差与直接以年度数据计算得到的年度标准差存在差异。由于资产配置决策的期限通常较长（1年/3年/5年等），直接计算长期协方差矩阵将存在历史数据不足等问题，且忽略了短期和长期风险的内在联系。因此通常需要计算短期协方差矩阵再向长期转化。由于前述动态性特征的存在，传统的转化方法存在一定的问题。

为进一步证明该结论，这里对我国过去15年股票、债券、货币三类资产在不同投资期限下的“年化”标准差和“非年化”标准差进行了统计，结果见表5-1。其中，股票收益以中证全指收益为代表，债券收益选择中证全债指数收益，货币收益选择货币基金指数收益。数据频率为月度。数据来源为万得金融数据库，样本区间为2004年12月至2018年12月，结果见Panel A。为检验结论的稳健性，将该样本进一步拆分为两个子样本，对应的样本区间分别是2004年12月至2011年12月以及2012年1月至2018年12月。结果见Panel B和Panel C。

在表5-1中，左侧列为投资期限，以月为单位；中间列为年化处理后的“年化”标准差；右侧列为未经年化处理的各期限标准差。以投资期限1个月为例，以月度数据计算得到月度标准差，即右侧列数据。再将该月度标准差乘以$\sqrt{12}$得到对应的月度“年化”标准差，即中间列数据。类似地，若投资期限为3

个月，则以季度数据计算得到季度标准差，即右侧列数据，将该季度标准差乘以 $\sqrt{12/3}$则得到季度“年化”标准差，即中间列数据。最终，将不同期限对应的“年化”标准差（中间列）进行比较。

表5-1 不同投资期限下的样本标准差统计

	标准差（年化）			标准差（非年化）		
Panel A：2004年12月至2018年12月						
期限（月）	股票	债券	货币	股票	债券	货币
1	0.314	0.029	0.004	0.091	0.008	0.001
3	0.355	0.037	0.006	0.178	0.019	0.003
6	0.406	0.040	0.009	0.287	0.028	0.006
9	0.435	0.040	0.010	0.377	0.035	0.009
12	0.445	0.039	0.011	0.445	0.039	0.011
24	0.390	0.032	0.013	0.552	0.045	0.018
Panel B：2004年12月至2011年12月						
期限（月）	股票	债券	货币	股票	债券	货币
1	0.364	0.033	0.004	0.105	0.010	0.001
3	0.421	0.044	0.007	0.211	0.022	0.004
6	0.514	0.046	0.009	0.363	0.033	0.006
9	0.555	0.046	0.010	0.481	0.040	0.009
12	0.572	0.044	0.011	0.572	0.044	0.011
24	0.492	0.035	0.009	0.696	0.049	0.013
Panel C：2012年1月至2018年12月						
期限（月）	股票	债券	货币	股票	债券	货币
1	0.255	0.025	0.002	0.074	0.007	0.001
3	0.276	0.030	0.004	0.138	0.015	0.002
6	0.263	0.033	0.005	0.186	0.023	0.004
9	0.273	0.034	0.006	0.236	0.029	0.005
12	0.262	0.036	0.007	0.262	0.036	0.007
24	0.229	0.035	0.007	0.324	0.049	0.010

从表5-1可见，随着投资期限增加，股票、债券的风险（年化标准差）呈先上升后下降的特征，货币资产的风险则持续上升。原因在于大类资产收益在短期存在一定的序列自相关。Chowdhury等（2017）、Stoll和Whaley（1990）、Lo和MacKinlay（1988，1990）等研究表明，相比个股收益，大类资产（股票指数）收益有相对更强的自相关性。Ding和Fox（1996）指出，股票、债券、货币

这三类资产存在一定的自相关性，其中又以债券和货币资产的收益有较强的自相关性。因此，当大类资产收益存在正自相关性时，直接以年度数据计算得到的年标准差将大于月度标准差乘以$\sqrt{12}$得到的“年化”标准差。反之，当大类资产收益存在负自相关时，直接以年度数据计算得到的年标准差将小于月度标准差乘以$\sqrt{12}$得到的“年化”标准。换言之，若资产收益存在一定程度的正相关，则随着投资期限增加风险是增加的；若资产收益存在一定程度的负相关，则随着投资期限增加风险是下降的。因此，计算短期协方差矩阵再通过简单代数转化得到的长期协方差矩阵当且仅当标的资产不存在序列相关时是有效的，否则多期协方差矩阵的估计将因为资产收益的自相关性而出现偏差，此时的协方差矩阵是不准确的。

综上所述，由于大类资产收益存在一定的自相关性，资产收益的协方差矩阵随投资期限的变化存在动态性特征。不同期限协方差矩阵之间没有简单的代数关系。由于资产配置的投资期限通常较长（1 年、3 年、5 年等），长期协方差矩阵需要通过短期协方差矩阵转化得到。传统的简单转化方法忽略了大类资产收益的自相关性，因此所得长期协方差矩阵存在误差。本书通过数理推导，基于大类资产收益存在自相关性的特征，得到多期协方差矩阵转化的准确模型。

5.2 多期条件协方差矩阵推导

要准确计算不同期限的条件协方差矩阵，需要有不同期限的收益率预测模型。Ding 和 Fox（1999）提出了向量自回归模型（Vector Auto Regression，VAR）可以在一定程度上捕捉股票、债券、货币这三类资产收益率的数据形成过程，原因在于这几类资产的收益存在一定的自相关性。这也是大类资产收益预测最常见的模型之一。除此之外，常见的模型还包括逆向优化模型，历史收益预测模型等。其中逆向优化模型由 Black 和 Litterman（1994）提出，其主要思想是以各类资产的市值占比为权重，以均值方差模型为基础，反推得到资产均衡收益率的过程。由于均值方差模型又称最优化模型，因此该方法又称逆向优化。历史收益预测通常见于理论研究，而较少应用于资产配置实践。考虑到资产收益的自相关性，本书以应用最广泛的向量自回归（VAR）模型为例。

基于表 5 - 1 的结果，可见我国股票、债券、货币类资产都存在一定程度的自相关。本书构建大类资产收益预测的向量自回归模型（VAR）有其合理性。本书主要为了展示方法，因此本书假设的模型中不含外生变量，若加入外生变量，本书模型可相应拓展。令 $\mathbf{r}_t$ 为资产收益的 $n\times 1$ 向量，并假设它服从 VAR - MARCH 结构：

$$\mathbf{r}_t=\mathbf{c}+\mathbf{A}_1\mathbf{r}_{t-1}+\mathbf{A}_2\mathbf{r}_{t-2}+\cdots+\mathbf{A}_p\mathbf{r}_{t-p}+\boldsymbol{\varepsilon}_t$$

$$\boldsymbol{\varepsilon}_t\,|\,\mathbf{I}_{t-1}\sim N(\mathbf{0},\sum\nolimits_t) \tag{5-1}$$

此处 $\mathbf{A}_i$ 是固定的 $n\times n$ 系数矩阵，使得资产收益依赖于过去的收益，$\mathbf{c}$ 是一个 $n\times 1$ 常数向量，使得资产可能存在不为零的期望收益，$\boldsymbol{\varepsilon}_t$ 是 $n\times 1$ 向量的白噪声，与过去的信息不相关，也就是当 $k\neq 0$ 时，有 $E_{t-1}(\boldsymbol{\varepsilon}_t)=\mathbf{0}$，$E_{t-1}(\boldsymbol{\varepsilon}_t\boldsymbol{\varepsilon}'_{t-k})=\mathbf{0}$，$\mathbf{I}_{t-1}$是 $t-1$ 期末能获取的信息，而 $\sum_t=E_{t-1}(\varepsilon_t\varepsilon'_t)$ 是可能存在时变的误差协方差矩阵，可能依赖过去的信息。借鉴 Bollerslev 等（1994）、Ding 和 Engle（2001）以及 Engle（2002），本书进一步假设 $\sum_t$ 服从多元 GARCH 模型。

对于前文中定义的 VAR（p）系统，即协方差矩阵恒定的 VAR（p）系统，对应的 np 维 VAR（1）过程可定义为：

$$\mathbf{y}_t=\mathbf{v}+\mathbf{A}\mathbf{y}_{t-1}+\boldsymbol{\eta}_t \tag{5-2}$$

其中：

$$\mathbf{y}_t=\begin{bmatrix}\mathbf{r}_t\\ \mathbf{r}_{t-1}\\ \vdots\\ \mathbf{r}_{t-p+1}\end{bmatrix},\quad \mathbf{v}=\begin{bmatrix}\mathbf{c}\\ \mathbf{0}\\ \vdots\\ \mathbf{0}\end{bmatrix},\quad \mathbf{A}=\begin{bmatrix}\mathbf{A}_1 & \mathbf{A}_2 & \cdots & \mathbf{A}_{p-1} & \mathbf{A}_p\\ \mathbf{I}_n & \mathbf{0} & \cdots & \mathbf{0} & \mathbf{0}\\ \vdots & \vdots & \ddots & \vdots & \vdots\\ \mathbf{0} & \mathbf{0} & \cdots & \mathbf{I}_n & \mathbf{0}\end{bmatrix},\quad \boldsymbol{\eta}_t=\begin{bmatrix}\boldsymbol{\varepsilon}_t\\ \mathbf{0}\\ \vdots\\ \mathbf{0}\end{bmatrix}$$

以上 VAR（1）系统稳定的条件为：

对于 $|z|\leqslant 1$，$\det(\mathbf{I}_{np}-\mathbf{A}z)\neq 0$

对于金融资产收益率该条件通常是满足的。$\mathbf{y}_t$ 的非条件期望收益率为：

$$\mathbf{u}=E(\mathbf{y}_t)=(\mathbf{I}_{np}-\mathbf{A})^{-1}\mathbf{v}, \tag{5-3}$$

参照 Lutkepohl（1993）则非条件自协方差矩阵为：

$$\boldsymbol{\Gamma}_{\mathbf{y}}(h)=\sum_{i=0}^{\infty}\mathbf{A}^{h+i}\boldsymbol{\Omega}(\mathbf{A}^i)' \tag{5-4}$$

其中，$\boldsymbol{\Omega}=E(\boldsymbol{\eta}_t\boldsymbol{\eta}'_t)$。用 $n\times np$ 矩阵 $\mathbf{J}=[\mathbf{I}_n\mathbf{0}\cdots\mathbf{0}]$，$\mathbf{r}_t$ 的过程可以记为 $\mathbf{r}_t=\mathbf{J}\mathbf{y}_t$，则 $\mathbf{r}_t$ 的非条件自协方差矩阵可记为 $\boldsymbol{\Gamma}_{\mathbf{r}}(h)=\mathbf{J}\boldsymbol{\Gamma}_y(h)\mathbf{J}'$。

在稳定性假设下，$\mathbf{y}_t$ 的过程服从以下 MA 过程：

$$\mathbf{y}_t=\mathbf{u}+\sum_{i=0}^{\infty}\mathbf{A}^i\boldsymbol{\eta}_{t-i} \tag{5-5}$$

其中，$\mathbf{y}_t$ 可用过去和现在的误差项 $\boldsymbol{\eta}_t$ 以及均值项 $\mathbf{u}$ 表示。从式（5-5）可

得 $\mathbf{r}_t$ 的 MA 过程如下：

$$\mathbf{r}_t = \mathbf{J}\mathbf{y}_t = \mathbf{J}\mathbf{u} + \sum_{i=0}^{\infty} \mathbf{J}\mathbf{A}^i\mathbf{J}'\mathbf{J}\boldsymbol{\eta}_{t-i} = \mathbf{r} + \sum_{i=0}^{\infty} \boldsymbol{\Phi}_i\boldsymbol{\varepsilon}_{t-i}. \tag{5-6}$$

此处 $\mathbf{r}=\mathbf{J}\mathbf{u}$ 是 $\mathbf{r}_t$ 的非条件期望，$\boldsymbol{\Phi}_i=\mathbf{J}\mathbf{A}^i\mathbf{J}'$。由白噪声过程的性质，$\boldsymbol{\eta}_t=\mathbf{J}'\mathbf{J}\boldsymbol{\eta}_t$ 且 $\boldsymbol{J\eta_t}=\boldsymbol{\varepsilon_t}$。式（5-6）中的 MA 过程决定了 $\mathbf{r}_t$ 的非条件期望：

$$E(\mathbf{r}_t)=\mathbf{r} \tag{5-7}$$

以及 $\mathbf{r}_t$ 的非条件自协方差，

$$\begin{aligned}\boldsymbol{\Gamma}_r(h) &= E(\mathbf{r}_t-\mathbf{r})(\mathbf{r}_{t-h}-\mathbf{r})' \\ &= E\Big(\sum_{i=0}^{h-1}\boldsymbol{\Phi}_i\boldsymbol{\varepsilon}_{t-i}+\sum_{i=0}^{\infty}\boldsymbol{\Phi}_{h+i}\boldsymbol{\varepsilon}_{t-h-i}\Big)\Big(\sum_{i=0}^{\infty}\boldsymbol{\Phi}_i\boldsymbol{\varepsilon}_{t-h-i}\Big)' \\ &= \sum_{i=0}^{\infty}\boldsymbol{\Phi}_{h+i}\sum\boldsymbol{\Phi}'_i\end{aligned} \tag{5-8}$$

此处 $\sum = E(\boldsymbol{\varepsilon}_t\boldsymbol{\varepsilon}'_t)$ 是白噪声的非条件协方差矩阵。不需要通过 $\mathbf{r}_t$ 的 VAR（1）过程来计算 MA 的系数矩阵 $\boldsymbol{\Phi}_i$。以下递归的公式可用于计算得到 $\boldsymbol{\Phi}_i$：

$$\boldsymbol{\Phi}_0=\mathbf{I}_n,$$

$$\boldsymbol{\Phi}_i=\sum_{j=1}^{i}\boldsymbol{\Phi}_{i-j}\mathbf{A}_j, i=1,2,\cdots \tag{5-9}$$

其中，对于 $j>p$ 有 $\mathbf{A}_j=\mathbf{0}$。

计算一个稳定的 VAR（p）过程的自协方差矩阵：

$$\mathbf{r}_t-\mathbf{r}=\mathbf{A}_1(\mathbf{r}_{t-1}-\mathbf{r})+\mathbf{A}_2(\mathbf{r}_{t-2}-\mathbf{r})+\cdots+\mathbf{A}_p(\mathbf{r}_{t-p}-\mathbf{r})+\boldsymbol{\varepsilon}_t \tag{5-10}$$

给式（5-10）右乘（$\mathbf{r}_{t-h}-\mathbf{r}$）′并取期望。

当 $h=0$ 时，自协方差矩阵为：

$$\begin{aligned}\boldsymbol{\Gamma}_{\mathbf{r}}(0) &= \mathbf{A}_1\boldsymbol{\Gamma}_{\mathbf{r}}(-1)+\mathbf{A}_2\boldsymbol{\Gamma}_{\mathbf{r}}(-2)+\cdots+\mathbf{A}_p\boldsymbol{\Gamma}_{\mathbf{r}}(-p)+\sum \\ &= \mathbf{A}_1\boldsymbol{\Gamma}_{\mathbf{r}}(1)'+\mathbf{A}_2\boldsymbol{\Gamma}_{\mathbf{r}}(2)'+\cdots+\mathbf{A}_p\boldsymbol{\Gamma}_{\mathbf{r}}(p)'+\sum\end{aligned} \tag{5-11}$$

当 $h>0$ 时，

$$\boldsymbol{\Gamma}_r(h)=\mathbf{A}_1\boldsymbol{\Gamma}_{\mathbf{r}}(h-1)+\mathbf{A}_2\boldsymbol{\Gamma}_{\mathbf{r}}(h-2)+\cdots+\mathbf{A}_p\boldsymbol{\Gamma}_{\mathbf{r}}(h-p), \tag{5-12}$$

其中，$\boldsymbol{\Gamma}_{\mathbf{r}}(i)=\boldsymbol{\Gamma}_{\mathbf{r}}(-i)'$。这些方程被称为 Yule-Walker 方程，可用来递归地计算 $\boldsymbol{\Gamma}_{\mathbf{r}}(h)$，当 $h\geqslant p$，且 $\mathbf{A}_1$，$\mathbf{A}_2$，…，$\mathbf{A}_p$ 和 $\boldsymbol{\Gamma}_{\mathbf{r}}(p-1)$，$\boldsymbol{\Gamma}_{\mathbf{r}}(p-2)$，…，$\boldsymbol{\Gamma}_{\mathbf{r}}(0)$已知时。

当 $|h|<p$ 时，初始的自协方差矩阵可由 VAR(1)决定：

$$\mathbf{y}_t-\mathbf{u}=\mathbf{A}(\mathbf{y}_{t-1}-\mathbf{u})+\boldsymbol{\eta}_t \tag{5-13}$$

当 $h=0$ 时，

$$\mathbf{\Gamma_y}(0)=\mathbf{A\Gamma_y}(-1)+\mathbf{\Omega}=\mathbf{A\Gamma}_y(1)'+\mathbf{\Omega} \tag{5-14}$$

当 $h>0$ 时，

$$\mathbf{\Gamma_y}(h)=\mathbf{A\Gamma_y}(h-1) \tag{5-15}$$

若 $\mathbf{A}$ 和 $\mathbf{\Omega}$ 已知，则从以上方程可得：

$$\mathbf{\Gamma_y}(0)=\mathbf{A\Gamma_y}(0)\mathbf{A}'+\mathbf{\Omega} \tag{5-16}$$

其中，

$$\mathbf{\Gamma}_y(0)=E\begin{bmatrix}\mathbf{r}_t-\mathbf{r}\\ \mathbf{r}_{t-1}-\mathbf{r}\\ \vdots\\ \mathbf{r}_{t-p+1}-\mathbf{r}\end{bmatrix}[(\mathbf{r}_t-\mathbf{r})',(\mathbf{r}_{t-1}-\mathbf{r})',\cdots,(\mathbf{r}_{t-p+1}-\mathbf{r})']$$

$$=\begin{bmatrix}\mathbf{\Gamma_r}(0) & \mathbf{\Gamma_r}(1) & \cdots & \mathbf{\Gamma_r}(p-1)\\ \mathbf{\Gamma_r}(-1) & \mathbf{\Gamma_r}(0) & \cdots & \mathbf{\Gamma_r}(p-2)\\ \vdots & \vdots & \ddots & \vdots\\ \mathbf{\Gamma_r}(-p+1) & \mathbf{\Gamma_r}(-p+2) & \cdots & \mathbf{\Gamma_r}(0)\end{bmatrix} \tag{5-17}$$

自协方差矩阵的组成成分，$\mathbf{\Gamma_r}(h)$，$h=-p+1,\cdots,p-1$，由式（5-18）给出：

$$vec(\mathbf{\Gamma_y}(0))=(\mathbf{I}_{(np)^2}-\mathbf{A}\otimes\mathbf{A})^{-1}vec(\mathbf{\Omega}) \tag{5-18}$$

式（5-18）即沟通了以全本计算得到的非条件协方差矩阵和条件协方差矩阵之间的关系。若非条件协方差矩阵恒定，m 期累积收益的非条件协方差矩阵为：

$$\sum(m)=var(\mathbf{r}_{t+1}+\mathbf{r}_{t+2}+\cdots+\mathbf{r}_{t+m})=\sum_{i=1}^{m}\sum_{j=1}^{m}\mathbf{\Gamma_r}(i-j) \tag{5-19}$$

由于全样本非条件协方差矩阵与全样本的样本协方差矩阵类似，都是反映资产自身的波动水平，因此二者在数值上应当十分接近。基于上述关系，后文将应用式（5-19）对本章模型进行检验。接下来，基于上述模型设定，本章将继续推导得到考虑协方差矩阵时变的情况下，不同期限条件协方差矩阵之间的关系。

对于不同投资期限，投资者通常可能有两种不同的投资方式：其一，在未来第 h 期进行配置，如一年后进行资产配置决策；其二，在当下对未来 m 期进行配置，如对未来一年做年度资产配置决策。前者需要预测未来第12个月的协方差矩阵，后者需要对未来12个月的累计协方差矩阵进行估计。两种投资方式分别对应两种不同的协方差矩阵。

5.2.1　第 *h* 期条件协方差矩阵推导

若式（5-1）是真实的数据形成过程（DGP），则未来1期条件期望的预测为：

$$\hat{\mathbf{r}}_{t+1} = \mathbf{c} + \mathbf{A}_1\mathbf{r}_t + \mathbf{A}_2\mathbf{r}_{t-1} + \cdots + \mathbf{A}_p\mathbf{r}_{t-p+1} \tag{5-20}$$

预测误差为 $\boldsymbol{\varepsilon}_{t+1}$，$\sum_{t+1}$ 为未来一期误差协方差矩阵的预测，r_t 的 h 期预测可通过如下递归公式得到：

$$E_t(\mathbf{r}_{t+h}) = c + \mathbf{A}_1E_t(\mathbf{r}_{t+h-1}) + \mathbf{A}_2E_t(\mathbf{r}_{t+h-2}) + \cdots + \mathbf{A}_pE_t(\mathbf{r}_{t+h-p}) \tag{5-21}$$

或记为：

$$\mathbf{r}_t(h) = \mathbf{c} + \mathbf{A}_1\mathbf{r}_t(h-1) + \mathbf{A}_2\mathbf{r}_t(h-2) + \cdots + \mathbf{A}_p\mathbf{r}_t(h-p) \tag{5-22}$$

这里 $\mathbf{r}_t(h) = E_t(\mathbf{r}_{t+h})$。

对于多期预测，总的预测误差不仅包括当期的预测误差，也包括之前每一期预测误差的累计。若收益服从多元 GARCH，正如我们之前假设的，则不难预测第 h 期残差项 $\boldsymbol{\varepsilon}_{t+h}$的误差协方差矩阵 $\sum_{t+h}$。然而，我们的兴趣在于得到未来第 h 期的预期误差协方差矩阵，$\sum_t(h) = \mathrm{var}(\mathbf{r}_{t+h} - \hat{\mathbf{r}}_{t+h})$ 以及对于不同期限投资者的累计协方差矩阵。

根据式（5－6）可得：

$$\mathbf{r}_{t+h} - E_t(\mathbf{r}_{t+h}) = \sum_{i=0}^{h-1}\boldsymbol{\Phi}_i\boldsymbol{\varepsilon}_{t+h-i} \tag{5-23}$$

通过式（5－23），未来 h 阶的条件协方差矩阵为：

$$\begin{aligned}\sum\nolimits_t(h) &= E_t[\mathbf{r}_{t+h} - E_t\mathbf{r}_{t+h}][\mathbf{r}_{t+h} - E_t\mathbf{r}_{t+h}]' \\ &= E_t\Big(\sum_{i=0}^{h-1}\boldsymbol{\Phi}_i\boldsymbol{\varepsilon}_{t+h-i}\Big)\Big(\sum_{i=0}^{h-1}\boldsymbol{\Phi}_i\boldsymbol{\varepsilon}_{t+h-i}\Big)' \\ &= E_t\Big(\sum_{i=0}^{h-1}\boldsymbol{\Phi}_i\boldsymbol{\varepsilon}_{t+h-i}\,\boldsymbol{\varepsilon}'_{t+h-i}\,\boldsymbol{\Phi}'_i\Big) \\ &= \sum_{i=0}^{h-1}\boldsymbol{\Phi}_i\sum\nolimits_{t+h-i}\boldsymbol{\Phi}'_i,\end{aligned} \tag{5-24}$$

其中，$\sum_{t+h-i} = E_t(\boldsymbol{\varepsilon}_{t+h-i}\boldsymbol{\varepsilon}'_{t+h-i})$ 是在 t 期对 $t+h-i$ 期残差项 $\boldsymbol{\varepsilon}_{t+h-i}$的协方差矩阵的预测。以上情况在风险估计实践中相对不常见，但以上推导为后续推导得到 m 期累计条件协方差矩阵奠定了基础。

5.2.2 *m* 期条件协方差矩阵推导

令：

$$\mathbf{r}_{t+h,m} = \mathbf{r}_{t+h} + \mathbf{r}_{t+h+1} + \cdots + \mathbf{r}_{t+h+m-1} \tag{5-25}$$

为 $t+h$ 至 $t+h+m-1$ 期的 m 期累积收益（当 $h=1$，$\mathbf{r}_{t+1,m}$成为未来 m 期的累积收益，对多数研究来说，这种情况最有意义）。例如，若原始序列是月度的，

且 $m=12$，则 $\mathbf{r}_{t+h,m}$ 为年度收益率。VAR（p）模型的预测误差如下：

$$\mathbf{r}_{t+h,m}-E_t(\mathbf{r}_{t+h,m})=\sum_{j=0}^{m-1}\sum_{i=0}^{h+j-1}\mathbf{\Phi}_i\boldsymbol{\varepsilon}_{t+h+j-i}=\sum_{j=1}^{h+m-1}\left(\sum_{i=0}^{m-1}\mathbf{\Phi}_{h+i-j}\right)\boldsymbol{\varepsilon}_{t+j},\tag{5-26}$$

其中，$k<0$ 时，$\mathbf{\Phi}_k=0$。因此相应的累积预测误差协方差矩阵为：

$$\begin{aligned}\sum\nolimits_t(h,m)&=E_t[\mathbf{r}_{t+h,m}-E_t(\mathbf{r}_{t+h,m})][\mathbf{r}_{t+h,m}-E_t(\mathbf{r}_{t+h,m})]'\\&=E_t[\sum_{j=1}^{h+m-1}(\sum_{i=0}^{m-1}\mathbf{\Phi}_{h+i-j})\boldsymbol{\varepsilon}_{t+j}][\sum_{j=1}^{h+m-1}(\sum_{i=0}^{m-1}\mathbf{\Phi}_{h+i-j})\boldsymbol{\varepsilon}_{t+j}]'\\&=\sum_{j=1}^{h+m-1}[(\sum_{i=0}^{m-1}\mathbf{\Phi}_{h+i-j})E_t(\boldsymbol{\varepsilon}_{t+j}\boldsymbol{\varepsilon}'_{t+j})(\sum_{i=0}^{m-1}\mathbf{\Phi}_{h+i-j})']\\&=\sum_{j=1}^{h+m-1}[(\sum_{i=0}^{m-1}\mathbf{\Phi}_{h+i-j})\sum\nolimits_{t+j}(\sum_{i=0}^{m-1}\mathbf{\Phi}_{h+i-j})']\end{aligned}\tag{5-27}$$

以上推导沟通了不同期限条件协方差矩阵之间的关系，包括不同期限当期的条件协方差矩阵，不同期限的累计条件协方差矩阵等。接下来将就上述模型在应用中的一些特殊情况进行分析，分别对均值、协方差矩阵的时变性进行假设，可得到几种不同的情况。

5.2.3　常见假设及拓展

在资产配置的实践中，假设均值/协方差矩阵恒定/时变的情况均屡见不鲜。主要包括三种情况：其一，均值恒定，协方差矩阵恒定；其二，均值时变，协方差矩阵恒定；其三，均值时变，协方差矩阵时变。

5.2.3.1　均值恒定、协方差矩阵恒定

假设 $\mathbf{A}_1=\mathbf{A}_2=\cdots=\mathbf{A}_p=\mathbf{0}$，且 $\sum_t=\sum$，从而资产收益没有时变的均值和协方差矩阵。这是一种最简单的情况，也是在对资产配置的输入变量取值时最常见的假设。此时均值和协方差矩阵唯一的不同仅来自于不同样本的选取。此时有：

$$\sum\nolimits_r=\mathbf{\Gamma}_{\mathbf{r}}(0)=E(\mathbf{r}_t-\mathbf{r})(\mathbf{r}_t-\mathbf{r})'=E(\boldsymbol{\varepsilon}_t\boldsymbol{\varepsilon}'_t)=\sum=\sum\nolimits_t(h)\tag{5-28}$$

以及：

$$\sum\nolimits_t(h,m)=m\sum\tag{5-29}$$

此时资产的条件协方差矩阵（残差项的协方差矩阵）和非条件协方差矩阵是相同的，因为没有信息用以提高资产收益 $\mathbf{r}$ 的预测效果，预测误差的风险（条件协方差矩阵）即资产自身的风险（非条件协方差矩阵）。由于每期的协方差矩阵相等，未来第 h 期的预期协方差矩阵也是相同的。m 期的累积预测误差协方差

矩阵是 m 期协方差矩阵，即常数协方差矩阵 $\sum$ 的简单加总。

5.2.3.2　均值时变、协方差矩阵恒定

假设所有参数均是无限制的，除了 $\sum_t = \sum$ 是一个恒定矩阵。此时资产有时变的均值，但没有时变的协方差矩阵。此时资产收益 $\mathbf{r}$ 的条件协方差矩阵为：

$$\sum_{\mathbf{r}} = \mathbf{\Gamma}_{\mathbf{r}}(0) = E(\mathbf{r}_t - \mathbf{r})(\mathbf{r}_t - \mathbf{r})' = \sum_{i=0}^{\infty} \mathbf{\Phi}_i \sum \mathbf{\Phi}'_i \tag{5-30}$$

则未来第 h 期的条件预测误差协方差矩阵为

$$\begin{aligned}\sum_t(h) &= E_t[\mathbf{r}_{t+h} - E_t\mathbf{r}_{t+h}][\mathbf{r}_{t+h} - E_t\mathbf{r}_{t+h}]' \\ &= \sum_{i=0}^{h-1} \mathbf{\Phi}_i \sum \mathbf{\Phi}'_i \\ &= \sum_t(h-1) + \mathbf{\Phi}_{h-1} \sum \mathbf{\Phi}'_{h-1}\end{aligned} \tag{5-31}$$

以上矩阵（MSEs）是单调非递减的，且随着 $h\to\infty$，MSE 矩阵将趋近非条件协方差矩阵，也即：

$$\sum_t(h) \xrightarrow[h\to\infty]{} \sum_{\mathbf{r}} = \sum_{i=0}^{\infty} \mathbf{\Phi}_i \sum \mathbf{\Phi}'_i \tag{5-32}$$

当使用非条件均值 $\mathbf{r}$ 作为预测，则 MSE 矩阵就是协方差矩阵 $\sum_{\mathbf{r}}$。即最优的长期预测就是非条件均值。换言之，过往的数据不包含能对未来起到预测效果的信息。累计预测误差协方差矩阵 $\sum_t(h,m)$ 如下：

$$\sum_t(h,m) = \sum_{j=1}^{h+m-1} \left[\left(\sum_{i=0}^{m-1} \mathbf{\Phi}_{h+i-j} \right) \sum \left(\sum_{i=0}^{m-1} \mathbf{\Phi}_{h+i-j} \right)' \right] \tag{5-33}$$

5.2.3.3　均值时变、协方差矩阵时变

假设资产有时变的均值和时变的协方差矩阵，这也是最一般的情况。结果如下。非条件协方差矩阵为：

$$\sum_{\mathbf{r}} = \mathbf{\Gamma}_{\mathbf{r}}(0) = E(\mathbf{r}_t - \mathbf{r})(\mathbf{r}_t - \mathbf{r})' = \sum_{i=0}^{\infty} \mathbf{\Phi}_i \sum \mathbf{\Phi}'_i \tag{5-34}$$

未来第 h 期条件协方差矩阵为：

$$\begin{aligned}\sum_t(h) &= \mathrm{MSE}[\mathbf{r}_t(h)] \\ &= \sum_{i=0}^{h-1} \mathbf{\Phi}_i \sum\nolimits_{t+h-i} \mathbf{\Phi}'_i\end{aligned} \tag{5-35}$$

未来 h 期到 m 期累积条件协方差矩阵为：

$$\sum_t(h,m) = \sum_{j=1}^{h+m-1} \left[\left(\sum_{i=0}^{m-1} \mathbf{\Phi}_{h+i-j} \right) \sum\nolimits_{t+j} \left(\sum_{i=0}^{m-1} \mathbf{\Phi}_{h+i-j} \right)' \right] \tag{5-36}$$

5.2.3.4　拓展至 VARMA - MARCH 和非均衡过程

前文假设资产收益服从 VAR - MARCH 形式，考虑到资产收益的分布可能存在多种可能性，本节对原有模型进行拓展，这里主要考虑两种情况：其一，资产收益服从 VARMA - MARCH；其二，资产收益可能非均衡，此时可以一般化至非均衡过程下的向量误差修正模型（VEC）。其他情况可相应拓展，这里不做赘述。

拓展至 VARMA - MARCH

从 VAR - MARCH 一般化至 VARMA - MARCH 模型结构是很直观的。假设 $\mathbf{r}_t$ 有着如下 VARMA - MARCH 结构：

$$\mathbf{r}_t = \mathbf{c} + \mathbf{A}_1\mathbf{r}_{t-1} + \mathbf{A}_2\mathbf{r}_{t-2} + \cdots + \mathbf{A}_p\mathbf{r}_{t-p} + \mathbf{U}_1\boldsymbol{\varepsilon}_{t-1} + \cdots + \mathbf{U}_q\boldsymbol{\varepsilon}_{t-q} + \boldsymbol{\varepsilon}_t$$

$$\boldsymbol{\varepsilon}_t \mid \mathrm{I}_{t-1} \sim N(\mathbf{0}, \sum\nolimits_t) \tag{5-37}$$

那么$\mathbf{U}_i$ 是固定的 $n \times n$ 系数矩阵，而其他假设与 VAR 中相同。当这个过程是稳定的，也就是说，如果

对于 $|z| \leqslant 1$，有 $\det(\mathbf{I}_n - \mathbf{A}_1 z - \cdots - \mathbf{A}_p z^{\mathrm{p}}) \neq 0$

则它有着以下移动平均的表达式：

$$\mathbf{r}_t = \mathbf{r} + \sum_{i=0}^{\infty} \boldsymbol{\Phi}_i \boldsymbol{\varepsilon}_{t-i}. \tag{5-38}$$

此处 $\mathbf{r} = (\mathbf{I}_n - \mathbf{A}_1 - \cdots - \mathbf{A}_p)^{-1}\mathbf{c}$ 是 $\mathbf{r}_t$ 的非条件均值，$\boldsymbol{\Phi}_i s$ 通过式(5 - 39)递归得到：

$$\boldsymbol{\Phi}_0 = \mathbf{I}_n$$

$$\boldsymbol{\Phi}_i = \mathbf{U}_i + \sum_{j=1}^{i} \boldsymbol{\Phi}_{i-j}\mathbf{A}_j, i = 1,2,\cdots \tag{5-39}$$

当 $j > p$，有$\mathbf{A}_j = \mathbf{0}$；当 $i > q$，有 $\mathbf{U}_i = \mathbf{0}$

我们之前导出的用以计算累计预测误差协方差矩阵的主要公式仍然是有效的。唯一的变化在于此处使用式（5 - 39）中的 $\boldsymbol{\Phi}$。

5.2.3.5　拓展至非均衡过程

即使有些变化服从 I（1）过程且满足协整，则以上公式仍可用于推导预期有限期限的误差协方差矩阵。例如，假设 $\mathbf{y}_t s$ 服从 I（1）且由以下向量误差修正模型得到：

$$\Delta\mathbf{y}_t = \mathbf{c}_0 + \sum_{i=1}^{p} \mathbf{A}_i \Delta\mathbf{y}_{t-i} + \sum_{i=1}^{p} \mathbf{G}_i \mathbf{y}_{t-i} + \varepsilon_t \tag{5-40}$$

此时$\mathbf{c}_0$ 是常数向量，$\mathbf{A}_i s$ 和 $\mathbf{G}_i s$ 是系数矩阵。令 $q \geqslant p$ 是最大可能的预测阶数，则使用如下关系式对模型进行调整：

$$\mathbf{y}_{t-i} = \mathbf{y}_{t-q-1} + \Delta\mathbf{y}_{t-q} + \Delta\mathbf{y}_{t-q+1} + \cdots + \Delta\mathbf{y}_{t-i} \tag{5-41}$$

则有：

$$\begin{aligned}\Delta \mathbf{y}_t &= \mathbf{c}_0 + \sum_{i=1}^{p} \mathbf{A}_i \Delta \mathbf{y}_{t-i} + \sum_{i=1}^{p} \mathbf{G}_i \left(\mathbf{y}_{t-q-1} + \sum_{j=i}^{q} \Delta \mathbf{y}_{t-j} \right) + \boldsymbol{\varepsilon}_t \\ &= \mathbf{c}_0 + \left(\sum_{i=1}^{p} \mathbf{G}_i \right) \mathbf{y}_{t-q-1} + \sum_{i=1}^{q} \left(\sum_{j=1}^{i} \mathbf{G}_j + \mathbf{A}_i \right) \Delta \mathbf{y}_{t-i} + \boldsymbol{\varepsilon}_t \\ &= \mathbf{c}_{t-q-1} + \sum_{i=1}^{q} \boldsymbol{\Gamma}_i \Delta \mathbf{y}_{t-i} + \boldsymbol{\varepsilon}_t \end{aligned} \quad (5-42)$$

此时 $\mathbf{c}_{t-q-1} = \mathbf{c}_0 + \left(\sum_{i=1}^{p} \mathbf{G}_i \right) \mathbf{y}_{t-q-1}$是一个向量，当我们做 $m(\leqslant q+1)$ 期预测时已知。

$\boldsymbol{\Gamma}_i = \sum_{j=1}^{i} \mathbf{G}_j + \mathbf{A}_i$（$i=1, \cdots, q$）是最终 VAR 的系数矩阵，当 $i>p$ 时有 $\mathbf{A}_i = \mathbf{G}_i = \mathbf{0}$。从上述表达式，$m$ 期收益预测由式（5－43）递归得到：

$$\Delta \hat{\mathbf{y}}_{t+m} = \mathbf{C}_{t+m-q-1} + \sum_{i=1}^{q} \boldsymbol{\Gamma}_i \Delta \hat{\mathbf{y}}_{t+m-i} \quad (5-43)$$

则 m 期的累积收益预测如下：

$$\begin{aligned}\Delta \hat{\mathbf{y}}_{t+1,m} &= \Delta \hat{\mathbf{y}}_{t+1} + \Delta \hat{\mathbf{y}}_{t+2} + \cdots + \Delta \hat{\mathbf{y}}_{t+m} \\ &= \sum_{j=1}^{m} \mathbf{C}_{t+j-q-1} + \sum_{j=1}^{m} \sum_{i=1}^{q} \boldsymbol{\Gamma}_i \Delta \hat{\mathbf{y}}_{t+j-i} \\ &= \sum_{j=1}^{m} \mathbf{C}_{t+j-q-1} + \sum_{i=1}^{q} \boldsymbol{\Gamma}_i \left(\sum_{j=1}^{m} \Delta \hat{\mathbf{y}}_{t+j-i} \right) \end{aligned} \quad (5-44)$$

m 期累积预期误差协方差矩阵可由式（5－27）推导的公式得到。式（5－27）中$\boldsymbol{\Phi}_i s$ 则由式（5－9）递归得到，此时以 $\boldsymbol{\Gamma}_j$ 替代$\mathbf{A}_j$。

5.3 多期条件协方差矩阵估计

5.3.1 理论模型检验

根据本章的模型推导，基于全样本计算得到的恒定的误差协方差矩阵（条件协方差矩阵）可通过本章的公式推导得到非条件协方差矩阵，该非条件协方差矩阵不受收益率预测的影响，因此与全样本的样本协方差矩阵在数值上应该接近。接下来将对其进行检验。

首先，我们计算股票、债券、货币三类资产的样本协方差矩阵。样本区间为2004 年 12 月至 2018 年 12 月的月度数据，分别以中证全指收益、中证全债指数收益和锐思金融数据库提供的货币资产收益作为股票、债券、货币资产的收益指标。股票和债券指数的收益率数据来自 Wind 金融终端。三类资产的样本的协方差矩阵如下。为便于展示，之后所有的协方差矩阵均乘以 10000（标准差乘以 100）。

$$\sum_{\mathrm{r}} = \begin{bmatrix} 82.100 & & \\ -1.580 & 0.700 & \\ -0.150 & 0.003 & 0.011 \end{bmatrix} \tag{5-45}$$

其中，样本标准差和相关系数矩阵如下：

$$\boldsymbol{\sigma}_t = \begin{bmatrix} 9.061 \\ 0.837 \\ 0.107 \end{bmatrix},\ \boldsymbol{R}_r = \begin{bmatrix} 1.0 & & \\ -0.208 & 1.0 & \\ -0.158 & 0.034 & 1.0 \end{bmatrix} \tag{5-46}$$

在情形 1 的假设下，未来第 h 期的误差协方差矩阵与式（5－46）相同。未来 m 期的累计误差协方差矩阵是上述协方差矩阵的简单倍数。如年度协方差矩阵为：

$$\sum_t (h,12) = 12 \times \begin{bmatrix} 82.100 & & \\ -1.58 & 0.700 & \\ -0.15 & 0.003 & 0.011 \end{bmatrix} = \begin{bmatrix} 985.24 & & \\ -18.96 & 8.40 & \\ -1.84 & 0.04 & 0.14 \end{bmatrix} \tag{5-47}$$

仅标准差是随着投资期限的增加而增加，相关系数则保持不变。m 期的累计标准差为：

$$\boldsymbol{\sigma}_t\ (h,\ m) = \sqrt{m} \begin{bmatrix} 9.061 \\ 0.837 \\ 0.107 \end{bmatrix} \tag{5-48}$$

然而，正如 Ding 和 Fox（1996）所指出的，债券和货币资产的收益存在一定的序列自相关，违背了上述计算的假设。一种更好的办法是用 VAR 过程捕捉数据中的自相关性。

基于情形 2 中的假设，对我国 2014 年 12 月至 2018 年 12 月的股票、债券、货币类资产构建有固定误差协方差矩阵的 VAR（1）过程如下：

$$\begin{bmatrix} r_{1t} \\ r_{2t} \\ r_{3t} \end{bmatrix} = \begin{bmatrix} 0.041 \\ 0.001 \\ 0.000 \end{bmatrix} + \begin{bmatrix} 0.096 & -1.043 & -10.553 \\ -0.012 & 0.383 & 0.495 \\ -0.000 & -0.012 & 0.968 \end{bmatrix} \begin{bmatrix} r_{1t-1} \\ r_{2t-1} \\ r_{3t-1} \end{bmatrix} + \begin{bmatrix} \varepsilon_{1t} \\ \varepsilon_{2t} \\ \varepsilon_{3t} \end{bmatrix} \tag{5-49}$$

$$\begin{bmatrix}\varepsilon_{1t}\\ \varepsilon_{2t}\\ \varepsilon_{3t}\end{bmatrix}\Bigg| I_{t-1} \sim N\left(\begin{bmatrix}0\\0\\0\end{bmatrix}, \begin{bmatrix}80.280 & & \\ -1.060 & 0.568 & \\ -0.030 & -0.003 & 0.001\end{bmatrix}\right) \tag{5-50}$$

式（5 -49）中系数的显著性将在本书的第 6 章进行讨论。本章重点在展示多期协方差矩阵的计算过程。式（5 -50）为该 VAR（1）模型的条件协方差矩阵。从收益率模型来看，股票的 AR 系数非常小（0.096），意味着通过过去的数据较难对未来形成预测。债券的 AR 系数比股票大（0.38），意味着过去的数据对未来有一定的预测效果。货币资产的 AR 系数非常大（0.968），这很正常，因为货币资产收益的可预测性较强。

从误差协方差矩阵来看，股票和债券的部分与样本协方差矩阵相对接近，而式（5 -50）的最后一行，即货币资产的方差以及货币资产与股票/债券的协方差与样本协方差矩阵有较大不同。根据式（5 -18）中导出的公式，上述 VAR 模型中三种资产的非条件协方差矩阵如下：

$$vec\left(\sum\nolimits_r\right) = (\boldsymbol{I}_9 - \boldsymbol{A}_1 \otimes \boldsymbol{A}_1)^{-1} vec\left(\sum\right)$$

$$= \left(I_9 - \begin{bmatrix} 0.096\begin{bmatrix}0.096 & -1.043 & -10.553\\ -0.012 & 0.383 & 0.495\\ -0.000 & -0.012 & 0.968\end{bmatrix} & -1.043\begin{bmatrix}0.096 & -1.043 & -10.553\\ -0.012 & 0.383 & 0.495\\ -0.000 & -0.012 & 0.968\end{bmatrix} & -10.553\begin{bmatrix}0.096 & -1.043 & -10.553\\ -0.012 & 0.383 & 0.495\\ -0.000 & -0.012 & 0.968\end{bmatrix} \\ -0.012\begin{bmatrix}0.096 & -1.043 & -10.553\\ -0.012 & 0.383 & 0.495\\ -0.000 & -0.012 & 0.968\end{bmatrix} & 0.383\begin{bmatrix}0.096 & -1.043 & -10.553\\ -0.012 & 0.383 & 0.495\\ -0.000 & -0.012 & 0.968\end{bmatrix} & 0.495\begin{bmatrix}0.096 & -1.043 & -10.553\\ -0.012 & 0.383 & 0.495\\ -0.000 & -0.012 & 0.968\end{bmatrix} \\ -0.000\begin{bmatrix}0.096 & -1.043 & -10.553\\ -0.012 & 0.383 & 0.495\\ -0.000 & -0.012 & 0.968\end{bmatrix} & -0.012\begin{bmatrix}0.096 & -1.043 & -10.553\\ -0.012 & 0.383 & 0.495\\ -0.000 & -0.012 & 0.968\end{bmatrix} & 0.968\begin{bmatrix}0.096 & -1.043 & -10.553\\ -0.012 & 0.383 & 0.495\\ -0.000 & -0.012 & 0.968\end{bmatrix} \end{bmatrix} \right)^{-1} \begin{pmatrix}80.280\\ -1.060\\ -0.030\\ -1.060\\ 0.568\\ -0.003\\ -0.030\\ -0.003\\ 0.001\end{pmatrix}$$

$$= \begin{bmatrix} 1.010 & -0.116 & -0.975 & -0.116 & 1.847 & -14.618 & -0.975 & -14.618 & 1906.156\\ -0.001 & 1.041 & 0.040 & 0.015 & -0.504 & 1.707 & 0.207 & -4.401 & -152.411\\ 0.000 & -0.001 & 1.092 & 0.001 & -.029 & 0.836 & -0.037 & 2.904 & -142.733\\ -0.001 & 0.015 & 0.207 & 1.041 & -0.504 & -4.401 & 0.040 & 1.707 & -152.411\\ 0.000 & -0.006 & -0.011 & -0.006 & 1.177 & 0.185 & -0.011 & 0.185 & 12.353\\ 0.000 & 0.000 & -0.018 & 0.000 & -0.005 & 1.410 & 0.003 & -0.234 & 11.332\\ 0.000 & 0.001 & -0.037 & -0.001 & -0.029 & 2.904 & 1.092 & 0.836 & -142.733\\ 0.000 & 0.000 & 0.003 & 0.000 & -0.005 & -0.234 & -0.018 & 1.410 & 11.332\\ 0.000 & 0.000 & 0.003 & 0.000 & 0.004 & -0.216 & 0.003 & -0.216 & 11.727 \end{bmatrix} \begin{pmatrix}80.280\\ -1.060\\ -0.030\\ -1.060\\ 0.568\\ -0.003\\ -0.030\\ -0.003\\ 0.001\end{pmatrix} = \begin{pmatrix}84.418\\ -1.662\\ -0.202\\ -1.662\\ 0.707\\ 0.005\\ -0.202\\ 0.005\\ 0.016\end{pmatrix}$$

因此，在 VAR 模型中，三类资产的非条件协方差矩阵为：

$$\sum\nolimits_r = \begin{bmatrix}84.418 & & \\ -1.662 & 0.707 & \\ -0.202 & 0.005 & 0.016\end{bmatrix}$$

这与样本协方差矩阵非常近似。换言之，本章之前通过数学推导得到的公式是准确的，后文利用本章公式对不同期限条件协方差矩阵进行预测也是合理的。

5.3.2　第 h 期条件协方差矩阵估计

不同期限当期条件协方差矩阵的计算对应前文获取第 h 期条件协方差矩阵的公式 $\sum_t(h)$。分别计算未来 1 个月、3 个月、6 个月、36 个月和 60 个月当月的条件协方差矩阵，即 h 分别取 1、3、6、36、60。结果如下：

$$\sum_t(1) = \begin{bmatrix} 80.280 & & \\ -1.060 & 0.568 & \\ -0.030 & -0.003 & 0.001 \end{bmatrix}, \sum_t(3) = \begin{bmatrix} 82.217 & & \\ -1.482 & 0.690 & \\ -0.039 & -0.007 & 0.003 \end{bmatrix},$$

$$\sum_t(6) = \begin{bmatrix} 82.667 & & \\ -1.516 & 0.695 & \\ -0.073 & -0.005 & 0.006 \end{bmatrix}, \sum_t(12) = \begin{bmatrix} 83.412 & & \\ -1.577 & 0.700 & \\ -0.128 & -0.001 & 0.010 \end{bmatrix},$$

$$\sum_t(36) = \begin{bmatrix} 84.312 & & \\ -1.653 & 0.707 & \\ -0.194 & 0.005 & 0.015 \end{bmatrix}, \sum_t(60) = \begin{bmatrix} 84.407 & & \\ -1.661 & 0.707 & \\ -0.200 & 0.005 & 0.016 \end{bmatrix}$$

从上述结果可见，股票的条件协方差矩阵随投资期限增加并没有显著变化，因为股票收益并不存在很强的自相关。债券收益存在一定程度的自相关，因此其过去信息对未来收益有一定的预测能力。随着投资期限的增加，债券的风险增加并逐渐趋近其非条件方差（0.707）。货币资产与股票、债券不同，货币资产的收益非常平稳且未来收益能够很好地被过去的收益预测。投资期限越短，预测越准确。因此，1 个月的货币资产收益的条件方差非常小。然而，货币资产收益的自相关性强，随着投资期限的增加，其条件方差迅速增加。由于自回归的根仍小于 1，货币资产收益的条件方差同样会收敛到非条件方差（0.016）。

条件方差和相关系数结合可得条件协方差矩阵。条件协方差与条件方差有类似性质，他们在不同的投资期限有不同的取值，但最终都收敛至各自的非条件值。这是因为 1 期（本例中为 1 个月）的预测模型随着投资期限的增加预测误差也在增加，预测效果逐渐下降。而非条件协方差矩阵不考虑任何预测信息，因此随着投资期限增加，条件协方差矩阵向非条件协方差矩阵收敛。

5.3.3　m 期累计条件协方差矩阵估计

不同期限累计条件协方差矩阵的计算对应前文第 h 期至第 m 期累计条件协方差矩阵的公式 $\sum_t(h,m)$。其中 h 取 1 是最常见的情况，即从下个月开始做未来一段时间的资产配置决策。如下个月开始做未来 1 年/3 年/5 年/10 年的决策，则需要 1 年/3 年/5 年/10 年的累计条件协方差矩阵，其 m 取值分别为 12/36/60/120。结果如下：

$$\sum_t(1,12)=\begin{bmatrix}1310.58 & & \\ -51.81 & 16.47 & \\ -5.00 & -0.84 & 0.59\end{bmatrix}$$

$$\sum_t(1,36)=3\times\begin{bmatrix}1577.49 & & \\ -54.82 & 15.75 & \\ -27.29 & -0.67 & 2.61\end{bmatrix}$$

$$\sum_t(1,60)=5\times\begin{bmatrix}1791.89 & & \\ -61.31 & 15.45 & \\ -45.31 & -0.05 & 4.13\end{bmatrix}$$

$$\sum_t(1,120)=10\times\begin{bmatrix}2056.33 & & \\ -71.13 & 15.33 & \\ -67.26 & 0.85 & 5.96\end{bmatrix}$$

当各类资产收益不存在自相关时，上述各方框内应当完全一致。在本例中，股票和货币类资产的条件方差随投资期限增加而增加。而其中货币资产的增速远大于股票增速。此时三类资产的相关系数矩阵如下：

$$R_t(1,\ 12)=\begin{bmatrix}1.0 & & \\ -0.353 & 1.0 & \\ -0.180 & -0.270 & 1.0\end{bmatrix},\ R_t(1,\ 36)=\begin{bmatrix}1.0 & & \\ -0.348 & 1.0 & \\ -0.425 & -0.104 & 1.0\end{bmatrix}$$

$$R_t(1,\ 60)=\begin{bmatrix}1.0 & & \\ -0.368 & 1.0 & \\ -0.526 & -0.006 & 1.0\end{bmatrix},\ R_t(1,\ 120)=\begin{bmatrix}1.0 & & \\ -0.401 & 1.0 & \\ -0.608 & 0.089 & 1.0\end{bmatrix}$$

从以上结果可见，股票和债券的相关性为负，且随着投资期限的增加相关性变化不大。股票和货币资产的相关性为负，且随着投资期限增加负得更多。债券和货币资产的相关性呈低负相关特征，且随着投资期限的增加相关性下降，在 10 年投资期限，债券和货币资产相关性为正。

5.4 本章小结

多期的资产配置决策通常包括两种情况：不同投资者往往有不同的投资期

限，而同一个投资者也通常有长期目标和短期目标。对于任何一种情况，不同期限的投资决策都需要不同期限的协方差矩阵估计。由于资产配置的投资期限通常较长，直接估计长期（如3年、5年）协方差矩阵往往因为历史数据有限而存在困难，且忽略了短期和长期风险的内在联系。而以短期协方差矩阵向长期进行简单代数转化亦不可取，原因在于大类资产收益存在一定的自相关性。换言之，大类资产协方差矩阵随期限变化存在一定的动态特征。本章基于这一特征，通过数理推导，从 ARMA – MARCH 假设出发，并进一步拓展至非均衡和一般情况，得到了短期协方差矩阵向长期转化的准确模型，通过该模型可得到多期协方差矩阵。

本章求得的多期条件协方差矩阵可以解决资产配置决策中长期协方差矩阵的估计问题，同时在统一框架下的长短期资产配置研究中有着重要意义。一方面，由于资产配置的投资期限通常较长，而金融数据的统计频率通常较高，因此长期协方差矩阵往往需要短期协方差矩阵转化得到，本章论证了简单转化存在的不足，并给出了准确的转化方法。另一方面，投资者可能同时有长期目标和短期目标，分别对应长期战略资产配置和短期战术资产配置，此时长期/短期的收益率预测和协方差矩阵估计应当进行统一。就收益率而言，由于真正的数据生成过程（Data Generating Process，DGP）只有一个，若有多个不同期限的独立模型，则彼此可能出现矛盾。例如，现有1个月短期模型，记为模型1，则模型1通过迭代可得2个月模型、3个月模型……若另有1年模型，记为模型2，则模型1通过迭代得到的1年期模型与模型2将产生矛盾。类似地，长短期条件协方差矩阵也应具有一致性。因此，沟通长短期协方差矩阵的关系非常重要。

综上，本章首创性地提出了大类资产收益的协方差矩阵随期限变化的动态性特征。该动态性特征不同于资产收益波动的时变性特征。GARCH/ARCH 族模型虽然可反映资产收益的波动率在特定时点的集聚性特征，但无法反映其波动率随投资期限变化的动态特征。例如，即使以 GARCH 模型得到月度标准差乘以 $\sqrt{12}$ 也无法得到准确的“年化”波动率。本章推导的模型解决了这一问题。

第6章　资产配置中收益预测

6.1　资产收益预测常见方法

本节简要介绍大类资产收益预测的常见方法。收益率的预测有两种：其一，历史法，假设历史会重演，通过挖掘历史规律对未来进行估计。其二，情景法，建立3~5年适当的经济情景，估计各情景下参数值。有一些研究归纳出第三种方法，即通过某些状态变量刻画投资机会的时变性，进而通过捕捉状态变量的规律预测未来的参数值。对此，笔者认为，这第三种方法仍然属于第一种方法。

6.1.1　历史法

历史法即假设历史规律将会延续，即根据过去预测未来的方法。其前提是假定资产过去收益率存在某种规律，而这一规律将在未来得以延续。因此，可以通过过去一段时期的数据对未来进行估计。历史法又可分为广义和狭义两种。狭义的历史法仅通过考察资产收益率的历史数据，通过挖掘其中的规律进而对未来进行预测。广义的历史法不仅考虑了历史的收益数据中存在的信息，也考虑许多其他外生因素。例如，许多大型投资管理公司会将历史数据根据一定标准进一步细分，这一标准通常包括经济周期、信贷周期等。历史数据的进一步细分可使投资者在确定与未来最相关的历史背景的基础上较准确地获得资产的关键参数。换言之，这一方面提高了估计的稳健性。

6.1.2　情景法

相比历史法，情景法对投资者预测能力的要求更高，且需要对预测期限进行

更明确的说明。通常，投资者将选择一个预测期限，一般为3～5年。这个时间范围迫使他们对超越季节性和周期性的事件进行观察，并且着眼于社会、政治、经济变化趋势，分析其对各资产类别收益率的影响。这其中会加入许多主观的判断。

图6－1说明了使用情景法进行预测的基本步骤：第一步是确认经济环境可能存在的范围。图中列示了5个可能情景，主要是通过多种经济分析手段确认在每个情景中可能出现的预期实际增长和通货膨胀率情况。同时需要注意的是具体情景的数量因经济状况的改变以及各投资者的偏好会有所不同。第二步是列示各种情景条件对利率、股票价格和各资产类别投资期收益率可能产生的影响。第三步是确定各情景发生的概率。

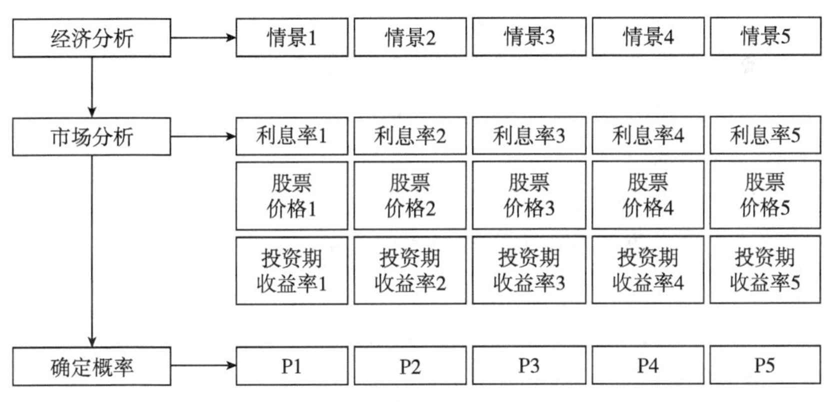

图6－1 情景预测法程序

历史法常见的形式又包括两类，绝对预测和相对预测。后者对不同资产表现的相互关系进行预测，常见的模型有FED模型、误差修正模型等。前者直接对资产收益的绝对数值进行预测，常见模型包括向量自回归模型、因子模型。大类资产收益预测还包括Black和Litterman（1994）提出的逆向优化模型。

6.2 应用因子模型的必要性和可行性

6.2.1 因子模型的发展

量化投资领域常用因子模型对收益率进行预测。因子模型最早始于资本资产定价模型（CAPM），即单因子模型，后来发展成为以 Fama - French 三因子为代表的多因子模型。

6.2.1.1　资本资产定价模型（CAPM）

CAPM 由威廉·F. 夏普首次提出，以市场表现作为单一因子对个券进行定价。模型是在马科威茨模型基础上提出的，它所包含的一系列假设条件如下：

（1）市场上资本资产的买卖不需要费用，即资本市场上的交易成本为零，同时投资者再决定买卖前获取信息的成本也为零。

（2）资本资产可以无限分割，即相对于整个市场交易数量来说，认为交易量可任意小。

（3）无个人收入税。

（4）个人投资者行为不影响市场股票价格，相当于完全竞争的假设。

（5）投资者根据各证券资产的预期收益及其标准差做出决策，在给定风险下追求预期收益最大，在给定收益下追求风险最小。

（6）允许无限卖空。

（7）投资者能无限制地借贷无风险资产。

（8）市场上个人投资者对于证券的预期收益、方差及相关系数有相同预期，不因人而异。

（9）所有资本资产都是商品，都可以在市场上进行交易，具有价格。

（10）市场均衡出清。

市场风险由贝塔值（β）来衡量，贝塔值被定义为一项资产的协方差与市场整体方差的之比，公式如下：

$$\beta = \frac{COV(R_i, R_m)}{\sigma_m^2} = \frac{\sigma_i \times \rho}{\sigma_m}$$

其中，R_i 是资产收益率，R_m 是市场收益率，$COV(R_i, R_m)$ 是资产收益率与市场收益率的协方差，σ_m^2 是市场收益率的方差，σ_i 是资产收益率的标准差，ρ 是资产与市场的相关系数。协方差是两变量各自与其平均值的差值之乘积，而两种资产收益的协方差就是每种资产与其预期平均收益的差值之乘积的平均。

通过上述公式可以发现，贝塔值是对资产相对于市场整体波动反应程度的度量，比如对于股票而言，它表现的就是个股对于大盘变化的敏感性。贝塔值的大小取决于两个因素：其一，资产收益率与市场收益率之间的相关系数（ρ）；其二，资产与市场的相对波动率（σ_i/σ_m）。当 β 为 0 时，说明资产对市场整体波动不敏感，资产收益与市场收益相互独立；当 β 小于 1 时，说明资产所对应的风

险小于市场整体的风险，即当市场价格发生波动时，资产价格的波动会比市场价格的波动要小；当 β 等于 1 时，说明资产所对应的风险与市场整体的风险相同，即当市场价格发生波动时，资产价格的波动与市场价格的波动一致；当 β 大于 1 时，说明资产所对应的风险大于市场整体的风险，即当市场价格发生波动时，资产价格的波动会比市场价格的波动还要大。例如，我们假设一名投资者所投资的资产的 β 值为 1.5，则意味着该资产收益的波动比市场整体的波动高 50%，即如果市场的波动上升了 1%，那么该资产收益的波动会相应地上升 1.5%。

CAPM 认为系统性风险是能够获得相应补偿的，而非系统性风险时能够被分散，所以投资者无法通过承担更高的非系统性风险得到更高回报。CAPM 对于描述一项资产 i 的预期收益（R_i）给出了如下公式：

$$R_i = R_f + \beta(R_m - R_f)$$

其中，R_f 是无风险资产收益率（在美国使用的是长期国债利率），R_m 是市场收益率。至此，CAPM 将资产的回报与其系统性风险联系在了一起，认为资产的超额收益率等于系统性风险 β 和市场超额收益的乘积之和。

我们分别以市场基准指数的超额收益率和资产的超额收益率为 x 轴和 y 轴建立以下坐标图，来描述一项资产所对应的贝塔值和阿尔法值：

如图 6－2 所示，坐标轴中的直线是根据多个样本（资产的不同收益率和市场基准指数的给定回报率），将资产超额收益率对市场基准指数的超额收益率进行最小二乘线性回归，所得到的最佳拟合线，这条最佳拟合线被称为资产特征线，其斜率即为资产相应的贝塔值。在 OA 的值被称为阿尔法值（α），从图中可以知道，阿尔法值与当市场基准超额收益率为 0 时，资产的超额收益率相等。阿尔法值是投资者关注的另一个指标，我们利用资产特征线所在直线的斜截式表示为：

资产超额收益率 = 资产的阿尔法值 + 资产的贝塔值 × 市场基准指数的超额收益率

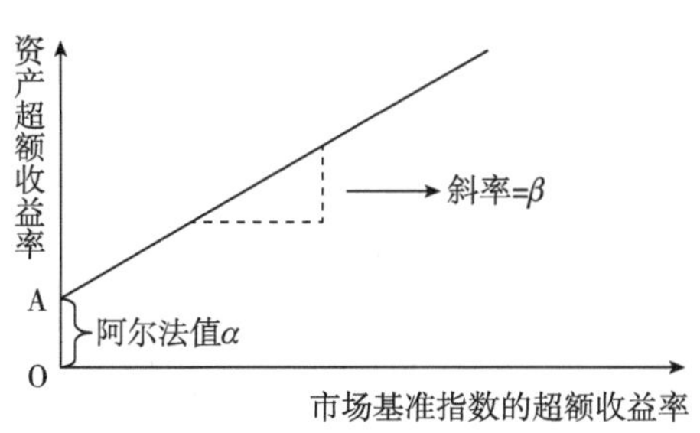

图 6－2　贝塔值与阿尔法值

这样一来，我们就能够从等式中直观地看到，资产的阿尔法值描述的是资产的实际回报率，和当假设资产波动性与我们选定的市场基准指数相关时所估计的预期超额收益率（贝塔值与市场基准指数的超额收益率的乘积）之间的差值。由于贝塔值衡量的是系统性风险，根据阿尔法值的计算公式，阿尔法值则衡量的是非系统性风险的部分。因此，我们将资产的回报与系统性、非系统性风险均联系在了一起。例如，假设一只股票的贝塔值为1，与市场的波动保持一致，当市场整体上涨3%时，该股票却上升了5%，这其中2%的差值就是股票的阿尔法值，即涨跌幅度超过市场平均波动的部分。

6.2.1.2　多因子模型

Fama 和 French 提出了三因子模型，包括规模、估值和市场表现三个因子。Chen、Roll、Ross 等提出套利定价模型，假设投资者都会抓住在不增加风险的条件下提高收益的机会。具体操作即得到资产与选定因子之间的线性关系后，利用所得的敏感度构造套利组合，并在不存在无风险套利的假设下推导出套利定价模型。

$$r_i = a_i + b_{i1}F_1 + b_{i2}F_2 + \cdots + b_{in}F_n + \varepsilon_i$$

其中，r_i 是资产 i 的收益率，a_i 是一个常量（阿尔法值），b_{ik}是资产 i 对因子 F_k的敏感度（因子 F_k的贝塔系数），ε_i 是资产 i 的随机扰动项，其均值为0。APT认为系统性风险的来源不止一个，每一个因子所对应的贝塔系数都代表一个系统性风险来源，都会获得相应的市场补偿。因此，APT 将资产的回报与多个系统性风险来源相关联，确定了它们之间的线性关系。

近年来，关于因子模型的研究有很多（Ang 等，2018；Houweling 和 Zundert，2017；Fama 和 French，2016，2017；Chicheportiche 和 Bouchaud，2015；等等）。而上述研究主要针对单一资产，如股票或债券，鲜有对大类资产应用因子模型的研究。本书将从可行性和必要性两个方面对大类资产配置中因子模型的使用进行分析。

6.2.2　应用因子模型的可行性

股票量化中，使用因子模型进行收益率预测有其可行性。借鉴 Ding（2017），股票量化中因子模型的表达式如下：

$$r_t = x_{t-1}f_t + \varepsilon_t \tag{6-1}$$

其中，r_t 为资产收益率，x_{t-1}为上一期的因子暴露（Factor Exposure），f_t 为因子回报（Factor Return）。假设式（6－1）为收益率的数据生成过程（Data

Generating Process, DGP)，在 $t-1$ 期，$\mathbf{r_t}$、$\mathbf{f_t}$、$\boldsymbol{\varepsilon}_t$ 未知，$\mathbf{x_{t-1}}$ 已知。

因此，因子模型的关键在于因子回报 $\mathbf{f_t}$ 的获取，且对于不同的股票，同一时点因子回报相同。换言之，因子模型的第一步是以所有股票收益对上期因子的因子暴露进行横截面回归。由于同一时点的股票数量众多，此时进行横截面回归没有问题。

然而，大类资产种类太少，而样本量不足将无法进行横截面回归，即无法获取各时点的因子回报 $\mathbf{f_t}$。而如果以各资产分别对自身做时间序列回归，则各因子对应的因子回报 $\mathbf{f_t}$ 可能不同，这与因子模型的假设是矛盾的。因此，股票收益预测中常用的因子模型在大类资产收益预测中的可行性有待商榷。

6.2.3　应用因子模型的必要性

股票收益预测中使用因子模型有其必要性。前面提到，大类资产配置模型主要分为两类：均值方差模型和风险平价模型。而无论是均值方差模型还是风险平价模型，都需要对组合风险进行估计。在量化投资中，最常见的风险度量维度是协方差矩阵。根据前文结论，资产配置中条件协方差矩阵是更优的选择，而条件协方差矩阵衡量的是预测存在误差的风险，也因此和收益率预测模型息息相关。在以因子模型对股票收益进行预测时，相应的条件协方差矩阵可以大大简化，即因子模型用于股票投资的必要性。

在股票内进行组合投资时，由于投资标的众多，需要估计的协方差矩阵将非常复杂，以 N 只股票为例，需要估计的参数为：

$$\frac{N(N+1)}{2} \tag{6-2}$$

例如，取 50 只股票进入股票池，利用均值方差模型进行配置，则需要估计的协方差矩阵中参数为 1275 个，此时的估计难度较大。而通过因子模型可以更简单的方式估计得到这 50 只股票的协方差矩阵。美国著名的 BARRA 公司是一个典型的例子。结合式（6-1），假设因子回报和残差项不相关，且残差项期望为 0，则有：

$$\begin{aligned} E_{t-1}\mathbf{r_t} &= E_{t-1}(\mathbf{x_{t-1}}\mathbf{f_t} + \boldsymbol{\varepsilon}_t) \\ &= \mathbf{x_{t-1}}E_{t-1}\mathbf{f_t} + E_{t-1}\boldsymbol{\varepsilon}_\mathbf{t} \\ &= \mathbf{x_{t-1}}\hat{\mathbf{f}}_\mathbf{t} + \mathbf{0} \end{aligned} \tag{6-3}$$

要获取资产的协方差矩阵，需要沟通资产协方差矩阵与因子协方差矩阵之间的关系：

$$\mathbf{r}_t - E_{t-1}\mathbf{r}_t = \mathbf{x}_{t-1}(\mathbf{f}_t - \hat{\mathbf{f}}_t) + \boldsymbol{\varepsilon}_t \tag{6-4}$$

$$\begin{aligned}\boldsymbol{\Omega}_t &= \mathrm{cov}(\mathbf{r}_t - E_{t-1}\mathbf{r}_t) = E_{t-1}(\mathbf{r}_t - E_{t-1}\mathbf{r}_t)(\mathbf{r}_t - E_{t-1}\mathbf{r}_t)' \\ &= E_{t-1}[\mathbf{x}_{t-1}(\mathbf{f}_t - \hat{\mathbf{f}}_t) + \boldsymbol{\varepsilon}_t][\mathbf{x}_{t-1}(\mathbf{f}_t - \hat{\mathbf{f}}_t) + \boldsymbol{\varepsilon}_t]' \\ &= E_{t-1}[\mathbf{x}_{t-1}(\mathbf{f}_t - \hat{\mathbf{f}}_t)(\mathbf{f}_t - \hat{\mathbf{f}}_t)'\mathbf{x}'_{t-1} + \boldsymbol{\varepsilon}_t\boldsymbol{\varepsilon}'_t] \\ &= \mathbf{x}_{t-1}\sum\nolimits_t \mathbf{x}'_{t-1} + \boldsymbol{\Lambda}_t\end{aligned} \tag{6-5}$$

其中，$\boldsymbol{\Omega}_t$ 为资产的协方差矩阵，$\sum_t$ 为因子回报的协方差矩阵，$\boldsymbol{\Lambda}_t$ 为残差项的协方差矩阵。根据式（6-5），即可通过少数因子的协方差矩阵计算得到由大量股票组成的股票池的协方差矩阵，从而服务于均值方差模型的应用。

然而，大类资产种类较少，大类资产构成的资产池对应的协方差矩阵需要估计的参数相对股票也要小很多，因此可直接进行估计。换言之，在大类资产配置中使用因子模型的必要性亦有待商榷。

6.3 逆向优化和向量自回归模型

大类资产预测的常见模型还包括逆向优化和向量自回归模型。前者来自 Black - Litterman 模型（B - L 模型）的设定，其基本思想是，资产的收益特征是投资者资产配置决策的重要依据之一，而各资产的市值占比能反映所有投资者资产配置决策的结果，因此可用资产的市值占比计算得到资产的预期收益率。向量自回归模型由 Sims（1980）提出，主要目标是捕捉资产的自相关性。

6.3.1 逆向优化

逆向优化的方法由 Black 和 Litterman（1994）提出，是通过各类资产的市值占比倒推得到大类资产均衡收益的方式。计算方法如下。根据 Sharpe（1992），假设投资者的效用函数为：

$$\mathbf{U} = \mathbf{w}^{\mathrm{T}}\boldsymbol{\alpha} - \frac{1}{2}\lambda \mathbf{w}^{\mathrm{T}} \sum \mathbf{w} \tag{6-6}$$

其中，$\boldsymbol{\alpha}$ 为资产收益率向量，$\sum$ 为资产的协方差矩阵，λ 为风险厌恶系数。通过一阶条件（First Order Condition，FOC），可得：

$$\boldsymbol{\alpha} = \lambda \sum \mathbf{w} \tag{6-7}$$

此时，协方差矩阵 $\sum$ 可直接计算得到，$\mathbf{w}$ 取大类资产的市值占比，记为 $\mathbf{w}_{mkt}$，由于逆向优化方法假设市场处于均衡状态，此时可引入资本资产定价模型（CAPM）。根据 CAPM，有：

$$
\begin{aligned}
\mathbf{r}_i - \mathbf{r}_f = \beta(\mathbf{r}_m - \mathbf{r}_f) &= \frac{\operatorname{cov}(\mathbf{r}_i,\ \mathbf{r}_m)}{\operatorname{var}(\mathbf{r}_m)}(\mathbf{r}_m - \mathbf{r}_f) \\
&= \frac{(\mathbf{r}_m - \mathbf{r}_f)}{\operatorname{var}(\mathbf{r}_m)}\operatorname{cov}(\mathbf{r}_i,\ \mathbf{r}_m) \\
&= \frac{(\mathbf{r}_m - \mathbf{r}_f)}{\operatorname{var}(\mathbf{r}_m)}\sum \mathbf{w}_{mkt} \qquad (6-8)
\end{aligned}
$$

结合式（6－7）和式（6－8），当式（6－7）中 $\boldsymbol{\alpha}$ 为超额收益时，有：

$$
\lambda = \frac{(\mathbf{r}_m - \mathbf{r}_f)}{\operatorname{var}(\mathbf{r}_m)}
$$

代入式（6－7），可求得资产超额收益率，加回无风险收益率，可得资产收益率。由于我国货币类资产收益率近似无风险收益率，因此本书用逆向优化的方法计算得到股票、债券收益。由于资产市值占比数据获取不易，且逆向优化方法的前提是市场处于均衡状态（CAPM 有效），因此逆向优化的应用往往受到限制。

从 Wind 金融数据库导出股票、债券市值。以中证全指收益反映股票资产的收益，以中证全债指数收益反映债券资产收益。无风险收益率借鉴 Resset 金融数据库的方法，在 2006 年 10 月以前，将三个月期的中央银行票据的票面利率作为无风险收益率，而在 2006 年 10 月以后，将三个月的 Shibor 利率作为无风险收益率。市场收益 $\mathbf{r}_m$ 为股票、债券的市值加权收益，var（$\mathbf{r}_m$）为该市值加权收益的方差。两类资产的协方差矩阵 $\sum$ 以样本的协方差矩阵计算得到。通过上述逆向优化方法对收益率进行预测，后文将展示预测结果。

6.3.2　向量自回归

另一类常见模型是向量自回归模型（Vector Auto Regression，VAR）。向量自回归有多重形式，前面提到，Ding 和 Fox（1999）提出了多期限向量自回归（Multi－horizon VAR，MVAR）可以一定程度上捕捉大类资产收益率的形成过程（Data Generating Process）。本节为展示方便，令 $\mathbf{r}_t$ 为资产收益的 $n \times 1$ 向量，则基于向量自回归的收益率预测模型为：

$$
\begin{aligned}
&\mathbf{r}_t = \mathbf{c} + \mathbf{A}_1\mathbf{r}_{t-1} + \mathbf{A}_2\mathbf{r}_{t-2} + \cdots + \mathbf{A}_p\mathbf{r}_{t-p} + \boldsymbol{\varepsilon}_t \\
&\boldsymbol{\varepsilon}_t \mid \mathbf{I}_{t-1} \sim N(\mathbf{0}, \textstyle\sum_t) \qquad (6-9)
\end{aligned}
$$

仍使用前文的例子，基于2004年12月至2018年12月的数据构建VAR（1）模型如下：

$$\begin{bmatrix} r_{1t} \\ r_{2t} \\ r_{3t} \end{bmatrix} = \begin{bmatrix} 0.041 \\ 0.001 \\ 0.000 \end{bmatrix} + \begin{bmatrix} 0.096 & -1.043 & -10.553 \\ -0.012 & 0.383 & 0.495 \\ -0.000 & -0.012 & 0.968 \end{bmatrix} \begin{bmatrix} r_{1t-1} \\ r_{2t-1} \\ r_{3t-1} \end{bmatrix} + \begin{bmatrix} \varepsilon_{1t} \\ \varepsilon_{2t} \\ \varepsilon_{3t} \end{bmatrix}$$

其中，r_{1t}为股票在t期的对数收益，r_{2t}为债券在t期的对数收益，r_{3t}为货币类资产在t期间的对数收益。ε_{it}为残差项。类似地，股票以中证全指为代表，债券以中证全债指数为代表，货币类资产选择货币基金指数。以该模型对股票、债券、货币的收益进行预测。

以上述VAR模型的预测结果和逆向优化所得预测结果进行比较，统一样本区间为2014年1月至2018年1月。以常见的指标，均方误差（Mean Square Error，MSE）对二者进行比较。MSE的计算公式如下：

$$MSE = \frac{1}{n}\sum_{t=1}^{T}(\hat{r}_t - r_t)^2$$

计算两类模型得到的预期收益率与实际收益率的均方误差MSE，结果如表6－1所示。

表6－1　两类模型对应的预测误差

	股票	债券
逆向优化	0.00615	5.37E－05
VAR模型	0.00689	5.95E－05

从表6－1可见，无论股票还是债券，以VAR（1）得到的预期收益率预测效果不及逆向优化的预测效果。由于不同样本区间计算得到的MSE可能存在差异，将样本进一步细分，分别以12个月（一年）、24个月（两年）、36个月（三年）为周期，滚动地计算二者的MSE，例如，以12个月为例，以2014年1～12月为第一个样本计算得到二者MSE……以此类推。三种周期对应的样本个位分别为38个、26个、14个。结果展示如下：

图6－3～图6－8中，equil_stock表示逆向优化得到的股票均衡收益，var_stock表示通过向量自回归模型（VAR）得到的股票预期收益。从上图可见，对于股票资产，无论是以1年/2年/3年为周期，逆向优化的预测效果均好于VAR（1）模型的预测效果。而对于债券资产，则平分秋色，部分样本中逆向优化优

于 VAR（1），部分样本中 VAR（1）优于逆向优化。

然而，逆向优化模型相对固定，而 VAR 模型由于加入外生变量的灵活性，以及根据滞后期选择的不同，还可以进行多种变化，本书的重点并不在于得到准确的预测模型，因此此处不做展开。但毋庸置疑的是，VAR 模型更加灵活多变，也是资产配置中最常用的模型之一。

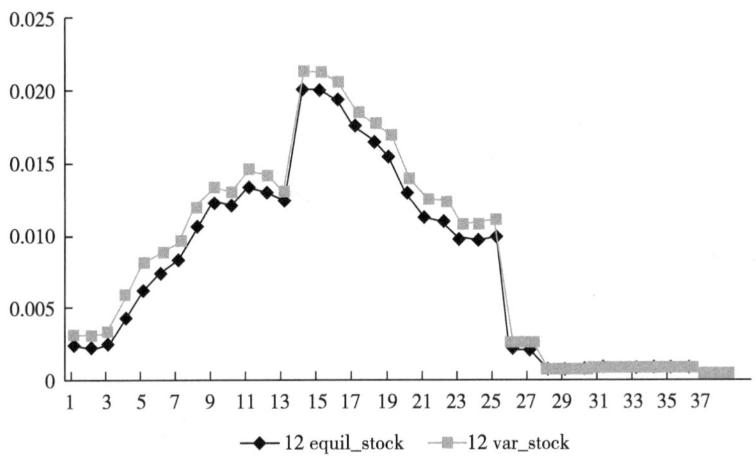

图 6－3　12 个月两种模型股票 MSE 比较

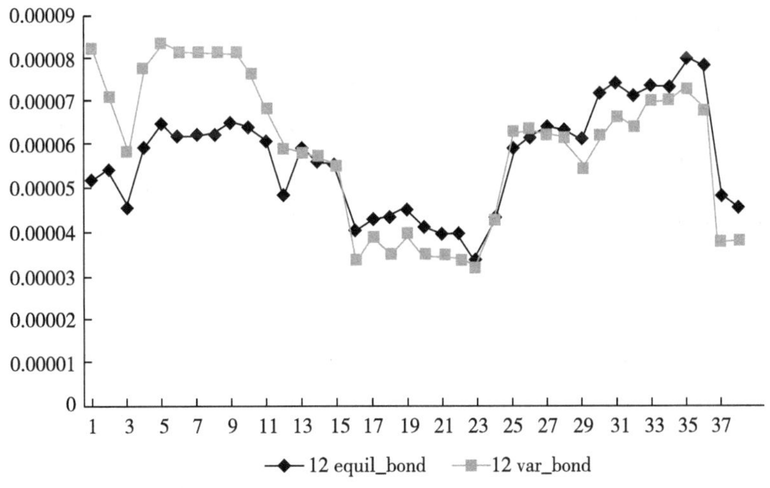

图 6－4　12 个月两种模型债券 MSE 比较

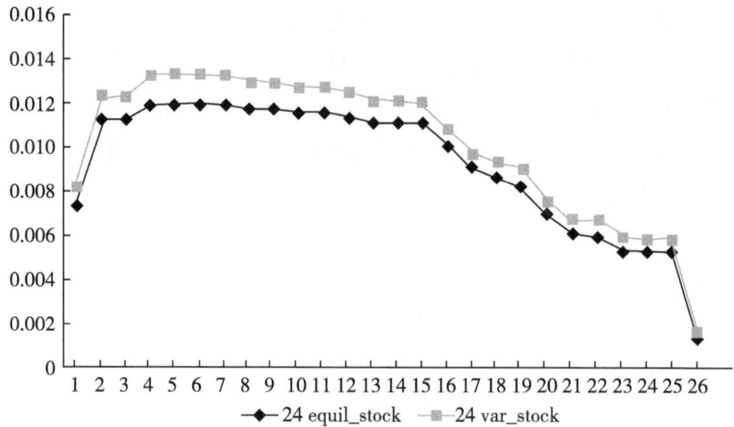

图 6-5　24 个月两种模型股票 MSE 比较

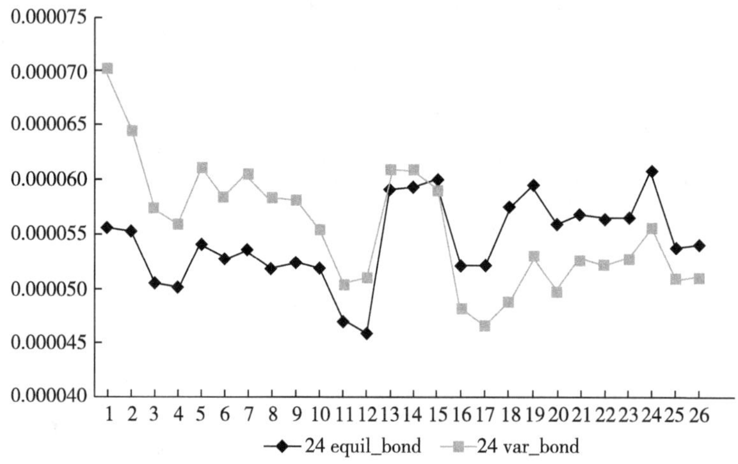

图 6-6　24 个月两种模型债券 MSE 比较

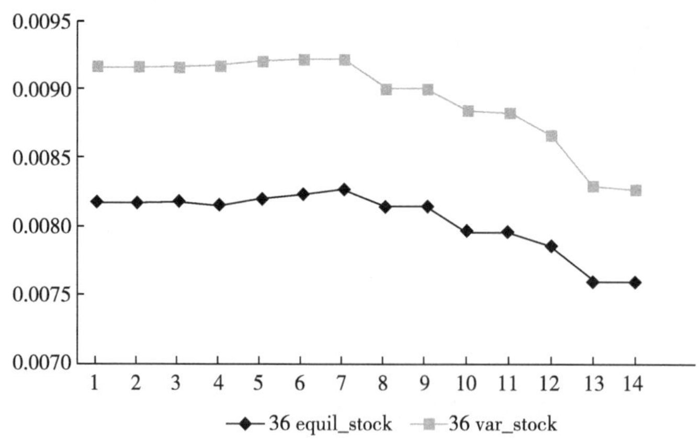

图 6-7　36 个月两种模型股票 MSE 比较

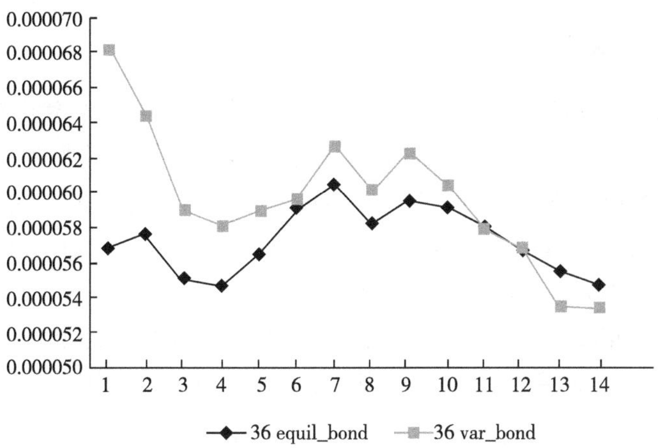

图 6－8 36 个月两种模型债券 MSE 比较

6.4 向量误差修正模型——以股票和股指期货为例

当不同资产收益存在长期关系，而短期对这一关系出现偏离时，误差修正模型（Error Correction Model，ECM）可捕捉这一特征，从而为收益的预测，甚至直接为投资决策提供参考。假设 $\mathbf{y}_t$ 为资产价格，且服从一阶单整，向量误差修正模型的基本形式如下：

$$\Delta \mathbf{y}_t = \mathbf{c}_0 + \sum_{i=1}^{p} \mathbf{A}_i \Delta \mathbf{y}_{t-i} + \sum_{i=1}^{p} \mathbf{G}_i \mathbf{y}_{t-i} + \varepsilon_t \tag{6-10}$$

此时 $\mathbf{c}_0$ 是常数向量，$\mathbf{A}_i s$ 和 $\mathbf{G}_i s$ 是系数矩阵。

股票和股指期货价格之间存在一定的反馈机制，二者在长期趋于一致，而短期则常出现偏离，因此可能服从一定的误差修正关系。由于股票和股指期货价格波动的频率较大，我们选择 1 分钟高频数据进行分析。2015 年前后我国股票市场经历了较大的动荡，因此本章将结合 2015 年牛市前后的股票期现货市场实际表现，构建误差修正模型，探索二者收益率在股市相对平稳和股市出现较大波动时呈现的相互关系，以为本节提供案例。

正如前文所述，构建误差修正模型的前提在于资产之间存在稳定的长期关系，而协整检验即可反映这一关系。因此，我们首先进行协整检验。

6.4.1 协整检验

本节选取沪深300指数1分钟收盘价作为现货股价数据，考虑到沪深300指数期货同时存在四个合约，这里选择当月主力合约的1分钟收盘价作为期指价格。从国泰安数据库获取的沪深300合约的相关资料，并通过Excel分类汇总功能筛选得到每日成交量最大的合约，即主力合约。期指和现货指数价格的1分钟高频数据均来自Wind金融终端。时间区间分别为2014年7月1日至2015年7月17日和2015年6月15~18日。前者从较长的时间周期对期现货市场的负反馈机制进行考察，后者检验股市出现大幅异动时股价和期指价格之间的反馈机制。

这里我们首先对股价和期指价格数据进行平稳性检验。由于期现货价格在样本时间段内有明显趋势，因而在检验中加入趋势项进行ADF检验，得到股价和期指价格均满足一阶单整。之后，本节对期现货市场1分钟高频价格数据做协整检验，得到二者之间存在一个协整关系，换言之，期现货价格之间存在某种长期均衡关系，短期的不均衡最终会向长期均衡回归。在此基础上，我们加入趋势项。构建了短期动态非均衡模型，即向量误差修正模型（VECM）。

6.4.2 向量误差修正模型

Engle和Granger（1987）提出了著名的Grange表述定理（Granger Representation Theorem）：如果变量X与Y是协整的，则它们间的短期非均衡关系总能由一个误差修正模型表述。换言之，误差修正是对短期偏离均衡的一种纠正机制。

现有研究大多表明我国股市存在一定的正反馈机制，即股市投资者存在“追涨杀跌”的行为特征。因此，股价的表现往往和上一期股价以及上一期股价的涨跌存在一定的关系。在此基础上，本节构建了如下模型，描述股价和期指价格之间的动态关系：

$$P_t=\alpha_0+\alpha_1P_{t-1}+\alpha_2F_{t-1}+\alpha_3F_{t-2}+\alpha_4P_{t-2} \quad (6-11)$$

$$F_t=\beta_0+\beta_1F_{t-1}+\beta_2P_{t-1}+\beta_3F_{t-2}+\beta_4F_{t-2} \quad (6-12)$$

经变式，可以得到包含误差修正项的式子，其中误差修正项ECM即上一期股价和期指价格偏离均衡的程度。形式如下：

$$DP_t=\pi_0+\pi_1ECM_{t-1}+\pi_2DP_{t-1}+\pi_3DF_{t-1} \quad (6-13)$$

$$DF_t=\gamma_0+\gamma_1ECM_{t-1}+\gamma_2DP_{t-1}+\gamma_3DF_{t-1} \quad (6-14)$$

$$ECM_{t-1}=\gamma_1(P_{t-1}-\mu_1F_{t-1}+\delta_1) \quad (6-15)$$

我们基于以上VECM模型对2014年7月1日至2015年7月17日的1分钟收盘价高频数据进行了实证检验。在检验的过程中，由于样本时间段内存在显著的趋势，在检验中加入趋势项t，得到的结果如下：

$$DP_t = 0.018 - 0.0066 \times ECM_{t-1} + 0.088 \times DP_{t-1} + 0.2 \times DF_{t-1}$$
$$[-10.21] \qquad [-16.58] \qquad [47.08] \tag{6-16}$$

$$DF_t = 0.018 + 0.0014 \times ECM_{t-1} - 0.02 \times DP_{t-1} + 0.01 DF_{t-1}$$
$$[1.58] \qquad [-2.73] \qquad [1.91] \tag{6-17}$$

$$ECM_{t-1} = P_{t-1} - 0.94 \times F_{t-1} - 0.005 \times t - 100.58$$
$$[-17.79] \tag{6-18}$$

从上述VECM模型我们可以得到两点结论：

其一，方程（6-16）中DP_{t-1}的系数和方程（6-17）中DF_{t-1}的系数均显著为正，表明无论是现货价格还是期指价格，其自身都具有一定的正反馈机制，即前期价格上涨会使得当期价格存在上涨压力，反之亦然。

其二，方程（6-16）中DF_{t-1}系数为正，表明在期指价格上涨或下跌时，现货价格短期内同向变动，这主要是因为股指期货市场开盘时间早于现货市场，因而在一定程度上了引导了投资者的预期。而误差修正项的存在使得短期同步涨跌的情况会在长期得到修正。反过来，方程（6-17）中DP_{t-1}系数为负，表明当现货价格上涨或下跌时，期指价格反方向变化。根据前文的分析，现货市场投资者存在“追涨杀跌”的行为，当现货股价上涨时，投资者买入现货，卖出期指，使得期指价格短期下跌，并传导到现货市场，促使现货股价下跌；反过来，当现货股价下跌时，投资者卖出现货，同时买入期指进行对冲，使得期指价格有所上涨，而期指市场价格的上涨又会传导到现货市场，使得现货价格也相应上涨。换言之，期现货市场存在一定的短期负反馈机制（见图6-9）。

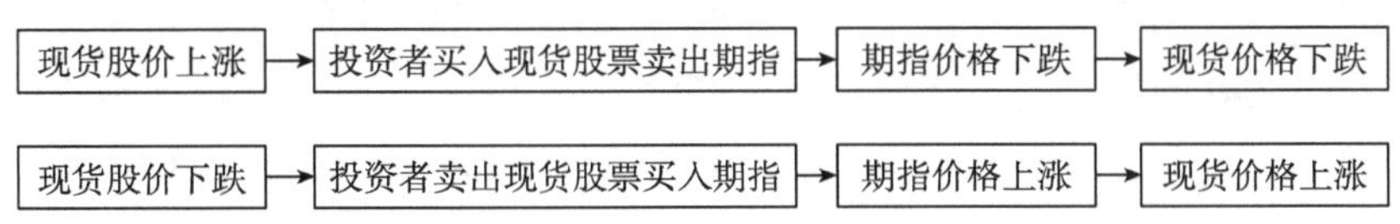

图6-9 期现货市场负反馈机制

6.4.3 股价异动期间“负反馈”机制检验

对长达一年的期现货市场高频数据进行检验之后，本书考察了股市发生大幅异动时股票现货和期指市场之间的反馈机制。股市异动包括股价异常上涨或者下跌，以股价出现大幅异常下跌的情况为例，本节选择 2015 年 6 月 15 日 9：30 至 2015 年 6 月 18 日 15：00（股灾初期）的 1 分钟高频数据构造 VECM 模型。类似地，经过平稳性检验、协整检验，得到样本时间段内期现货市场价格存在一定的长期均衡关系，并在此基础上构建向量误差修正模型，得到结论如下：

$$DP_t = -0.41 - 0.116 \times ECM_{t-1} + 0.16 \times DP_{t-1} + 0.17 \times DF_{t-1}$$
$$[-4.73] \qquad [3.47] \qquad [3.98] \tag{6-19}$$

$$DF_t = -0.63 + 0.017 \times ECM_{t-1} + 0.07 \times DP_{t-1} - 0.077 DF_{t-1}$$
$$[0.59] \qquad [1.29] \qquad [-1.5] \tag{6-20}$$

$$ECM_{t-1} = P_{t-1} - 0.99 \times F_{t-1} + 0.015 \times t - 54$$
$$[1.06] \tag{6-21}$$

其中，t 为趋势项，起点为 2015 年 6 月 15 日 9 点 30 分，频率为 1 分钟。从结论可得，当股市出现大幅异常下跌时，期指价格也随之下跌，而期指价格的下跌又传导到现货市场，使得现货价格进一步大跌。换言之，期现货市场之前的负反馈机制已经在一定程度上变成了“正反馈”机制。

引起 2015 年前后股票期现货市场负反馈机制失效的原因可能有很多，其中不可忽略的一点是，大量的场内和场外杠杆资金进出股市，使得股价在某一时点出现显著的单边特征。由于负反馈机制的存在是基于投资者在现货市场“追涨杀跌”的同时在期指市场反向操作对冲风险，而当股市出现显著单边走势时，无论是上涨或是下跌，投资者都更倾向于在期现货市场同向操作，从而使得期现货市场存在一定的“正反馈机制”。由于我国现货市场融券卖空相对困难，“正反馈机制”进一步强化。

上文通过误差修正模型对资产收益的相互关系进行了描述。一方面，上述结论可直接为资产配置决策提供参考；另一方面，当我们对股票/股指期货中的某一类资产有较好的把握时，上述结论可为我们提供另一类资产较准确的收益预测。换言之，误差修正模型对于大类资产收益的预测而言是重要的辅助工具。

6.5 本章小结

本章对大类资产常见的收益预测方法进行了梳理。总体而言，收益预测包括历史法和情景法，由于情景法的假设条件众多，因此又以历史法最为常见。历史预测可以预测绝对收益，也可以预测相对收益。向量自回归模型、逆向优化模型都是大类资产绝对收益预测的常见模型，误差修正模型可用于对不同资产之间的相对收益进行预测，也可作为绝对收益预测的辅助工具。

考虑到股票收益预测中最常见的模型是因子模型，首先，本章对传统因子模型在大类资产收益预测中的必要性和可行性进行了分析，发现股票投资中常见的基于横截面回归的因子模型在大类资产收益的预测中并不具备可操作性。其次，本章比较了向量自回归模型和逆向优化模型的有效性，指出向量自回归模型相对逆向优化模型有着更高的灵活性，因此是应用更为广泛的收益预测模型。最后，本章介绍了向量误差修正模型的应用，以股票和股指期货为例，用误差修正模型对两类资产收益之间的关系进行了捕捉。

总而言之，资产收益的预测是永恒的话题。前面也曾提到，若投资者对资产收益的预测绝对准确，则无须资产配置，只需配置收益最高的资产即可。由于本书重点在于对资产配置的方法论进行全面、系统的梳理，因此不对收益预测的方法做进一步展开。

第 7 章　短期资产配置实证研究

7.1　MP - BL 模型

前文提到，B - L 模型在应用中主要有两种形式，以 Idzorek 为代表的 I - BL 模型和以 Benninga 为代表的 B - BL 模型。从前文分析可见，I - BL 模型考虑全面但待估参数众多，而参数的取值一直存在争议，影响了模型的有效性。B - BL 模型大幅简化了模型但未考虑观点的不准确性对模型的影响。本章提出的 MP - BL 模型即在此二者基础上进行完善，不仅考虑了观点的不准确性，同时也避免了待估参数过多对模型有效性的影响。此外，本章所述模型无须通过逆向优化得到均衡收益及其分布，对收益和风险的估计有更高的灵活性，可以充分发挥 B - L 模型“量化结合主观”的优势。

B - L 模型在资产配置实践中最受关注的一点在于，B - L 模型可将量化预测与主观估计进行充分结合。然而，传统基于贝叶斯公式的 B - L 模型虽突出了主观预测，但也限制了量化预测的空间——逆向优化等方法基于较强的假设且缺乏灵活性。这主要是因为 B - L 模型基于严格的贝叶斯公式推导得到，在这一过程中假设市场参与者对资产收益有相同的观点且市场处于均衡状态，因此资产收益的先验值只能是市场隐含的均衡收益水平。无论 I - BL 模型还是 B - BL 模型均是如此。本章即对其进行改良。理论方面，本章模型在原 B - L 模型的基础上，加入了 MacKinlay 和 Pastor（2000）关于预测误差控制的思想，从而收益和风险的预测有更高的灵活性；操作方面，本章模型在 B - BL 简化模型的基础上，进一步考虑了观点预测的不准确性对模型的影响。

MacKinlay 和 Pastor（2000）对于资产收益的错误定价问题进行了深入探究。此处本章进行借鉴，将均衡收益与实际收益之间的偏差视为一种错误定价，而主观观点即可视为对该定价误差的修正。此时本书定义的 MP－BL 模型示意图如图7－1所示。

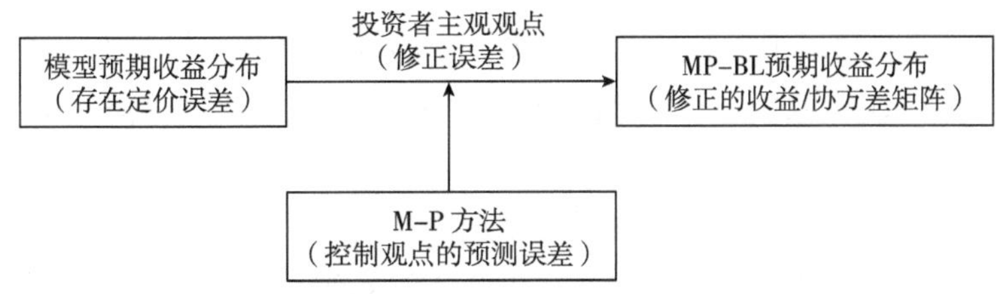

图7－1 MP－BL 模型逻辑

具体而言，无论先验资产收益采用均衡收益还是通过其他模型预测得到的预期收益，都会存在一定的预测误差，投资者应用 B－L 模型的主要目标即通过加入主观观点尽可能地对该误差进行修正，从而尽可能地实现对实际收益的准确预测，因此，在 t 时点，大类资产实际收益与模型预期收益的关系可记为：

$$z_t = \alpha + Er_t + \varepsilon_t$$

$$E(\varepsilon_t) = 0, E(\varepsilon_t\varepsilon'_t) = \sum, \mathrm{cov}(Er_t, \varepsilon_t) = 0 \quad (7-1)$$

其中，z_t 为资产的实际收益向量。Er_t 为模型的预期收益，可以是通过逆向优化得到均衡收益，也可以是通过其他模型预测得到的预期收益。α 为 t 期的定价误差，此处也可视作观点收益。ε_t 为残差项，对应的协方差矩阵为 $\sum$，此时的 $\sum$ 即考虑了投资者主观观点之后的协方差矩阵，也即 B－L 模型中的后验协方差矩阵。根据 Mackinlay 和 Pastor（2000），以下简称 M－P，此时 α 可以写成一个不可观测的虚拟组合，该组合收益与模型原有的预期收益 Er_t 正交。形式如下：

$$z_t = \beta_p z_{pt} + Er_t + u_t$$

$$E(u_t) = 0,\ E(u_t u'_t) = \phi$$

$$E(z_{pt}) = \mu_p,\ E[(z_{pt} - \mu_p)^2) = \sigma_p^2$$

$$\mathrm{cov}(Er_t,\ u_t) = 0,\ \mathrm{cov}(z_{pt},\ u_t) = 0 \quad (7-2)$$

其中，z_{pt} 为该虚拟组合（组合 p）的收益水平，β_p 为该虚拟组合对资产实际收益的贡献。μ_p 为该虚拟组合收益的期望，σ_p^2 为该虚拟组合收益的方差。将式（7－1）和式（7－2）分别在等式两边取非条件期望，可得 α 满足式（7－3）。

结合式（7－1）至式（7－3），可得协方差矩阵 $\sum$ 满足式（7－4）。

$$\alpha = \beta_p \mu_p \tag{7-3}$$

$$\sum = \frac{\alpha\alpha'}{SR_p^2} + \phi \tag{7-4}$$

其中，SR_p 为该虚拟组合的夏普比率，ϕ 的取值存在争议。由于虚拟组合 p 的不可观测性，ϕ 的取值可以是不考虑组合观点的模型预期收益对应的协方差矩阵。

由于此处以投资者主观预期对模型预期收益的错误定价进行修正，因此该虚拟组合本质上反映投资者的主观观点，组合 p 的夏普比率 SR_p 也因此可视作观点的夏普比率，即若投资者依据纯粹的主观判断进行资产组合的夏普比率。在美国市场该比值通常为0.5。

至此，借鉴 M－P 用于控制预测误差的思想，本节已经得到了结合投资者观点对资产协方差矩阵的调整方法。对收益的调整相对直观，可直接沿用上节讨论的 Benninga 提出的方法。

综上，本章构建的 MP－BL 模型归纳如下：

（1）MP－BL 仍在借鉴贝叶斯思想，但以控制预测误差的思想为重点。

（2）先验预期收益的估计可不局限于逆向优化，风险的估计也更加灵活。

（3）结合观点对收益的调整可沿用 Benninga（2014）的调整方法。

（4）结合观点对协方差矩阵的调整方式借鉴 M－P 的方法：

$$\sum_A = \frac{\alpha_A \alpha'_A}{SR_p^2} \tag{7-5}$$

$$\sum = \sum_t + \sum_A \tag{7-6}$$

其中，$\sum$ 为经观点调整后的协方差矩阵，$\sum_t$ 为模型预期收益的协方差矩阵，$\sum_A$ 为调整协方差矩阵，SR_p 为观点组合的夏普比率，通常设为0.5。

7.2　数据选择和描述

上文介绍了常见的两种 B－L 模型，分别是 Idzorek 模型（以下简称 I－BL）和 Benninga 模型（以下简称 B－BL），本章在此基础上结合 Mackinlay 和 Pastor

(2000) 关于控制预测误差的思想提出了改良的B－L模型 (以下简称MP－BL)。接下来将对该模型进行实证分析。

7.2.1　资产收益率数据

大类资产主要包括股票、债券、货币资产、商品资产、房地产等，其中商品资产、房地产又因为流动性不足而被称为另类资产。由于实证研究基于大量的历史数据，因此主要围绕流动性较强的股票、债券、货币三类资产。由于B－L模型以市场均衡为前提，因此在B－L模型均衡收益的获取过程中将用到资本资产定价模型 (CAPM) 的基本假设，此时需要引入无风险收益率。由于我国过去十余年无风险收益率与货币资产收益非常接近，因此本章将不考虑货币资产，以股票和债券两类资产展开研究。

我国股票市场最具代表性的指数为上证综指和中证全指，其中后者包括了上交所和深交所的所有股票 (剔除ST和刚上市不久的股票)，因此股票资产以中证全指为代表。我国债券市场最权威的指数之一为中证公司编制的中证全债指数，因此本书以中证全债指数作为债券资产的代表。统计区间为2005年1月至2018年12月，数据来源为Wind金融终端。学术上常用的无风险收益率指标为Resset金融数据提供的统计指标，即在2006年10月以前，将三个月期的中央银行票据的票面利率作为无风险收益率，而在2006年10月以后，将三个月的Shibor利率作为无风险收益率。各资产统计口径见表7－1。

表7－1　大类资产类别及统计口径

资产类别	指标	数据来源	统计区间
股票	中证全指	Wind金融数据	2004年12月至2018年12月
债券	中证全债指数	Wind金融数据	
无风险资产	央票利率/Libor	Resset金融数据库	

获取中证全指价格数据后，计算得到对数收益，记为 r_s；类似地，统计中证全债指数的对数收益，记为 r_b。二者的描述性统计如下：

从表7－2可见，股票资产收益率均值显著高于债券，而波动率亦显著高于债券，表现为股票的历史最高收益远高于债券，而历史最大亏损亦远甚之。从偏度和峰度的情况来看，债券相对股票更接近正态分布。

表 7-2 大类资产历史收益描述性统计

	股票 r_s	债券 r_b
观测数	169	169
统计频率	月	月
最小值	-0.2999	-0.0205
最大值	0.2588	0.0404
均值	0.0070	0.0038
标准差	0.0903	0.0083
偏度	-0.5707	0.7418
峰度	1.412	3.3835

在计算均衡收益之前，首先需要得到资产收益的协方差矩阵。资产的协方差矩阵包括两部分：各资产的标准差和资产之间的相关系数。以月为单位，在每一期计算过去 12 个月的样本协方差矩阵，得到股票和债券的样本协方差矩阵如图 7-2 所示。

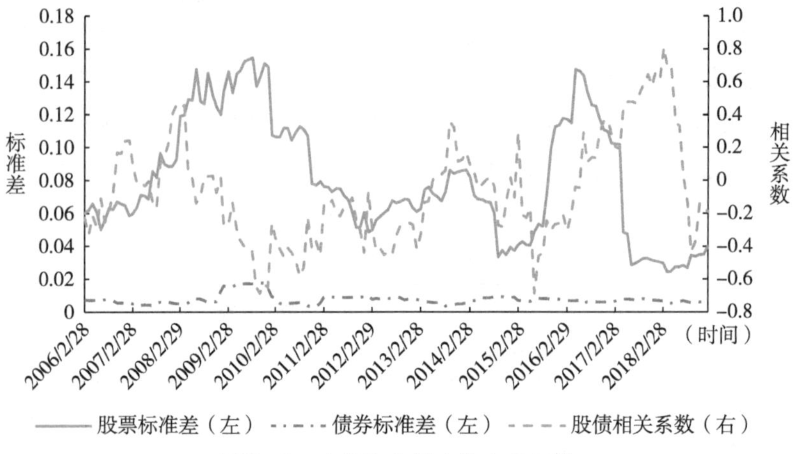

图 7-2 大类资产样本协方差矩阵

如图 7-2 所示，左侧纵轴反映了股票/债券资产收益的标准差，右侧纵轴反映股票/债券收益的相关系数。从图中可见，股票资产的波动性较高，而债券波动性较低，二者相关系数在 -0.6 ~0.8 波动，波动幅度较大。

7.2.2 资产规模数据

B-L 模型通过逆向优化得到资产的均衡收益率，实质是将大类资产的市值

占比视为资产配置权重，从而反推得到大类资产的隐含收益率水平。因此需要收集资产的规模数据，数据来源为 Wind 金融数据库，其对我国股票资产和债券资产的规模进行了统计。表 7－3 对资产规模数据进行描述性统计，数据区间为 2004 年 12 月至 2018 年 12 月，频率为月度。

表 7－3 大类资产规模统计

	股票市值（亿元）	债券市值（亿元）	股票市值占比（%）	债券市值占比（%）
最小值	31095	48683	30.60	25.8
最大值	627466	572982	74.20	69.41
平均值	277346	242698	51.42	48.57
标准差	162867	137211	—	—

从表 7－3 可见，股票和债券的历史规模均值接近，变化幅度接近，而股票规模的最大值较大，最小值较小。为便于观察二者的变化趋势，绘制股票和债券的规模变化折线图如下。

如图 7－3 所示，我国股票市场规模波动相对债券较大，升中有降，但整体呈上行趋势。债券市场规模一直稳步上行，且于 2018 年末一度超过股票市场规模。可见，债券资产在我国资本市场中正在占据越来越重要的地位，资产配置也因此显得更加重要。

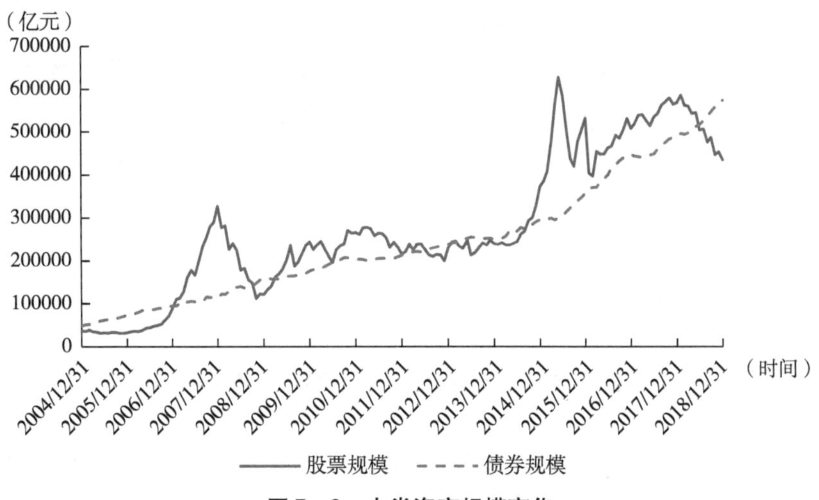

图 7－3 大类资产规模变化

7.3 均衡收益和观点获取

7.3.1 均衡收益计算

均衡收益通过逆向优化得到。逆向优化的公式在6.1节有详细阐述，此处不做赘述。其中，全市场的风险厌恶系数取值借鉴Best和Grauer（1991），即：

$$\lambda_{mkt}=\frac{\mu_{mkt}}{\sigma_{mkt}^{2}} \tag{7-7}$$

其中，μ_{mkt}为市场组合收益率；σ_{mkt}^{2}为市场组合收益的方差，根据本书第5章的结论，可通过下式得到：$\sigma_{mkt}^{2}=\mathbf{w}_{mkt}^{T}\sum\mathbf{w}_{mkt}$，$\mathbf{w}_{mkt}$为市场上各资产的规模占比，$\sum$为上节统计的大类资产收益的协方差矩阵。根据前文结论，通过逆向优化获取均衡收益$\prod$的公式为$\prod=\lambda\sum w_{mkt}$。需要注意的是，在计算均衡收益时应避免前瞻性误差（Forward - Looking Bias），即在t时点对$t+1$的收益进行预测时，无法得到$t+1$期的资产规模数据。本章统计以月为频率，即在t月对$t+1$月的收益进行预测时，往往只能利用$t-1$月的规模数据。因此，规模数据与均衡收益在实际操作中应该滞后1~2期，以滞后两期为例。

如图7-4所示，为避免前瞻性偏差（Forward - Looking Bias），当需要对$t+1$月的月度收益进行判断从而做出决策时，投资决策时点（收益预测时点）通常在t月，而能够利用的数据往往来自$t-1$月。根据上述要点计算得到各期均衡收益，对均衡收益的时间序列进行描述性统计，结果如图7-4所示。

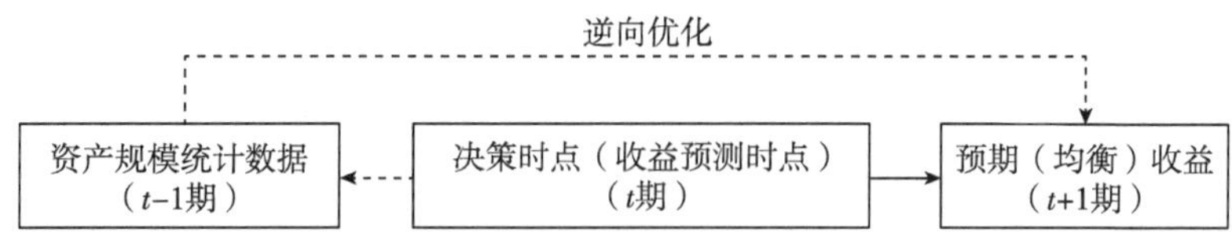

图7-4 避免前瞻性误差的均衡收益预测

如表7-4所示，股票资产的均衡收益均值高于债券，而二者波动率近似。为便于比较均衡收益与实际收益的差异，分别绘制股票和债券资产的均衡收益与

实际收益折线图。

表 7 –4　均衡收益率描述性统计

	股票	债券
最小值	0. 0067	0. 0005
最大值	0. 0308	0. 0051
均值	0. 0119	0. 0030
标准差	0. 0055	0. 0011
偏度	1. 802	–0. 4423
峰度	3. 1201	–0. 6662

从图 7 –5 和图 7 –6 可见，无论是股票还是债券，均衡收益率相对平稳，无法准确刻画资产实际收益的波动性，因此需要主观观点对其进行修正。本章在上一节提出的 MP – BL 模型即可在一定程度上解决该问题。

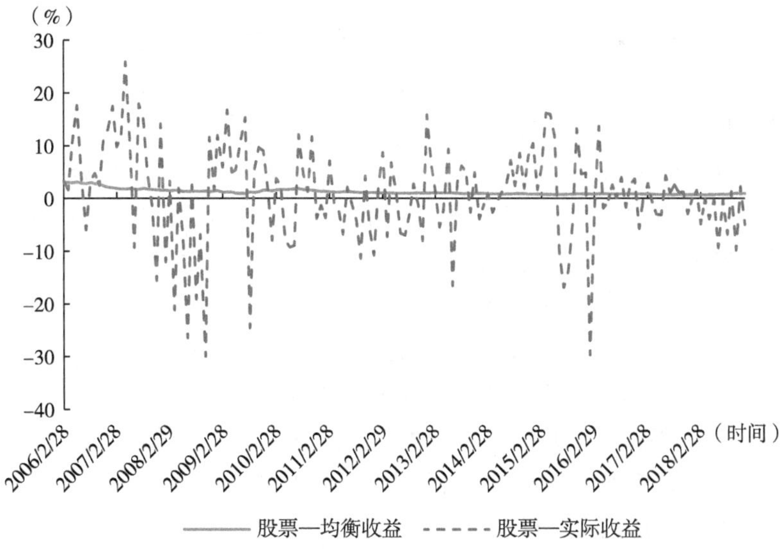

图 7 –5　股票资产均衡收益与实际收益

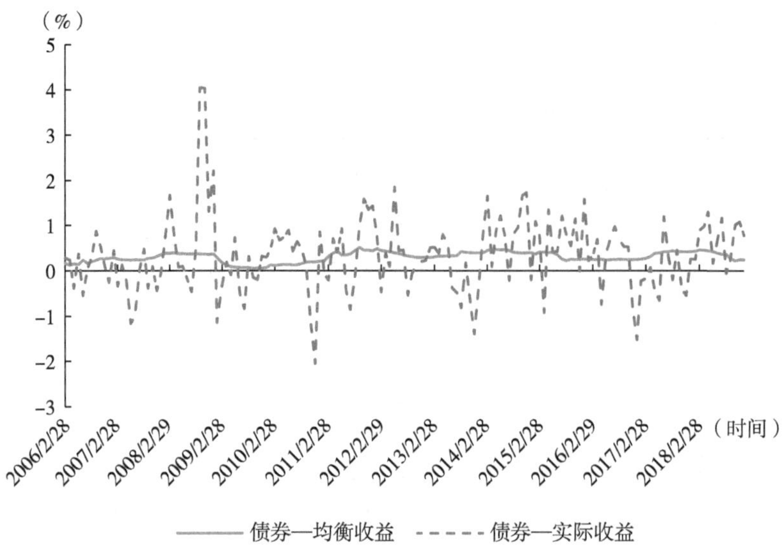

图 7-6 债券资产均衡收益与实际收益

7.3.2 观点生成

投资者主观观点在一定程度上反映了投资者的情绪，因此可以纳入“舆情分析”的范畴。Creamer（2015）结合新闻中的情绪指标作为投资观点，取得了较好的业绩回报。我国证券市场自诞生以来，关于股票资产价格走势的讨论连绵不断，而关于债券的探讨相对较少。因此本节对股票的观点以舆情分析方法生成。选择国内最热门的股吧之一，东方财富股吧中的上证指数吧进行数据挖掘，基于Python对股吧中的评论进行爬取，得到2010年1月1日至2018年12月31日的所有评论标题（2010年以前假设观点中性），并以自然语言处理的工具包对其进行舆情分析。出于稳健性的考虑，本节将每月的评论分为四个部分，对应每月第一周到第四周。由于“周”的日期节点不易读取，这里以每月7号之前为第一周，14号之前为第二周，21号之前为第三周，月底之前为第四周。分别对每周的情绪因子进行简单平均，则每月将形成四组不同的简单平均情绪因子，对应四组不同的观点，分别记为观点1到观点4。

7.4　检验结果

至此，已经得到均衡收益率和观点组合，接下来将通过前文所述 MP - BL 模型进行分析。在通过最优化过程得到模型结果时，模型风险约束的估计借鉴本书第 4 章中的研究成果，以投资基准计算得到。即以一组固定的基准计算得到投资者可承受的最大标准差，进而计算得到风险厌恶系数。美银美林曾将投资者分为三类，其中"中庸型"投资者的长期投资基准为 55% 配置股票，40% 配置债券，5% 配置货币资产。因此本章以股债六四比作为基准。结合本书第 5 章对风险厌恶系数取值的研究成果，此处的风险厌恶系数可记为 $\lambda_t = f(\alpha_t, \sum_t, (6, 4))$，其中，$\alpha_t, \sum_t$ 为大类资产在 t 期的收益和协方差矩阵。模型的约束条件还包括资产配置权重非负和资产配置权重之和为 1。

前文提到，根据决策时点的不同，可将观点分为四组，而以最接近下一期的观点，即观点 4 最有代表性。因此以观点 4 生成观点组合，分别计算模型的业绩表现。B - L 模型的操作流程在上一节已有阐述，此处不做赘述。结果如表 7 - 5 所示。

表 7 - 5　B - L 模型夏普比率分析

	观点组合 1	观点组合 2	观点组合 3	观点组合 4
观测量	155	155	155	155
夏普比率	0.1916	0.1121	0.1122	0.1670

B - L 模型的有效性仍在很大程度上受到观点准确性的影响，此处非本书重点，不做深入探讨。本章的主旨在于得到一种切实可行的 B - L 模型，为后文的实证分析提供依据。传统基于贝叶斯公式的 B - L 模型有严谨的数理基础，但参数较多，应用存在困难，且过多强调主观观点而未能充分发挥量化模型的优势。本书的方法跳出该限制，以 Benninga 的改良为基础，以 Mackinlay 和 Pastor 控制预测误差的思想进行补充，参数较少，有更强的实用性。

前文提到，本章所述模型跳出了传统 B - L 模型的框架，因此在收益率和协方差矩阵的计量上都有了更高的灵活性。关于收益预测，本章仍使用逆向优化得到的均衡收益作为预期收益。关于协方差矩阵的估计，本节将进一步改良，以 GARCH/ARCH 模型替代原有的样本协方差矩阵，并比较新模型与原模型的业绩表现。

本节将构建股票和债券的多元 GARCH/ARCH 模型。Ding 和 Engle（2001）论证了在所有的 GARCH/ARCH 族模型中，CCC－MGARCH 模型可较好地刻画大类资产的协方差矩阵。该模型的特点在于各资产的标准差可分别进行估计，之后结合各资产间的相关系数，最终得到多元 GARCH 模型。其中，股票资产 GARCH 效应的估计如下：

$$\sigma_{sst}=0.000376+0.291\varepsilon_{st-1}^2+0.702\sigma_{sst-1}$$

$$\begin{array}{ccc}(0.0002) & (0.121) & (0.090)\\ [1.88] & [2.41] & [7.81]\end{array}$$

其中，σ_{sst}为 t 期股票资产的方差，ε_{st-1}^2为股票资产在 $t-1$ 期的实际收益率相对于均衡收益率的残差项的平方，即 ARCH 项，σ_{sst-1}期为股票资产方差的滞后一阶，即 GARCH 项。圆括号中为待估系数的标准误，方括号为待估系数的 t 值。从上式可见，股票资产服从典型的 GARCH（1，1）过程，常数项、GARCH 项和 ARCH 项均较显著。债券资产的 GARCH 效应不显著，因此检验债券资产的 ARCH 效应，结果如下：

$$\sigma_{bbt}=0.00005+0.199\varepsilon_{bt-1}^2$$

$$\begin{array}{cc}(0.000) & (0.096)\\ [13.3] & [2.07]\end{array}$$

其中，σ_{bbt}为 t 期间股票资产的方差，ε_{bt-1}^2为股票资产在 $t-1$ 期的实际收益率相对于均衡收益率的残差项的平方，即 ARCH 项，圆括号中为待估系数的标准误，方括号为待估系数的 t 值。从上式可见，债券资产服从典型的 ARCH（1）形式，常数项和 ARCH 项都较显著。

在得到股票和债券资产各自的 GARCH/ARCH 估计结果之后，结合对二者相关系数的计算，可得二者的协方差为：

$$\sigma_{sbt}=\rho_{sb}\sqrt{\sigma_{sst}}\sqrt{\sigma_{bbt}}$$

其中，σ_{sbt}为 t 期股票和债券的协方差，ρ_{sb}为二者相关系数，则股票和债券资产基于多元 GARCH 模型的协方差矩阵为：

$$\sum_t=\begin{pmatrix}\sigma_{sst} & \sigma_{sbt}\\ \sigma_{sbt} & \sigma_{sst}\end{pmatrix}$$

计算得到二者在每一期的 GARCH 协方差矩阵，以标准差和相关系数分别展示如下：

如图 7－7 所示，基于 GARCH 模型计算得到的资产波动率较图 7－2 中的波动率更为集中。以该协方差矩阵代入本书的 MP－BL 模型，记为 MP2－BL，并与之前的模型进行比较，结果如下。

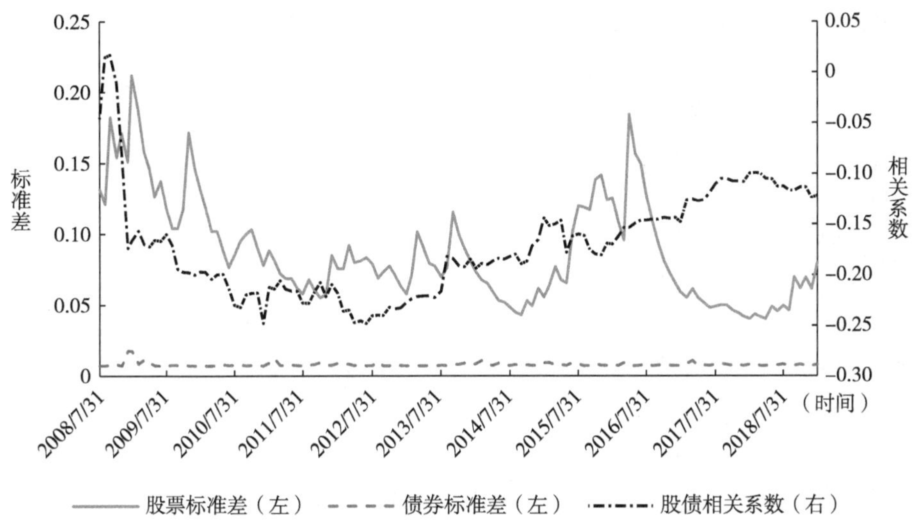

图 7－7　基于 GARCH 模型的股债协方差矩阵

如表 7－6 所示，由于 GARCH 模型牺牲了部分样本，观测量（127）与上一节（155）相比较少，因此 MP－BL 模型的夏普比率较上节并不相同。从模型的业绩表现来看，新模型（MP2－BL）相对旧模型（MP－BL）的业绩有较大提升。

表 7－6　两类 B－L 模型的夏普比率

		MP2－BL	MP－BL
基本信息	模型类型	本书新模型	本书原模型
	观测量	127	127
夏普比率	观点组合 1	0.0888	0.0853
	观点组合 2	0.1022	0.0950
	观点组合 3	0.1469	0.1360
	观点组合 4	0.1046	0.0979

在得到两类 B－L 模型的回测业绩的时间序列后，可计算得到各模型的夏普比率。关于夏普比率的检验，Jobson 和 Korkie（1981）提出了一个标准，因此也称 Jobson－Korkie 检验方法。该方法可用于检验两个组合的夏普比率是否存在显著差异，即：

$$H_0: SH_a - SH_b = 0 \tag{7-8}$$

其中，SH_a、SH_b 分别为组合 a、组合 b 的夏普比率。令 S_a、S_b 分别为组合 a、组合 b 的标准差，R_a、R_b 分别为组合 a、组合 b 的收益率。根据 Jobson 和 Korkie（1981），构建 t 统计量如下：

$$SH_{ab} = S_a R_b - S_b R_a$$

$$\theta = \frac{1}{T}\left[2S_a^2S_b^2 - 2S_aS_bS_{ab} + \frac{1}{2}S_a^2R_b^2 + \frac{1}{2}S_b^2R_a^2 - \frac{R_aR_b}{2S_aS_b}(S_{ab}^2 + S_a^2S_b^2)\right]$$

$$t = \frac{SH_{ab}}{\sqrt{\theta}} \tag{7-9}$$

上述 t 统计量又称 Jobson－Korkie 统计量，计算得到该 t 统计量即可根据其大小对夏普比率的显著性进行分析。本章即借鉴该方法对不同组合夏普比率差异的显著性进行检验。检验结果如下。

表 7－7　夏普比率显著性分析

	观点组合 1	观点组合 2	观点组合 3	观点组合 4
新模型 相对旧模型	0.0035* [1.70]	0.0073** [2.17]	0.0109* [1.71]	0.0067* [1.84]

从表 7－7 可见，观点 1～4 中，本书新模型（MP2－BL 模型）显著优于上节的 MP－BL 模型。由于 B－L 模型内涵十分全面但操作相对复杂的特征，评价 B－L 模型的优劣通常包括两方面因素：模型的可操作性和模型的有效性。从模型的可操作性而言，本书所述 MP－BL 模型待估参数较少，相比 I－BL 模型有更强的可操作性。从模型的有效性而言，MP－BL 模型相对 B－BL 模型考虑更为全面，相对 I－BL 和 B－BL 模型都有更高的灵活性，可以用多种方法对资产收益/风险进行估计。本节以 GARCH 模型估计标准差之后的新模型相对旧模型有显著的提升，此即 MP－BL 模型相对其他模型灵活性更高的体现之一。然而，模型最终的有效性仍然在很大程度上受到观点准确性的影响，此处非本书重点，不做深入探讨。本章的目标旨在提出一种切实可行的 B－L 模型，为后文的实证研究提供依据。

7.5　本章小结

Black – Litterman 模型因为其量化预测与主观判断相结合的特征，是目前国内应用最广泛的资产配置模型之一。本章基于传统 Black – Litterman 模型中存在的问题进行了一定程度的改良。

首先，传统的 Black – Litterman 模型存在较多的待估参数，而关于参数的取值自模型诞生以来一直争议不断，从而在一定程度上影响了模型在应用中的有效性。Idzorek 对模型进行了改良，以相对直观的方法得到了模型的待估参数，但模型仍然十分复杂。Benninga 对模型进一步简化，引入了 B – L 追踪矩阵，以投资者主观观点直接对预期收益进行调整，从而规避了对众多参数的估计问题。然而，Benninga 的方法忽略了观点的不准确性对模型的影响。本书模型在 Benninga 改良的基础上，对观点预测的误差进行控制，得到了本章所述 MP – BL 模型。因此，本书模型相对 I – BL 模型更具可操作性，而相对 B – BL 模型则考虑更为全面。

其次，传统的 Black – Litterman 模型基于贝叶斯思想，通过严格的贝叶斯公式推导得到，其主旨思想为：通过逆向优化得到市场均衡收益，该收益不包含任何观点，为先验分布，进而纳入观点形成资产收益的后验分布。本章模型在此基础上更强调预测误差控制的思想，即：资产收益的量化预测原本存在误差，而主观观点存在的目的是尽可能消除该误差。考虑到主观观点本身存在不准确性，借鉴 Mackinlay 和 Pastor（2000）的方法对预测误差进行控制。可见，二者在方法论上存在一定的区别。在 MP – BL 模型的框架下，资产收益的量化预测不再局限于通过逆向优化得到均衡收益，因此资产收益和风险的估计都更具灵活性。本章即通过引入 GARCH 模型对资产月度风险进行估计，从而进一步改良B – L 模型，得到 MP2 – BL 模型。通过将前后两个模型进行实证比较，可得 MP2 – BL 模型相对 MP – BL 模型能够取得更优的业绩回报。

综上，本章通过改良目前应用最为广泛的 B – L 模型，使得该模型相对于传统的 I – BL 模型更具可操作性，相对于简化版的 B – BL 模型则考虑更为全面。

第 8 章　长期资产配置实证研究

本章进行长期资产配置实证研究。长期资产配置实证首先需要进行多期收益和多期风险的估计。其次确定投资者在长期的风险偏好，将估计的结果代入资产配置模型，进而得到长期资产配置的历史回测业绩。最后将不同组合的业绩进行比较，并对其进行稳健性检验。本章的资产配置模型沿用第 7 章的模型设定，多期风险的估计需要用到第 5 章的理论成果。本书第 5 章通过数理推导论证了大类资产收益的协方差矩阵随期限变化的动态特征，即当以短期协方差矩阵向长期转化时，传统的简单转化方法存在问题，以月度标准差乘以 $\sqrt{12}$所得“年化”标准差并不等于直接以年度数据计算得到的年度标准差。而由于资产配置的投资期限通常较长，直接计算长期协方差矩阵相对困难，且忽略了短期和长期风险的内在联系，因此长期协方差矩阵通常需要以短期协方差矩阵向长期转化得到。本书第 5 章的模型即提供了准确的转化方法。本章的一个重要目标即通过长期资产配置实证分析，比较本书第 5 章计算长期协方差矩阵的模型相对传统的简单转化方法的有效性。

8.1　多期收益估计

一方面，长期资产配置实证需要对长期收益进行估计；另一方面，长期条件协方差矩阵的估计和预测也需要先对资产的多期收益进行估计。本节即对不同期限的大类资产的收益率进行分析。

8.1.1　资产选择与数据说明

考虑股票、债券、货币三类资产，样本区间为 2004 年 12 月至 2018 年 12

月。股票、债券分别以中证全指和中证全债指数为代表，与第 7 章类似。货币资产目前有两类指标使用较多：一类是中证货币基金指数，数据来源为 WIND 金融终端；另一类为 Resset 金融数据库提供的统计指标，即在 2006 年 10 月以前，以三个月期中央银行票据的票面利率为指标，在 2006 年 10 月后，以三个月 Libor 利率为指标。经检验，二者对应的月收益率在全样本的 Pearson 相关系数为 78.3%，在样本区间最近五年的 Pearson 相关系数为 91.5%，因此二者相关性非常高。而中证货币基金指数数据从 2007 年开始，样本量相对更小，因此本章以 Resset 数据库提供的统计指标为货币类资产的代表。综上，股票、债券的收益数据来自 WIND 金融终端，货币资产的收益来自 Resset 金融数据库。中证货币基金指数与三个月 SHIBOR 的比较示意图如下：

如图 8－1 所示，中证货币基金指数与三个月 SHIBOR 相关度非常高，均可作为货币资产的收益指标。其他资产数据的选择和样本区间的确定皆同第 7 章，股票和债券历史收益的描述性统计见第 7 章的表 7－2。

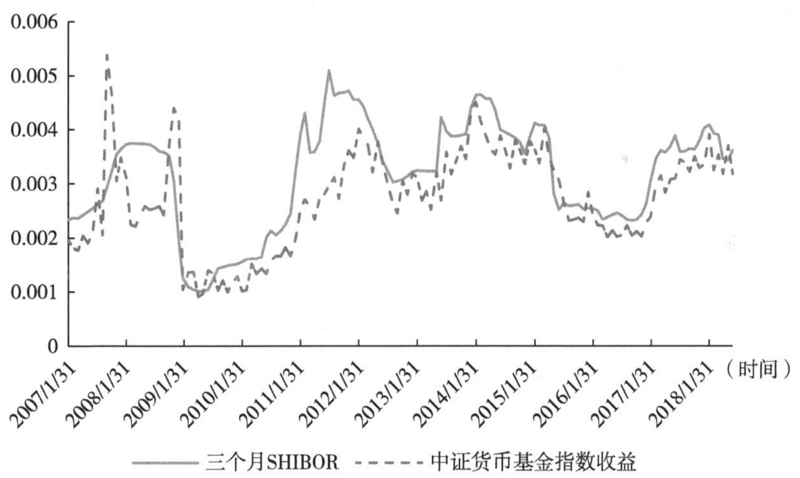

图 8－1　中证货币基金指数收益和三个月 Libor 比较

8.1.2　短期收益估计

Ding 和 Fox（1999）提出了 VAR 可以在一定程度上捕捉大类资产收益率的形成过程（Data Generating Process）。由于收益预测非本书重点，因此本书构建一个简单的 VAR（1）模型。以 r_{it} 反映第 i 类资产在 t 期的对数收益，ε_{it} 为第 i 类

资产在 t 期的残差项，即各类资产预期收益与实际收益的偏离（预测误差），下标 s 代表股票资产，下标 b 代表债券资产，下标 m 代表货币资产。三类资产构建的 VAR（1）模型形式如下：

$$\begin{bmatrix} r_{st} \\ r_{bt} \\ r_{mt} \end{bmatrix} = \begin{bmatrix} 0.041 \\ 0.001 \\ 0.000 \end{bmatrix} + \begin{bmatrix} 0.096 & -1.043 & -10.553 \\ -0.012 & 0.383 & 0.495 \\ -0.000 & -0.012 & 0.968 \end{bmatrix} \begin{bmatrix} r_{st-1} \\ r_{bt-1} \\ r_{mt-1} \end{bmatrix} + \begin{bmatrix} \varepsilon_{st} \\ \varepsilon_{bt} \\ \varepsilon_{mt} \end{bmatrix} \qquad (8-1)$$

其中，r_{st} 为股票资产在 t 期的收益率，r_{bt} 为债券资产在 t 期的收益率，r_{mt} 为货币资产在 t 期的收益率，如式（8－1）所示，在一个 VAR（1）系统中，各资产收益受到该资产滞后 1 期收益、其他资产滞后 1 期收益以及常数项的影响。经检验，上述 VAR 系统中各资产收益的 AR 根均落在单位圆内，模型稳定。上述模型参数的显著性检验结果如表 8－1 所示。

表 8－1　VAR 系数显著性分析

	股票收益	债券收益	货币收益
常数项	0.041** (0.0205)	0.001 (0.001)	0.000*** (0.000)
股票收益 （滞后 1 期）	0.096 (0.079)	-0.012* (0.007)	-0.0003 (0.000)
债券收益 （滞后 1 期）	-1.043 (0.845)	0.383*** (0.072)	-0.012*** (0.002)
货币收益 （滞后 1 期）	-10.553* (6.541)	0.495 (0.555)	0.968*** (0.018)

注：*、**、*** 分别代表估计值在 10%、5%、1% 的显著性水平上显著。圆括号中为系数对应的标准误。

由表 8－1 可知，债券收益与货币收益有较强的一阶自相关性，且在 99% 的水平上显著。股票一阶自相关性相对较弱，但现有研究表明，股票指数收益相对个股有相对更强的自相关性（Chowdhury 等，2017）。因此，关于债券、货币、股票收益自相关性的结论与前文基本一致。部分参数显著性较弱，但由于本书重点不在获取准确的收益估计，因此此处不对该收益率预测模型进行深入研究。本节收益率的预测更多是为后文计算多期条件协方差矩阵提供依据。以月为短期预测的周期，以债券资产为例，则月度预期收益和月度实际收益比较的示意图如图 8－2 所示：

如图 8 -2 所示，债券资产的实际收益较预期收益波动更大，但二者走势比较接近。前文提到，债券资产收益有一定的自相关性，而自相关性一定程度上也反映了其可预测性。换言之，债券资产收益具有一定的可预测性，从预期收益与实际收益的比较情况来看，此处与前文结论一致。

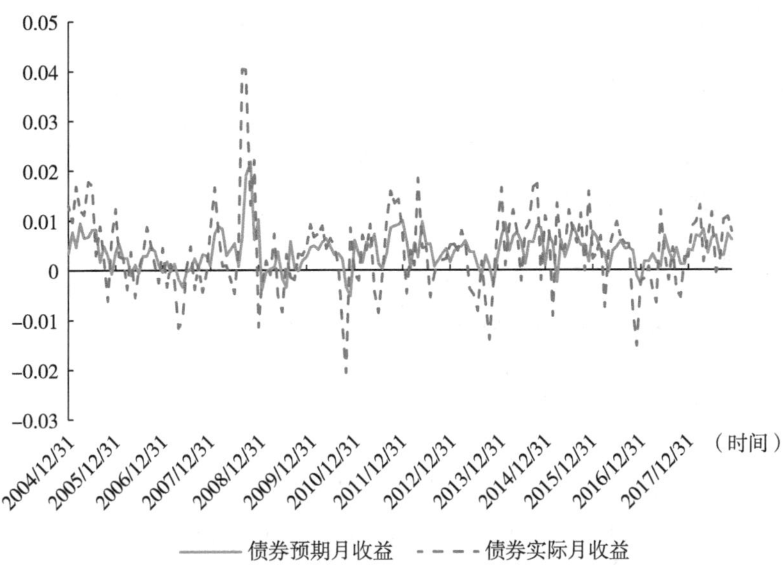

图 8 -2　债券预期月收益和实际月收益比较

8.1.3　长期收益估计

不同于股票投资，资产配置的期限通常较长，也因此不同投资者可能有不同的投资期限，而同一投资者也可能同时有长期目标和短期目标，分别对应长期战略资产配置和短期战术资产配置。在战略与战术资产配置的框架中，长期与短期资产配置需要纳入统一框架进行研究，此时不同期限的收益率预测模型需要统一。例如，若独立存在短期收益率的预测模型 S1 和长期收益率的预测模型 L1，则短期收益率预测 S1 通过迭代可得到长期预测 L2，若 L2 与 L1 的长期预测结果不同，则二者将出现矛盾。因为真实的数据生成过程（Data Generating Process，DGP）只有一个。

因此，我们要先沟通长短期收益之间的关系。前面提到，Ding 和 Fox（1999）提出了 VAR 可以一定程度上捕捉大类资产收益率的形成过程，而大类资产相对个股有更强的自相关性也在一定程度上支持了该结论。因此下文分析仍然基于 VAR 展开。假设有短期预测模型如下：

$$\widetilde{\mathbf{A}}_0\mathbf{r}_t = \widetilde{\mathbf{c}} + \sum_{k=1}^{p} \widetilde{\mathbf{A}}_k\mathbf{r}_{t-k} + \sum_{j=1}^{q} \widetilde{B}_j D_j + \widetilde{\boldsymbol{\varepsilon}}_t \tag{8-2}$$

其中 D_j 为外生变量，例如滞后期的宏观经济变量等。通过对两边取非条件期望，可得：

$$E(\mathbf{r}_t) = (\widetilde{\mathbf{A}}_0 - \sum_{k=1}^{p} \widetilde{\mathbf{A}}_k)^{-1}(\widetilde{\mathbf{c}} + \sum_{j=1}^{q} \widetilde{B}_j E(D_j)) \tag{8-3}$$

假设有长期收益预测模型，所得长期收益预测记为 $\bar{\mathbf{r}}_t$。则此处期望收益率 $E(\mathbf{r}_t)$ 也可用长期收益率替代，以 $\bar{\mathbf{r}}_t$ 替代 $E(\mathbf{r}_t)$，有：

$$(\widetilde{\mathbf{A}}_0 - \sum_{k=1}^{p} \widetilde{\mathbf{A}}_k)\bar{\mathbf{r}}_t = \widetilde{\mathbf{c}} + \sum_{j=1}^{q} \widetilde{B}_j E(D_j) = \bar{\mathbf{c}} \tag{8-4}$$

最终，经长期收益率调整后的短期 VAR 模型如下：

$$\begin{aligned}\widetilde{\mathbf{A}}_0\mathbf{r}_t &= \widetilde{\mathbf{c}} + \sum_{k=1}^{p} \widetilde{\mathbf{A}}_k\mathbf{r}_{t-k} + \sum_{j=1}^{q} \widetilde{B}_j D_j + \widetilde{\boldsymbol{\varepsilon}}_t \\ &= \bar{\mathbf{c}} + \sum_{k=1}^{p} \widetilde{\mathbf{A}}_k\mathbf{r}_{t-k} + \sum_{j=1}^{q} \widetilde{B}_j(D_j - E(D_j)) + \bar{\boldsymbol{\varepsilon}}_t\end{aligned} \tag{8-5}$$

特殊情况下，某些外生变量变化频率较低，例如某些指标以月度或年度的频率进行公布，则在短期可能有：

$$D_j - E(D_j) \approx 0 \tag{8-6}$$

此时短期 VAR 模型如下：

$$\widetilde{\mathbf{A}}_0\mathbf{r}_t \approx \bar{\mathbf{c}} + \sum_{k=1}^{p} \widetilde{\mathbf{A}}_k\mathbf{r}_{t-k} + \bar{\boldsymbol{\varepsilon}}_t \tag{8-7}$$

其中，常数项量 $\bar{\mathbf{c}}$ 包含了长期收益的信息。将式（8－7）左右两边取对数即可得到期望收益等于长期收益率 $\bar{\mathbf{r}}_t$，也即，通过上式将短期收益率不断迭代将逐渐向长期收益率靠近。由此，长短期预测有着统一的数据生成过程（DGP）。从上述推导也能看出，由于许多外生变量，如宏观变量等，在短期不会发生变化，因此短期资产收益主要受到资产自身历史收益的影响。而长期收益则受到诸多外生变量的影响。换言之，长短期收益预测考虑的因素不尽相同。前面提到，战略与战术资产配置的关系通常体现为长期与短期资产配置的关系，这在一定程度上也是由于长短期资产配置需要考虑的因素有所不同，与此处结论一致。

由于本书重点在沟通长短期之间的关系，因此本章对影响长期收益的外生变量不做过多探讨，此处进行简化，直接以短期收益进行迭代得到长期收益，从而

一方面无须另行预测长期收益，另一方面保证了长短期收益的一致性。因此，通过式（8－1）得到 t 期收益率后，可通过迭代得到 $t+1$，$t+2$，…，$t+T$ 等各期的月收益率。其中，T 为投资期限，长度为月的整数倍。将 $t+1$ 到 $t+T$ 期收益进行累加，可得 T 期累计长期收益率。以年为长期预测的周期，月为短期预测的周期，以债券为例，则债券长期预测收益和长期实际收益的图示如下。

如图8－3所示，横坐标为日期，纵坐标为收益率。对于横坐标上每个点，即在每个 t 时刻，对应的纵坐标年度收益为 $t+1$ 至 $t+12$ 期的年度收益。例如，2017年12月对应的预期收益率和实际收益率为2018年全年的年度收益，2018年1月对应的年收益为2018年2月至2019年1月的年收益。由于本书数据样本从2004年12月到2018年12月，因此2017年12月以后的时点无法计算得到实际年收益率，而仅有预期年收益率。从图8－3可见，模型预期年收益率相对平稳，也即VAR（1）模型尚不足以捕捉资产收益的高波动性。当投资期限较长时，这一误差被放大，因此预期和实际收益的偏离较图8－2更为明显。当然，从图8－3也可以看到，预期年收益和实际年收益的变化趋势是基本一致的。

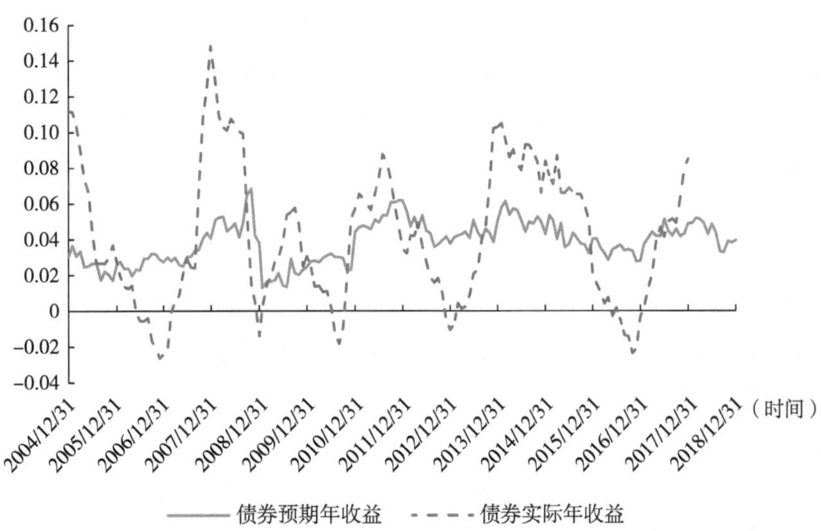

图8－3　债券预期年收益和实际年收益比较

8.2 多期条件协方差矩阵估计

对于单期风险估计，条件协方差矩阵可在上节收益预测结果的基础上得到，样本协方差矩阵则可直接计算得到。对于多期风险估计，由于资产配置期限通常较长（如1年、5年、10年），要直接计算长期协方差矩阵存在困难，且忽略了短期和长期风险的内在关联性。而前文已经论证了将短期协方差矩阵向长期简单转化的方法存在一定问题。因此，此处需要结合本书第5章推导得到的公式，考虑协方差矩阵随期限变化的动态性，从而解决长期资产配置中风险估计的问题。

8.2.1 短期条件协方差矩阵估计

基于上节的收益率预测模型，即式（8-1），可以估算得到短期GARCH/ARCH协方差矩阵。根据前文所述，GARCH/ARCH为条件协方差矩阵，即预测误差的协方差矩阵，因此GARCH模型的构建基于股票、债券、货币的预测误差ε_{st}、ε_{bt}、ε_{mt}计算得到。前面提到，根据Ding和Engle（2001）对美国数据的测算，CCC-MGARCH（Constant Conditional Correlation Multivariate General Auto Regression Conditional Heteroskedasticity）是刻画大类资产条件协方差矩阵的较优模型。因此本节将以该模型进行预测。根据Ding和Engle（2001），CCC-GARCH公式如下：

$$\sigma_{iit} = w_i + \alpha_i \varepsilon_{it-1}^2 + \beta_i \sigma_{iit-1},\ i = 1,\ \cdots,\ N \tag{8-8}$$

$$\sigma_{ijt} = \rho_{ij}\sqrt{\varepsilon_{iit}}\sqrt{\varepsilon_{jjt}},\ i,\ j = 1,\ \cdots,\ N \tag{8-9}$$

令$R = (\rho_{ij})$，D_t为$\sqrt{\varepsilon_{iit}}$，$i = 1$，…，N的对角阵，则CCC-MGARCH的条件协方差矩阵可记为：

$$\sum\nolimits_t = D_t R D_t \tag{8-10}$$

借鉴Ding和Engle（2001），以两步法计算得到CCC-GARCH模型下的多元误差协方差矩阵：首先，以式（8-8）分别对各类资产拟合得到GARCH表达式，进而计算得到标准差。其次，求得条件相关系数，具体做法为：各类资产的残差项除以其标准差，将所得结果在样本区间内求得相关系数，并假设该相关系数保持不变。数据来源为上节收益预测中的残差项，即股票、债券、货币三类资产各自的预测误差ε_{st}、ε_{bt}、ε_{mt}。三类资产的预测误差如图8-4所示，股票资产

预测误差较大，债券和货币资产预测误差相对较小。

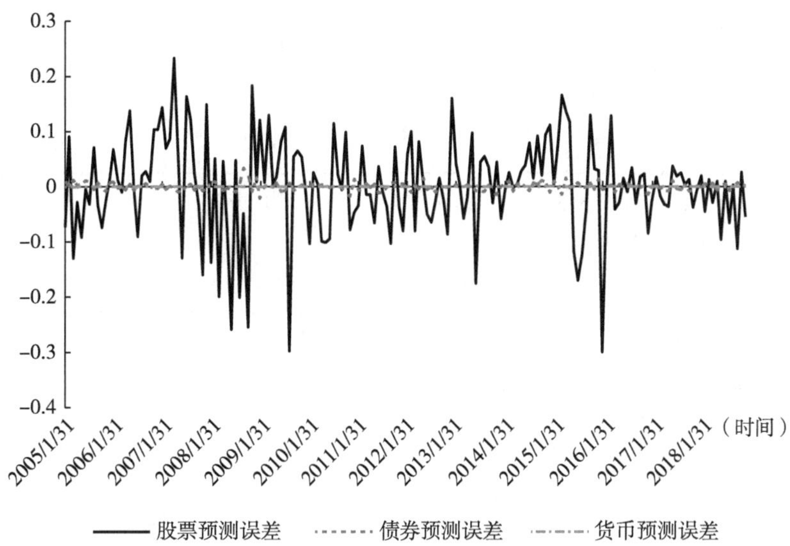

图 8－4 三类资产的预测误差

对三者的 GARCH/ARCH 效应进行检验，结果如表 8－2 所示，由于 GARCH 效应比 ARCH 效应要求更严格，因此先检验 GARCH 效应。从结果来看，股票收益存在较显著的 GARCH 效应，ARCH 项和 GARCH 项均显著。债券和货币的 GARCH 效应不明显。因此，对债券和货币两类资产进一步检验二者是否存在 ARCH 效应。

表 8－2 三类资产的 GARCH（1，1）检验

资产类别		系数	P 值
股票	常数项	3.5×10^{-4} *	0.10
	ARCH 项	0.22 **	0.03
	GARCH 项	0.75 ***	0.00
债券	常数项	2×10^{-5}	0.22
	ARCH 项	0.20	0.19
	GARCH 项	0.47	0.17

续表

资产类别		系数	P值
货币	常数项	2.9×10^{-8}***	0.00
	ARCH项	0.43***	0.00
	GARCH项	0.16	0.19

注：***、**、*分别表示估计系数在1%、5%、10%水平上显著。

表8－3　两类资产的ARCH（1）检验

资产类别		系数	P值
债券	常数项	4×10^{-5}***	0.00
	ARCH项	0.20*	0.10
货币	常数项	4×10^{-8}***	0.00
	ARCH项	0.51***	0.00

注：***、**、*分别表示估计系数在1%、5%、10%水平上显著。

如表8－2、表8－3所示，货币资产和债券资产的收益虽不存在显著的GARCH效应，但二者均存在显著的ARCH效应。因此，本书以单变量GARCH得到股票标准差，以单变量ARCH得到债券、货币类资产标准差，再另行求得三者条件相关系数，最终得到常数条件相关系数多元GARCH（CCC－MGARCH）的估计结果。为便于展示，将2014年12月至2018年12月GARCH标准差与样本标准差进行比较，以债券为例，图示如下：

如图8－5所示，GARCH标准差和样本标准差存在较大差异。根据前文分析，两者差异主要有二：其一，GARCH考虑了波动的集聚性；其二，GARCH考虑了预测误差。下面分别控制变量对这两个维度进行简要分析。

首先，GARCH通过假设收益预测模型残差项的波动与其历史波动有一定的自相关性，从而考虑了金融资产收益常见的波动集聚性（Clustering）现象。将债券的GARCH方差和债券预测误差的历史方差进行比较如下。其中历史方差的估计以12个月为计算周期。

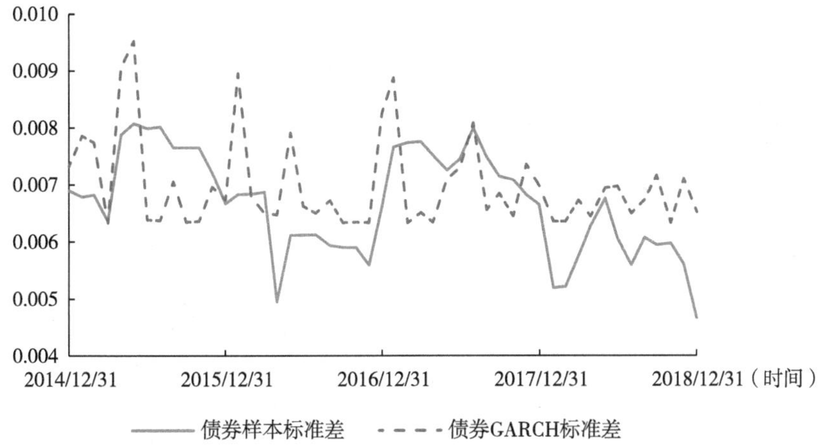

图 8-5　债券样本标准差与 GARCH 标准差比较

从图 8-6 可见，GARCH 考虑了波动率的集聚性特征。其次，GARCH 标准差基于预测模型的预测误差进行建模，而样本协方差矩阵以资产自身的历史收益进行计算，未考虑预测误差。比较样本历史标准差与债券预测误差的历史标准差如下：

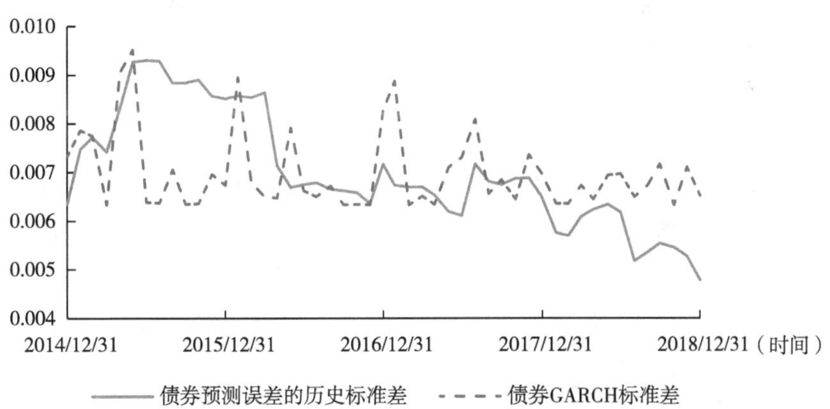

图 8-6　债券预测误差的标准差与 GARCH 标准差比较

从图 8-7 可见，债券资产的样本历史标准差与其预测误差的历史标准差存在较大差异，根据前文所述，这是因为债券资产收益有较强的序列自相关性。反过来，若资产收益没有序列自相关性，则资产收益的历史标准差和预测误差的历史标准差是近似的。

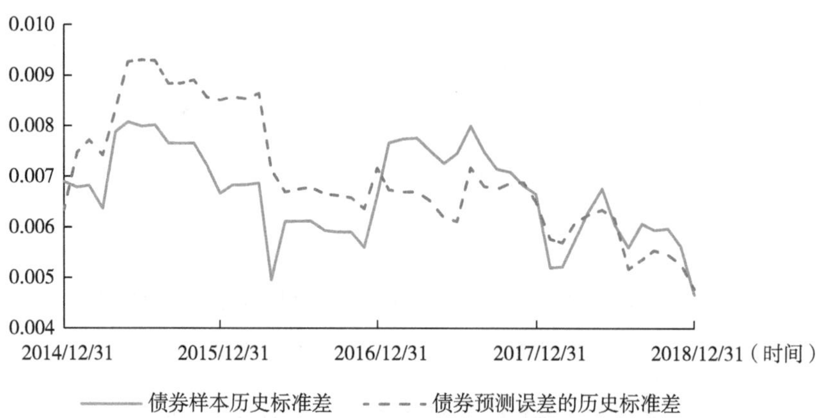

图 8－7 债券预测误差的标准差与样本历史标准差比较

综上，不仅因为金融资产收益存在一定的波动集聚性，也因为大类资产收益存在一定的自相关性，GARCH 标准差与资产收益样本标准差存在较大差异。CCC－GARCH 中相关系数的计算较为简单，这里不做赘述。结合标准差和相关系数，可得各类资产的协方差矩阵。得到短期条件协方差矩阵以后，结合本书第 4 章公式，可得长期条件协方差矩阵。

8.2.2 长期条件协方差矩阵估计

前面提到，资产配置的期限通常较长，直接计算长期的协方差矩阵存在一定困难，且忽略了短期和长期风险的内在联系。本书第 5 章基于资产收益服从 ARMA－MARCH 的形式推导得到了短期协方差矩阵向长期转化的公式。本节将在此基础上，结合上一节的短期条件协方差矩阵，进一步计算得到股票、债券、货币三类资产的长期协方差矩阵。

求得一期协方差矩阵后，结合前文第 5 章的结论，未来 m 期的条件协方差矩阵如下：

$$\sum_t(1,m) = E_t[\mathbf{r}_{t+1,m} - E_t(\mathbf{r}_{t+1,m})][\mathbf{r}_{t+1,m} - E_t(\mathbf{r}_{t+1,m})]'$$

$$= \sum_{j=1}^{m}[(\sum_{i=0}^{m-1}\mathbf{\Phi}_{1+i-j})\sum_{t+j}(\sum_{i=0}^{m-1}\mathbf{\Phi}_{1+i-j})'] \tag{8-11}$$

其中：

$$\mathbf{r}_{t+1,m} = \mathbf{r}_{t+1} + \mathbf{r}_{t+2} + \cdots + \mathbf{r}_{t+m} \tag{8-12}$$

$\boldsymbol{\Phi}_i$ 可通过以下递归的公式计算得到：

$$\boldsymbol{\Phi}_0 = \mathbf{I}_n,$$

$$\boldsymbol{\Phi}_i = \sum_{j=1}^{i} \boldsymbol{\Phi}_{i-j}\mathbf{A}_j, i = 1,2,\cdots \tag{8-13}$$

其中，$\sum_{t+j}$ 为上节求得的短期（月度）协方差矩阵。$\mathbf{A}_j$ 为 VAR 模型的系数，本书构建的 VAR（1）模型，因此对于 $j>1$，有 $\mathbf{A}_j=\mathbf{0}$。结合上节的资产收益预测模型，此处有：

$$\boldsymbol{A}_1 = \begin{pmatrix} 0.096 & -1.043 & -10.553 \\ -0.012 & 0.383 & 0.495 \\ -0.000 & -0.012 & 0.968 \end{pmatrix}$$

分别取 $m=3$，6，9，12，结合式（8－11）至式（8－13），可得每个时点对应的季度协方差矩阵、半年度协方差矩阵、三季度协方差矩阵和年度协方差矩阵。分别将股票和债券的 3 个月、6 个月、9 个月、12 个月标准差进行年化后比较，图示如下：

如图 8－8、图 8－9 所示，无论对于股票还是债券，季度标准差、半年度标准差、三季度标准差和年度标准差都呈近似的趋势，但其年化后的数值并不相等。这是因为大类资产收益存在一定的自相关性，而其自相关性在持续变化。当自相关系数为正时，则风险随期限增加进一步增加，当自相关系数为负，则风险随期限增加相对降低。

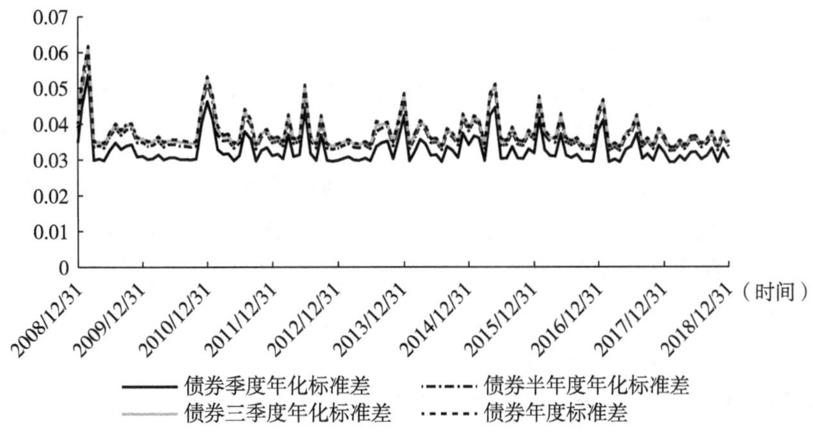

图 8－8 债券不同期限年化标准差比较（本书模型）

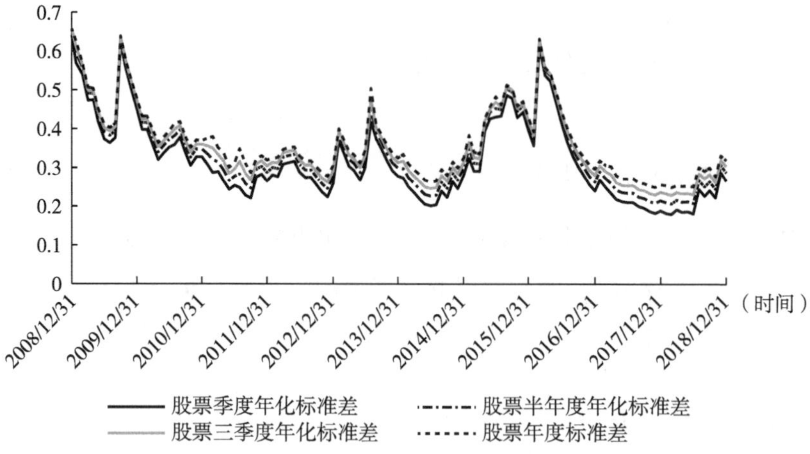

图8－9　股票不同期限年化标准差比较（本书模型）

从图8－8、图8－9中可见，随着期限增加，债券年化标准差出现较大变化，而股票年化标准差变化相对较小。这是因为债券有较强的正自相关性，而股票的正自相关性相对较弱，与前文结论一致。

8.3　长期资产配置实证分析

8.3.1　数据描述

本书推导的长期协方差矩阵模型充分考虑了资产收益的自相关性对不同期限风险的影响，换言之，大类资产收益的协方差矩阵随期限变化呈现一定的动态性特征。前文提到，由于资产配置期限较长，目前在长期资产配置的理论和实践中以短期协方差矩阵向长期简单转化的方式，如月度协方差矩阵乘以12得到年度协方差矩阵的方式（以下简称“传统模型”）居多，但这种方法忽略了资产收益的自相关性。分别将股票和债券通过本书计算得到的年度协方差矩阵和简单转化得到的年度协方差矩阵进行比较如下。

如图8－10、图8－11所示，本章模型得到的资产年度标准差与通过月度标准差简单转化得到的年度标准差存在较大差异。具体而言，由于债券收益存在较强的正自相关性，而简单转化的方法未考虑资产收益的自相关性，因此对于债券

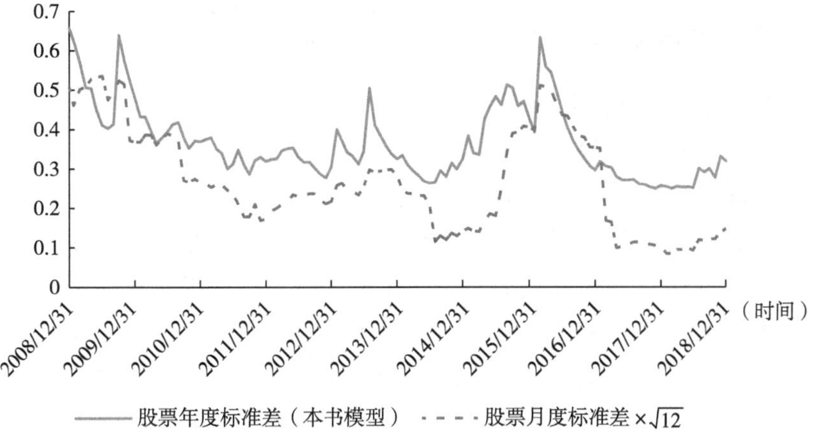

图 8－10　股票年度标准差（本书模型与传统模型）

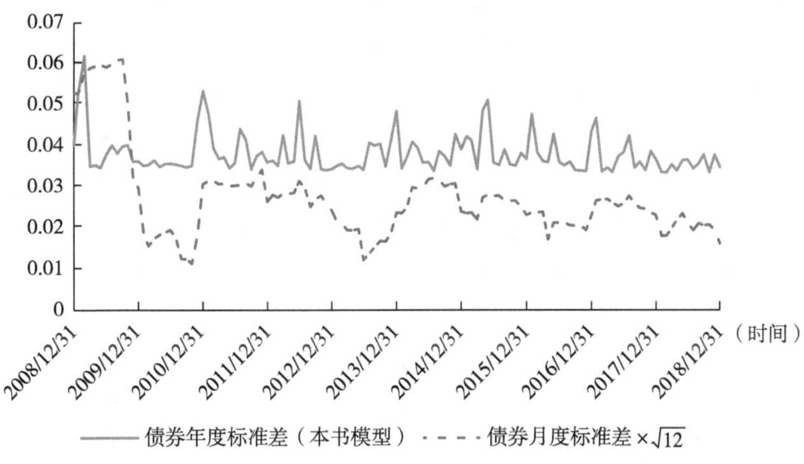

图 8－11　债券年度标准差（本书模型与传统模型）

资产两类标准差差异较大。而股票资产收益的正自相关性相对较弱，因此两类标准差的差异相对较小。综上，本章模型由于考虑了大类资产收益的自相关性，所得多期协方差矩阵理论上是相对更准确的协方差矩阵。接下来，本章将分别应用本书模型计算得到的长期协方差矩阵与通过短期协方差矩阵简单转化得到的长期协方差矩阵进行长期资产配置实证，并对实证结果进行显著性检验，从而论证本章模型的有效性。

8.3.2 应用两种长期协方差矩阵的实证分析

本章的一个重要目标在于通过长期资产配置的实证分析，论证上文推导的长期协方差矩阵是相对更准确的风险估计。因此分别应用本书模型与传统模型对长期协方差矩阵进行估计，并用估计得到的长期协方差矩阵进行长期资产配置实证分析。其中，传统模型即以短期协方差矩阵简单转化为长期协方差矩阵的方法，例如月度方差乘以 12 得到年度方差。由于资产配置的期限通常较长，直接计算长期协方差矩阵需要较多的样本，计算上存在困难，因此传统模型在理论和实践中均有较多的应用。然而，该方法忽略了大类资产收益存在的自相关性（详见本书第 4 章）。本书模型即本书第 5 章理论推导所得模型，充分考虑了大类资产收益存在的自相关性和大类资产收益的协方差矩阵随期限变化的动态特征。

上述模型指的是协方差矩阵的预测模型。本章所用资产配置模型仍然沿用第 7 章的设定。为使得不同协方差矩阵对应的资产配置方案有更显著的差异，本章令观点中性，且适当减少模型的约束的条件。第 7 章中模型的约束条件包括资产配置权重非负和资产配置权重之和为 1。本章仅保留后者。考虑到目前部分资产在特定情境下可以卖空，本章的模型设定有一定的合理性。风险厌恶系数取值与第 6 章类似，应用第 5 章的结论，以投资基准计算得到。美银美林曾将投资者分为三类，其中“中庸型”投资者的长期投资者基准为 55% 配置股票，40% 配置债券，5% 配置货币资产。因此本章以股债六四比作为长期的投资基准。结合本书第 2 章对风险厌恶系数取值的研究成果，此处的风险厌恶系数可记为 $\lambda_L = f\left(\boldsymbol{\alpha}_L, \sum_L, (6, 4)\right)$，其中 $\boldsymbol{\alpha}_L$，$\sum_L$ 为大类资产在 t 期的长期收益率预测和长期协方差矩阵预测。前文第 6 章以月为单位进行了短期资产配置分析，本章以年为单位进行长期资产配置分析。

分别以“本书模型”和“传统模型”计算得到年度协方差矩阵，从而在每个月可得对未来一年的年度资产配置方案，若投资者在某个月进行年度资产配置决策，在该月一年后进行第二次资产配置决策，此即长期战略资产配置中的常见情况。本章对这一情况也进行考虑。此时若投资者进行战略资产配置决策的起点不同，则投资者的长期资产配置方案将有所不同。如 1 月、2 月、3 月的资产配置方案分别对应了在当月对未来一年的资产配置决策，则从 1 月、2 月、3 月开始资产配置决策将有所不同。图示如下：

如图 8－12 所示，上述 A1 到 A3 分别反映了不同的长期资产配置起始月份，向上的箭头表示资产配置决策。A1 的资产配置周期为上一年 12 月至下一年 11

月，下一年 12 月开始下一个资产配置周期。A2 的资产配置周期为当年 1 月至当年 12 月，下一年 1 月开始下一个资产配置周期，以此类推，共 12 种不同的情况。

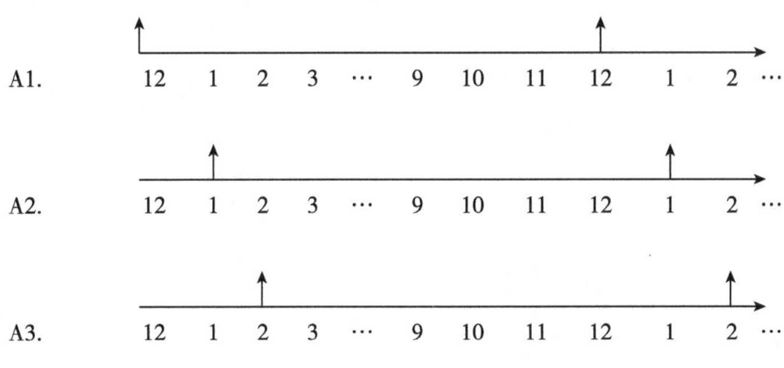

图 8 –12　年度资产配置

对于每一种情况（如 A1），投资者在上一年 12 月已经做出长期资产配置方案 W，则 W 在接下来的 1 月、2 月、3 月……中将随资产价格的变化而不断发生变化。直至下一年 12 月进行第二次长期资产配置决策。统计每种情况下的月度夏普比率，并将本书模型与传统模型进行比较，结果如下：

如表 8 –4 所示，观测量为每种情况对应的样本数量。以 12 月为例，本章在计算 GARCH/ARCH 协方差矩阵时牺牲了部分样本，因此进行资产配置实证的样本为 2008 年 12 至 2018 年 12 月，则以 12 月为起点的年度资产配置方案共有 10 组，对应观测量为 10 个点，每个点对应一组夏普比率，将夏普比率之差在 10 个点中求得 T 统计量，可得夏普比率之差的显著性。两种模型在不同月份的夏普比率图示如下：

表 8 –4　本书模型与传统模型的月度夏普比率比较

月份	观测量	夏普比率	
		本书模型	传统模型
12	10	0. 3170	0. 2769
1	9	0. 0978	0. 0081
2	9	0. 1052	0. 0813
3	9	0. 0334	–0. 0130

续表

月份	观测量	夏普比率	
		本书模型	传统模型
4	9	0.0142	-0.0908
5	9	-0.0056	-0.1389
6	9	0.0676	-0.0360
7	9	0.0566	-0.0326
8	9	0.0378	-0.1077
9	9	0.0629	-0.0958
10	9	0.0502	-0.0877
11	9	0.1259	0.0220

注：***、**、*分别表示估计系数在1%、5%、10%水平上显著。

如图8-13所示，绝大多数月份本书模型都有较明显的优势。为进一步检验该结论的显著性，以上文所述的方法，对两类模型的夏普比率之差取平均值，并计算T统计量，通过T检验观察本书模型与传统模型夏普比率之差的显著性。结果如下：

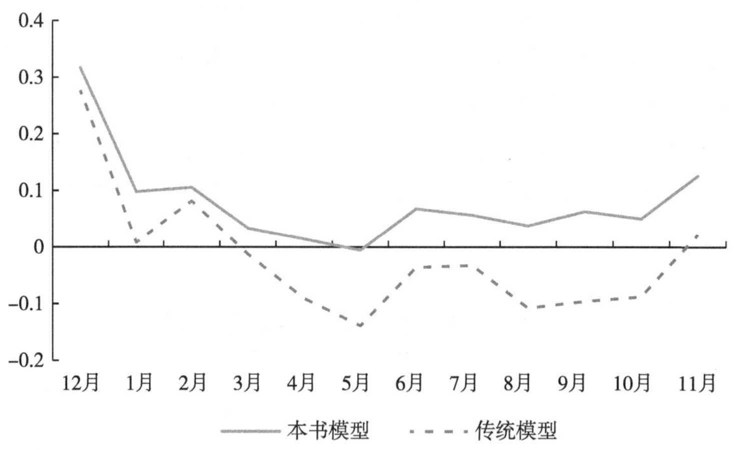

图8-13 本书模型与传统模型的月度夏普比率

如表8-5所示，表中第一行为年度大类资产的起始月份。例如，“12月”对应每年12月至次年11月的年度资产配置方案。由于本书样本从2008年12月

至2018年12月，因此这样的年度资产配置方案一共有10组，即第二行的“观测量”。同理，第一行的“1月”对应每年1月至同年12月的年度资产配置方案，这样的方案一共有9组。以此类推。第三行的“夏普比率之差”为通过本书模型进行长期资产配置的夏普比率与通过传统模型进行长期资产配置的夏普比率之差的平均值。从表8-5可见，无论起始月份如何，通过“本书模型”进行长期资产配置的夏普比率相对于用传统模型进行长期资产配置的夏普比率更高。通过T检验，可见这一差异在12种情况中的10种情况下都是显著的，当起始月份为12月和2月时，这一差异不甚显著，但差值仍然为正。综上可见，本书模型较传统模型总体上更优。

表8-5　本书模型与传统模型的月度夏普比率比较

	12月	1月	2月	3月	4月	5月
观测量	10	9	9	9	9	9
夏普比率之差	0.04	0.09*	0.02	0.05**	0.11***	0.13***
P值	0.17	0.08	0.27	0.02	0.00	0.00
	6月	7月	8月	9月	10月	11月
观测量	9	9	9	9	9	9
夏普比率之差	0.10*	0.09**	0.15***	0.16***	0.14***	0.10*
P值	0.07	0.03	0.00	0.00	0.00	0.08

注：***、**、*分别表示估计系数在1%、5%、10%水平上显著。

8.3.3　稳健性检验

本章旨在探讨不同的长期协方差矩阵预测对资产配置业绩的影响，因此对资产收益的预测未做深入研究。为控制不同的收益率预测对资产配置结果的影响，本节对股票、债券、货币的预期收益率分别增加扰动项，该随机扰动项以0为均值，以该资产收益率的标准差为扰动项的标准差，扰动项服从正态分布。检验结果如下：

8.3.3.1　调整股票收益

表8-6中各指标的含义与表8-5相同。从上表可见，除了以12月和1月为起点的长期资产配置方案以外，其他10种情况下，以本书模型计算的长期协

方差矩阵较传统模型计算的协方差矩阵更优，前者对应的长期资产配置方案的夏普比率显著高于后者，与前文结论一致。

表 8-6　本书模型与传统模型比较的稳健性检验—调整股票收益

	12 月	1 月	2 月	3 月	4 月	5 月
观测量	10	9	9	9	9	9
夏普比率之差	0.04	0.03	0.08**	0.02**	0.08*	0.11***
P 值	0.38	0.31	0.01	0.04	0.10	0.00
	6 月	7 月	8 月	9 月	10 月	11 月
观测量	9	9	9	9	9	9
夏普比率之差	0.20***	0.11***	0.11***	0.16***	0.17***	0.09*
P 值	0.00	0.00	0.00	0.00	0.00	0.10

注：***、**、*分别表示估计系数在 1%、5%、10% 水平上显著。

8.3.3.2　调整债券收益

表 8-7 中各指标的含义与表 8-6 相同。从上表可见，除了以 2 月为起点的长期资产配置方案以外，其他 11 种情况下，以本书模型计算的长期协方差矩阵较传统模型计算的协方差矩阵更优，前者对应的长期资产配置方案的夏普比率显著高于后者，与前文结论一致。

表 8-7　本书模型与传统模型比较的稳健性检验—调整债券收益

	12 月	1 月	2 月	3 月	4 月	5 月
观测量	10	9	9	9	9	9
夏普比率之差	0.14*	0.10*	0.02	0.03**	0.10***	0.05
P 值	0.08	0.08	0.34	0.01	0.00	0.24
	6 月	7 月	8 月	9 月	10 月	11 月
观测量	9	9	9	9	9	9
夏普比率之差	0.11*	0.05*	0.12***	0.16***	0.11**	0.18***
P 值	0.05	0.08	0.00	0.00	0.04	0.00

注：***、**、*分别表示估计系数在 1%、5%、10% 水平上显著。

8.3.3.3　调整货币收益

表 8-8 中各指标的含义与表 8-6 相同。从上表可见，除了以 12 月和 2 月

为起点的长期资产配置方案以外，其他 10 种情况下，以本书模型计算的长期协方差矩阵较传统模型计算的协方差矩阵更优，前者对应的长期资产配置方案的夏普比率显著高于后者，与前文结论一致。

表 8-8　本书模型与传统模型比较的稳健性检验—调整货币收益

	12 月	1 月	2 月	3 月	4 月	5 月
观测量	10	9	9	9	9	9
夏普比率之差	0.04	0.10*	0.02	0.08***	0.12**	0.12**
P 值	0.33	0.07	0.42	0.00	0.01	0.02
	6 月	7 月	8 月	9 月	10 月	11 月
观测量	9	9	9	9	9	9
夏普比率之差	0.15***	0.11***	0.06*	0.16***	0.15***	0.16***
P 值	0.00	0.00	0.10	0.00	0.00	0.00

注：***、**、*分别表示估计系数在 1%、5%、10% 水平上显著。

综上所述，通过对股票、债券、货币资产收益增加随机扰动项的方式调整预期收益后，以“本书模型”计算得到的长期协方差矩阵总体上仍显著优于以“传统模型”计算得到的长期协方差矩阵。本章结论有一定的稳健性。

8.4　本章小结

本章对长期资产配置进行实证研究。长期资产配置需要多期收益预测、多期风险估计和对投资者长期风险偏好的量化。本章首先对多期收益预测进行了研究，考虑到数据生成过程（DGP）只有一个，本章基于 VAR 模型将长期与短期收益预测进行了统一。关于多期的风险估计，本书在第 5 章通过数理推导已经得到了短期条件协方差矩阵向长期转化的数理模型，可充分反映大类资产协方差矩阵随期限变化的动态特征。风险厌恶系数的取值也直接应用本书第 2 章的结论，通过投资基准计算得到。

本章的一个重要目标在于检验本书第 5 章得到的多期风险估计模型的有效性。本章通过实证分析证明了本书模型较传统模型更为有效。计算长期协方差矩阵的传统方法是以短期协方差矩阵向长期简单转化，本书第 5 章论述了该方法未考虑大类资产收益的自相关性，从而忽略了资产收益的协方差矩阵随期限变化的动态性特征，即月度标准差乘以$\sqrt{12}$所得“年化”标准差并不等于直接以年度数据计算得到的年度标准差。本书第5章的模型将大类资产的自相关性纳入考虑，从ARMA－MARCH的假设出发，在理论上解决了这一问题。本章分别以该模型和传统模型进行长期资产配置实证分析，并将二者的夏普比率进行比较，发现本书模型所得夏普比率更高。对二者的夏普比率进行T检验，结论显著。本章进一步进行稳健性检验，结论不变。

第9章　统一框架下长短期资产配置实证研究

9.1　长短期资产配置逻辑示意图

根据上文所述，长期资产配置与短期资产配置可相对独立，但在战略与战术资产配置的框架中，二者也可纳入统一框架进行分析。具体而言，长期战略资产配置提供了一个基准，而短期战术资产配置围绕该基准进行调整，力图实现更优的短期业绩回报。我国资本市场历史较短，因此本书以1年为长期战略资产配置周期，与以3年、5年为周期的情况类似。由于资产仓位的调整不宜过于频繁，本书以1个月为短期战术资产配置周期。

根据陈浩武（2007）、杨朝军（2015）等，投资者在进行投资决策时，首先会确定长期的战略资产配置方案，在此基础上考虑短期内资产风险收益特征的变化，进而对原有方案进行调整，为短期资产配置，从而实现更优的投资回报。结合本书对期限的设定，统一框架下的长短期资产配置之间的关系见图9-1。

其中，T_i 表示第 i 年的起点，此处并非自然年，而是年度战略资产配置的周期。例如，若从2005年1月开始进行第一次战略资产配置，则 T_1 表示2005年1月至2005年12月；若从2005年2月开始进行第一次战略资产配置，则 T_1 表示2005年2月至2006年1月以此类推。$t_{i,j}$表示第 i 年的第 j 月，j 的取值为1，2，3，…，11。L_i 表示第 i 年的年度战略资产配置方案，$l_{i,j}$为第 i 年第 j 个月的实际资产配置权重。例如，若第 i 年的年度战略资产配置方案为股债比3∶2，当不进行战术资产配置时，随着股债自身价格的变化，第 i 年第 1 个月结束时股债比可能变成 5∶3 等。换言之，当不进行战术资产配置时，战略资产配置的方案也将随时间变化。$S_{i,j}$为第 i 年第 j 个月的短期战术资产配置方案，该方案以第 i 年的战略资产配置方案为“锚”，但结合当月资产风险收益特征的变化，对当月的大类资产配比进行主动调整。

如图 9－1 所示，投资者在 T_1 时点进行第一次战略资产配置决策，得到年度战略资产配置方案L_1，若不进行短期战术资产配置决策，则方案L_1 随大类资产收益的变化将会随之发生变化，在第 1 个月、第 2 个月，即 $t_{1,1}$、$t_{1,2}$时点对应的方案分别为 $l_{1,1}$、$l_{1,2}$。若投资者进行月度战术资产配置决策，则在第 1 个月，即 $t_{1,1}$ 时点的短期战术资产配置方案为 $S_{1,1}$，依次类推。所有短期战术资产配置方案 $S_{i,j}$ 的形成都遵循如下过程：在第 i 年年度战略资产配置方案L_i 的基础上，结合第 j 月，即 $t_{i,j}$期大类资产风险收益特征的变化，得到第 j 月的月度战术资产配置方案 $S_{i,j}$。从而实现了短期资产配置方案以长期方案为“锚”，并结合短期资产风险收益特征进行调整的目标。

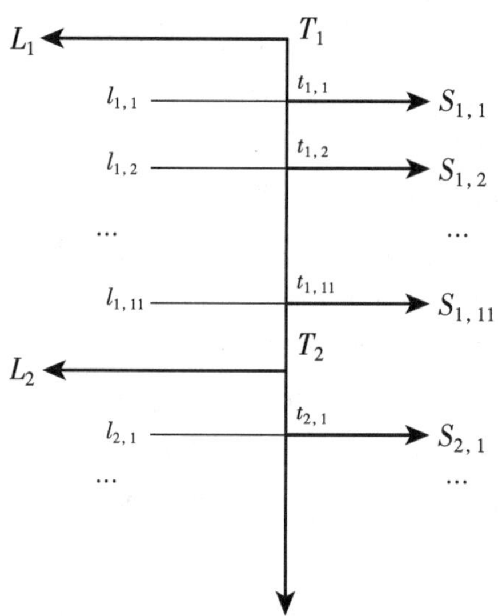

图 9－1　长期与短期资产配置的关系

9.2　长短期资产配置模型设定

9.2.1　模型选择和长期风险约束的设定

从前文的分析可知，资产配置三大要素分别为：资产配置模型的选择、资产风险收益预测以及投资者风险偏好的量化。要将长短期模型进行结合，则需对三个要素分别进行分析。

对于以均值方差模型为代表的资产配置模型而言，其长短期模型设定并无差异。模型设定如下：

$$\max_{w} \quad \mathbf{w}'\boldsymbol{\alpha}$$

$$\text{s. t.} \quad \mathbf{w}'\sum\mathbf{w} \leqslant \sigma_{\max}^{2} \tag{9-1}$$

其中 $\boldsymbol{\alpha}$ 为预期收益率向量。此处为让模型接近实际，增加两个约束条件：不允许卖空以及不允许加杠杆，见式（9－2）和式（9－3）。

$$\mathbf{w} \geqslant \mathbf{0} \tag{9-2}$$

$$\mathbf{w}'\mathbf{1} = 1 \tag{9-3}$$

因此，关键在于 $\sigma_{\max}$ 的确定。本书应用较为常见的一种方式。假设投资者在长期的投资基准为 w_1 股票，w_2 债券，记为 $\mathbf{w}_b = [w_1,\ w_2]'$，由式（9－4）可计算得到投资者可承受的最大标准差：

$$\sigma_{\max} = \mathbf{w}'_b \sum \mathbf{w}_b \tag{9-4}$$

其中，$\mathbf{w}_b$ 的确定可通过分析投资者在长期的收益率目标和能够承受的最大损失估计得到。而长短期收益/协方差矩阵的预测则存在区别和联系（见本书第6章），长短期风险约束的确定也有所不同。

关于长期风险约束的确定，美银美林曾将投资者分为三类，其中中庸型投资者的长期投资者基准为55%配置股票、40%配置债券、5%配置货币资产。因此本书以股债比6∶4作为投资者长期的平均基准，从而确定投资者的风险约束，进而可得投资者的长期战略资产配置方案。类似地，短期战术资产同样需要确定风险约束，而如何结合长期战略资产配置结果对短期风险约束进行量化是长短期模型能够有机结合的关键。

9.2.2 短期风险约束确定的几种方案

关于短期战术资产配置，前文已经得到每个月的短期（月度）收益率预测和短期（月度）协方差矩阵估计。要以长期战略资产配置方案为锚指导短期战术资产配置，关键在于短期风险偏好的量化。本章主要探讨两种方案，并对其进行比较。

方案一：每月以长期战略资产配置方案为 benchmark，计算得到该月风险偏好，此时每个月的风险偏好不可人为控制。公式如下：

$$\max_{w} \quad \mathbf{w}'\boldsymbol{\alpha}$$

$$\text{s.t.}\ \mathbf{w}'\sum\mathbf{w} \leqslant \mathbf{w}'_L\sum\mathbf{w}_L \tag{9-5}$$

$$\mathbf{w} \geqslant \mathbf{0} \tag{9-6}$$

$$\mathbf{w}'\mathbf{1} = 1 \tag{9-7}$$

其中，$\mathbf{w}_L$ 为长期配置方案，$\mathbf{w}$ 为所求短期配置方案。方案一得到的结果为最终的配置结果，称为“绝对优化”。

方案二：每月以长期战略资产配置方案为“指数”进行相对配置，公式如下：

$$\max_{w} \quad \Delta\mathbf{w}'\boldsymbol{\alpha}$$

$$\text{s.t.}\ \Delta\mathbf{w}'\sum\Delta\mathbf{w} \leqslant \sigma_{te}^2 \tag{9-8}$$

$$\Delta\mathbf{w}'\mathbf{1} = 0 \tag{9-9}$$

其中，σ_{te}^2 为追踪误差，即短期方案偏离长期方案的上限。方案二可人为设置追踪误差约束，得到的结果为短期相对长期方案的偏离，称为“相对优化”。短期资产配置的相对优化，是以每月对应的长期战略资产配置方案为“指数”，每月在追踪指数的同时争取超越指数的配置方法，类似“指数加强”。此处有两点需要重点关注：其一，每月对应的“指数”权重随资产价格变化是时变的；其二，相对配置的风险约束是追踪误差，其取值需进行探讨。

根据美国的投资实务经验，追踪误差的风险约束通常设置在年化 5% ~8%。对应月度追踪误差的平方处于 0.0002 ~0.0005。根据 Ding（2019），上述最优化过程的解析解为：

$$\Delta\mathbf{w} = \sigma_{te}^2 \frac{\sum_t^{-1}(\boldsymbol{\alpha}_t - \gamma\mathbf{1})}{\sqrt{\boldsymbol{\alpha}'_t\sum_t^{-1}(\boldsymbol{\alpha}_t - \gamma\mathbf{1})}}$$

$$\gamma = (\boldsymbol{\alpha}'_t\sum_t^{-1}\mathbf{1})/(\mathbf{1}'\sum_t^{-1}\mathbf{1})$$

则最终的信息比率为：

$$IR = \frac{\Delta \mathbf{w}'\boldsymbol{\alpha}}{\Delta \mathbf{w}'\sum^{-1}\Delta \mathbf{w}} = \sqrt{\boldsymbol{\alpha}'_t \sum_t^{-1}(\boldsymbol{\alpha}_t - \gamma \mathbf{1})}$$

即选择不同的追踪误差不影响组合的信息比率。因此，此处选择0.0002和0.0005的中值与绝对优化进行比较。

9.2.3 数值模拟

从上文可知，长期战略与短期战术资产配置方案结合的关键在于方案一或方案二的选择。本节通过数值模拟对两种方案进行比较。假设有两类金融资产：资产1、资产2，其数据生成过程（DGP）如下：

$$r_{1t} = c_1 + \gamma_1 r_{1t-1} + \varepsilon_{1t}, \quad \varepsilon_{1t} \mid I_{t-1} \sim N(0, \sigma_{1t}^2)$$

$$r_{2t} = c_2 + \gamma_2 r_{2t-1} + \varepsilon_{2t}, \quad \varepsilon_{2t} \mid I_{t-1} \sim N(0, \sigma_{2t}^2)$$

其中，r_{1t}、r_{2t}分别为资产1、资产2在时刻t的收益率。考虑到波动率的集聚性，残差项的波动率服从EWMA过程如下：

$$\sigma_{1t}^2 = 0.9\sigma_{1t-1}^2 + 0.1\varepsilon_{1t-1}^2$$

$$\sigma_{2t}^2 = 0.9\sigma_{2t-1}^2 + 0.1\varepsilon_{2t-1}^2$$

EWMA为GARCH模型的一种，上述设定中，两类资产的GARCH系数相等，是两参数GARCH模型（Ding，2001）的一种。两参数模型由于参数较少，应用范围较广，因此本书以此设定。参考前文构建的VAR模型，参数γ_1、γ_2分别取0.1、0.3。对股票、债券在过去十五年的表现进行统计，结果如表9－1所示：

表9－1　股票和债券的历史业绩

	月收益均值	月标准差	相关系数
股票（上证综指）	0.007	0.09	－0.2
债券（中证全债数）	0.004	0.008	－0.2

因此，波动率σ_1、σ_2的初值分别为0.009和0.008，常数项c_1、c_2的取值为

$$c_1 = E(r_1)(1-\gamma_1) = 0.0063$$

$$c_2 = E(r_2)(1-\gamma_2) = 0.0028$$

前面已经提到，短期战术资产配置的绝对优化，其风险约束由长期战略资产配置方案决定，通过式（9－4），可得该月风险约束。然而，式（9－4）中$\mathbf{w}_L$，

也即该月对应的长期战略资产配置方案需要人为设定。前面已经提到，美银美林曾将投资者分为三类，其中“中庸型”投资者的长期投资者基准为55%配置股票，40%配置债券，5%配置货币资产。因此本章在数值模拟中假设长期方案 $\mathbf{w}_L$ 为60%股票和40%债券。前文已经论证了相对优化中风险约束的设置不影响夏普比率，根据美国实务经验，相对优化中的风险约束 σ_{te}^2 取0.0035。

以样本量为200，分别求得两种方案下的夏普比率/信息比率。随机生成100个样本，计算得到方案1优于方案2的概率。重复100次，计算方案1优于方案2的概率的平均值。结果如表9－2所示：

表9－2　数值模拟结果

	$SR_1 > SR_2$	$IR_1 > IR_2$
样本量	100×100	100×100
概率（均值）	95.2%	28.4%
概率（中位数）	94%	27%

从上述结果可见，方案一（绝对优化）的夏普比率更高，信息比率更低；而方案二（相对优化）的信息比率更高，但夏普比率更低。

9.3　统一框架下长短期资产配置实证分析

9.3.1　指标选取和数据说明

与上文的实证研究类似，本章实证仍基于国内市场股票、债券、货币三类资产，样本区间为2005年1月至2018年12月，三类资产的收益率分别以中证全指收益、中证全债指数收益以及锐思（Resset）金融数据库提供的货币资产收益为代表。

本章实证围绕长期与短期资产配置展开。从前文可知，资产配置包括三要素：资产配置的模型、资产的风险收益特征和投资者风险偏好的量化。其中，资产配置的模型与第8章类似，沿用本书第7章的设定，且令观点中性。相对第7章的模型设置，本章在约束条件中加上投资者不可卖空以及资产配置权重之和为1的限制。长期风险约束的设置也参照第7章设定，以股债六四比作为投资者长期的平均基准，通过第 2 章的公式 $\lambda_t = f(\boldsymbol{\alpha}_t, \sum_t, (6, 4))$ 计算可得每一期的长期风险厌恶系数。后文将对其他可能的情况进行稳健性检验。短期风险约束的设置在 7.2 节的两种方案中已有说明。剩余需要确定的变量包括短期（月度）预期收益、长期（年度）预期收益、短期（月度）协方差矩阵、长期（年度）协方差矩阵。上述各指标估计结果的展示如下：

9.3.1.1　月度预期收益

本书重点不在收益率预测，因此在第 9 章通过 VAR 模型对收益率进行了简单预测。股票、债券、货币三类资产月度收益的 VAR 预测结果如图 9－2 所示。

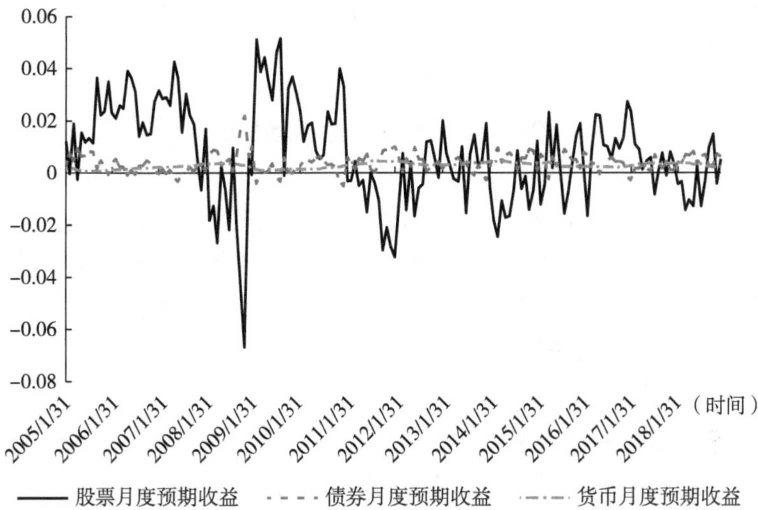

图 9－2　三类资产月度收益的 VAR 预测

图 9－2 反映了每个月对未来一个月的收益预测。如图所示，横轴为日期，以月为最小单位；纵轴为三类资产的收益率水平。可见，股票收益的短期波动较大，债券和货币资产的短期波动较小。

9.3.1.2　年度预期收益

由于真实的数据生成过程（DGP）只有一个，因此短期收益预测与长期收益预测需要具有一致性，否则短期收益预测模型迭代到长期后将与长期收益预测产生矛盾。根据第 6 章的计算，股票、债券、货币三类资产的年度预期收益如图 9－3 所示。

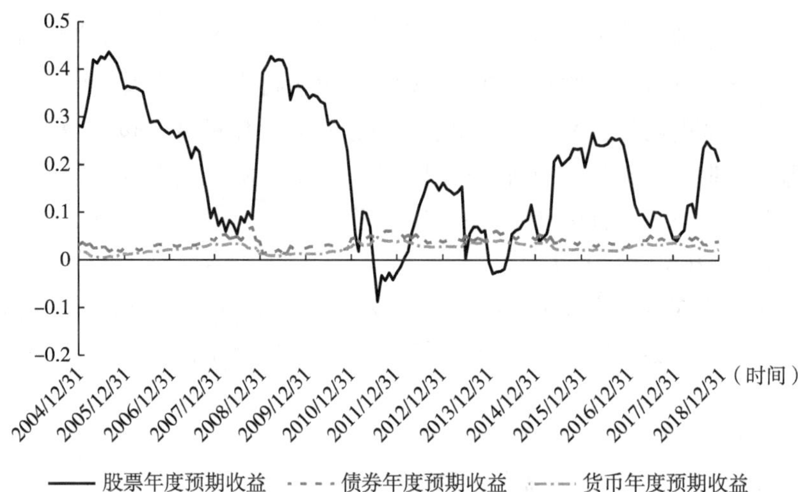

图 9－3　三类资产年度预期收益

图 9－3 反映了每个月对未来一年的收益预测。例如 2005 年 12 月对应的年度收益预测为 2005 年 12 月至 2006 年 1 月这一年的年度预期收益，以此类推。图中横轴为日期，以月为最小单位；纵轴为三类资产的年度收益率水平。从上图可见，股票资产的年收益率显著高于其他两类资产。

9.3.1.3　月度预期协方差矩阵

本书第 7 章通过 CCC－MGARCH 模型得到股票、债券、货币三类资产构成的月度条件协方差矩阵。将三类资产每期的月度预期标准差图示如下：

如图 9－4 所示，债券月度标准差和货币月度标准差较小，具体数值见左纵轴。股票月度标准差较大，具体数值见右纵轴。横轴为日期，以月为单位。从图中可见，由于股票收益的 GARCH 效应更强，股票收益波动的集聚性也相对更高。

9.3.1.4　年度预期协方差矩阵

长期战略资产配置的期限通常较长（如 1 年、5 年、10 年），要直接计算资产的协方差矩阵存在一定困难，而以短期协方差矩阵向长期协方差矩阵进行简单代数转化存在一定问题，一个重要原因在于大类资产收益较个股有更强的自相关性。本书第 5 章对大类资产长期条件协方差矩阵的获取进行了推导，应用该公式，可通过短期（如月度）条件协方差矩阵计算得到不同期限的长期条件协方差矩阵。结合本章对期限的设定，以该公式计算得到年度协方差矩阵，其他期限的计算方法类似。通过本书模型计算得到的三类资产年度标准差如图 9－4 所示。

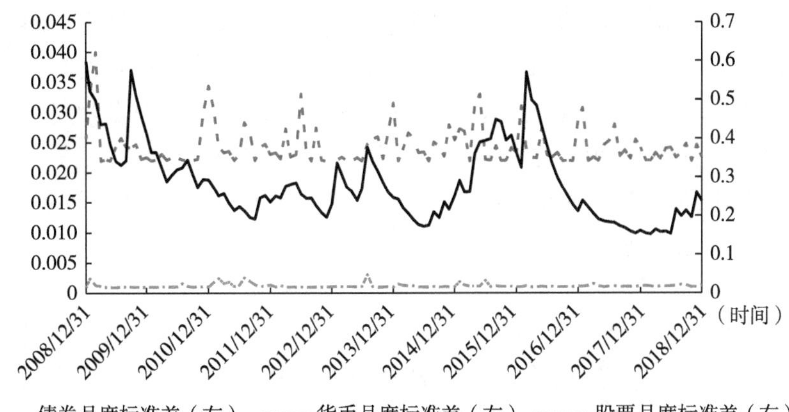

图9-4 三类资产月度条件标准差

如图9-5所示，通过计算得到的年度条件标准差与月度条件标准差之间并非简单的$\sqrt{12}$的关系，因为本书的长期协方差矩阵模型考虑了大类资产收益的自相关性。与图9-4类似，股票年度标准差较大，具体数值见右坐标轴，债券、货币年度标准差见左坐标轴，横轴为日期，以月为单位。

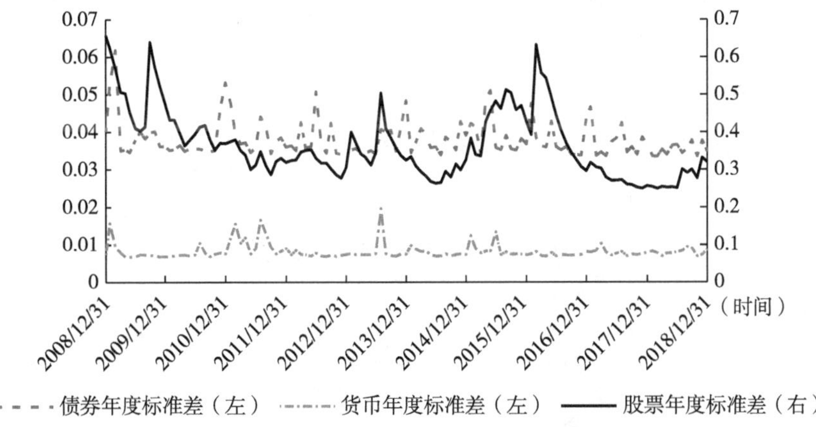

图9-5 三类资产年度条件标准差

9.3.2 实证分析

长期战略和短期战术资产配置的模型设定在第8章有详细阐述。长期战略资产配置中，投资者最大可承受标准差对应的长期基准 w_L 取股债比 6∶4。短期战术资产的两种方案中，对于绝对优化，以过去一年第一个月的长期配置方案保持12 个月不变，并以该方案求得这 12 个月每月的风险约束。对于相对优化，以过去一年第一个月的长期配置方案买入持有，中间不进行再平衡操作。因此在 12 个月内该权重随资产价格的变化会发生相应变化，可称为“时变基准”，以该基准作为相对优化的基准。

9.3.2.1　业绩比较

根据起始时间的不同（分别从 1 月至 12 月），共有 12 组回测结果。将长期战略资产配置方案对应的短期业绩表现与两种战术资产配置方案得到的短期业绩表现进行比较，分别用 L、S1、S2 表示，结果如下。

（1）绝对业绩。

如图 9－6 至图 9－9 所示，从组合最终的绝对业绩来看，两种战术资产配置方案得到的组合业绩均优于长期战略资产配置对应的短期方案，换言之，两种战术资产配置方案都是有效的。其中，方案一能够获取更高的夏普比率和更低的最大回撤。

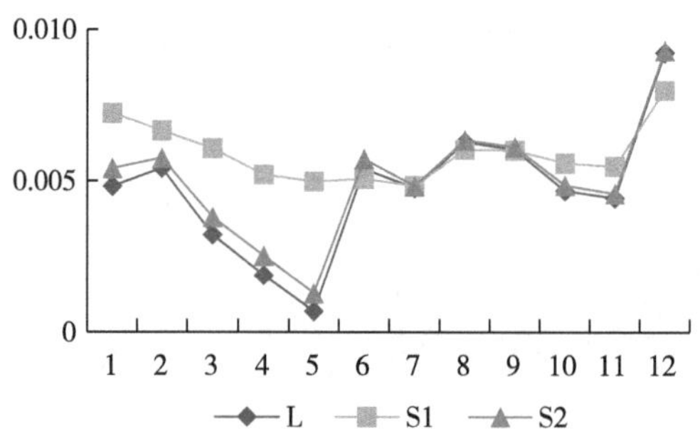

图 9－6　不同方案下收益比较

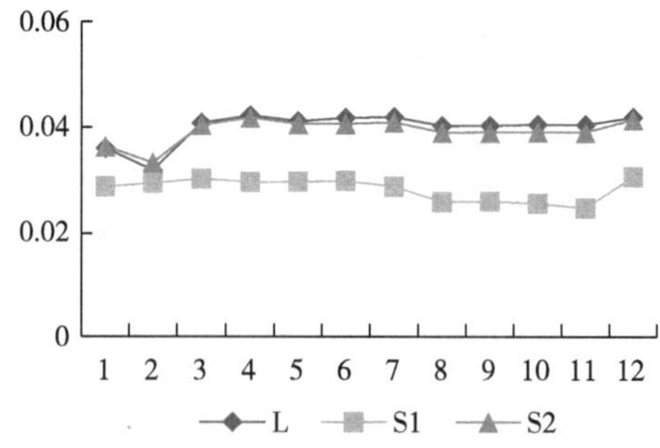

图 9－7　不同方案下标准差比较

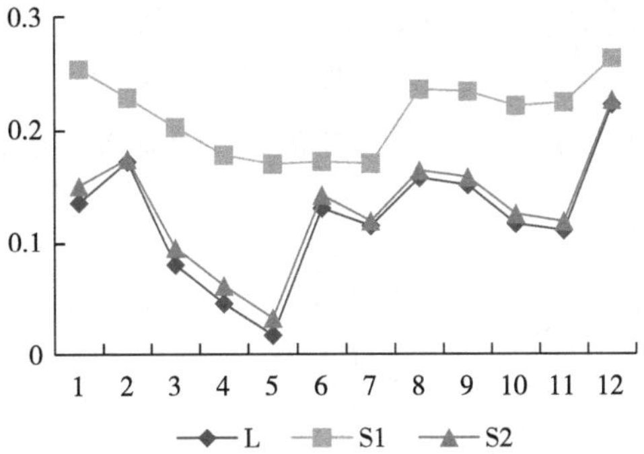

图9-8 不同方案下夏普比率比较

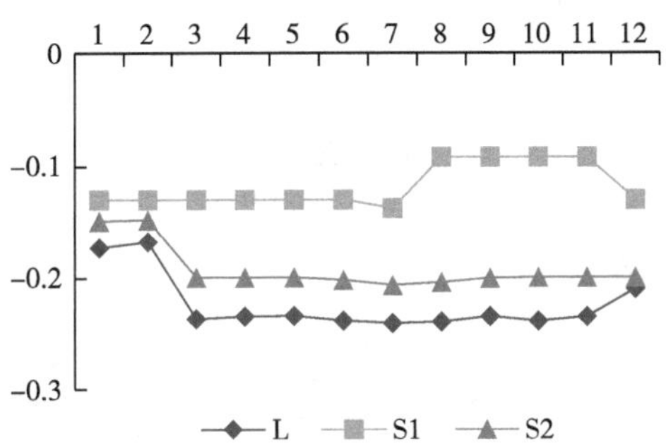

图9-9 不同方案下最大回撤比较

（2）相对业绩。

如图9-10至图9-13所示，从战术资产配置的相对业绩来看，方案二的追踪误差更小，超额收益更加平稳，信息比率更高，且换手率远低于方案一的换手

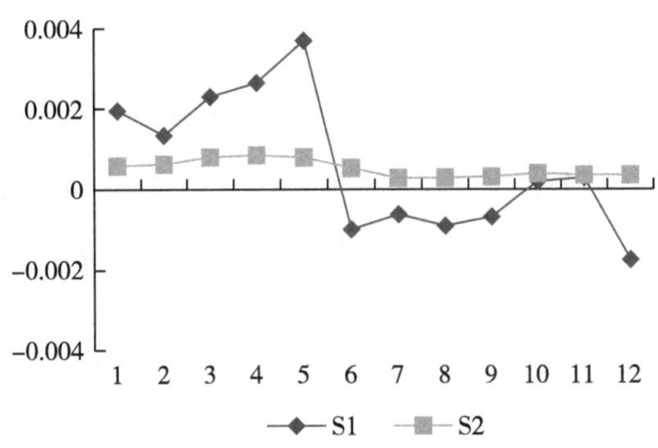

图9-10 不同方案下超额收益比较

率。以上结论与数值模拟中结论一致。因此，如果要保证长期资产配置方案能够得以落实，且短期方案不能大幅偏离长期方案，则方案二更优。如果长期资产配置方案并不需要严格得以落实，而更重要的是每月业绩回报，则方案一更优。

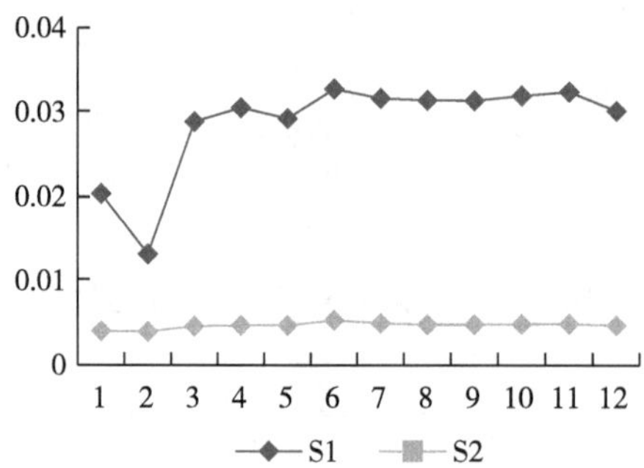

图9－11　不同方案下追踪误差比较

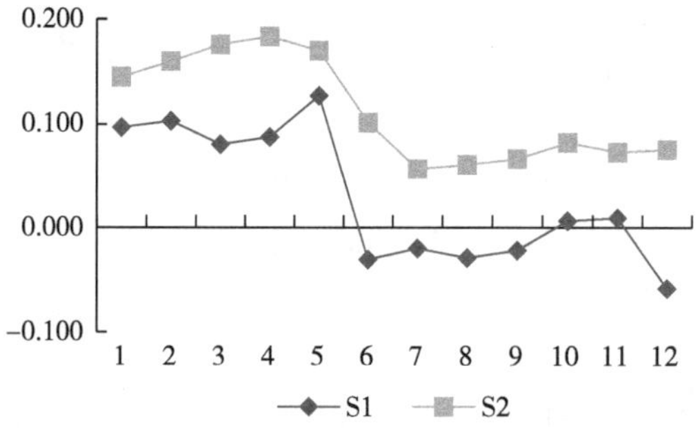

图9－12　不同方案下信息比率比较

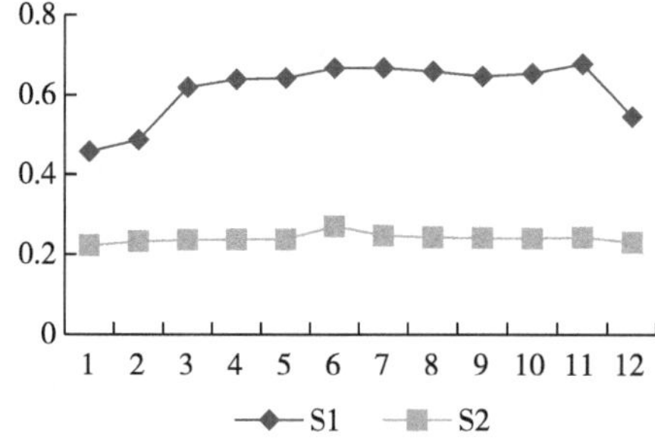

图9－13　不同方案下换手率比较

9.3.2.2　拓展

以标准差作为风险衡量维度的一大弊端在于标准差的对称性，即收益率上升/下降都被定义为风险。对比方案一和方案二可知，在方案一中，无论资产收益出现上行或下行行情，资产风险增加，组合的风险约束放宽。而在方案二中，当资产收益出现下行时，资产风险增加，但组合风险约束保持不变。二者都缺乏一定的合理性。因此，本书提出方案三，或可在一定程度上解决该问题。

由于方案一中的风险约束由长期配置方案决定，不易灵活调整，方案二的风险约束直接给定，可灵活调整，因此我们可以在方案二的基础上给出方案三，即在预期收益出现上行时扩大风险约束，在预期收益出现下行时收紧风险约束。前文提到，相对优化的风险约束，以追踪误差的平方衡量，通常在0.0002～0.0005，因此，在某月股票预期收益为正时，将风险约束设为0.0005，在某月股票预期收益为负时，将风险约束设为0.0002，即此时方案三对应的追踪误差是时变的。分别取追踪误差的平方为0.0002、0.00035、0.0005以及追踪误差时变四种情况进行比较，比较如下。表中数据为该方案优于其他方案的概率。

从表9－3可见，时变追踪误差有83.3%的概率较其他三种追踪误差有更高的绝对收益，有50%的概率较其他三种追踪误差有更低的绝对风险，有66.7%的概率较其他三种追踪误差有更高的夏普比率，有83.3%的概率较其他三种追踪误差有更低的最大回撤。换言之，方案三相比方案二的三种情况，有着较高的绝对业绩。类似地，时变追踪误差有75%的概率较其他三种追踪误差有更高的超额收益，有16.7%的概率较其他三种追踪误差有较低的追踪误差，有16.7%的概率较其他三种追踪误差有较高的信息比率，有16.7%的概率较其他三种追踪误差有更低的换手率。换言之，时变追踪误差有折中的相对业绩。综上，方案三整体较方案二更优。然而，方案三相对方案一的表现与方案二并无较大差异。接下来，进一步扩大风险约束。在预测股价上行时，设置风险约束（追踪误差的平方）分别为0.00035、0.01和0.09。在预测股价下行时，风险约束（追踪误差的平方）仍取0.0002。对三种不同情况进行比较，结果如下：

表9－3　方案三与方案二的比较　　单位：%

	绝对收益	标准差	夏普比率	最大回撤	超额收益	追踪误差	信息比率	换手率
$TE^2=0.02$	16.7	50.0	16.7	0.0	25.0	100.0	100.0	100.0
$TE^2=0.035$	0.0	0.0	0.0	0.0	0.0	0.0	0.0	0.0
$TE^2=0.05$	83.3	50.0	83.3	100.0	75.0	0.0	0.0	0.0
TE时变	83.3	50.0	66.7	83.3	75	16.7	16.7	16.7

如图9－14至图9－16所示，三种情况下夏普比率表现类似，当投资者承受较高的波动率水平时可获取较高的收益水平。因此使用方案三相对有较好的灵活性，投资者可自由选择所承受的额外风险。而与方案一比较，方案二和方案三都是在长期配置方案的基础上进行优化，会优于长期配置方案，但不会偏离太多。而方案一仅风险约束受长期方案影响，相对更加灵活自由，最终结果偏离长期方案更多，但也取得了更好的业绩回报。

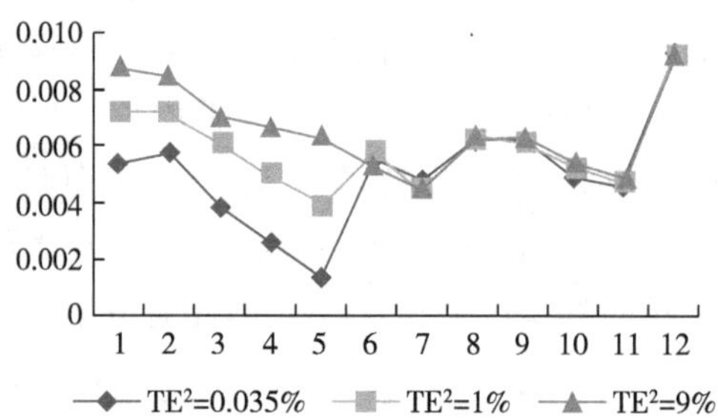

图9－14　均值—三种风险约束

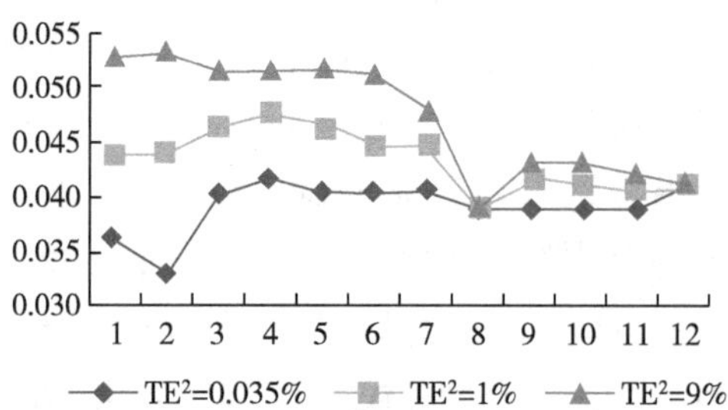

图9－15　标准差—三种风险约束

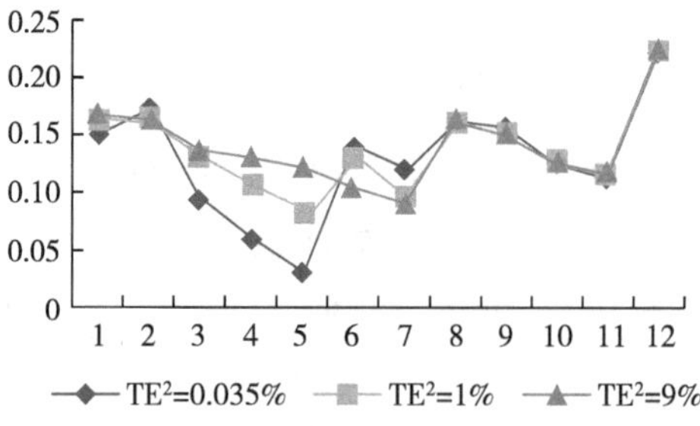

图9－16　SR—三种风险约束

综上，如果要保证长期资产配置方案能够得以落实，且短期方案不能大幅偏离长期方案，则方案三更优。例如养老目标FOF，可在距离到期日较长时适当放宽追踪误差的约束，而在接近到期日时适当收紧追踪误差的约束。从而一方面能够实现长期目标，另一方面能在短期取得超额收益。如果长期资产配置方案并不需要严格得以落实，而更注重短期业绩回报，则方案一更优。

9.3.3　稳健性检验

前文提到，长期战略资产配置的风险约束需要人为设置。本书参考美银美林和先锋基金等大型金融机构对不同类型投资者的分类，选取其中中庸型投资者的基准，即设置投资者初始的长期风险偏好基准为股债6∶4的组合。考虑到在不同的风险偏好下两种方案的相对业绩可能存在差异。我们在前文基础上，分别将初始的长期风险偏好设置为股债比例5∶5、3∶7、7∶3，得到三种情况的结果如下：

9.3.3.1　夏普比率

从图9－17至图9－19可见，长期战略资产配置方案和短期战术资产配置方案对于三种不同风险偏好的类型投资者而言，在夏普比率这一绝对业绩指标上有着类似的结论。短期战术资产配置方案将始终优于长期买入持有方案。而在战术资产配置方案中，“绝对优化”方案，即以长期方案作为短期风险偏好的基准进行优化，相比于“相对优化”方案，即短期方案围绕长期方案进行细微调整，将取得更高的夏普比率。这是因为“绝对优化”有着更高的短期灵活性，可更大程度地捕捉短期获利机会。这一结论不随投资者初始风险偏好不同而变化。

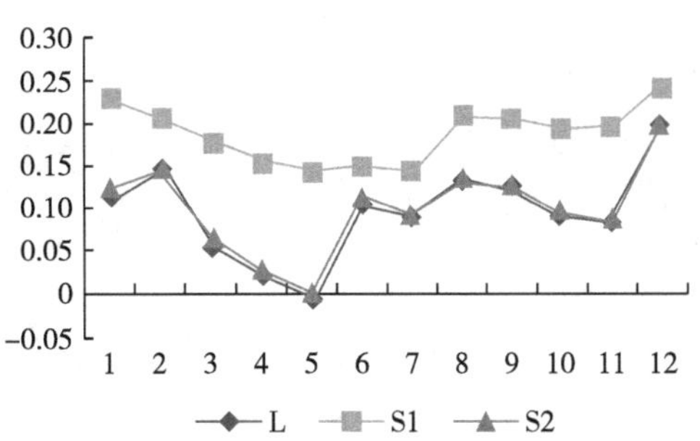

图9－17　SR—风险偏好7∶3

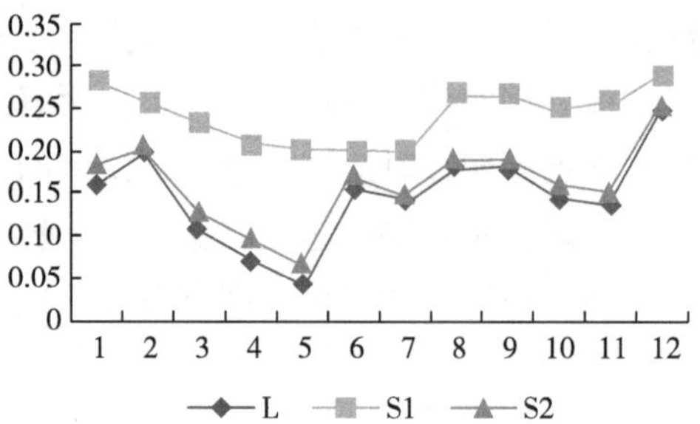

图 9－18　SR—风险偏好 5∶5

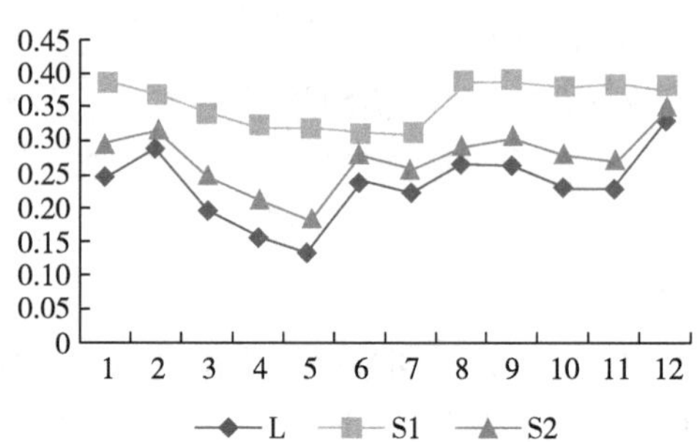

图 9－19　SR—风险偏好 3∶7

9.3.3.2　最大回撤

从图 9－20 至图 9－22 可见，长期战略资产配置方案和短期战术资产配置方案对于三种不同风险偏好的类型投资者而言，在最大回撤这一绝对业绩指标上也有着类似的结论。短期战术资产配置方案相比长期买入持有方案始终有着更低的最大回撤水平。而在战术资产配置方案中，“绝对优化” 方案，即以长期方案作

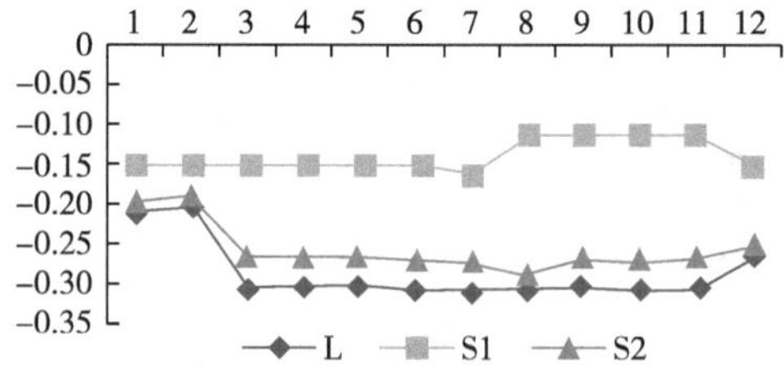

图 9－20　回撤—风险偏好 7∶3

为短期风险偏好的基准进行优化，相比于“相对优化”方案，即短期方案围绕长期方案进行细微调整，将有更低的最大回撤。这是因为“绝对优化”有着更高的短期灵活性，可更大程度地规避短期风险。这一结论不随投资者初始风险偏好不同而变化。

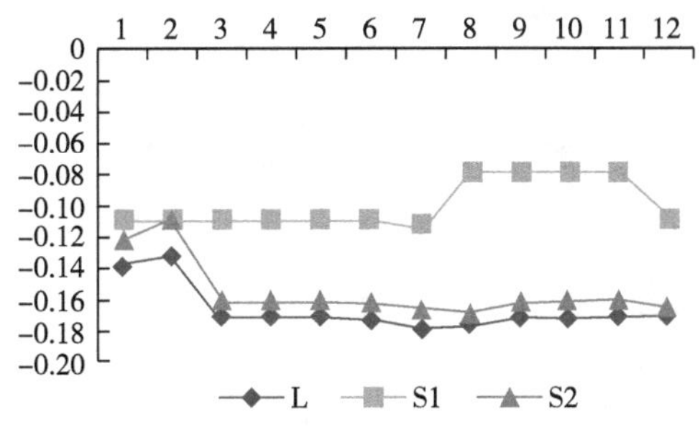

图9－21 回撤—风险偏好5∶5

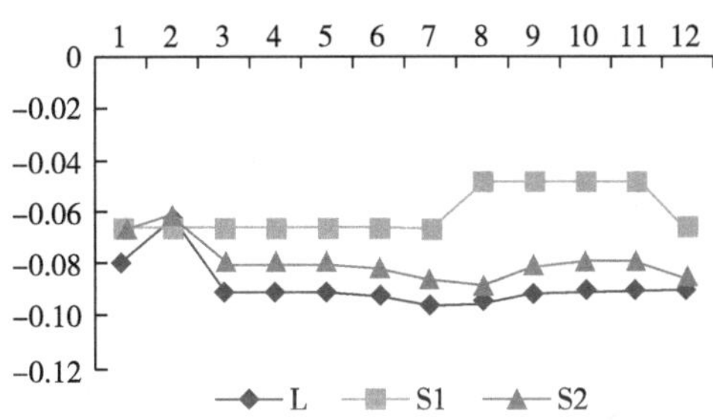

图9－22 回撤—风险偏好3∶7

9.3.3.3 信息比率

从图9－23至图9－25可见，基于“绝对优化”的短期战术资产配置方案和基于“相对优化”的短期战术资产配置方案对于三种不同风险偏好的类型投资者而言，在信息比率这一相对业绩指标上有着类似的结论。“绝对优化”方案，即以长期方案作为短期风险偏好的基准进行优化，相比于“相对优化”方案，即短期方案围绕长期方案进行细微调整，将有更低的信息比率。这是因为“绝对优化”会更大限度地捕捉获利机会和规避短期风险，因此较长期方案会有较大程度的偏离。这一结论不随投资者初始风险偏好不同而变化。

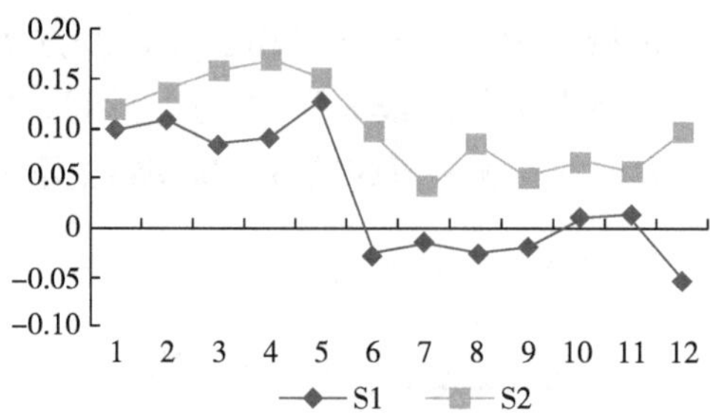

图9－23　IR—风险偏好7∶3

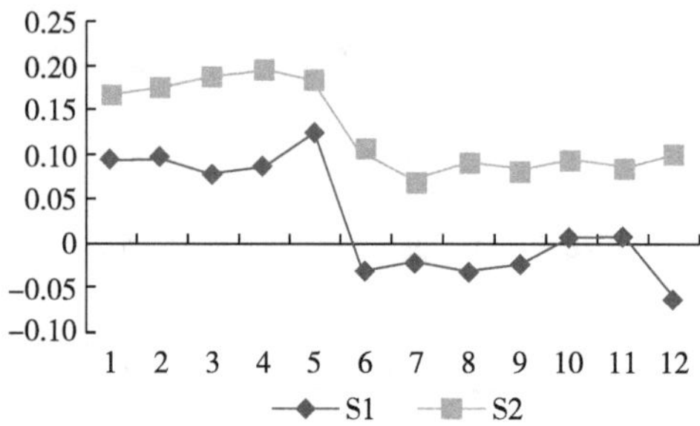

图9－24　IR—风险偏好5∶5

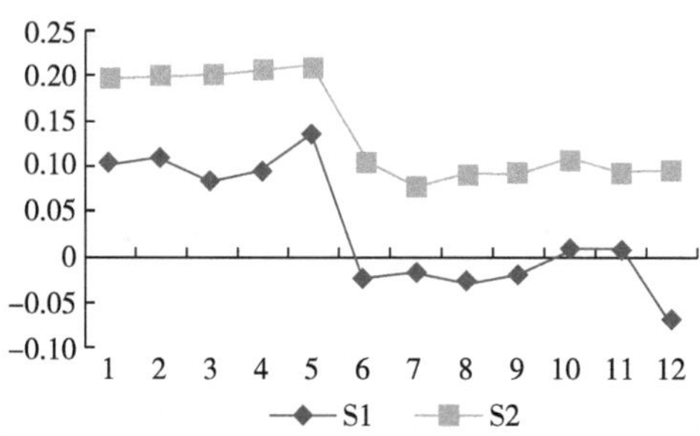

图9－25　IR—风险偏好3∶7

9.3.3.4　换手率

从图9－26至图9－28可见，基于“绝对优化”的短期战术资产配置方案和基于“相对优化”的短期战术资产配置方案对于三种不同风险偏好的类型投资者而言，在换手率这一相对业绩指标上有着类似的结论。“绝对优化”方案，即以长期方案作为短期风险偏好的基准进行优化，相比于“相对优化”方案，即

短期方案围绕长期方案进行细微调整，将有更高的换手率。这是因为“绝对优化”有着更大的灵活调整的空间。这一结论不随投资者初始风险偏好不同而变化。

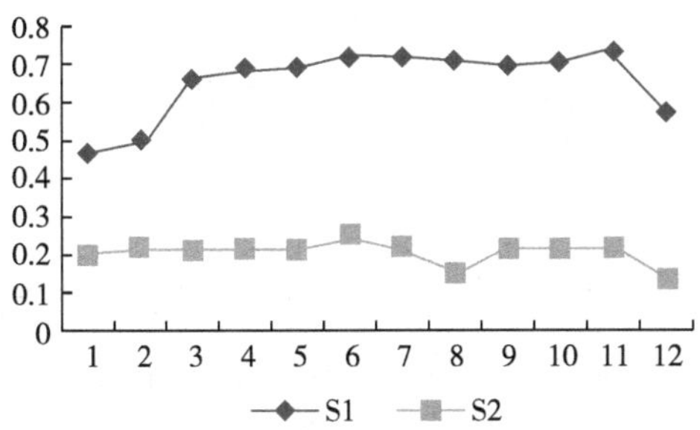

图 9－26　换手率—风险偏好 7∶3

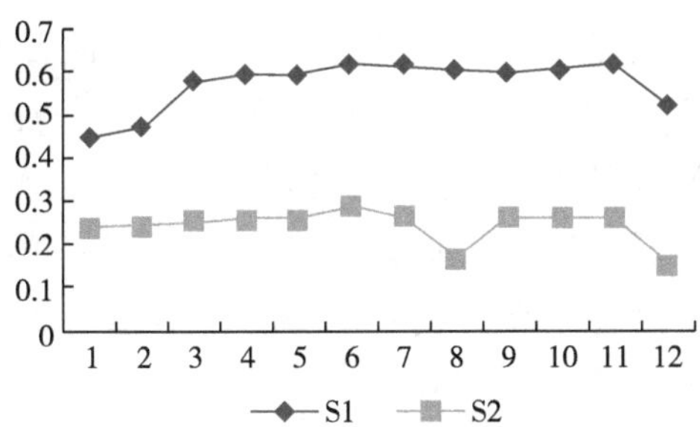

图 9－27　换手率—风险偏好 5∶5

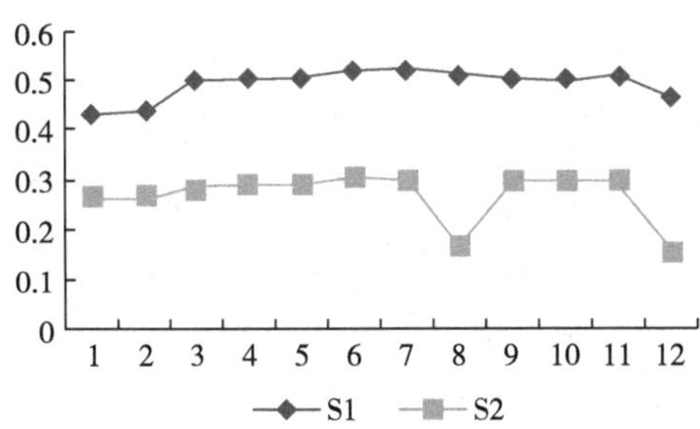

图 9－28　换手率—风险偏好 3∶7

由上述结果可见，在不同的初始风险约束条件下，无论是绝对业绩还是相对业绩，长期战略资产配置、基于“绝对优化”的短期战术资产配置、基于“相对优化”的短期战术资产配置之间的相对表现都是相似的。换言之，本章所得结论具有一定的稳健性。

9.4　本章小结

根据前文所述，本书主要研究对象是资产管理中的资产配置。而资产管理中投资者可能同时有长期目标和短期目标。长短期目标是矛盾的，目标的不同往往意味着行为的不同。长短期目标又是统一的，长期目标为短期目标的确定提供了基准，短期目标不会大幅偏离其长期目标。在金融投资中，长期目标通常对应长期战略资产配置，短期目标通常对应短期战术资产配置。战略/战术的概念来自军事作战领域，为更好地理解战略资产配置和战术资产配置的区别，本书从军事案例入手，以类比的方式对资产配置中战略和战术的差异进行了分析。研究发现，战略资产配置和战术资产配置本质的区别在于二者考虑的因素不同，表现形式为二者的投资期限不同。其中，前者很大程度是收益率预测的问题，本章不做深入探讨，本章主要对后者，即二种投资期限的差异进行研究。

投资期限和风险偏好是资产配置中投资者最重要的需求之一。本书在前述章节已经对风险偏好的量化进行了系统研究，本章通过长期战略资产配置和短期战术资产配置之间的关系，对投资期限进行研究。从资产配置决策的三个要素——资产配置模型的选择、资产收益风险预测、投资者需求量化分别展开研究发现：其一，资产配置模型的选择对于长短期资产配置而言没有差异，本书选择同样的模型设定——均值方差模型；其二，不同期限的收益率预测、风险估计存在关联，本书在前述章节已经沟通了二者的关系，在本章可直接应用前文研究成果（见本书第6章）；其三，基于前文对风险偏好量化方法的梳理，结合本章研究的具体问题可以发现，短期风险约束的确定有多种方式，对应了长短期资产配置结合的不同形式。在此基础上，本章提出了两种不同的方案，并在方案二（相对优化）的基础上衍生出了第三种方案。

以标准差作为风险衡量指标的弊端之一在于其对称性，即无论收益上升或下降都定义为风险。本书提供的方案三可在一定程度上解决该问题，通过更灵活地调整模型的风险约束，使投资者在预期市场上行时扩大风险约束，在预期市场下行时收紧风险约束，最终更好地控制风险，实现更优的业绩回报。结论显示，投资者对实现长期目标的决心较大时，改进后的“相对优化”方案是较优方案（方案三）。当投资者更加关注短期业绩时，绝对优化方案（方案一）是较优方案。可能还有其他可能的形式，本书提供一种研究思路，可为后人抛砖引玉。

本章的结论在一定程度上表明了短期战术调整相对于长期买入持有的优越性，即战术资产配置的重要性。但需要注意的是，战术资产配置的实际效果受限于预测的准确性和交易成本之间的权衡。多数关于战术资产配置决策和战略资产配置决策业绩比较的文献表明投资者的预测能力比较失败：Sharpe（1975）、Henriksson（1984）、Jeffrey（1994）和 Clements（1995）表明战术资产配置决策并没有能够给投资者增加任何价值；Philips 等检验 11 个执行战术资产配置决策的基金经理的投资业绩，扣除管理费用后，发现基金经理在 1977 ~ 1987 年的投资业绩高于比较基准，但这一能力在随后的 1988 ~ 1994 年没能持续；Keith V. Smith（1998）比较战术资产配置决策、战略资产配置决策和购买并持有策略的业绩表现，利用 1990 ~ 1995 年 13 家证券公司的季度资产配置建议来模拟投资者的战术资产配置决策，研究发现战略资产配置决策，甚至购买并持有策略在研究期内业绩优于战术资产配置决策。

此外，前面已经提到，本书将战术资产配置分为广义和狭义两类。广义的战术资产配置包括大类资产仓位调整和资产内部的二次配置调整，而狭义的战术资产配置仅包括大类资产层面的仓位调整。本章以讨论狭义的战术资产配置为主，但现实中常将二者结合使用。以股票为例，当预测股票市场在短期将出现上升行情时，通过在资产组合中提高股票资产的权重，或提高资产组合中股票资产的 β 系数，或者将以上两种技术相结合，从而提高资产组合的收益率，并相应承担了较高的风险水平；当预测股票市场将进入下行通道时，则通过在资产组合中减少股票资产的权重，或降低资产组合中股票资产的 β 系数，或者将两种技术相结合，从而降低投资者在市场下行时所承担的风险。此时，提高（降低）组合中股票的权重即狭义的战术资产配置。而提高（降低）投资组合中股票资产的 β 系数则涉及资产内的二次配置，即广义的战术资产配置。提高（降低）投资组合中股票资产的 β 系数有两种常用方法：其一，增加（减少）组合中 β 系数较高的股票的权重并相应降低（增加）β 系数较低的股票的权重；其二，允许投资者购买（卖出）高 β 系数股票并卖出（购买）低 β 系数股票。

本章将长期战略资产配置与短期战术资产配置进行了有机结合。在此基础上，笔者对资产配置决策的流程进行了改进。

引用 David M. Darst 在《资产配置的艺术》中的阐述，对投资者财务状况和投资目标进行全面的分析后，专业资产配置过程一般如下：

（1）投资者会同投资顾问测算自身的投资目标，即收益率—风险目标，并给予详细说明。

（2）投资者会同投资顾问对各资产类别的期望收益率、风险及其相关性各项参数进行预测，选择最能够与投资者的投资目标相匹配的各种资产类别，它们构成的资产组合在一定风险下能够给投资者带来最大期望收益率，或在给定期望收益率条件下面临的风险最低。

（3）围绕资产组合的长期变动趋势，执行反映长期最优化的目标的战略资产配置决策。

（4）多数情况下，在构建基于长期目标的资产组合的基础上，投资者定期对资产组合进行最优化再平衡。也就是说在战略资产配置决策的原则下，投资者制订战术资产配置决策或动态资产配置决策。

（5）投资者还需不时考察战略资产配置决策本身，以确保其符合投资者所处的现实环境、心理状态、资产组合中不同资产类别的前景以及对金融市场未来的市场预期。

本书对上述步骤进行一些修改如下：

单独站在战略资产配置和战术资产配置其中之一的角度，资产配置的决策流程完全一致，包括资产配置模型的选择、资产风险收益特征估计以及投资者需求的量化。而若将战略和战术结合，则一个完整的资产配置决策流程如下：

（1）确定要选择的长期战略资产配置模型。例如，若对长期收益预测有一定的把握，则可考虑均值方差模型。若对长期收益把握不足，可考虑使用均值方差模型的变式——BL 模型；若对长期收益完全没有把握，则可考虑使用风险平价策略或最小方差组合策略等无需收益预测信息的资产配置模型。

（2）确定长期收益风险估计。长期收益的估计可通过量化手段对历史数据进行分析并挖掘其规律，也可通过主观分析进行主观预测。长期风险的估计则相对复杂。根据本书前面章节的阐述，由于战略资产配置的投资期限通常较长，而我国资本市场历史较短，因此直接估计其协方差矩阵存在一定困难。常用的方式是估计短期协方差矩阵再向长期转化，具体方法见本书前面章节所述。

（3）量化投资者的长期投资需求。根据前文所述，投资者的需求主要包括两类：其一，风险承受能力；其二，投资期限。当我们已经根据投资期限将投资决策分为长期和短期之后，主要需要量化。投资需求即投资者长期的风险承受能

力。风险偏好的量化方法具体见本书前述章节。

(4) 结合第 (1) ~ (3) 点，得到长期战略资产配置决策。

(5) 确定要选择的短期战术资产配置模型。前面提到，风险平价模型的优势在于获取长期稳健回报，而短期战术资产配资的主要目标是实现短期超额收益，因此短期战术资产配置的常用模型仍是均值方差模型及其衍生模型。

(6) 确定短期风险收益估计。根据前文分析可知，大类资产的收益预测最常用的模型之一是向量自回归模型。而向量自回归模型可从短期迭代至长期。需要注意的是，短期收益预测和长期收益预测需有一致性，本书前述章节提供了具体方法：将长期收益预测对短期收益预测模型进行调整，使得调整后的短期模型通过迭代后可得长期收益预测。风险估计方面，由于上述第 (2) 点长期风险的估计本就是基于短期风险估计之后转化得到，因此短期风险估计此时已经得到。

(7) 量化短期投资需求。与第 (3) 点类似，短期投资需求主要为投资者风险偏好的量化。短期风险偏好的量化与长期不同，此时投资者风险承受能力受到长期资产配置决策的影响。例如，投资者需要如何严格落实长期战略资产配置决策，则短期战术资产配置不宜偏离长期方案太多。若投资者更加重视短期收益，则短期战术资产配置可以有更高的灵活性以追求短期超额收益。

(8) 结合第 (6) ~ (8) 点，得到短期战术资产资产配置方案。

(9) 在战略资产配置的投资期限内，重复第 (5) ~ (8) 点，不断调整短期战术资产配置方案。该步骤有时也称“动态资产配置”。

本章一方面在前文已经对资产配置模型、资产风险收益特征、投资者风险偏好等进行系统研究的基础上，对投资者两大主要需求之二——投资期限进行了深入探讨，并通过数值模拟进行了检验。另一方面，本章的实证结合了前文的众多研究成果，包括风险偏好的量化、风险维度的选择、不同期限风险/收益估计的统一等。通过将前文结论应用于本章实证研究，可在一定程度上检验前文结论用于投资实践的可行性。

第 10 章　包含另类资产的资产配置问题分析

本书的前面章节从风险和收益估计的角度对资产配置决策中的关键问题进行了探讨。近年来，随着另类资产的投资规模不断攀升，另类资产投资已然成为当前世界资产管理行业中的热点，未来另类资产在投资组合中的作用也将越来越重要。因此，如何对包含另类资产的投资组合进行资产配置开始逐渐成为资产管理机构且特别是长期投资机构所关心的问题，同时也是资产配置研究面临的一个难点问题，本书之后的章节则在此背景下，突破以往资产配置问题研究集中在传统金融资产领域的局限性，将资产配置问题研究拓展到另类资产，结合另类资产的重要风险收益特征，分析指出了包含另类资产的资产配置问题面临的两大难点：第一，另类资产（如商品、房地产等）的收益往往具有显著的状态转换特征，从而会影响投资组合的选择；第二，大部分另类资产（如私募股权基金等）不存在公开交易场所，投资另类资产可能面临流动性缺乏的风险。因此，在传统资产配置方法的基础上，第 11 和 12 章分别从两个角度对适用于包含另类资产的资产配置方法进行了深入研究：①针对资产配置中的状态转换问题，尝试使用我国股票、债券和商品市场的数据对基于 MSVAR 的均值—方差模型的应用进行了实证检验，说明了该方法在我国市场中的有效性；②针对包含另类资产的资产配置中可能面临的流动性风险问题，利用流动性期权模型构造非流动性惩罚函数的方法对投资组合的流动性风险进行量化，并将其引入到均值—方差模型中，从而提出了一个考虑非流动性因素的资产配置理论模型，该模型为解决包含另类资产的资产配置中面临的流动性风险问题提出了新的理论方法。

10.1　另类资产含义

对另类资产（Alternative Asset）的定义是研究另类资产的难点之一，已有文献没有对另类资产的含义做出明确的定义，是否应将另类资产视为单独的资产类别或作为现有资产的子类别也仍然存在争议。其中，Swedroe 和 Kizer（2008）将另类资产定义为众所周知的金融投资类别之外（比如股票、债券、传统银行提供的工具）的所有资产类别。相反，Anson（2002）认为另类资产并不构成单独的资产类别，其是现有资产类别的一部分。并且，他还明确提出另类资产是指对冲基金、商品基金、管理期货、私募股权、信用衍生品这五类资产。Dorsey（2009）则将房地产、商品和原材料等也纳入另类资产的范畴。此外，Chorafas（2003）还尝试根据使用的投资策略来定义另类资产，其中他提到，使用多空策略、对冲策略的组合管理基金也属于另类资产。总的来看，更多的学者还是把另类资产作为一个单独的资产大类进行研究，那么在将资产类别视为“另类”之前，就需要先定义“主要”资产类别，而另类资产则可以理解为是区别于主要资产类别的一类特殊资产。关于主要资产类别，基本上普遍认为其应包括公开市场的股票、债券和现金这三大类资产。因此，从理论上说，除了以上三种主要资产类别外的其他投资工具均可归为另类资产。对此，本书将另类资产的定义用广义和狭义来进行区分。其中，狭义的另类资产定义为投资于所有股票、债券和现金等传统资产以外的金融或实物资产，如房地产、商品、私募股权基金等。除此之外，纯粹的股票或者债券多头（Long - only）投资以外的所有投资也属于广义的另类资产或更习惯称之为另类投资（Alternative Investment）。换句话说，另类资产的“另类”不仅指投资标的另类，还体现在其投资策略的“另类”上。另类投资策略是指不拘泥于传统意义上的买进持有策略，而是大量地采取对冲策略以规避市场下跌风险而获得绝对的回报，或是使用杠杆策略在市场失效时获得更多的超额收益。目前，常见的另类策略包括对冲基金（Hedge Fund）、管理期货（CTA）以及基金中的基金（Fund on Fund，FOF）等。

10.2 流动性定义

流动性是一个复杂的概念，它包含了不同层次的概念和含义。凯恩斯最早提出了流动性的概念，他的理论认为一项资产如果可以比另一项资产变现速度更快或者变现过程损失更小，那么这项资产就有更高的流动性。随后，凯恩斯（1937）又提出了流动性偏好理论，说明了人们对流动性的偏好。之后，许多学者立足于不同的研究目的，从不同角度来对流动性进行了定义和测度。从已有文献来看，可以大致地将流动性划分为宏观流动性以及证券市场交易视角下的市场流动性两层含义。其中，根据中国人民银行的定义，宏观经济层面上的流动性指的就是不同统计口径下的货币信贷总量。例如，在日常生活中经常提到的“流动性过剩”“流动性不足”等指的就是市场中或者经济体中的货币投放量；在证券市场和资产交易的视角下，流动性又被称为市场流动性（Market Liquidity），其主要是指证券交易中资产交易的难易程度，而本书讨论的流动性则特指市场流动性。由于市场流动性的复杂特征，学术界对其定义仍然存在较大争议，对于市场流动性的度量至今也没有形成统一的方法可以最全面、最准确地反映资产的流动性特征。Tobin（1958）最早提出了市场流动性的概念，并将其定义为卖方立即出售其所持有的资产所带来的可能的损失；Hicks（1962）则将市场流动性看成是立即执行一笔交易的可能性。此外，Demsetz（1968）、Amihud 和 Mendelson（1989）以及 Engle 和 Lange（2001）等则从交易成本、交易时间等角度来定义市场流动性。通过大量的文献阅读和比较多种流动性的含义以及度量方法后，笔者认为，在证券市场中流动性更倾向于反映个别资产可交易和可变现的便利程度，即流动性水平的好坏，大部分关于市场流动性的研究也更多的是对资产的个体流动性水平进行研究。然而，能否流动和流动性的好坏显然是完全不同层面的问题（冯玲，2007），在大类资产层面，市场流动性则特指资产能否流动，在此定义下，所有资产根据其是否可以流动大致可以分为两大类：一类是以传统的股票、债券资产为代表的具有完全流动性的资产，简称流动性资产，这类资产通常存在公开的交易场所，并且一般情况下可以以公开的市场价格进行自由交易，投资者

投资这类资产理论上可以随时以市场价格进行变现①；与之相对的则是不能自由流动的资产，称为非流动性资产或不流动资产，这类资产的交易通常会受到限制，而这些非流动性资产大多是在非公开市场中进行交易，其往往没有连续的市场价格，且不存在固定的交易场所，因而与投资流动性资产相比，投资非流动性资产会面临在一定时期内无法变现的风险，比如投资私人股权、债权等。在流动性好坏的定义下，学者们提出了各种不同的方法来衡量资产的个体流动性水平。然而，在大类资产层面，资产的流动性则由其交易的便利程度来衡量。由于本书讨论的是大类资产配置问题，所涉及的也是大类资产的流动性问题。因此，本书中所讨论的流动性均代表大类资产的交易便利程度。与之对应地，本书中所涉及的流动性风险则指由于资产无法交易、不能流动而产生的风险，至于更微观的传统意义上的流动性风险，即流动性水平偏离均值的不可预测的波动（杨朝军和王灵芝，2011）则不在本书的研究范围内。

10.3　另类资产分类

另类资产最基本的划分可将其分为另类非金融资产和另类金融资产。其中，另类非金融资产主要是实物资产，其属于实质性资产，投资实物资产的预期利润是特定资产的未来价值与其当前价值之间的差额。其中，主要的实物资产包括黄金、白银等贵金属，房地产，大宗商品文物，酒类，艺术品或其他收藏品。另类金融资产的主体则为某种金融工具，其本身并不代表任何使用价值，而只代表货币价值。另类金融资产则主要包括 PE/VC、对冲基金、管理期货以及其他结构性金融产品。根据 Schneeweis 和 Pescatore（1999）的分类，另类资产可以分为传统另类资产、对冲基金、管理期货投资和商品四大类，其中，私募股权基金、风险投资基金和房地产包含在传统另类资产中，而商品则主要包括农产品、贵金属和能源。除此之外，另类资产还可以根据其采用的投资策略进行区分，即另类资产策略可大致分为使用传统金融工具与衍生工具的组合以及使用卖空、杠杆和其他投资技巧的复杂投资策略两大类。在实务界，各类金融机构对资产类别的划分也有所不同，其中，摩根士坦利（Morgan Stanley）财富管理部门提供的 *Alternative*

① 理论上的具有完全流动性，在实际交易中受到交易时间、交易量等约束可能会产生流动性不足的情况，但本书仅考虑理论上的完全流动情况，故暂时忽略此问题。

*Investments*中，将另类资产分为以下五大类：①实物资产类，包括商品、贵金属、房地产信托基金等；②绝对收益类，对冲基金的股票市场中性策略、相对价值策略、无约束固定收益策略等；③股权对冲类，全球宏观对冲策略、管理期货、母基金等；④股权收益类，多/空仓策略、事件驱动策略；⑤私人投资类，私募股权、私人信贷、私人房产等。

虽然 Morgan Stanley 的分类方式具有一定的合理性，但由于其分类方式主要从投资策略的角度出发进行划分，而从 10.2 节对另类资产的定义中我们知道，另类资产不仅包括另类策略，也包括另类资产类别，为了后面章节中更好地区分底层资产①的风险收益特征，本书结合学术界和 Morgan Stanley 的分类方法按照资产类别属性对另类资产进行了更为全面的分类，如图 10 – 1 所示。

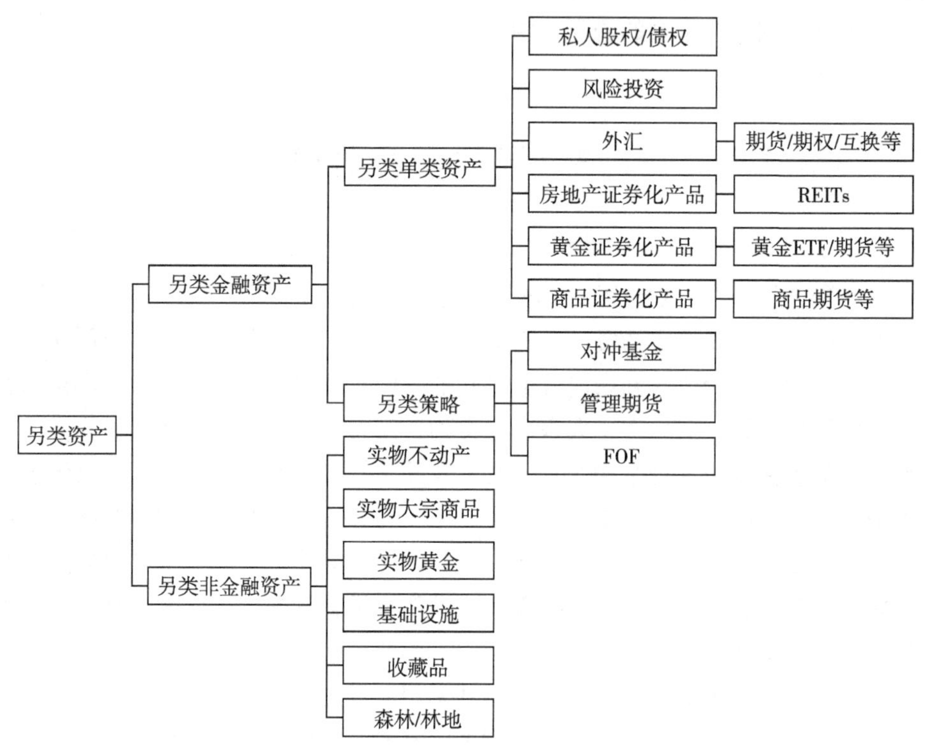

图 10 – 1　另类资产分类

① 构成投资组合的基础资产。

首先，仍然将另类资产分为另类非金融资产和另类金融资产两大类。比如投资房地产可以选择投资实物资产也可以选择房地产的证券化产品 REITs；投资大宗商品可以选择实物商品或证券化的商品期货等；而投资黄金也可以选择实物黄金或与黄金相关的金融资产 ETF 和期货等。其次，在另类金融资产中，又可以进一步分为另类单类资产和另类策略。其中，另类单类资产代表除股票、债券和现金之外的新的资产类别，对应上文中提到的另类资产类别；而另一类则是上文中提到的另类策略，另类策略本质上不属于一种新的资产类别，而是一种“另类的”投资策略，其通常为包含多个资产的投资组合，因而也被包含在广义的另类资产之中。比如，对冲基金就是一种另类策略，其利用金融衍生产品、杠杆及复杂的金融市场投资技巧等获取高回报，本质上是一种组合投资策略。与之类似地，管理期货和 FOF 也属于另类策略。

此外，更重要的是，本书还根据另类资产的流动性水平对另类资产进行了划分。根据上文对流动性的定义，可以从两个维度对另类资产的流动性水平进行衡量，即标的资产的流动性和投资工具提供的流动性。图 10－2 显示了如何通过在流动性的两个维度上对主要的另类资产方式进行分类。

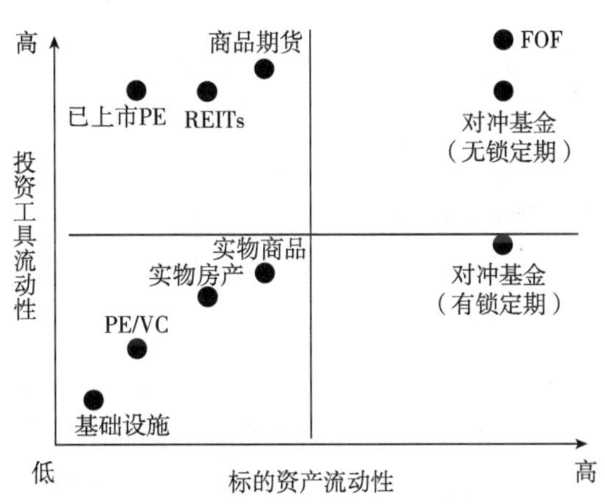

图 10－2 另类资产分类（按流动性）

从图中可以看到，实物商品、黄金、房产以及基础设施等标的资产为实物资产，其流动性较低，因而对应的这一类另类资产的流动性水平也较低。在另类金融资产中，由于非公开的股权和债权为流动性较低的标的资产，投资于这类资产的私募股权、债权以及风险投资基金的流动性也较低。与之相对的是，已经上市的私募股权基金、REITs以及商品期货等虽然投资标的的流动性较低，但由于证券化的作用，其自身的流行性不低，属于流动性较好的另类资产。对冲基金和FOF等其投资标的一般为公开市场的金融工具，拥有较高的流动性，其自身也属于流动性较好的另类资产。不过，由于许多对冲基金存在锁定期[①]，而这种存在锁定期的对冲基金其流动性要低于不含锁定期的对冲基金。通过这种分类可以帮助理解不同另类资产之间的流动性差异，而在之后章节的研究中可以看到资产的流动性水平会对资产配置过程造成影响，针对流动性性质不同的资产往往需要采用不同的资产配置方法。因此，本书按照流动性水平对另类资产进行划分就显得十分必要。

10.4 另类资产特征分析

10.4.1 投资交易与方式

不同于传统的股票、债券资产通常在公开市场中进行交易，大部分另类资产的交易是在非公开的市场中进行的，这也就意味着另类资产与传统资产在投资交易方式方面存在较大差异。

首先，另类资产的投资约束通常更少。以商品期货为例，其交易与传统金融资产的交易主要的不同点在于：第一，商品期货可以做多，也可以做空。在我国，股票和债券两大传统资产基本上只能做多，从而只能在上升趋势中获利。当整体环境向下时，传统资产则很难获得绝对收益。然而，商品期货可以进行双向交易，理论上在上涨和下跌的行情中均能获利，也因此成为对冲宏观经济风险的重要投资工具。第二，商品期货支持更高的交易杠杆和交易频率。在期货市场中，投资者往往只需要缴纳合约金额10%左右的保证金就可以进行交易，从而产生做高到10倍的杠杆，更高的杠杆同时也意味着更大的风险暴露。除此之外，商品期货投资是T+0交易，可以实现日内高频交易，提高资金的利用效率，实现更高的超额回报。同样地，其他另类资产如对冲基金、PE/VC等也可以利用做空、增加杠杆等方式进行投资。

① 在锁定期内无法进行申购赎回。

其次，从投资方式看，与传统资产的投资方式一样，投资者理论上也可以通过主动投资与被动投资两种方式来对另类资产进行投资。主动投资是通过积极地选择单个资产项目和把握交易时机来寻求超越市场的投资收益，而被动投资则可以通过投资某一市场指数来获得市场整体的风险暴露。然而，由于大多数另类资产是私人交易，既没有公允的市场价格，也不存在反映市场整体收益风险水平的市场指数。并且，市场的不透明造成了大部分另类资产市场的有效性都比较低，这也往往意味着，积极的管理可以给投资者带来超额收益。以私募股权投资为例，先锋（Vanguard）资产管理公司在其研究中就发现，私募股权投资的回报呈现两极分化，只有 30% 的私募股权经理跑赢公开股票市场，而排名前 1/4 和排名后 1/4 的绩效差异可能高达 25% 。其中，杠杆收购和风险投资中仅有前 95% 的私募股权基金经理的表现比较突出，说明了 PE/VC 投资的收益差异非常大，只有少部分的人获得了大部分的收益。对此，耶鲁大学捐赠基金的首席投资官 Charles Ellis 也指出由于私募市场不透明、价格形成机制不完善，可以留给主动投资者更广阔的空间去寻找超额收益的机会，而这就要求投资者具有足够的能力去挑选出优秀的基金经理和产品。因此，与传统的金融资产投资不同，另类资产在投资标的的选择上会更强调主动配置的能力。

此外，商品期货作为一种比较特殊的另类资产，其与传统的股票、债券资产一样，可以在公开市场中交易，因而投资商品也可以通过商品指数进行被动投资。商品指数基金在美国已有将近 50 年的历史。其中，美国商品研究局（Commodities Research Bureau，CRB）编制并发布的 CRB 指数是最早推出的商品期货价格指数，而受到全世界投资者关注最多的则是交易持仓量排在前两位的标普 & 高盛商品指数（SP&GSCI）和道琼斯—瑞银商品指数（DJ – UBS），跟踪这两个指数的基金规模已超过 1500 亿美元。相比而言，我国的商品期货市场起步较晚，编制商品期货指数仍处在探索阶段，国内相关研究机构陆续推出了商品指数，包括南华期货商品指数、文华中国商品指数、中证商品指数和北大汇丰商品指数等。其中，南华期货商品指数的发展历史最为悠久，但由于至今国内尚未产生成熟完备具有广泛影响力、权威性和代表性的中国商品指数，国内市场也未推出跟踪以上商品指数的指数型基金。截至 2018 年 5 月，已发行的 9 只商品指数基金中有 8 只为黄金 ETF 或黄金 ETF 联接，其以上海黄金交易所交易的黄金现货合约为主要投资标的，跟踪国内现货市场的黄金价格变化，而另外 1 只国投瑞银白银期货基金（LOF）则是国内首只投资商品期货的指数基金，其通过投资上海交易所的白银期货追踪国内白银期货主力合约价格。因此，目前来看，在国内大多采用主动投资的方式参与商品期货投资。同样地，美国等发达国家的 REITs 等也具有类似的特征。不过，国内的房地产信托目前大多为私募项目，尚没有可以场内交易的公募 REITs 产品。

10.4.2 收益和风险特征

过往许多关于另类资产的研究都已表明，另类资产往往具有与传统资产不同的风险暴露，从而具有独特的风险和回报特征，加入投资组合能够为投资者提供一种从传统资产中分散投资的手段，帮助提高投资组合的回报。比如，比较常见的商品期货指数投资，由于商品收益与金融资产收益以及通货膨胀负相关，其往往可以发挥有用的对冲作用（Lummer 和 Siegel，1993；Froot，1995），并提供更高的回报（Anson，1998；Jensen、Johnson 和 Mercer，2000）。同样地，在房地产市场的研究中，以 Goetzmann 等（1990）为代表的学者们也都指出，房地产收益会随消费者价格指数的变化而波动，为通货膨胀趋势提供了显著的对冲。并且，以股票 REIT 的回报表现来衡量，房地产的风险要比一般股票低（Chan 等，1990），而房地产回报与股票和债券的回报之间的相关性往往也比较低，使其对于多元化投资而言具有重要的价值。

然而，与此同时，金融资产特别是另类资产的收益数据具有显著的状态依赖（State - dependent）特征也已被大量研究证实，即金融资产的收益在不同的时间状态下具有截然不同的分布特征。其中，Garcia 和 Perron（1994）、Gray（1996）以及 Ang 和 Bekaert（2002）先后研究了美国和国际短期利率市场的区制转换特征；Ang 和 Bekaert（2004）、Guidolin 和 Timmermann（2007）以及 Whitelaw（2000）等的研究也都证明了股票、债券回报具有显著的区制转换特征；国内学者张兵（2005）和姜婷等（2013）也发现了我国股票市场在不同状态之间的周期转换，并且后者还应用包含四个区制状态的异方差马尔科夫区制转换模型刻画了我国股票市场的周期波动特征；还有多项研究发现，在不同的经济状态下，商品的表现各不相同（Chang，2012；Chen，2010），商品期货投资的表现也被发现具有显著的状态依赖（State - dependent）的特征（Abdullah 等，2014；Chan 等，2011；Choi 和 Hammoudeh，2010）。Nomikos 和 Panos（2011）在预测在纽约商业交易所（NYMEX）和洲际交易所（ICE）上交易的石油期货合约价格时，发现了支持坚持期货价格变化存在不同区制特征的证据。Chang（2012）的研究则反映了区制转换和不对称基础效应在预测收益，波动和尾部分布方面起到决定性作用；房地产行业更是由于其本质上具有高度的周期性，自 Leamer（2007）之后，国内外许多学者都证实了房地产市场周期与和经济周期之间高度相关，而无论是证券化房地产市场还是实物地产投资的表现都会明显受到所处经济、金融周期的影响，在市场萧条和市场繁荣时期的表现存在显著差别（Liow 和 Chen，2007；Liow 和 Ye，2019）；国内学者中张其联等（2011）以及张弘和张莹梅（2015）分别将马尔可夫机制转换模型用于刻画黄金和其他大宗商品价格的波动特征，发现区制转换模型优于一般的线性回归模型，能够更好地拟合商品资产收益的非线性变化。

此外，更重要的是，最近的一些研究表明，商品期货投资在投资组合中可能并不总是表现最好（Cheung 和 Miu，2010；Daskalaki 和 Skiadopoulos，2011；Silvennoinen 和 Thorp，2013），而这是因为在不同的市场条件下资产之间的相关性是不同的，即资产收益之间的相关性也具有显著的状态依赖特征。早期时，学者们主要对股票和债券等传统资产之间的相关关系进行分析，发现了在熊市和牛市等不同的市场条件下，资产之间的相关性往往也是不同的（Chong 和 Miffre，2010；Erb 和 Harvey，2006）。近年来，关于商品、房地产等与传统金融资产的相关关系的文献越来越多。其中，Soucek（2013）在研究中发现，在金融市场不稳定的时期，股票和能源期货之间的相关性下降，而股票和黄金期货市场的相关性变为负；Chan 等（2011）则研究了金融资产（美国股票和国债）、商品（石油和黄金）和房地产资产这三种不同资产类别的收益之间的关系并证实了区制转换特征的存在；Kumar（2014）还发现，在市场动荡和危机时期，黄金与股票市场之间的条件相关性上升；Mollick 和 Assefa（2013）则表明在金融危机之前，石油价格和汇率会对股票收益产生负面影响，但在危机过后，其对股票收益则会起到积极影响；Charlot 和 Marimoutou（2014）也证明了汇率、股票、原油和大宗商品之间的相关性从一种区制转换到另一种区制时会发生变化。

10.4.3　流动性水平

由于不存在公开交易的市场，另类资产的流动性水平往往不如股票、债券等传统资产，并且不同的另类资产对应的流动性水平也可能有所不同。本书在第 1 章中对流动性的含义以及按流动性水平对另类资产进行分类做了较为详细的论述。从中可以看到，与投资传统的流动性较好的资产中流动性好坏对资产价格的影响不同，是否具有流动性对资产价格的影响更大，对投资决策的影响更加不可忽视。在实际情况中，投资者对于流动性的需求具有一定的灵活性以重新平衡其所持有的投资组合，在投资传统资产时由于在理论上交易可以随时发生，投资者无须额外考虑对投资组合的流动性需求。然而，由于另类资产的交易方式的特殊性，投资另类资产可能会面临潜在的不可出售资产或清算价格可能远低于资产账面价格的风险（流动性风险）。如果投资者要求投资组合中的所有投资必须全部具有流动性，那么显然另类资产的投资会受到制约。与此同时，正如耶鲁大学捐赠基金的 Swensen（2005）所指出的那样，相对于类似的流动性好的资产来说，投资者缺乏对流动性的资产要求的回报率更高，支付的价格更低，因而投资缺乏流动性的另类资产通常也会获得更高的溢价。Ljungquist 和 Richardson（2003）估计，相对于公开股票市场，私募股权投资者可获得 5% ~8% 的超额收益，并且在 10 年内，这为私募股权投资者带来了约 24% 的风险调整后的超额收益，而他们则将这部分超额收益解释为非流动性溢价。此时，投资者可以通过牺牲投资组合的流动性来捕获更高的收益，而这对于短期流动性需求较低的投资者来说具有重要的意义。事实上，以耶鲁基金为代表的大学捐赠基金以及社保基金、养老基金等长期投资者也正是通过配置更多的另类资产来获得更多的非流动性溢价，从而提高组合的收益。由此可见，另类资产特殊的流动性水平特征也正是另类资产重要的收益和风险来源。

10.5 加入另类资产后的资产配置难点

10.5.1 对经典资产配置模型的评述

随着资产组合理论的不断发展，专家学者们提出了许多资产配置方法，上篇第 3 章中也分别从基于收益—风险均衡和仅基于风险两个角度介绍了目前主流的资产配置模型，为之后本书对包含另类资产的资产配置问题研究奠定了理论基础。事实上，没有一个模型是完美的，每一个模型也都具有各自的优势和不足。其中，虽然以均值—方差模型为代表的基于收益—风险均衡的资产配置模型存在对输入参数敏感、组合权重容易出现极端解以及输入参数预测存在误差导致模型失效的问题，但此类模型的最大优势就是将复杂的投资组合选择问题转化为一个非线性规划的问题，从而能够同时实现增强回报和抑制风险。相比而言，以风险平价为代表的基于风险的资产配置模型虽然能够避免收益预测误差带来的模型失效风险，也在实践中也取得了非常理想的成绩。但是，这样的成绩实际上是源于

此类模型在过去 30 年发达国家的债券牛市中超配债券，但未来债券是否还能持续牛市值得怀疑，基于风险的资产配置模型的前景亦令人担忧。此外，基于风险的资产配置理论忽略了资产回报具有可预测性，由此也放弃了充分利用回报信息带来投资收益的可能性。对此，笔者认为，随着资产定价理论研究的不断发展、收益率预测模型的不断完善，对输入参数预测误差的修正方法也越来越成熟，如果对有用的收益率信息不加以利用而只从风险控制的角度进行资产配置显然有所不妥。近年来，国内外一些学者也对基于风险的配置模型放弃回报这一维度进行了批评（Roncalli，2013；Haesen 等，2017），并研究说明了使用回报这一维度的必要性（谭华清等，2018）。综上，笔者同意 Kandel 和 Stambaugh（1996）等的观点，尽管收益预测可能有误差，但其仍然会带来有用的信息，因而当本书在研究包含另类资产的资产配置方法时将基于收益—风险均衡的思想进行资产配置方法研究。

从上篇对资产配置模型的总结中可以看到，基于收益—风险均衡的资产配置模型是以马科维茨均值—方差模型为基础，从放松正态分布条件假设、改进风险度量以及优化输入参数三个角度对均值—方差进行了改进和发展。在这些模型中，包含高阶矩的资产配置模型往往过于复杂、难以求解，即使使用仿真模拟方法求解也会遇到结果不稳健的问题，而使用其他风险度量后，无论是广义和狭义的均值—下方风险模型还是均值—VaR（CVaR）模型，决定模型有效性的关键则是对风险衡量指标的准确计量。然而，不同于方差—协方差的预测，学术界基本已经形成了一套统一的理论方法，关于 LPM 和 VaR（CVaR）值的估算则存在较大分歧，各种方法也都各自存在优缺点。从某种程度上说，这类模型中对风险的估算过程的复杂和困难程度甚至要大于传统均值—方差模型对输入参数的预测。此外，传统的均值—方差优化可以看成是最大化效用函数的近似，而均值—VaR（CVaR）模型则并不等价于最大化效用函数，该优化方法的理念则更多的是强调对尾部风险的管理。

对此，笔者认为资产配置需要解决的核心问题是不确定条件下的收益与风险的权衡，而在基于收益—风险均衡的模型中，马科维茨的均值—方差模型的输入参数估算过程更为简单且通过求解二次规划问题即可得到最优投资组合中各类资产的配置比例，也正因为如此，这么多年来，均值—方差模型仍然是目前实务界应用最广泛的资产配置模型。因此，综合以上模型的优缺点，考虑到理论研究的便利性以及模型的实用性，本书将尽量保留传统均值—方差模型的良好性质，在此基础上根据另类资产的特殊性质，对该模型进行修正，从而提出适用于包含另类资产的资产配置方法。

10.5.2 另类资产风险和收益评估

对每类资产的收益和风险的评估是对投资组合进行优化的前提。从上文可以看到，另类资产与传统资产在投资交易和方式方面存在较大的差异，而这种差异也会造成它们在收益和风险特征上存在较大的区别。在传统金融资产研究领域，现代资产组合理论认为资产的风险可以通过其历史收益的波动性（标准差）来衡量，而使用标准差作为风险衡量的标准又必须建立在有足够大的样本可以从历史收益数据中得到标准差。然而，由上文的分析来看，大部分另类资产不存在公开交易的市场，因而很难获得此类资产的历史收益序列，从而也无法用标准差来衡量此类资产的风险。因此，另类资产的收益和风险衡量相比于传统资产会更加复杂，而如何衡量另类资产的收益和风险也一直是学术界关注的问题之一。以私募股权基金为例，如果以单个项目来看，私募股权投资通常实行承诺资本制，即投入资本是在基金存续期内逐步分期到账，一般要求至少 3 ~5 年的投资期限，有的则要求投资者在 10 年或更长时间内投入资金。并且，总承诺资本的回收时间一般也需要 5 ~7 年。由于单个私募股权投资项目在项目退出前几乎不产生收益，因而基金运行早期也往往不提供投资回报，一般到第 3 年年底开始，基金陆续产生收益。虽然美国等发达国家的私募股权基金市场发展较为成熟，大部分基金会定期披露基金净值且也已有仅基于评估的私募股权指数。然而，国外的学者们通过实证分析发现，由于不规则的价格确定、两次价格确定之间的时间间隔过长以及使用账面价值而非市场价格等原因，会造成平滑收益估计的问题（Geltner，1991；Gompers 和 Lerner，1997），从而导致对市场风险的严重低估（Asness、Krail 和 Liew，2001）。

因此，在这样的情况下，对资产收益和风险的评估就成为了包含另类资产的投资组合优化问题中遇到的首要难点。对此，过去学者们对包含另类资产的资产配置问题的研究重点也是主要集中在这个领域。其中，已有文献对私募股权投资收益和风险的评估提供了许多方法，包括利用 CAPM 模型对收益率进行估算后再根据流动性、异质性、交易成本等对 α 和 β 等参数值进行调整（Ang 和 Kristensen，2012）；使用公司层面的现金流等数据对 PE/VC 的收益风险进行评估（Cochrane，2005；Korteweg 和 Sorensen，2010；Franzoni 等，2012）；利用基金层面的数据使用 IRR 来衡量私募股权投资的收益和风险（Phalippou 和 Gottschalg，2009）等。Ang 和 Sorensen（2012）对上述这些方法进行了详细的总结。由于本书侧重于对包含另类资产的资产配置问题的理论方法研究，而在以往的理论研究中，我们通常假设投资者能够预先获得资产的收益和风险信息。因此，这里将不再对收益率估计等问题进行详细研究。

10.5.3　资产配置中状态转换问题

从10.4节的分析可以看到，学者们已经意识到了金融资产特别是具有特殊风险暴露特征的另类资产的风险—收益（Risk - return）表现以及各资产类别之间的相关性与其所处的经济或金融状态有关。与此同时，从第1章对经典资产配置方法的回顾中我们知道，对资产收益、风险以及不同资产之间相关性的估算是资产配置过程中非常重要的环节，而在传统的风险—收益均衡目标下，资产组合多元化带来的收益也取决于资产收益之间的关系。因此，当经济、金融市场在不同状态之间来回转换时，投资机会集也会随时间随机变化，只有根据状态转换系统地改变投资组合的配置，才能实现更有效和更理想的风险回报组合。具体可参见Guidolin和Timmermann（2007，2008）等的研究结果，其通过包含四种区制的区制转换模型模拟了股票和债券回报的联合分布，并在此基础上分析了区制转换对投资组合选择的影响。由此可见，状态转换对投资组合选择过程具有重大的影响，最优投资组合的权重也应与所处的状态有关。

事实上，已有大量的学者对资产配置中的状态转换问题进行了研究，这些研究也都显示了在资产配置中考虑状态转换问题的必要性和有效性。其中，一部分学者研究了离散时间下的考虑状态转换的资产配置问题：Ang和Bekaert（2004）应用两区制的均值方差模型对全球资产配置问题进行研究时发现，持有国际资产时观察到的本土偏好可以用熊市中增加的回报相关性来解释，并且由于区制转换模型允许具有不同相关性和预期回报率的区制的存在，该模型能够捕捉到商业周期中不同时期资产收益的不同相关性，其配置效率超过了静态的均值方差优化方法；Kritzman等（2012）的研究也发现基于区制转换的投资组合优化方法要优于静态的优化方法，且特别是对于寻求避免巨额损失的投资者而言，考虑区制转换的优化方法则更占优；近年来包括Dou等（2014）和Nystrup等（2015）的研究也都得到了相似的结论。此外，还有一部分以Honda（2003）和Elliott等（2010）为代表的学者对连续时间下的考虑状态转换的资产配置问题中进行了研究，同样也证明了区制转换特征对资产组合管理具有积极的影响作用。同样地，将状态转换因素纳入资产组合管理中也成为了国内学者重点研究的问题：郑振龙（2010）利用区制转换模型对A股市场的牛市、熊市进行划分，并用蒙特卡罗方法模拟法寻找到两种状态下的最优投资组合；武夏（2011）则将基于马尔可夫区制转换的 CAPM 模型应用于股票市场内的动态板块配置。然而，从国内现有的文献来看，大部分研究仍主要集中在传统金融资产领域，王霈和魏先华（2017）等虽对状态转换下的大类资产配置问题进行了研究，但其所使用的单变量区制转换模型往往会造成状态不一致的问题，且 Guidolin 和 Timmermann（2007）也已指出，资产配置决策应当在资产收益率的联合分布背景下做出，由此也说明了在状态转化背景下将多变量而不是单变量区制转换模型应用于资产配置问题的必要性。

另外，更重要的是，在包含另类资产的资产配置问题中状态转换对投资组合选择的影响更大。这是因为一方面上文也已指出，从经济学原理出发，由于行业本身的属性，商品和房地产等另类资产的区制转换特征会比股票、债券等传统金融资产更为突出；另一方面由于另类资产市场的投资者多为保险、养老基金等长期投资者，本书对包含另类资产的资产配置问题研究也主要是针对此类投资者。Guidolin（2010）等就指出，当投资期限比较长时，资产收益回报的状态转换特征越显著，区制状态的可预测性越高，或者说用来计算其收益分布的统计特征（例如预期收益、方差、协方差）的预测状态概率与真实概率相一致的概率就越高。换句话说，在这种情况下是否考虑状态转换问题对资产配置效果产生的影响将会更显著。综上，当投资组合中加入另类资产时，如何根据所处状态转换进行科学有效的资产配置决策将会是资产管理人面临的难点问题之一。

10.5.4　资产配置中非流动性问题

从之前的分析中可以看到，各种另类资产具有不同程度的可交易性和流动性，而这也是投资另类资产与投资传统金融资产之间最大的不同。传统的金融资产存在公开的交易场所，并且一般情况下可以以公开的市场价格进行自由交易，投资这类资产理论上可以随时以市场价格进行变现，其风险可以直接视为资产价值的波动。然而由于另类资产通常不存在可以公开交易的市场，投资另类资产的投资者无法选择何时出售资产。例如投资私募股权和风险投资基金等，往往会涉及长时间的流动性锁定期，虽然美国等发达国家市场已经出现了 PE/VC 的二级市场，但由于其规模有限，在流动性锁定期内，投资者仍然会面临在一定时期内无法变现的风险。那么，随着投资者在投资组合中增加对此类缺乏流动性的另类资产的投资比重，投资组合的风险将不仅包括资产收益的波动风险，还包括不可交易资产带来的流动性风险。此时，无论采用基于收益—风险均衡还是基于风险预算的资产配置方法都必须要对投资组合中的流动性风险进行管理，如果忽略对流动性风险的控制则会给投资组合带来巨大的潜在风险。在 2008～2009 年的金

融危机时期，强调加强配置非流动资产（包括杠杆收购、风险投资、实物资产及自然资源）的耶鲁基金也由于无法对市值大量缩水的非流动性资产进行处置而遭遇了收益率的大幅下跌。因此，危机过后，耶鲁基金也开始逐步降低了其在非流动性资产上的配置比重。由此可见，当投资组合中包含缺乏流动性的另类资产时，如何处理投资组合面临的非流动性问题是包含另类资产的资产配置可能面临的另一个难点问题，而这也是在传统金融资产配置问题中不曾面临的问题。

10.6　本章小结

本章首先对涉及的重要概念也进行了解释和说明，其中包括另类资产、流动性的定义以及另类资产的分类。之后，由于我们要研究的是包含另类资产的资产配置问题，本章则从投资交易和方式、风险和收益特征以及流动性三个方面对另类资产的主要特征进行了剖析。最后，结合传统的资产配置方法的适用条件和另类资产的特殊性质，分析指出了解决包含另类资产的资产配置问题的难点主要有：①如何准确地对另类资产的风险和收益进行评估和预测；②如何解决资产配置中的状态转换问题；③当投资组合中包含缺乏流动性的另类资产时，如何在资产配置过程中将非流动性因素纳入考量。其中，关于如何评估和预测另类资产的风险和收益的问题，学者们在以往的研究中已经提出了许多解决办法，然而对于加入另类资产后可能面临的状态转换和缺乏流动性的问题则还未得到有效的解决。并且，本书的研究目的之一是要解决当投资组合中加入另类资产后如何在各类资产中分配资金的问题，而在资产配置方法的研究过程中，我们通常假设收益和风险等输入参数是已知和可获得的，因而可以暂时忽略收益和风险的实际估算问题。由此，笔者认为解决资产配置中的状态转换问题和将非流动性因素纳入资产配置过程是包含另类资产的资产配置问题研究中最重要的两大难点问题，也是本书需要重点研究的问题。如果能够科学有效地解决这两个难点问题，那么无论是对资产组合理论的发展还是对包含另类资产的资产配置实践而言都是一种突破，具有重要的理论和现实意义。本章主要起到了承上启下的作用，在对资产配置领域经典方法的总结归纳基础上，结合另类资产的特殊性质，引出了包含另类资产的资产配置问题研究中面临的两大问题，而在之后的两章中将分别针对这两大难点问题展开研究，并提出相应的解决方法，从而最终完成研究目标。

第 11 章　基于资产区制转换特征的资产配置方法研究

经过第 10 章的研究可以看到，如何解决资产配置中的状态转换问题以及如何在资产配置过程中加入对非流动性的考量是解决包含另类资产的资产配置问题所面临的两大难点。对此，本章站在资产流动性充足的前提下，对资产配置中的状态转换问题进行研究。其中，11.1 节介绍了如何使用多变量区制转换模型来对多资产的联合收益进行建模，以及在此基础上如何使用基于多变量区制转换模型的均值—方差方法得到依赖于状态的最优配置权重。之后利用 2005 年 1 月至 2018 年 5 月我国股票、债券和商品市场的月度收益率数据，对 11.1 节中提出基于区制转换的资产配置方法在中国市场的应用进行了实证检验，由此论证了该方法在我国市场的可行性和有效性。

11.1　模型介绍

11.1.1　马尔可夫区制转换模型（Markov Regime Switching Model）

马尔可夫区制转换模型是目前应用非常广泛的一种非线性区制转换模型，其最早被 Hamilton（1989）用于模拟高国民生产总值和低国民生产总值增长时期之间的转换关系以预测美国的经济周期。在区制转换模型框架下，一组模型参数在特定的时间是有效的，这取决于当时底层马尔可夫链的状态，而马尔可夫链的状态则代表不同的经济状态。一组模型参数到另一组模型参数的切换是由马尔可夫链从一种状态到另一种状态的转换触发的。因此，该模型能够将经济条件和商业

周期的变化归因于模型动态的结构变化，从而为模拟经济状态转换对价格序列和经济序列数据的影响提供了一种自然而便捷的方法，该方法早期广泛地被学者们应用于经济金融领域的时间序列分析中。其中，国内学者主要使用该模型对中国的经济周期波动（王建军，2007；唐晓彬，2010；张同斌和高铁梅，2015）、金融市场波动（江孝感和万蔚，2009）等进行了研究。这些研究也都显示出我国的经济、金融周期波动存在显著的区制转换的特点。

同时，Hamilton（1989）也提出了区制转换模型的计量经济学应用方法，并给出了常转移概率的马尔可夫转换模型的基本框架：在马尔可夫区制转换模型中，观测值的数据产生过程依赖不可观测的区制变量 S_t。其中，S_t 的取值区间为 $\{1, 2, \cdots, M\}$。而这些不可观察的状态是由离散的、不可约且遍历的一阶马尔可夫链产生的：

$$\Pr(S_{t+1}=j \mid \{S_j\}_{j=1}^{t}) = \Pr(S_{t+1}=j \mid S_t) = p_{ij} \tag{11-1}$$

其中，p_{ij}表示从区制 i 转移到区制 j 的概率，对于含有 m 个区制的一阶马尔可夫链的转移概率则可以用转移矩阵 **P** 来表示：

$$\mathbf{P} = \begin{bmatrix} p_{11} & \cdots & p_{1m} \\ \vdots & \ddots & \vdots \\ p_{m1} & \cdots & p_{mm} \end{bmatrix} \tag{11-2}$$

如果 $\mathbf{P\Gamma} = \mathbf{P}$，并且 $\mathbf{1'P} = \mathbf{1}$。其中，**1** 是一个单位列向量，则马尔可夫链的转移矩阵 $\mathbf{\Gamma} = \{\gamma_{ij}\}$ 服从一个平稳分布 π。如果γ_{ij}均是严格为正的，则该马尔可夫状态过程被称为不可约过程。并且，在常转移概率的区制转换模型中，区制转移的概率不变，即 **P** 不变。

11.1.2　马尔可夫区制转换向量自回归模型（MSVAR）

上文中已提到，随着越来越多的证据显示金融资产且特别是商品期货、房地产等另类资产的收益遵循具有多个区制的更为复杂的过程，而资产配置决策则需要在资产收益率的联合分布背景下做出。因此，学者们便开始尝试将区制转换模型应用到资产配置之中。本书则借鉴了 Guidolin 和 Ria（2010）以及 Ang 和 Timmermann（2011）等的做法尝试使用基于 MSVAR 模型的均值—方差模型来解决包含另类资产的资产配置中的状态转换问题。

MSVAR 模型是 Krolzig（1997）在 Hamilton（1994）的单变量区制转换模型的基础上拓展到多变量情形得到的多变量区制转换模型。传统的 VAR 模型常被用于刻画变量之间的相关性，但由于传统 VAR 模型中的参数系数是不发生时变的，其假设变量之间的关系在样本期间内都是相同的。然而，如果资产收益存在显著的状态转换特征时，这样的假设在对多个资产的联合收益分布建模时则是缺乏合理性的，此时的资产收益之间的关系应随着外部经济环境的变化而变化。因此，传统 VAR 模型往往由于忽视了变量之间关系的变化性而无法捕捉到资产收益联合分布中丰富的非线性特征。对此，Krolzig（1997）指出在此基础上增加区制变化的设计可以使模型参数随时间变化而变化，从而可以使模型更加灵活多变，也更贴近真实的应用环境并增强模型的识别能力。与此同时，在模型中加入时变参数时则必须建立参数生成过程的模型，如果参数依赖一个假定为随机且不可观测的区制（市场状态往往是随机且不可观测的）则必须假定区制的生成过程。MSVAR 模型则用一个有限区制且具有遍历性、不可约性的马尔可夫链模拟了这种区制变化。使用该模型对多变量的资产收益进行建模时，模型变量之间的因果关系性质在不同的区制下可能是不同的，其意味着资产收益分布的所有条件矩是时变的，从而可以更好地刻画出资产回报联合分布中的非线性特征。

另外，值得注意的一点是，与国内学者（王霧和魏先华，2017）使用的单变量区制转换模型不同，多变量区制转换模型将更适用于资产配置问题。这是因为在单变量的区制转换模型中，虽然可以设定每种资产都分别发生了区制转换，但并不能保证区制转换过程在跨资产间保持一致。然而，在现实情况中，区制或经济状态应当在所有资产之间保持一致。因为在某个时间点，只有一个经济状态或区制可以普遍存在，因而只有考察跨资产间的共同区制转换特征才能真正地在区制转换背景下实现投资组合优化，而多变量区制转换模型 MSVAR 则可以将所有资产预设在同一区制变化环境下对资产收益进行建模，解决了单变量区制转换模型在区制一致性问题上的不足。

假设 $n\times 1$ 维随机向量 $\mathbf{y}_t=(y_{1t},\ \cdots,\ y_{nt})'$，其观测值是平稳的时间序列，其自回归过程遵循不可观测的含有 k 个状态的马尔可夫过程 S_t，即滞后阶数为 p 的 MSVAR（p）模型的一般表现形式为：

$$\mathbf{y}_t = \boldsymbol{\nu}_{s_t} + \sum_{j=1}^{p} A_{j,s_t}\mathbf{y}_{t-j} + \boldsymbol{\varepsilon}_{t,s_t} \tag{11-3}$$

其中，s_t 是潜在的状态变量，该状态变量由一个一阶的隐马尔可夫链控制；$\boldsymbol{\nu}_{s_t}$是一个 $n\times 1$ 维的状态 S_t 下的截距向量；$\{A_{j,s_t}\}_{j=1}^{p}$是 $n\times n$ 维的状态 S_t 下的自回归系数。$\boldsymbol{\varepsilon}_{t,s_t}$是一个 $n\times 1$ 维的误差项向量，$\boldsymbol{\varepsilon}_{t,s_t}\sim NID$（$\mathbf{0}$，$\sum_{s_t}$），$\sum_{s_t}$ 是状态 S_t 下误差项的方差—协方差矩阵：

$$\sum_{s_t} = \begin{bmatrix} \sigma_{11} & \cdots & \sigma_{1n} \\ \vdots & \ddots & \vdots \\ \sigma_{n1} & \cdots & \sigma_{nn} \end{bmatrix} \tag{11-4}$$

由此可见，MSVAR 模型的截距、回归系数和波动性都是依赖状态的。当状态数 $m=1$ 时，则 MSVAR 等价于 VAR 模型。因此，传统 VAR 模型也可以看作是 MSVAR 模型的一种特殊形式，即只存在一种稳定状态的向量自回归模型。如果对一般形式的 MSVAR 进行简化，简化后的 MSVAR 模型可以用 ARMA 模型的表现形式呈现（Krolzig，1997）。由于模型（11－3）中有大量的参数（$m[n+pn^2+n(n+1)/2+(k-1)]$个）需要估计，特别是在 n 比较大时。例如，当 $m=2$，$p=1$，$n=6$ 时，待估计的参数个数就高达 114 个。因此，为了简化参数估计，我们可以根据数据性质，对一些没有时变性质的参数进行限制，表 11－1 展示了不同参数设置下的特殊 MSVAR 模型。

表 11－1　MSVAR 模型

		MSM		MSI	
		均值 μ 变化	均值 μ 不变	截距项 ν 不变	截距项 ν 变化
A_j不变	$\sum$ 不变	MSM－VAR	线性 MVAR	MSI－VAR	线性 VAR
	$\sum$ 变化	MSMH－VAR	MSH－MVAR	MSIH－VAR	MSH－VAR
A_j变化	$\sum$ 不变	MSMA－VAR	MSA－MVAR	MSIA－VAR	MSA－VAR
	$\sum$ 变化	MSMAH－VAR	MSAH－VAR	MSIAH－VAR	MSAH－VAR

其中，在 MSM 模型中，均值变化具有非常强的假设前提，其只在有充分的理论基础的情况下才使用。在本书中，笔者认为资产收益率模型中的截距、回归系数和波动性应当是随时间变化的，而事实上，在实际中金融资产收益波动的自相关性显然是动态变化的。因此，在后续的研究中将选择 MSAH－VAR 模型［（式 2－3）］来构造基于 MSVAR 的资产配置模型并在此基础上对该模型应用于资产配置中的状态转换问题进行研究。

11.1.3　MSVAR 模型估计

Krolzig（1997）对 MSAH－VAR 模型的参数估计进行了详细的说明。模型的参数估计主要包括对状态参数和自回归系数估计。在对 MSAH－VAR 模型进行估计之前，首先要将其写成状态空间的形式。用一个 M 维的列向量 ξ_t 来代表 t 期状态变量的取值：

$$\xi_t = [I(S_t = 1)I(S_t = 2)\cdots I(S_t = M)]' \tag{11-5}$$

并且，当 $S_t = i$ 时，ξ_t 中的第 i 个分量为 1，其余分量则全部为 0，即：

$$\xi_t = \begin{cases} (1, 0, 0, \cdots, 0)' & S_t = 1 \\ (0, 1, 0, \cdots, 0)' & S_t = 2 \\ \cdots & \\ (0, 0, 0, \cdots, 1)' & S_t = M \end{cases} \tag{11-6}$$

因此，当状态变量 S_t 给定时，ξ_{t+1} 是一个随机变量，其条件期望满足：

$$E(\xi_{t+1} | \xi_t) = P\xi_t \tag{11-7}$$

其中，P 为一个 M 维行向量，代表了当状态变量 S_t 给定时的转移概率，马尔可夫链就可以表示为：

$$\xi_{t+1} = P\xi_t + u_{t+1} \tag{11-8}$$

其中，$u_{t+1} = \xi_{t+1} - P\xi_t = \xi_{t+1} - E(\xi_{t+1} | \xi_t)$ 是一个期望值为零的鞅差序列，因此，在已知 ξ_t 的情况下，通过对式（11-8）进行迭代就可以得到：

$$\xi_{t+j} = u_{t+j} + P u_{t+j-1} + P^2 u_{t+j-2} + \cdots + P^{j-1} u_{t+1} + P^j \xi_t \tag{11-9}$$

再对式（11-9）两边取期望值即有：

$$E(\xi_{t+j} | \xi_t, \xi_{t-1}, \cdots) = P^j \xi_t \tag{11-10}$$

因此，式（11-10）显示了对于给定状态取值 ξ_t 的情况下，对于未来 j 期状态取值的最优无偏预测方法。同样地，如果给定状态变量 S_t 的初始取值 ξ_0，也可以通过式（11-10）对之后任一期的状态取值进行预测。

在构造了新的状态变量并得到状态变量取值的预测函数后，就可以将模型（11-3）写成：

$$\mathbf{y}_t = \mathbf{X}_t \boldsymbol{\Psi}(\xi_t \odot \iota_n) + \sum{}^* (\xi_t \odot I_n)\boldsymbol{\epsilon}_t \tag{11-11}$$

其中，$\mathbf{X}_t$ 是 $n \times (np+1)$ 维的前定变量向量：

$$\mathbf{X}_t = [1\mathbf{y}'_{t-1} \cdots \mathbf{y}'_{t-p}] \odot \iota_n \tag{11-12}$$

$\boldsymbol{\Psi}$ 表示 $(np+1) \times nm$ 维 VAR 模型的参数向量，包括截距、均值和回归系数：

$$\boldsymbol{\Psi} = \begin{bmatrix} \mathbf{v}'_1 & \cdots & \mathbf{v}'_m \\ \mathrm{A}_{11} & \cdots & \mathrm{A}_{1k} \\ \vdots & \ddots & \vdots \\ \mathrm{A}_{p1} & \cdots & \mathrm{A}_{pk} \end{bmatrix} \tag{11-13}$$

$\sum^{*}$ 则是一个所有 M 个状态下 $\sum_{s_t}$ 的 Chloeski 分解，即对每一个状态都满足：

$$\sum^{*}(\xi_t \odot I_n)(\xi_t \odot I_n)'(\sum^{*})' = \sum_{s_t} \tag{11-14}$$

另外，ϵ_t 为期望为零的鞅差序列向量，并且，ϵ_t 和u_t 的元素之间互不相关，其与ξ_{t-j}，ϵ_{t-j}，$\mathbf{X}_{t-j}(j>0)$ 也都不相关，⊙为向量之间元素对元素的乘积。假设在每个状态下序列 $\mathbf{y}_t$ 满足正态分布，根据式（11－6）和式（11－10），可以得到序列 $\mathbf{y}_t$ 在 $S_t=i$ 时的条件概率密度函数：

$$f(\boldsymbol{y}_t \mid S_t = i, \boldsymbol{X}_{t-1}; \boldsymbol{\Psi}) = (2\pi)^{-\frac{N}{2}}\det(\sum_j^{-\frac{1}{2}})\exp\left(-\frac{\varepsilon' \sum_j^{-1} \varepsilon}{2}\right) \tag{11-15}$$

此外，如果用η_t 表示每个状态下序列 $\mathbf{y}_t$ 的条件概率密度函数，如下所示：

$$\eta_t = \begin{cases} f(\mathbf{y}_t \mid S_t = 1, \mathbf{X}_{t-1}; \boldsymbol{\Psi}) \\ f(\mathbf{y}_t \mid S_t = 2, \mathbf{X}_{t-1}; \boldsymbol{\Psi}) \\ \vdots \\ f(\mathbf{y}_t \mid S_t = M, \mathbf{X}_{t-1}; \boldsymbol{\Psi}) \end{cases} \tag{11-16}$$

那么，序列 $\mathbf{y}_t$ 的概率密度函数即可以表示为：

$$f(\mathbf{y}_t \mid \mathbf{X}_{t-1}; \boldsymbol{\Psi}) = \sum_{i=1}^{M} \Pr(y_t \mid S_t = i, \mathbf{X}_{t-1}; \boldsymbol{\Psi}) = \mathbf{1}'(\hat{\xi}_{t|t-1} \odot \eta_t) \tag{11-17}$$

此时，序列 $\mathbf{y}_t$ 服从一个混合正态分布，其概率密度函数则是多个不同标准正态分布概率密度函数的线性组合。

然而，由于底层状态变量s_t 在现实情况下往往是不可观测的，在实际应用中则必须通过可观测到的信息对 t 期的状态取值进行估计。其中，$\hat{\xi}_{t|t}$表示直到当期可以观测到的所有信息来推算当期状态的概率，也称为滤波概率（Filtering Probability），$\hat{\xi}_{t|t-1}$则表示直到前一期可以观测到的所有信息来推算当期状态的概率，也成为预测概率（Predicting Probability）。根据贝叶斯公式有：

$$\hat{\xi}_{t|t} = \frac{(\hat{\xi}_{t|t-1} \odot \eta_t)}{1'(\hat{\xi}_{t|t-1} \odot \eta_t)} \tag{11-18}$$

并且，根据式（11－7），可以推导出：

$$\hat{\xi}_{t+1|t} = p\,\hat{\xi}_{t|t} \tag{11-19}$$

因此，在已知当期状态发生的概率后，通过状态转移矩阵则可以对下一期状态的发生概率进行预测。在实际应用中，可以通过递归滤波算法、一步预测法、全样本平滑算法和 EM 算法等来计算过滤概率的值，而在得到每一期的过滤概率

值后又可以对下一期的预测概率进行估计。在之后的实证分析中本书则采用 Hamilton（1989）等提出的 EM（Expectation – Maximization）算法来得到$\hat{\xi}_{t|t}$和$\hat{\xi}_{t+1|t}$的估计值。

在得到过滤概率的值后就可以得到式（11 – 13）的具体表达形式，然后通过极大似然估计法（即最大化以下似然函数）对式中的所有参数进行估计就可以得到 MSVAR 模型中所有参数的估计值：

$$L(\boldsymbol{\Psi}) = \sum_{t=1}^{T} \ln f((\mathbf{X}_t \mid \mathbf{X}_{t-1};\ \boldsymbol{\Psi}) \qquad (11-20)$$

11.1.4 基于 MSVAR 的均值—方差模型

资产配置问题研究的落脚点是对各类资产配置权重的确定。无论是使用均值—方差优化还是基于风险的资产配置方法，其都需对资产的收益、风险进行预测。当资产收益或风险抑或两者均存在区制转换的特征时，状态与状态之间资产的风险回报均衡也可能存在差异，这就会对资产配置的结果产生重大影响。因此，配置权重也应跟随资产收益区制的变化而改变。MSVAR 的模型在 VAR 模型的基础上引入了状态变量，其允许资产收益率的均值、方差和相关性在各状态之间变化，将该模型可以更好地抓住金融资产收益波动中的区制转移特征，从而帮助投资者针对不同的状态区制，选择不同的最优配置权重来提高资产组合管理的效率。例如，当市场处于持续稳定的牛市状态时，投资者可以通过配置更高比例的风险资产来获得更高的收益，而在市场处于大幅波动的熊市状态时，则可以通过减少风险资产的配置比例来减少损失。

从上文的研究中可知，通过 MSVAR 模型对多资产的收益率进行建模时可以得到每种状态下各类资产的期望回报和方差协方差矩阵的预测值以及当期状态和下一期状态取值的预测值。那么如何通过引入 MSVAR 模型来得到依赖于状态的最优配置权重呢?

以代入传统的均值—方差模型，并以最大化夏普比率的均值—方差优化模型为例。此时，模型的优化目标可以表示为：

$$\text{Max} \quad \frac{R_p(w_i)}{\sigma_p^2(w_i)}$$

$$\text{s.t.} \quad \sum_{i=1}^{N} w_i(S_{t+1}) = 1 \qquad (11-21)$$

其中，$w_i(S_{t+1})$ 表示投资组合中资产的最优配置权重将与所处的状态相关。

首先，将通过 MSVAR 模型得到不同区制状态下得到的资产回报率和方差—

协方差矩阵的预测值作为模型［式（11-21）］的输入变量，求解该二次规划问题即可以计算得到 $t+1$ 期每个给定状态下的最优配置权重，记为 $\boldsymbol{W}$：

$$\boldsymbol{W}=\begin{bmatrix}\boldsymbol{W}(S_{t+1}=1)\\ \vdots \\ \boldsymbol{W}(S_{t+1}=M)\end{bmatrix} \tag{11-22}$$

其中，$\boldsymbol{W}(S_{t+1}=i)=[w_1(i),\ w_2(i),\ \cdots,\ w_N(i)]$，表示状态 i 下的配置权重向量。

其次，在得到给定状态下的配置权重后，应该如何确定 $t+1$ 期市场所处的状态并最终确定投资组合的配置权重呢？这个问题也是将区制转换模型引入传统的资产配置模型的关键。

此时，由于当期所处的状态是不可观测的，但当期和下一期的状态取值的预测值可以从模型中获得，且有：

$\hat{\xi}_{t+1}\big|_t=p\,\hat{\xi}_t\big|_t$

因此，通过对不同给定状态区制下的配置权重进行加权的就可以获得依赖于状态的最优配置权重，具体的加权方式如 Krolzig（1997）等所述。

由上文可知，通过 MSVAR 模型我们可以得到 t 期的滤波概率和区制转移矩阵。其中，区制转移矩阵代表了状态转换的概率，滤波概率表示了 t 期每种状态取值的概率。根据式（11-19），由 t 期滤波概率和区制转移矩阵 $\mathbf{P}$ 又可以得到 $t+1$ 期每种状态发生的概率预测值。根据预测的概率值对每种状态区制下的配置权重 $\mathbf{W}(S_{t+1}=1)$，$\mathbf{W}(S_{t+1}=2)$，$\cdots$，$\mathbf{W}(S_{t+1}=M)$进行加权，从而得到最终的优化权重$\mathbf{W}^*$，即：

$$\mathbf{W}^*=\xi'\mathbf{PW} \tag{11-23}$$

由于 MSVAR 模型中状态区制的估计是基于对历史数据的拟合，且区制选择有限，模型不可能模拟出与真实环境完全相符的区制转换情形，对未来所处区制的识别也存在一定的滞后性。因此，在所处区制存在较大不确定性的情况下，这种根据状态发生概率进行加权得到配置权重的方式不仅可以根据区制状态转换调整投资机会集，还可以在一定程度上减弱模型风险的影响，避免由于模型估计误差可能造成较大的投资失误。

11.2 实证分析

11.2.1 数据说明和描述性统计

本节分别使用中证全指、中证全债和南华商品指数作为股票、债券和商品资产的代表，各类资产的收益率序列均指其对数收益率。其中，之所以选择商品资产作为另类资产的代表则主要是从国内数据可得性的角度进行考量。数据样本区间为2005年1月至2018年5月，数据频率为月，所有数据均来源于Wind数据库。其中，三类资产收益在样本期间的描述性统计结果如表11－2所示。

表11－2 三类资产收益描述性统计（2005年1月至2018年5月）

	股票	债券	商品
年化收益率（%）	11.18	4.35	2.19
年化波动率（%）	31.71	2.94	16.17
夏普比率	0.35	1.48	0.14
最大回撤（%）	69.42	0.68	45.68

从表11－2中的统计数据我们可以看到，在样本期间，股票资产的平均年化收益率最高且波动率也最大，债券资产则表现出固定收益资产低波动、低收益的典型特征，而商品资产在样本期间表现出波动较高、平均收益却很低的特点。结合图11－1中呈现的三类资产收益率的概率分布直方图来看，股票和商品资产的收益率分布呈现出明显的尖峰和负偏性，说明这两类资产容易产生极端收益，在均值左侧区间内波动风险较高，这也就很好地解释了为什么股票资产在样本期间会有如此高的回撤以及我们观察到的商品资产出现高波动、低平均收益的现象。由此来看，如果将这三类资产的收益率变动看成简单的正态分布，则一方面会对极端情况的风险造成低估，另一方面也会错误地认为商品资产的风险收益较低而忽视了商品资产在特殊状态下的配置价值。因此，在资产组合管理过程中应当通过对收益率预测模型进行改进使其更符合资产的真实收益变动才能使得均值—方差模型的有效性继续成立。根据上文的分析可知，区制转换模型能够帮助投资对资产回报联合分布中的非线性情况进行建模，将其引入资产配置优化过程中可以

得到依赖于状态的最优投资组合，从而解决资产配置中的区制变化问题。

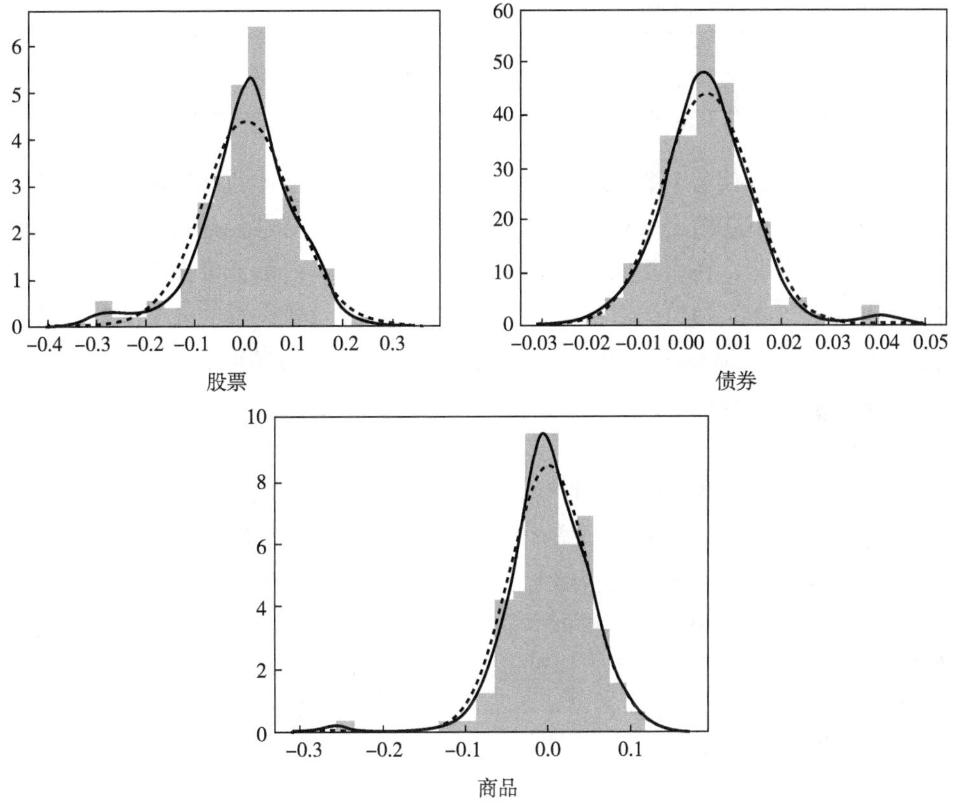

股票

债券

商品

图 11－1　股票、债券、商品收益率的概率分布直方图

11.2.2　模型参数选择

在上文关于 MSVAR 模型的研究中已经提到，本书将选择允许截距项、自回归系数以及相关性都随区制变化而变化的 MSAH－VAR 模型对三类资产的收益率进行建模。在建立 MSVAR 模型之前，首先，对收益率序列的平稳性进行了检验，结果表明三类资产的收益率序列均是平稳时间序列，检验结果如表 11－3 所示。

其次，根据 AIC 和 SC 信息准则，本书选择向量自回归的滞后阶数为一阶。此外，区制个数的选择则是实证研究的一个关键部分。一般来说，设置的状态个数越多，模型的拟合度越好，但由于需要估计的参数的个数会随着区制个数的增

表 11－3　三类资产收益率的平稳性检验

	t 值	滞后阶数	截距项	趋势
股票	－10.84	1	无	无
债券	－8.07	1	有	无
商品	－10.62	1	无	无

加而呈指数增长，状态个数越多计算量也就越大，参数估计的准确性也会受到影响。并且，如果不能给出所有区制状态的经济意义，模型也会存在过度拟合反而失效的问题。对此，在以往大部分的实证文献中，学者们都会根据金融经济学相关理论并结合市场实际情况对区制个数进行主观设定且所设置的区制个数一般不超过 4 个。另外，Prajogo（2011）提出也可以用 BIC 准则来确定状态个数，其给出的 BIC 指标的计算方法为：

$$BIC = -2\ln Q + k - \ln T$$

其中，$\ln Q$ 表示模型的对数似然值，k 代表需要估计的参数个数，$\ln T$ 则是样本观测数的对数值。对于两个区制个数不同的估计模型，BIC 值较低的模型更优。对此，本书在前人的研究基础上，综合了市场实际情况和 BIC 准则，将资产收益的区制数量设置为 2，而这两个区制可以理解为分别代表金融资产收益高波动和低波动的区制状态。因此，这里最终选择了包含两个区制状态的滞后一阶的 MSAH（2）－VAR（1）模型对三类资产的收益率序列联合建模，并在此基础上进行实证分析。

11.2.3　区制转换下的资产收益

首先，表 11－4 和表 11－5 分别呈现了 MSAH（2）－VAR（1）模型和不考虑区制转换情形的 VAR（1）模型的回归系数的估计情况。

表 11－4　MSAH（2）－VAR（1）的自回归系数估计

	Regime 1			Regime 2		
	Stock	Bond	Commodity	Stock	Bond	Commodity
Stock（－1）	－0.2044*	－0.0016	0.0476	0.1851*	－0.0081	－0.1245
Bond（－1）	－3.3687*	0.6611***	－1.4314**	－0.4469	0.0518**	－1.2618**
Commodity（－1）	－0.0123	－0.0278*	0.0087**	－0.1825	－0.0441	0.2842*
c	－0.0343**	0.0020***	－0.0097***	0.0616**	0.0038***	0.0285***
Loglikelihood	946.90					

注：***、**、*分别表示在 1%、5%、10% 的水平上显著。

表11-5　VAR（1）模型的自回归系数估计

	Stock	Bond	Commodity
Stock（-1）	0.1181	-0.0066	-0.0341
Bond（-1）	-1.0782	0.3396***	-2.1430***
Commodity（-1）	0.0011	-0.0118	0.1464**
c	0.0129*	0.0030***	0.0124**
Loglikelihood	157.05		

注：***、**、*分别表示在1%、5%、10%的水平上显著。

对比两表的结果可以看到，不考虑区制转换情形的传统VAR模型的自回归系数估计值与区制转换条件下的模型估计值具有明显的差异，并且在不同区制状态下估计的回归系数也完全不同，说明了各类资产收益率表现在不同市场区制下呈现不同的规律，资产收益之间的相关关系也在不同区制下发生变化。在MSAH（2）-VAR（1）模型中，在区制2状态下股票收益率则呈现出动量效应①，而在区制1状态下股票收益率则表现出显著的反转效应。债券和商品则在两种状态区制下都体现了收益的动量效应，并且在区制1状态下更显著。与此同时，根据VAR（1）模型估计的结果显示，债券和商品收益具有明显的动量效应，而股票收益的动量效应并不显著。由此来看，与理论分析的结论一致，这三类资产具有显著的区制转换特征，利用区制转换模型对收益率建模可以提高模型对收益率的解释能力。理论上，我们还可以通过模型的参数约束检验（如联合T检验、联合F检验）等来判断哪个模型更优。然而，由于区制转换模型中的T、F检验统计量并不像非区制转换VAR模型中的检验统计量一样服从正态分布。因此，无法直接通过以上检验方法对两个模型进行检验。不过，上文中也提到，传统的VAR模型可以看作是不同区制状态下表现相同的特殊的MSVAR模型。换句话说，MSVAR模型是VAR模型更为一般的形式。对此，Hamilton和Susmel（1994）提出，对于复杂的一般模型和简单的特殊模型可以根据似然比检验（LR检验）来对模型进行检验，LR的指标计算公式为：

$$LR = 2 \times \ln(L1 - L2)$$

① 动量效应（Momentum Effect）一般又称"惯性效应"。动量效应是由Jegadeesh和Titman（1993）提出的，是指股票的收益率有延续原来的运动方向的趋势，即过去一段时间收益率较高的股票在未来获得的收益率仍会高于过去收益率较低的股票；与动量效应相对的是反转效应，指过去一段时间收益率较高的股票在未来获得的收益率将会低于过去收益率较低的股票。

其中，L1 代表复杂模型的最大似然值，L2 为简单特殊模型的最大似然值，LR 近似的服从 χ^2 分布。由表 11－4 和表 11－5 可知，MSAH（2）－VAR（1）模型的最大似然值 lnL1＝946.90，VAR（1）模型的最大似然值 lnL2＝157.05，并且由于 MSAH（2）－VAR（1）增加了两个区制设置，给模型增加了 6 个约束条件，LR 统计量应当服从自由度为 6 的 χ^2 分布。经过查询 χ^2 分布的临界表，自由度为 6 的 χ^2 临界值为 16.81，LR 统计量的值远远大于临界值，可以认为考虑区制转换的 MSAH（2）－VAR（1）模型优于 VAR（1）模型。

其次，向量自回归模型更关注的是被解释变量之间的相互关系。对此，根据不同状态下三类资产的残差序列，表 11－6 和 11－7 分别显示了 MSAH（2）－VAR（1）中两个不同区制下资产收益之间的方差—协方差矩阵和相关系数矩阵。

表 11－6　不同区制下的方差—协方差矩阵

	Regime 1			Regime 2		
	Stock	Bond	Commodity	Stock	Bond	Commodity
Stock	7.22%	－0.04%	1.18%	4.13%	－0.11%	0.07%
Bond	－0.04%	0.07%	－0.12%	－0.11%	0.05%	0.00%
Commodity	1.18%	－0.12%	2.51%	0.07%	0.00%	1.36%

表 11－7　不同区制下的相关系数矩阵

	Regime 1			Regime 2		
	Stock	Bond	Commodity	Stock	Bond	Commodity
Stock	1.0000	－0.0570	0.2782	1.0000	－0.2429	0.0304
Bond	－0.0570	0.0074	－0.2874	－0.2429	1.0000	－0.0016
Commodity	0.2782	－0.2874	1.0000	0.0304	－0.0016	1.0000

首先，由表 11－6 可见，三类资产在两个不同的区制状态下的波动率均有显著差异。其中，区制 1 下三类资产收益的波动大于区制 2 下的波动（7.22%＞4.13%；0.07%＞0.05%；2.51%＞1.36%），这与模型设定中将资产收益分为高波动和低波动两种区制状态的假设条件相一致，也间接说明了模型中区制设置的合理性。并且，两个区制间，股票和商品的波动率变化显著，区制转换特征明显，而债券的波动只发生微小变化，区制转换的特征并不显著，这与股票、商品自身风险较高，收益分布呈现尖峰厚尾的特征，波动存在极端情况而债券收益本身的波动就较低，收益分布接近正态分布，波动较为平稳相吻合。除此之外，在

两个区制状态下，股票市场的波动大于商品市场，但在低波动区制下，股票市场相对于商品市场的波动更大（4.13%/1.36% >7.22%/2.51%）。

进一步地，从表11－7中还可以看到，在波动率不同的两个区制状态下，资产收益之间的相关性也有所不同，而表11－8则显示了VAR（1）模型估计的和从全样本真实的历史数据中计算出的收益率的相关系数矩阵。从两表的对比来看，无论是传统VAR模型还是从历史真实数据中得到的相关关系都不能准确反映这三类资产在整个样本区间的波动关系，而基于区制转换的模型则显示，在代表高波动率的区制1状态下，股票和商品两种资产的收益呈显著正相关，并且，两者之间的相关关系与另两个不考虑区制转换得到结果很相近。然而不同的是，在考虑区制转换的模型中，在低波动率的区制下（区制2），股票和商品收益之间的相关性显著降低，接近0。同样地，股票和债券、商品和债券之间也存在类似的现象。对比区制1和区制2资产收益之间的相关性可以发现，在高波动区制状态下，资产收益之间的相关系数显著增加，具有正相关关系的资产其相关性普遍增强，而具有负相关关系的资产其负相关性变弱，所有资产的收益变动更加趋于一致。相反地，在低波动的区制状态下，股票、商品与债券的负相关性增强，股票和商品之间的相关性关系则减弱甚至接近不相关。这一现象也与现实中金融资产收益波动的规律非常相似，当市场处于高波动的环境中，比如疯狂上涨的牛市和快速下跌的熊市，资产价格往往朝相同的方向波动，出现同涨同跌，“股债双牛”“股债双杀”等现象也都出现在市场高度波动的时期。与之相对的是，当市场处于比较平稳的时期时，各类资产收益之间的相关性也回归常态，股债往往此消彼长，此时商品则也体现出较好的分散股票、债券组合风险的能力。

此外，由上文的分析可知，波动率较高的区制1下股票收益表现出显著的反转效应，而此时债券和商品的动量效应反而更显著，又因为高波动区制下，资产价格往往朝相同的方向波动，出现同涨同跌，由此说明当市场处于高波动区制状态时，股票市场走势出现反转的概率较高，且股票市场走势会先于债券和商品出现拐点。反之，当市场处于低波动区制状态时，股票市场的动量效应显著，资产之间收益相关性减弱，此时股票市场大概率保持现有趋势，而商品和债券市场的走势则相对更独立。因此，从三类资产在不同区制状态下的波动情况看，我国的股票、债券和商品市场均存在明显的区制转换效应，因而相比于静态的VAR模型，考虑资产收益区制转换特征的MSAH（2）－VAR（1）模型可以更好地刻画出了资产收益真实的波动特征，由此也反映出在针对这三类资产进行资产配置时引入区制转换模型的必要性。

表 11-8　VAR（1）和样本资产收益的相关系数

	VAR			Sample		
	Stock	Bond	Commodity	Stock	Bond	Commodity
Stock	1.0000	-0.1629	0.3587	1.0000	-0.2027	0.3811
Bond	-0.1629	1.0000	-0.1961	-0.2027	1.0000	-0.2697
Commodity	0.3587	-0.1961	1.0000	0.3811	-0.2697	1.0000

最后，与传统的 VAR 模型相比，除了回归模型系数、方差—协方差矩阵外，区制转换矩阵也是 MSVAR 模型中最重要的模型参数之一，式（11-24）中的 P^* 显示了估计得到的区制转换矩阵。从中可以看到，如果当期市场处于高波动或低波动区制时，下一期仍然处于高波动或低波动区制的概率分别高达 0.73 和 0.71，而从高（低）波动区制转换到低（高）波动区制的概率则只有 0.27（0.29）。由此说明，区制状态具有较大的惯性，下一期的区制状态往往与当期的区制状态相似，发生区制反转的概率尚且不到 1/3，而这一结果这与市场状态的发展规律非常吻合。金融市场呈现周期性波动，市场往往在一段时间中会保持一个相对稳定的状态，然后在某一个时点产生较大的变化，即产生所谓的拐点，市场进入另一个新的状态中，并以此往复。

$$P^* = \begin{bmatrix} p_{11} & p_{12} \\ p_{21} & p_{22} \end{bmatrix} = \begin{bmatrix} 0.73 & 0.27 \\ 0.29 & 0.71 \end{bmatrix} \tag{11-24}$$

综上，使用 MSAH（2）-VAR（1）模型对我国股票、债券和商品的联合收益率进行建模能够识别出我国金融市场典型的高波动和低波动区制。与此同时，该模型还能反映出不同市场状态下资产收益之间不同的相关关系。根据区制的滤波概率，笔者整理了股票和商品在样本期内价格走势的区制划分，如图 11-2 和图11-3 所示。其中，深色阴影区间代表波动较高的区制 1，浅色阴影区间代表低波动的区制 2，其他无阴影则表示区制 1 和区制 2 的混合状态。从中可以看到，市场一部分时间处于高波动的区制 1 状态中，比如 2008 年 1~10 月、2011 年 3~12 月、2012 年 3~11 月以及 2015 年 6~9 月等，而这些时间段也大都对应股票市场从前期高位回落并快速下跌阶段，相应的商品市场也在这些时间段中表现出从前期高位震荡下行的表现，这也再次印证了在高波动区制下，商品与股票的相关性更高的特征。同样地，在一段时间中市场会表现为显著的低波动状态，比如 2006 年 11 月至 2007 年 9 月、2008 年 11 月至 2009 年 7 月以及 2014 年 12 月至 2015 年 2 月，而这几个时间段则刚好对应于股票市场探底回升后牛市上涨的中

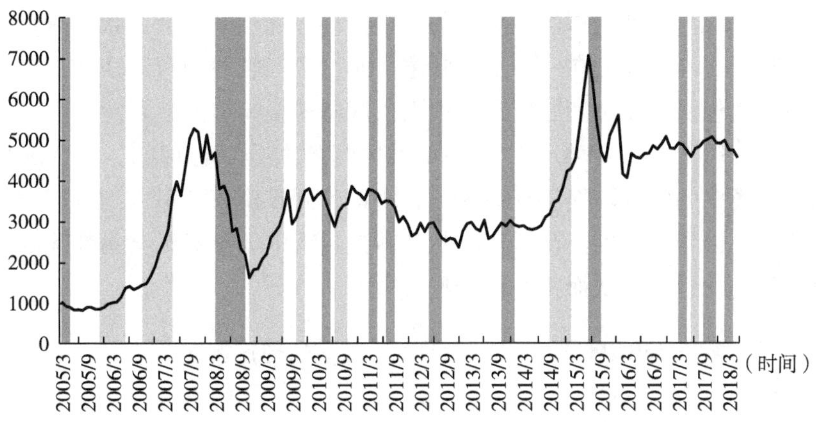

图 11－2　中证全指价格走势及区制划分

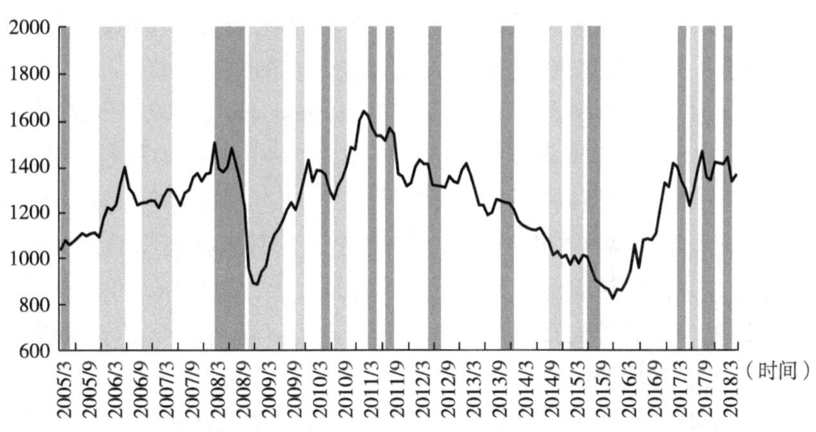

图 11－3　南华商品指数价格走势及区制划分

期，这是因为在由跌转涨的拐点附近其波动率往往较大，但在上涨中期，趋势延续但动能减弱，此时的市场波动则相对降低，这也印证了上文中低波动区制下股票市场动量效应更显著的特征，也符合我国股票市场慢涨急跌的波动特征。与此同时，在低波动区制状态下，商品市场的表现也与上文所述相一致，亦处于上涨或下跌周期的中期阶段，而与高波动区制所不同的是，此时商品市场与股票市场的相关性减弱，当股票市场处于缓慢上涨阶段时，商品市场则表现为震荡走势。此外，从图中还可以看到，在大部分时间里，市场处于两个状态之间，其表现为两个区制状态叠加的混合状态，并且市场状态的切换频率非常高，这不仅从一个侧面反映了我国资本市场波动较大、周期性显著的特点，也说明了资产收益分布的非正态性可能与区制状态的重叠有关，当市场只处在一种区制状态时资产收益呈正态分布，而当市场处在一种混合状态下时，资产收益分布则往往不能满足正态性，由此也说明了在资产配置过程中引入区制转换模型的必要性。

综上，MSAH（2）-VAR（1）模型对区制的划分是合理的，其反映出了股票和商品市场中的区制转换特征。因此，将该区制转换模型引入到资产配置过程中，理论上可以帮助识别出金融市场状态转换过程中的投资机会集变化并根据状态转换调整优化组合，从而提高资产配置效率。

11.2.4 基于 MSAH（2）-VAR（1）模型的资产配置

11.2.4.1 历史回测

从上一节的实证结果可以看到，多变量区制转换模型不仅可以识别金融市场的高波动和低波动区制并将资产收益波动与区制转换相关联，还能刻画出不同市场区制下资产收益之间相关关系的时变性。本节将在 11.1 节的基础上，对基于 MSVAR 的均值—方差模型的资产配置结果做进一步的实证分析。

本节仍然以月度为频率，与 Guidolin 和 Timmermann（2007）等的做法一样，根据 11.1 节中 MSVAR 模型得到的期望回报和方差—协方差的预测结果，用基于 MSVAR 的均值—方差模型构造了一个按月调仓的动态投资组合（Dynamic Portfolio）。该动态投资组合从样本期初开始，在每个月的月末按模型给出的优化结果构造投资组合，并持有该组合一直到下个月月末，然后根据新产生的优化结果对其进行动态调整，以此类推直到期末。如此，则可以获得一个基于 MSVAR 的均值—方差模型的动态均衡组合①。根据上文的分析和 MSAH（2）-VAR（1），在样本区间的每个时刻 t 都可以获得不同区制状态下三类资产的收益率期望和方差—协方差矩阵，将其作为模型（11-21）中的输入变量就可以得到时刻 t 时每一个区制状态 S_t 下的最优配置权重。再参照式（11-23），根据预测得到的每个时刻 t 时区制发生的概率对每一个状态下的权重进行加权求和，从而最终确定每个时刻 t 时的最优配置比例。这里，本书构造动态投资组合的方法与国内学者王霖和魏先华（2017）的做法不同，后者在动态调整投资组合时使用了动态系数模型，在每一期都根据过去 240 期的数据对 MSVAR 模型中的参数进行估计，每一

① 在基于 MSVAR 的资产配置方法的实证研究中，一部分学者选择了构造静态投资组合，也有一部分学者构造动态投资组合。这两种方法在一定程度上都可以对基于区制转换的资产配置方法进行检验。本书选择构造动态投资组合主要考虑到我国金融市场尚未发展成熟，相比发达国家，其波动更大、状态切换较快，使用静态组合则难以将区制转换的特点纳入到投资组合选择中。因此，为了更好地验证引入区制转换模型的有效性和必要性，本书选择构造动态投资组合。

期的模型系数是动态变化的。然而，本书采用静态模型系数，使用全样本的数据来对 MSAH（2）-VAR（1）模型的参数进行估计，并且假设在全样本区间里，该模型参数保持不变。这样做的原因主要有三：其一，王霏和魏先华（2017）在使用基于区制转换的资产配置方法时，假设各种资产所处的区制状态是相互独立的并对每一类资产的区制转换特征单独建模估算，而本书则是从同一时点所有资产处于相同的经济状态出发，立足于构造跨资产间的共同区制转换特征，将所有资产预设在同一区制变化环境，利用多变量区制转换模型对资产收益进行建模。事实上，本书这样的假设是更贴近实际也更具有意义的。因此，笔者认为，一方面，这种跨资产间的共同区制特征与某些被众多理论和实证所证实的市场特征相吻合，其反映的应是市场运行长期稳定存在的内在规律；另一方面，只有识别出资产收益中存在的这种长期稳定的区制转换特征才能真正帮助投资者在真实的市场实践中提高资产配置效率。相反，如果这种区制特征只是暂时存在于复杂模型构建的统计结果中，区制特征反复变化，转瞬即逝，那么我们永远无法寻找资产收益的区制转换特征，也无法利用这种转瞬即逝的规律为我们的资产组合管理创造更多的价值。其二，虽然表面上看本书中收益率模型中的参数估计是固定不变的，但事实上 MSVAR 模型本身已将参数的时变性通过区制转换模型体现出来。除此之外，根据迭代方法计算出的每一期的滤波概率和对下一期的预测概率也是时变的。因此，表面上看模型中输入的方差—协方差矩阵和区制转换矩阵是静态的，但是由于时刻 t 所对应的每个区制状态下的最优配置比例和预测概率的估计值都是动态变化的，因而按照预测概率对不同区制下的资产配置比例进行加权求和后，得到的最优配置权重其本质是根据长时期内的区制变化规律而动态变化的。其三，由于我国的资本市场历史较短，可得数据的数量有限，MSAH（2）-VAR（1）模型的待估参数较多，样本数据太少会大大影响模型的估计效果，如果使用滚动样本数据对模型参数进行动态估计对于本书的研究问题而言是不现实也不合理的。综上，本书使用全样本数据估计的不变系数的 MSAH（2）-VAR（1）模型对基于 MSVAR 的均值—方差模型在我国市场的应用进行了实证分析。为了便于比较，本书将利用上述模型得到的动态投资组合与根据传统 VAR（1）模型得到的动态投资组合，以及传统的等权重组合①的表现进行了比较，如表 11-9 所示。

① 等权重组合也在每月末进行动态比例调整。

表 11 -9　基于 MSAH（2）- VAR（1）的资产配置表现①

	MSAH（2）- VAR（1）	VAR（1）	等权重组合
年化收益率（%）	23.18	5.4	5.91
年化波动率（%）	16.10	18.65	13.32
夏普比率	1.44	0.29	0.44
最大回撤（%）	28.23	42.92	25.71

从表 11 -9 中的结果可以看到，基于 MSAH（2）- VAR（1）得到的投资组合在样本期间的年化收益率达 23.18%，远高于股票资产以及基于 VAR（1）的投资组合和等权重组合的年化收益率。同时，基于 MSAH（2）- VAR（1）模型的投资组合在样本期间内的年化波动率和最大回撤分别为 16.10% 和 28.23%，均低于股票、商品两类高风险资产的波动，也低于基于 VAR（1）模型构造的动态组合，但略高于等权重投资组合。从风险和收益均衡的角度来看，基于 MSAH（2）- VAR（1）构建的投资组合在样本期间的夏普比率最高，高于单类资产和其他两个组合的夏普比率，由此也说明了在样本期间内基于区制转换模型的资产配置模型可以显著提高组合的收益风险比，对提高资产组合管理效率具有重要的价值。

为了更直观地显示基于区制转换模型的资产配置方法的优势所在，本书又对该投资组合配置权重的变化情况进行了深入的分析。其中，在样本期间内，基于 MSAH（2）- VAR（1）的均值—方差模型得到的动态投资组合在股票、债券和商品的平均仓位分别 47.82%、43.42% 和 8.76%，图 11 -4 和图 11 -5 分别显示

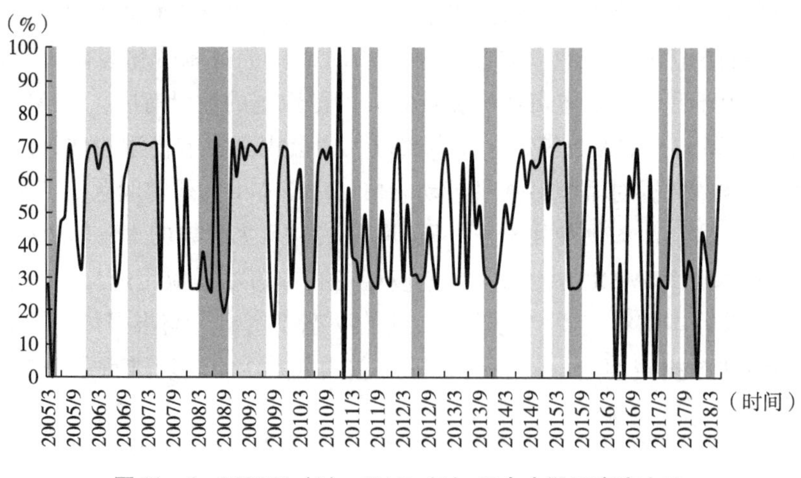

图 11 -4　MSAH（2）- VAR（1）组合中股票资产占比

① 此处，构造投资组合时 λ 取值为 2，并且 λ 的取值不会影响最终结论。

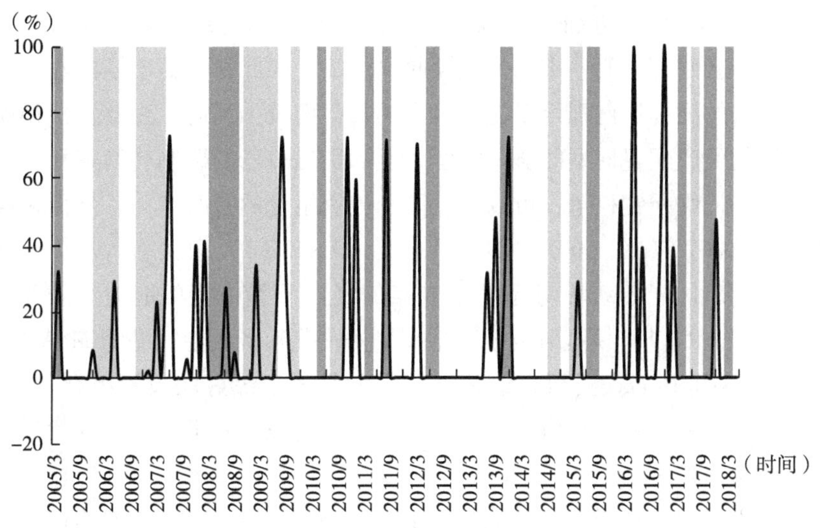

图 11－5　MSAH（2）－VAR（1）组合中商品资产占比

了投资组合在样本期间内每一期中股票和商品资产的配置比例以及所对应的区制状态。

首先，从图 11－4 中可以看到，考虑了区制转换特征后，基于 MSAH（2）－VAR（1）的均值方差模型得到的投资组合在大多时假提高了低波动区制状态下的股票资产的占比，而降低了高波动区制中股票资产的占比。由上文的分析已知，在样本期间中，低波动区制状态下股票市场处于上涨趋势中的中间阶段，动量效应显著，意味着股票的预期收益较高而波动率较低，此时提高股票资产的配置比例可以提升投资组合的收益风险比。同理，当市场处于高波动区制时，此时股票价格走势产生反转的概率大大提升，股票收益率的预期降低，而此时股票市场处于区制拐点附近波动率较大，此时减少股票资产的配置则可以有效控制投资组合风险。由此可见，加入区制转换特征后的资产配置模型可以更好地根据资产的收益风险特征调整最优的资产配置比例，从而提高了资产组合管理效率。

其次，从图 11－5 中还可以看到，由于商品资产在样本期间表现出高风险低收益的特征，其总体配置比例较低，并且相比于高波动区制状态，在低波动区制状态下，基于 MSAH（2）－VAR（1）的投资组合配置了更少的商品。从上文中可以看到，在高波动区制状态下，股票和商品市场多处于上涨阶段的后期，此时股票市场很大概率先于商品市场出现拐点，而两者的相关性显著提升。因此，在这样的情况下减少股票配置而适当增加商品配置一方面可以避免股票市场大概率下跌带来的风险，另一方面也可以利用此时商品市场的动量效应获得收益。相反，在低波动区制下，股票市场的预期收益更高，而此时商品市场的收益可能为负，减少商品的配置比例则可以提高组合的收益而减少风险。由此再次说明，基于区制转换的资产配置模型能够一定程度上识别出市场的区制转换特征，并根据状态转换调整最优配置权重，可以说提高了投资组合的择时能力，从而提高了资产组合配置效率。当然，虽然将 MSAH（2）-VAR（1）模型引入均值—方差模型的方法显示出优于传统不考虑区制转换的资产配置模型的能力，但并不代表 MSAH（2）-VAR（1）模型可以准确地识别每一次市场拐点，基于 MSAH（2）-VAR（1）模型得到的投资组合也并不一定就是表现最好的投资组合。事实上，投资组合优化是一个永无止境的过程，而本书的研究也并不是为了寻找最优的资产配置方案，而是为了说明我国的股票和商品市场具有显著的状态转换特征，状态转换会对投资组合选择产生影响。在此背景下，基于 MSVAR 的均值—方差模型可以有效解决资产配置中的状态转换问题，从而帮助提高资产组合管理效率。

11.2.4.2 稳健性检验

在之前的回测检验中。本书使用了全样本数据估计得到的固定系数的 MSAH（2）-VAR（1）模型来检验引入区制转换模型后的资产配置方法的实证效果。然而，在实际情况中，通常无法利用未来的信息来估算当期模型的系数，并且如果区制转换特征真实存在，其规律应可延续应用于样本外期间。因此，为了证明区制转换模型的有效性和稳健性，本书利用样本内数据估计得到的 MSAH（2）-VAR（1）模型结果对样本外数据进行了检验。在稳健性检验中，根据上文所述的动态投资组合的构造方法，利用样本期间数据估计的 MSAH（2）-VAR（1）模型系数，得到了样本外每一期的期望收益和方差—协方差预测值，并将其作为均值—方差模型的输入变量构造了 2018 年 6 月至 2019 年 5 月的月度动态投资组合。另外，与上文分析中使用的比较基准类似，同时构造了按月调整的基于样本数据估计的 VAR（1）模型的动态投资组合和等权重投资组合，三个组合以及三类单个资产在样本外期间的收益情况如表 11-10 所示。

表 11-10 MSAH（2）-VAR（1）样本外资产配置表现

	MSAH（2）-VAR（1）	VAR（1）	等权重组合	股票	债券	商品
年化收益率（%）	11.10	14.40	0.17	-9.48	6.36	4.84
年化波动率（%）	13.63	6.95	7.83	25.35	1.89	11.39
夏普比率	0.81	2.07	0.02	-0.37	3.36	0.43

首先，从表中结果可以看到，由于2018年6月至2019年5月股票市场经历了较大的波动，股票市场整体处于下跌行情中，因此三类资产中股票的平均收益最低且为负值，债券则在这段时间中表现出低波动的上涨走势，因而其平均收益最高且夏普比率也最高，商品则介于两者之间。其次，基于MSAH（2）-VAR（1）构造的投资组合在样本外期间的表现仍然比较稳定，组合收益高于等权重组合、单独的股票、债券和商品资产，且风险低于股票和商品这两类高风险资产。另外，从表中还可以看到，样本外期间基于VAR（1）的投资组合在所有组合中取得了最高的收益和夏普比率，这是因为在均值—方差优化框架下，VAR（1）模型在未考虑资产收益区制转换特征的情况下，基于VAR（1）得到的组合会倾向于配置风险收益比最高的债券资产，因而VAR（1）组合的表现则与债券资产的收益表现高度相关。在样本外测试期间，VAR（1）组合的债券平均占比达80%，而股票的平均占比则不足10%。同时，这一阶段债券资产获得了较高的收益和远高于另两类资产的夏普比率，因此不考虑区制转换特征的VAR（1）得到的投资组合在样本外测试的表现更优。与之相对地，可以从图11-6中基于MSAH（2）-VAR（1）构造的投资组合的股票占比变化情况看到，虽然样本外的测试时间较短，数据量有限，但考虑资产收益区制转换性质的MSAH（2）-VAR（1）模型依然能够在样本外期间里准确地抓住股票资产收益波动的区制拐点，并根据区制转换情况合理调整了股票的配置权重，显示出了一定的择时能力，由此也说明了区制转换模型具有一定的稳健性和有效性，能够反映出我国金融市场的状态转换特征，将其引入资产配置中可以解决其中遇到的状态转换问题，从而帮助提高资产配置效率。

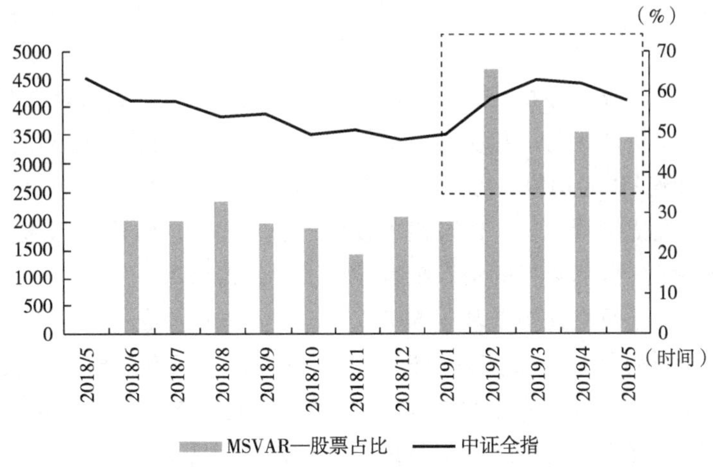

图11-6 样本外MSAH（2）-VAR（1）组合中股票资产占比

11.3 本章小结

金融资产特别是商品、房地产等另类资产的收益具有显著的状态转换特征，即在不同经济状态下，收益分布也有所不同。并且，由于另类资产投资者的投资期往往比较长，资产收益的状态转换特征对包含另类资产的资产配置问题的影响更大。虽然国内学者已经意识到资产收益的状态转换特征，但对将区制转换模型应用于大类资产配置的实证研究则比较匮乏。虽然近年来王霈和魏先华（2017）等将基于区制转换模型的资产配置方法进行了实证研究，但其通过引入单变量区制转换模型的方法存在区制状态在跨资产之间不一致的问题，不能真正解决资产配置中的状态转换问题。对此，本章从对资产收益联合分布建模的角度，对基于多变量区制转换模型（MSVAR）的均值—方差模型在我国市场的应用进行了实证分析。其中，11.1 节对马尔可夫区制转换模型以及多变量区制转换模型 MSVAR 进行了剖析，从理论上说明了在资产配置模型引入多变量区制转换模型的合理性和有效性，并说明了多变量区制转换模型可以将所有资产收益分布设定在同一个区制变化中，克服了单变量区制转换模型中区制不一致的问题，因而提出应用基于 MSVAR 的均值—方差优化方法来解决资产配置中的状态转换问题；11.2 节则利用 2005 年 1 月至 2018 年 5 月中证全指、中证全债和南华商品指数的月度收益率数据对在我国市场使用基于 MSVAR 的均值—方差优化方法进行了实证检验。本章的研究结果表明：①使用 MSVAR 模型可以识别我国金融市场的高波动和低波动区制并将资产收益波动与区制转换相关联，从而可以更好地拟合资产收益联合分布的非线性特征，刻画出不同市场区制下资产收益之间相关关系的时变性，反映出资产收益的相关性在高波动区制下高于低波动区制的重要特征。②使用基于 MSVAR 的均值—方差优化方法能够有效地识别出区制拐点，并根据状态转换调整最优配置比例，体现出了较强的择时能力，依赖状态的投资组合的表现也优于不考虑区制转换的资产配置方法下得到的结果。

本章通过实证研究证明了基于 MSVAR 的均值—方差优化方法对我国市场中包含另类资产（商品）的资产配置问题的适用性，不仅有效解决了资产配置中的状态转化问题，而且丰富了国内关于区制转换模型在大类资产配置的应用研究，这对资产管理人的资产配置实践具有重要的现实意义。

第 12 章　考虑非流动性因素的资产配置方法研究

为了解决第 10 章中指出的包含另类资产的资产配置问题中面临的另一大难点——如何将非流动性因素纳入到资产配置中的问题，本章在 Hayes 等（2015）提出的在资产配置模型中加入非流动性惩罚函数的思想基础上，开创性地提出利用流动性期权模型构造非流动性惩罚函数的方法，首次将流动性期权模型引入到资产配置模型中，并在此基础上构造了一个考虑非流动性因素的资产配置模型。本章将依次从模型设计、模型求解和模拟分析这三个方面对该资产配置模型进行详细的研究。

12.1　模型构建

12.1.1　引入非流动性惩罚

耶鲁大学的 Hayes 等在 2015 年提出可以通过在传统资产配置模型中加入非流动性惩罚（Illiquidity Penalty）的方法来解决资产配置中的非流动性问题。该方法的思想是在传统的均值—方差模型优化框架下，在优化目标中增加代表投资组合流动性风险的非流动性惩罚函数，从而在传统的收益—波动率风险均衡目标基础上将非流动性因素也同时纳入投资组合优化，由此实现收益—波动率风险—流动性风险三者之间的平衡，该模型的具体设计如下：

首先，用 l_i 表示每个资产 i 的非流动性水平，l_i 的取值介于 0 和 1 之间，0 表示完全流动的资产类别，例如固定收益；1 代表非流动的资产类别，例如 PE/

VC 等，投资组合的非流动性水平则表示为组合中各类资产非流动性水平的加权平均：

$$\mathbf{l} = \begin{bmatrix} l_1 \\ \vdots \\ l_n \end{bmatrix}$$

$$L(\mathbf{w}) = \sum_{i=1}^{n} w_i l_i = \mathbf{w}' l \tag{12-1}$$

其中：w_i 代表资产 i 在投资组合中的权重；$\mathbf{w}$ 是各项资产组合的权重向量；$L(\mathbf{w})$ 是投资组合权重的函数，可以解释为非流动性投资的占比。例如，假如投资组合中包含三类资产，权重分别为 w_1、w_2 和 w_3。其中，前两类资产是完全流动的，即 $l_1 = l_2 = 0$，而第三类资产完全没有流动性，即 $l_3 = 1$，则此时投资组合的非流动性水平可以表示为 $L = w_3$。

其次，Hayes 等提出可以引入一个投资组合的边际非流动性惩罚函数（表示为 $c(L)$）来对传统的均值—方差模型进行改进。该惩罚函数 $c(L)$ 的值则表示为投资组合中每增加一单位非流动性水平的投资超过与其理论上除流动性水平以外同质的但具有完全流动性的投资所承担的成本，即投资者投资非流动性资产时承担的单位流动性风险。并且，增加每一单位的非流动性水平投资所带来的流动性风险应与投资组合当前的非流动性水平有关，即投资组合的边际非流动性惩罚是投资组合当前非流动性水平 L 的函数，非流动性惩罚则是投资组合的边际非流动性惩罚的累积函数。

这样，为了将非流动性因素纳入资产配置流程中，Hayes 等（2015）在传统均值—方差模型的优化目标函数中增加了非流动性惩罚函数，由此模型的优化目标函数则变为：

$$\max_{w \in \Omega} \mathbf{w}'\mathbf{r} - \frac{\lambda}{2}\mathbf{w}' \sum \mathbf{w} - T(L(\mathbf{w}))$$

$$\text{s. t. } \mathbf{w}'\mathbf{1} = 1,\ 0 \leqslant w_i \leqslant 1 \tag{12-2}$$

其中：$\mathbf{r}$ 为各项资产的预期收益率向量；λ 为传统均值—方差模型中的投资者的（波动率）风险厌恶系数；$\sum$ 为方差—协方差矩阵；$T(L(\mathbf{w}))$ 为投资组合的累积非流动性惩罚，其等于边际惩罚曲线下从 0 到当前投资组合非流动性水平下的积分：

$$T(L(\mathbf{w})) = \int_0^{L(w)} c(x)dx \tag{12-3}$$

因此，给定每类资产的非流动性水平 l_i，投资组合的非流动性水平即可以表示为权重 $\mathbf{w}$ 的函数，累积非流动惩罚 $T(L(\mathbf{w}))$ 也为 $\mathbf{w}$ 的函数。对比 Hayes 等提出的加入非流动性惩罚的资产配置方法和传统的均值—方差优化方法可以发现：与传统的均值—方差模型一样，加入非流动性惩罚的均值—方差模型本质上仍然是一种基于收益—风险均衡的资产配置模型。不同的是，传统的均值—方差模型将波动率作为投资组合的风险度量标准，其收益—风险均衡则是在收益和波动风险之间进行平衡。然而，当面临缺乏流动性的资产时，只考虑资产收益的波动风险显然是不够的，此时投资组合的风险应由收益的波动风险和资产无法交易的流动性风险共同构成，而基于收益—风险均衡的目标也应该在预期收益与投资组合总风险（波动率风险加流动性风险）之间进行均衡。Hayes 等的思想则是将投资组合的流动性风险通过非流动性惩罚函数的形式进行量化，并在传统的均值—方差优化目标函数中加入对流动性风险的调整，使得优化目标可以在均值—方差—流动性之间进行均衡，从而在投资组合存在流动性风险的情况下更有效地实现收益—总风险的均衡。此外，Hayes 等（2015）也指出，加入非流动性惩罚的优化问题也可以转化为调整预期收益率的形式，如果将非流动性惩罚函数 $T(L(\mathbf{w}))$ 与预期收益 $\mathbf{w}'\mathbf{r}$ 相结合，则可以得到经非流动性调整后的投资组合的预期收益 $\hat{r}_p$：

$$
\begin{aligned}
\hat{r}_p &= \mathbf{w}'\mathbf{r} - T(L(\mathbf{w})) \\
&= \mathbf{w}'\mathbf{r} - \frac{L(\mathbf{w})}{L(\mathbf{w})}T(L(\mathbf{w})) \\
&= \mathbf{w}'\mathbf{r} - \frac{\mathbf{w}'\boldsymbol{l}}{L(\mathbf{w})}T(L(\mathbf{w})) \\
&= \mathbf{w}'(\mathbf{r} - \boldsymbol{l}\frac{T(L(\mathbf{w}))}{L(\mathbf{w})}) \\
&= \mathbf{w}'\hat{\mathbf{r}}
\end{aligned}
\tag{12-4}
$$

其中，$\hat{\mathbf{r}} = \mathbf{r} - \boldsymbol{ll}\frac{T(L(\mathbf{w}))}{L(\mathbf{w})}$，可以表示成经非流动性调整后各类资产收益预期向量。这样，用 $\hat{\mathbf{r}}$ 代替传统均值—方差模型中的资产收益预期向量 $\mathbf{r}$，经非流动性均值—方差优化问题就可以写成：

$$
\begin{aligned}
&\max_{w\in\Omega}\mathbf{w}'\hat{\mathbf{r}} - \frac{\lambda}{2}\mathbf{w}'\sum\mathbf{w} \\
&\text{s.t. } \mathbf{w}'\mathbf{1} = 1,\ 0 \leqslant w_i \leqslant 1
\end{aligned}
\tag{12-5}
$$

由此可见，Hayes 等（2015）提出的加入非流动性惩罚的均值—方差优化方法可以认为是一种经流动性风险调整后的均值—方差模型，相当于对均值—方差模型中预期收益或方差（风险）的输入值进行调整，这种方法为解决包含非流动性资产的资产配置问题提供了一个直观且可行性较高的方法。然而，从以上的模型形式来看，在该模型中，除了传统的均值—方差优化的模型中的输入（预期收益向量和方差—协方差矩阵）外，非流动性惩罚函数也是该模型中的重要构成部分。关于惩罚函数的构造方式，Hayes 等（2015）在其文章中没有给出具体的理论方法，并且他们指出在实践中可以通过指定几个特定的点来生成惩罚函数曲线，然后再使用投资组合优化过程中的平滑函数对点进行插值，但这种方法缺少金融理论基础，因而缺乏一定的科学性。因此，构造非流动性惩罚函数成为该理论模型研究中的重点和难点问题，而非流动性惩罚函数的构造也决定了这种资产配置方法的可行性和有效性。对此，本书在 Hayes 等（2015）的模型构造思想的基础上，开创性地提出利用流动性期权模型来构造非流动性惩罚函数的方法，并在此基础上提出一个具体的考虑非流动性因素的资产配置方法。

12.1.2 流动性期权模型

12.1.2.1 流动性期权理论

根据流动性期权理论，流动性可以看作是一种择时出售资产的选择权。投资者持有非流动性资产头寸相当于放弃了未来某个时间段内通过出售该资产而获得流动性的权利，这种选择权的价值则代表投资非流动性资产所牺牲的流动性价值，也被称为非流动性折价（Illiquidity Discount）。具体地，持有非流动性资产组合可以等价为持有相同数量的与该非流动性资产同质的流动性资产，并卖出了相应数量的流动性期权的投资组合，即：

$$V_{illiq} = V_{liq} - V_p$$

其中，V_{illiq}、V_{liq}和V_p 分别代表非流动性资产、对应的同质流动性资产以及流动性期权的价值，非流动性资产的价值等于相应的流动性资产与流动性期权的价值之差，而这个非流动性折价也是持有非流动性资产的机会成本，本书简称为非流动性成本。那么，该如何构造流动性期权来计算持有非流动性资产的非流动性成本呢？流动性期权理论发展至今，具有代表性的流动性期权模型主要有四种。其中，Chaffee 在 1993 年就已将期权理论应用于估算流动性缺乏造成的折价问题，提出了利用欧式看跌期权价格估计流动性折扣的模型，简称 BSP 模型。BSP 模型的理论基础为：交易受限制的资产的持有人可以通过购买看跌期权来获得以市价交易资产的选择权，这个选择权的价值则体现了流动性资产与非流动性资产的价差。因此，缺乏流动性资产相对于同质流动性资产的折价则可以近似于欧式看跌期权的价格。之后，Trout（2003）和 Seaman（2005）等也在 Chaffee 的基础上进

行了拓展，研究了使用期限更长的看跌期权对流动性折价进行估计。虽然 BSP 模型开创性地将期权理论引入流动性折价模型，但在初期并未受到学术界的青睐。事实上，缺乏流动性可能造成的损失主要分为两个部分：一是当购买非流动性资产后资产价格持续下跌，由于无法即时卖出造成的最终变现价格低于最初购买价格的损失；二是购买后资产价格上升，投资者在流动性受限期间无法出售资产取得收益，而当限售期结束时资产价格从高点回落造成的损失。从本质上说，第一种损失是已实现的损失，是真实的亏损，而第二种损失则属于在流动性受限期间投资者无法获得择时收益的一种机会成本。因此，流动性折价还应与无法快速实现中间收益有关，而标准欧式看跌期权无法量化这部分的流动性折价，而这也是 BSP 模型没有得到广泛应用的重要原因之一。

直到 1995 年，Longstaff 假设投资者具有完美的择时能力，将不可交易带来的折价近似为一个回望式看跌期权（Look - back Put Option），并在此基础上建立了估计交易受限的股票（Letter Stock）的流动性折价模型，简称 LBP 模型。回望式期权的执行价格为期权有效期内股权的最高市场价格，使得持有人可以以期权有效期内基础资产出现过的最高价格行使权利，从而使得投资者可以同时获得亏损补偿和机会成本补偿。因此，LBP 模型可以得到缺乏可交易性折价的最高上限。并且，Longstaff（1995）在交易受限的股票流动性折价模型的基础上又进一步构建了针对交易延迟情形下（Thinly - traded）的流动性折价模型。虽然 Longstaff 关于投资者完美择时能力的假设明显超越了实际情况，LBP 模型只提供了非常宽松的上限，其实际应用价值十分有限，但 Longstaff 的研究推动了期权定价理论在流动性价值研究中的应用，成为流动性期权理论的基础，为评估流动性价值提供了实用的模型框架。

之后，Finnerty（2002）改进了投资者完美择时能力的假设，提出了使用亚式期权（Average - price Asian Put Option）估计流动性折价的模型，简称 AAP 模型。亚式期权又称平均价格期权，其执行价格可以设定为一定时期内基础资产市场价格的平均值。不同于 LBP 模型中对投资者完美择时能力的假设，Finnerty 认为即使不存在流动性限制，投资者也很少能以最高价格变现资产，因而模型假设以平均价格卖出。因此，AAP 模型估计的流动性折价包含了对亏损风险和机会成本的部分补偿。不过，与 LBP 模型的极端假设相比，Finnerty 对投资者完全无择时能力的假设走到了另一个极端。事实上，投资者具有部分把握市场的能力，而这个能力与市场信息透明程度、投资者自身的预测能力等有关。AAP 模型的估计流动性折价则更接近折价下限。因此，在实际应用中，LBP 模型和 AAP 模型都存在一定的局限性。

在最近的文献中，Golts 和 Kritzman（2010）提出了使用一系列由一触即付式（One - touch Option）看跌期权组成的分阶段期权（Cliquet Option）来构造流动性期权，本书将该模型简称为 OTCP 模型。一触即付期权表示在期权到期之前任意时刻内，资产价格一旦达到触发价格，投资者即可获得补偿，而分阶段期权也称棘轮期权，是由一系列远期期权组成的奇异期权，第一个期权立刻生效，第二个期权在第一个期权到期后生效并以此类推。Golts 和 Kritzman 通过用流动性期权表示棘轮期权的方法将流动性间隔区间纳入到流动性期权模型中，而流动性间隔区间则可以看作是投资者对投资组合管理的调整频率，其反映了投资者的流动性需求。因此，Golts 和 Kritzman 构造流动性期权的方法能将非流动性资产的流动性成本与投资者的流动性需求联系起来，相同的资产对于不同的投资者来说持有的风险也不同。从这个角度来看，利用 Golts 和 Kritzman（2010）模型估算持有非流动性资产的非流动性成本在一定程度上更符合实际，也可以更准确地反映出持有非流动性资产所承担的流动性风险。

除此之外，国内也有一些文献对流动性期权理论进行了研究。梁朝晖和张维（2005b）以及李杰和孟祥军（2011）研究总结了流动性折价的期权定价方法，并且梁朝晖和张维（2005a）还应用流动性折价的期权定价方法对封闭式基金的流动性进行了分析；胡晓明和李文秀（2015）也将期权定价方法应用于非上市公司的流动性折价度量中；另外还有一部分学者对影响定向增发折价率的因素进行了研究，发现了投资者情绪（卢闯和李志华，2011）、大股东认购和产权异质（宋鑫等，2017）、增发目的和溢价率（沈华玉，2018）等都会对资产的流动性价值产生影响。然而，目前还没有学者尝试将流动性期权模型引入到资产配置问题研究中。对此，本书开创性地提出利用流动性期权模型来构造非流动性惩罚函数的方法，并将其引入到了均值—方差模型中。

综合以上研究，考虑到 Golts 和 Kritzman（2010）提出的 OTCP 流动性期权模型在一定程度上更符合实际情况，可以更准确地反映非流动性资产的流动性风险。因此，本书最终选择使用 OTCP 模型来构造考虑非流动性因素的资产配置模型中的非流动性惩罚函数。

12.1.2.2 OTCP 流动性期权模型

Golts 和 Kritzma（2010）在 OTCP 模型中将非流动性资产被限制交易的锁定期间（Lock - up Period）划分为一系列的流动性区间（Liquidity Interval），并将流动性期权表示为一系列由一触即付式期权组成的分阶段期权。这里，一触即付

期权表示如果在期权到期之前任意时刻内，资产价格一旦达到触发价格（Trigger Price），投资者即可获得期权收益（Payoff）；分阶段期权也称棘轮期权，是由一系列远期期权组成的奇异期权，第一个期权立刻生效，第二个期权在第一个期权到期后生效并以此类推。

一触即付期权用$\Pi(\tau, \sigma, B, S_0)$来表示，$S_0$ 代表 $t=0$ 时刻的资产价格，τ 代表一触即付期权的到期时间，B 则代表触发价格。触发价格 B 可以大于当前资产价格 S_0，也可以小于 S_0，这取决于投资者对资产价格变动的预期。与传统的看涨和看跌期权类似，当 $B>S_0$ 时，为看涨一触即付期权，而当 $B<S_0$ 时，为看跌一触即付期权，$B=S_0$ 时则是平价一触即付期权。若令 $c=B/S_0$，代表触发条件，即触发价格与 $t=0$ 时刻资产价格之比。那么，当 $c>1$ 时，一触即付期权为看涨期权，而 $c<1$ 和 $c=1$ 则分别表示一触即付看跌期权和平价期权。这里，流动性期权可以表示为一系列看跌一触即付期权组成的棘轮期权，即满足 $c<1$。若以 $S(t)$ 代表到期日前任意时刻 t（$t\leqslant\tau$）的资产价格。那么，看跌一触即付期权的收益情况可以表示为：

当$\min_t S(t) > cS_0=B$ 时，收益为 0；

当$\min_t S(t) \leqslant cS_0=B$ 时，收益为 $e^{r\tau}cS_0=e^{r\tau}B$。

这里，令 $K=e^{r\tau}cS_0=e^{r\tau}B$，表示一触即付期权触发后的期权收益。根据 Golts 和 Kritzman（2010）的推算，在风险中性的情况下，一触即付的期权价格可以表示为：

$$\begin{aligned}\Pi(\tau, \sigma, B, S_0) &= BN(-d_2)+S_0N(-d_1)\\ &= e^{-r\tau}KN(-d_2)+S_0N(-d_1)\end{aligned} \quad (12-6)$$

其中，$N(\cdot)$ 表示标准正态分布的累积概率函数，并且有：

$$d_1=-\frac{\ln(B/S_0)-\sigma^2\tau/2}{\sigma\sqrt{\tau}}=\frac{\ln(S_0/K)+r\tau+\sigma^2\tau/2}{\sigma\sqrt{\tau}}$$

$$d_2=-\frac{\ln(B/S_0)+\sigma^2\tau/2}{\sigma\sqrt{\tau}}=\frac{\ln(S_0/K)+r\tau-\sigma^2\tau/2}{\sigma\sqrt{\tau}}=d_1-\sigma\sqrt{\tau} \quad (12-7)$$

具体的期权定价的推导过程可以参见 Golts 和 Kritzman（2010）的文章。另外，我们知道，根据 Black - Scholes（B - S）定价公式，一个执行价格为 K 的欧式看跌期权的价格可以表示为：

$$p(\tau, \sigma, K, S_0)=e^{-r\tau}KN(-d_2)-S_0N(-d_1) \quad (12-8)$$

首先，对比期权定价公式（11 - 6）和（11 - 8）可以发现，一触即付期权的定价公式看起来类似于欧式看跌期权的 B - S 定价公式，只是在期权的行权收益上加上了行权得到的股票收益 $S_0N(-d_1)$ 而不是减去该收益。

其次，根据 Golts 和 Kritzman（2010）的证明，对于锁定期限为 T 的非流动性资产，其持有空头头寸的流动性期权价格就等于由 m（$m=T/\tau$）个期限为τ的一触即付期权组成的棘轮期权的价格，并且，棘轮期权的价格可以由一触即付的期权价格推导得到：

$$\begin{aligned}\prod(\tau, T, B, S_0) &= S_0\prod + S_0(1-\prod)\prod + \cdots + S_0(1-\prod)^{m-2} \\ &= S_0(1-(1-\prod)^{m-1}) \qquad (12-9)\end{aligned}$$

为了方便比较不同价格资产之间的流动性风险大小，通常选择以流动性期权的相对价格$\prod_r$，即流动性期权价格与资产价格之比来表示①。如果$\prod_r$越高，则意味着其流动性风险更高：

$$\prod_r = \frac{\prod(\tau, T, B, S_0)}{S_0} = 1-(1-\prod)^{m-1} \qquad (12-10)$$

综上所述，通过将流动性期权表示为一系列由一触即付式期权组成的棘轮期权，我们可以获得期权价格的表达式，而该期权价格则反映了投资非流动性资产的机会成本，而这种成本也可以代表持有非流动性资产的风险。因此，当投资组合中包含非流动性资产时，我们可以利用流动性期权模型来对投资组合面临的流动性风险进行量化。

通过式（12-10）可以看到，根据 OTCP 模型得到的流动性期权价值将由标的资产的收益波动的标准差 σ、标的资产的当期价格 S_0、流动性锁定期限 T，一触即付式期权的期限τ以及触发价格 B 共同决定。

其中，流动性锁定期限 T 反映了非流动性资产流动性受到限制的时间长短，比如对于已上市公司的定向增发项目而言，根据相关法律规定，通过定增获得的股票有至少 1 年的限售期，那么对于参与定向增发的投资者而言，其获得的股票在限售期内是一种非流动性资产，而该资产的流动性锁定期限则为 1 年。类似地，私募股权、风险投资等另类资产的流动性锁定期限会更长。因此，投资者可以根据所投资产在流动性方面的限制确定该模型中的流动性锁定期限 T。

再次，Golts 和 Kritzman（2010）在其流动性期权模型构造中最重要的创新之一就是将流动性锁定期限划分为了多个流动性区间，而一触即付期权的期限 τ 则表示每个流动性区间的间隔时间，亦称为流动性间隔。在实际应用中，流动性间隔可以理解为投资者的流动性需求间隔或调仓频率。比如，对于投资期限为 1 年的投资者而言，如果其调仓频率为按月调仓，即代表其每间隔 1 个月会因为需要

---

① 后文中提到的期权价格如无特殊说明均指相对价格。

买卖资产而产生流动性需求，其流动性间隔就等于 1 个月。同理，如果投资者的调仓频率为季度或年度时，其对应的流动性间隔则也为 1 个季度或 1 年等。因此，如果在投资组合中配置非流动性资产，使用 OTCP 模型计算持有非流动性资产的机会成本时，流动性间隔可以按投资者的调仓频率进行设定。并且，一般来说，流动性间隔必须小于非流动性资产的流动性锁定期，即 $\tau < T$。仍然以流动性锁定期为 1 年为例，如果投资者的调仓频率等于或超过 1 年，意味着投资者在期初建立投资组合后将在 1 年或更久之后才会进行资产买卖，此时意味着投资者在锁定期限内没有流动性需求，对流动性风险的容忍度达到最大。那么，在这种情况下，在 T 时期内被限制出售的资产等同于同质的完全流动性的资产，此时的流动性期权价格应该等于 0，即投资者面临的流动性风险应为 0。对于这类投资者来说，虽然非流动性资产有一定的流动性限制条件，但由于该流动性限制条件对投资者投资组合的流动性需求没有影响，流动性缺乏的属性并不会给投资者带来额外的风险。在这种情况下，投资者也无须在投资组合优化过程中考虑流动性风险，既而可以采用不考虑非流动性因素的传统资产配置方法对投资组合进行管理。

最后，关于触发价格 B 的设定，由于只有流动性期权的相对价格可以在不同标的资产价格的资产之间进行比较，因此在设置触发价格时，也是从表示相对价格的触发条件 $c = B/S_0$ 角度进行设定。理论上，无论是触发价格还是触发条件都可以根据投资者的风险偏好程度进行自由设定，触发价格或条件反映的是投资者对期间亏损风险的敏感度，投资者对于期间亏损风险越敏感，触发条件 $c = B/S_0$ 越接近于 1，触发价格 B 也越接近标的资产价格。并且，由期权定价模型可知，触发条件越高，流动性期权的价格也越高。在对流动性期权模型的研究中，Golts 和 Kritzman（2015）也讨论了设置触发条件的方法，其假设一触即付期期权只在非常严重的折价状态下触发，并提出可以将触发条件表示为：

$$c = B/S_0 = \exp\left(-\sqrt{\frac{\tau}{T-\tau}}\right) \tag{12-11}$$

通过这种方法设置的触发条件满足流动性间隔越短，触发价格越高，流动性期权的价格也越高；流动性间隔越长，流动性期权的价格也越低。另外，Golts 和 Kritzman（2015）在其文章中还指出，投资者也可以根据流动性风险偏好程度对触发条件进行更一般的设置：

$$c_{general} = \gamma B/S_0 = \gamma \exp\left(-\sqrt{\frac{\tau}{T-\tau}}\right) \tag{12-12}$$

其中，γ 代表投资者的流动性风险偏好程度，γ 越大表明投资者的流动性风险厌恶程度越高。当 $\gamma=1$ 时，我们可以称其为流动性风险中性；当 $\gamma<1$ 时，则表明投资者偏好流动性风险，而当 $\gamma>1$ 时，代表投资者厌恶流动性风险。通常而言，投资者的流动性风险偏好为正数，即 $\gamma\geqslant0$。与此同时，由于$c_{general}\leqslant1$，对于流动性风险厌恶的投资者而言，$\gamma\leqslant\exp\left(\sqrt{\frac{\tau}{T-\tau}}\right)$。虽然式（12－11）的设置方法不是唯一的触发条件的设置方法，但由于其非常贴近实际且简单易得，具有较好的应用价值，且本书的重点不在论证如何设置触发条件上。因此，在本书假设投资者是流动性风险中性的，因而采用式（12－11）来设置一触即付式期权的触发条件。将式（12－11）代入式（12－6）中则可以将名义价格为 1 时的一触即付期权价格的表达式转化为：

$$\Pi=\frac{\Pi(\tau,\ \sigma,\ B)}{S_0}=cN(-d_2)+N(-d_1) \tag{12－13}$$

其中，d_1 和 d_2 也可以表示为：

$$d_1=-\frac{\ln c-\sigma^2\ \tau/2}{\sigma\ \sqrt{\tau}}$$

$$d_2=-\frac{\ln c+\sigma^2\ \tau/2}{\sigma\ \sqrt{\tau}}=d_1-\sigma\ \sqrt{\tau} \tag{12－14}$$

从式（12－13）可以发现，在流动性风险为中性的情况下，名义价格为 1 时的一触即付期权的价格只与标的资产收益的波动率 σ、流动性锁定期限 T 和流动性间隔τ有关，对应的棘轮期权的相对价格也可以写成与这三个变量相关的函数：

$$\Pi_r(\tau,\ T,\ \sigma)=1-(1-\Pi(\tau,\ T,\ \sigma))^{m-1} \tag{12－15}$$

综上，一系列一触即付式期权构成的棘轮期权价格可以根据标的资产的流动性锁定期限、投资者的流动性需求间隔以及标的资产的波动率对投资者投资此类资产时的机会成本进行量化。由于这里的期权价格代表了每单位价格的非流动性资产的非流动性成本，故而其为一种相对成本，或可称为非流动性成本费率（以下简称为非流动性成本）。那么，对于每一类非流动性资产 i，可以利用该期权模型来估算持有该非流动性资产的非流动性成本$illiq_i$：

$$illiq_i=\Pi_r(\tau_i,\ T_i,\ \sigma_i)=1-(1-\Pi(\tau_i,\ T_i,\ \sigma_i))^{m-1} \tag{12－16}$$

12.1.2.3　流动性风险的影响因素

从上节的分析中可以看到，由 OTCP 流动性期权模型估算出的非流动性成本费率由流动性锁定期限 T、流动性间隔 τ 以及资产收益率的波动率 σ 决定。因此，如果以持有非流动性资产的机会成本看作是投资非流动性资产所面临的流动性风险，那么该流动性风险也将由以上三个因素决定。为了之后更好地将流动性

期权模型引入到资产配置过程中，本节将进一步分析利用 OTCP 模型对流动性风险进行量化时资产的流动性风险如何受到这三个变量的影响。

（1）流动性风险与流动性锁定期限。

根据式（12-16）可以看到，当流动性间隔和波动率一定时，一触即付期权的价格函数和非流动性成本都可以写成关于流动性锁定期限 T 的函数 $\Pi=\Pi(T)$ 和 $\Pi_r=f(T)$，对 $\Pi(T)$ 和 $f(T)$

求导可得：

$$\frac{\partial\Pi(T)}{\partial T}=-\frac{\sqrt{\tau}}{2(T-\tau)^{3/2}}e^{-\sqrt{\tau/(T-\tau)}}N(-d_2)+\frac{1}{\sigma(T-\tau)^{3/2}}N'(-d_1) \quad (12-17)$$

$$\frac{\partial f(T)}{\partial T}=(1-\Pi)^{(T/\tau-1)}\left[\frac{1}{\tau}\ln\left(\frac{1}{1-\Pi}\Pi\right)+\left(\frac{T}{\tau}-1\right)\frac{1}{1-\Pi}\frac{\partial\Pi}{\partial T}\right] \quad (12-18)$$

其中，根据一触即付式期权的定价理论，当流动性锁定期限 T 越大时，触发条件 $c=B/S_0$ 就越高，即意味着触发价格越高，对应的一触即付期权的价格也越高，即 $\frac{\partial\Pi(T)}{\partial T}$ 大于 0。此时，可以证明 $\frac{\partial f(T)}{\partial T}$ 也始终大于 0。换句话说，流动性锁定期限越长，流动性期权的价格越高，意味着该资产的流动性风险也越大，流动性风险与锁定期限正相关。一般来说，流动性锁定期限越长，投资者面临的不确定性越高，所承担的风险也应越高。这个结果显然是符合常识的，这也从另一个侧面反映了流动性期权价格可以在一定程度上体现资产的流动性风险水平。

（2）流动性风险与流动性间隔。

同理，当流动性锁定期限和波动率一定时，一触即付期权的价格和非流动性成本则可以写成关于流动性间隔区间的函数：$\Pi=\Pi(\tau)$ 和 $\Pi_r=f(\tau)$。同样，对函数 $\Pi(\tau)$ 和 $f(\tau)$ 求导可以得到：

$$\frac{\partial\Pi(\tau)}{\partial\tau}=-\frac{T}{2\sqrt{\tau}(T-\tau)^{3/2}}e^{-\sqrt{\tau/(T-\tau)}}N(-d_2)-\frac{1}{\sigma(T-\tau)^{3/2}}N'(-d_1) \quad (12-19)$$

$$\frac{\partial f(\tau)}{\partial\tau}=(1-\Pi)^{(T/\tau-1)}\left[\frac{T}{\tau^2}\ln(1-\Pi)+\left(\frac{T}{\tau}-1\right)\frac{1}{1-\Pi}\frac{\partial\Pi}{\partial\tau}\right] \quad (12-20)$$

同上，根据流动性期权的定价理论即可证明式（12-19）和式（12-20）均小于 0，说明了一触即付期权价格和非流动性成本都与流动性间隔呈反向关系。由上文可知，流动性间隔区间可以理解为投资者调整投资组合的间隔时间，其反映了投资者的流动性需求，间隔区间越短表明投资者的调仓频率越高，即流动性需求越高，因而在相同情况下其所面临的流动性风险也越高。由此可见，流动性风险与流动性间隔之间的关系从本质上反映了流动性风险与投资者流动性需求之间的关系。对于相同的非流动性投资，流动性需求不同的投资者面临不同的流动性风险。一般来说，长期投资者的调仓频率较低，在相同情况下，其所面临的流动性风险也相对较低，从而会倾向于配置更多的非流动性资产。这一结论不仅与前人得到的研究结果相似，也符合现实中非流动性资产的主要投资者大多为投资期限较长、短期流动性需求较低的主权财富基金、捐赠基金等的事实。因此，这也从另一个侧面体现了利用流动性期权模型量化流动性风险的合理性。

12.1.2.4　流动性风险与波动率

流动性期权模型的核心则是将资产的流动性风险与资产的收益波动相关联。同样根据以上提到的方法，当其他变量一定时，式（12－16）中的非流动性成本就可以写成关于波动率的函数：$\Pi_r(\sigma)=f(\sigma)$，对函数$f(\sigma)$求导则有：

$$\frac{\partial f(\sigma)}{\partial\sigma}=(m-1)(1-\Pi)^{m-2}\frac{\partial\Pi(\sigma)}{\partial\sigma} \tag{12-21}$$

此外，根据式（12－13），可以得到一触即付期权价格函数Π关于σ的导数：

$$\frac{\partial\Pi(\sigma)}{\partial\sigma}=N'(-d_1)\frac{2\ln(1/c)}{\sigma^2\tau} \tag{12-22}$$

其中，$N'(\cdot)$为标准正态分布的概率密度函数。将式（12－22）代入到式（12－21）中，结合$m=T/\tau$，则有：

$$\frac{\partial f(\sigma)}{\partial\sigma}=\left(\frac{T}{\tau}-1\right)(1-\Pi)^{(\frac{T}{\tau}-2)}N'(-d_1)\frac{2\ln(1/c)}{\sigma^2\tau} \tag{12-23}$$

其中，根据上文可知，一般情况下触发条件$c<1$，则$\ln(1/c)>0$，又因$N'(-d_1)>0$，因而可以证明$\frac{\partial\Pi(\sigma)}{\partial\sigma}>0$。此时，由于标的资产名义价格为1的一触即付期权的价格$\Pi<1$，且当流动性期权价格不等于0（即$\tau\neq T$）时，有$\frac{T}{\tau}-1>0$和$1-\Pi>0$。因此$\frac{\partial f(\sigma)}{\partial\sigma}$也大于0。由此可见，$\Pi(\sigma)$和$f(\sigma)$都是关于$\sigma$的增函数，即意味着波动率越高，投资该资产的机会成本越高，其流动性风险也越高。

此外，进一步地，还可以将函数$f(\sigma)$关于σ的二阶导数写成：

$$\frac{\partial^2 f(\sigma)}{\partial^2\sigma}=F(\sigma)\times G'(\sigma)+G(\sigma)\times F'(\sigma) \tag{12-24}$$

其中，$f(\sigma)=F(\sigma)\times G(\sigma)$，$F(\sigma)$、$G(\sigma)$分别为：

$$F(\sigma)=\left(\frac{T}{\tau}-1\right)(1-\Pi)^{(\frac{T}{\tau}-2)} \tag{12-25}$$

$$G(\sigma)=N'(-d_1)\frac{2\ln(1/c)}{\sigma^2\tau} \tag{12-26}$$

$F'(\sigma)$和$G'(\sigma)$则分别为$F(\sigma)$和$G(\sigma)$的一阶导数：

$$F'(\sigma)=(\frac{T}{\tau}-1)(\frac{T}{\tau}-2)(1-\Pi)^{(\frac{T}{\tau}-3)}\frac{\partial\Pi}{\partial\sigma} \tag{12-27}$$

$$G'(\sigma)=-\frac{2\ln(1/c)}{\sigma^2\tau}N''(-d_1)\frac{\partial d_1}{\partial\sigma}-\frac{4\ln(1/c)}{\sigma^3\tau}N'(-d_1) \tag{12-28}$$

首先，可以很容易地看出，$F(\sigma)$ 和 $G(\sigma)$ 均大于 0。由于$\frac{\partial\Pi}{\partial\sigma}>0$且$1-\Pi>0$，因而当$\frac{T}{\tau}\geqslant 2$时，$F'(\sigma)\geqslant 0$。$\frac{T}{\tau}$是非流动性资产的锁定期与流动性间隔之比，可以理解为在流动性锁定期内投资者的调仓次数。因此，一般来说，流动性锁定期可以表示为$T=k\tau$（k为一个正整数）。另外，由上文可知，当$\tau=T$时，$f(\sigma)=0$，意味着流动性风险为 0，而当流动性期权价格不等于 0 时，$\frac{T}{\tau}\geqslant 2$则始终成立。综上，在流动性风险不为 0 的情况下，$\frac{T}{\tau}\geqslant 2$始终成立，此时$F'(\sigma)$也始终不小于 0。

其次，由式（12－14）中可知：

$$\frac{\partial d_1}{\partial\sigma}=-\frac{\sigma^2\tau/2+\ln c}{\sigma^2\sqrt{\tau}}$$

$$N''(-d_1)=d_1N'(-d_1)$$

因此，$G'(\sigma)$ 可以进一步化简为：

$$G'(\sigma)=\frac{2\ln(1/c)}{\sigma^2\tau}N'(-d_1)\frac{(\ln c)^2-\sigma^4\tau^2/4-2\sigma^2\tau}{\sigma^3\tau}$$

$$=\frac{2\ln(1/c)}{\sigma^2\tau}N'(-d_1)\frac{\left(4+\frac{\tau}{T-\tau}\right)-(\sigma^2\tau/2+2)^2}{\sigma^3\tau}$$

由此可见，当$\sigma^2\leqslant\frac{2\sqrt{\frac{4T-3\tau}{T-\tau}}-4}{\tau}$时①，始终有$G'(\sigma)\geqslant 0$。此时，$\frac{\partial^2 f(\sigma)}{\partial^2\sigma}$也

① $\sigma^2<\frac{2\sqrt{\frac{4T-3\tau}{T-\tau}}-4}{\tau}$是$G'(\sigma)>0$的充分而非必要条件，这里使用充分条件下的临界值是因为$\frac{\partial^2 f(\sigma)}{\partial^2\sigma}$中包含累积概率分布函数，对$\frac{\partial^2 f(\sigma)}{\partial^2\sigma}>0$直接求解无法获得解析解，使用$G'(\sigma)>0$的充分条件相当于增强了模型的假设条件，但不会影响模型的求解和有效性。

大于或等于0，其表明当单个非流动性资产或投资组合非流性部分收益波动低于某个临界值（$\frac{2\sqrt{\frac{4T-3\tau}{T-\tau}}-4}{\tau}$，记为 M）时，随着波动率的提升，每增加一单位波动时的流动性风险也随之增加。并且，可以看到的是，在投资者是风险中性的假设条件下，该临界值仅与 T 和 τ 的取值有关，已知 T 和 τ 的值即可以确定 M。另外，需要注意的是，T 和 τ 的取值与对应的数据频率有关。比如，当收益率、波动率等为月度数据时，流动性间隔和流动性锁定期限分别为1个月和1年时，其对应 $\tau=1$ 和 $T=12$，而当收益率、波动率等为年度数据，流动性间隔和流动性锁定期限同样分别为1个月和1年时，则对应 $\tau=1/12$ 和 $T=1$。不过，数据频率的选择不会影响临界值和对非流动性成本费的计算。以临界值为例可以看到，在相同的波动率、流动性间隔和流动性锁定期限下，如果将月度频率的数据换算为年度频率后，得到的方差临界值将是原来的12倍，而此时的方差临界值也从原来的月度方差转变为年度方差。同理，改变数据频率亦不会影响由OTCP模型估算出的流动性风险。

12.1.3 加入非流动性惩罚的均值—方差模型

以上两个小节分别对在均值—方差模型中引入非流动性惩罚函数和流动性期权模型进行了说明。其中，加入的非流动性惩罚函数应是对投资者投资非流动性资产时面临的流动性风险的量化，而如何构造非流动性惩罚函数则是考虑非流动性因素的资产配置问题研究中的重点和难点问题。根据12.1.2节对流动性期权模型的研究，笔者认为利用流动性期权模型对流动性风险进行量化具有一定的合理性和可行性。因此，本节深入探讨了如何利用流动性期权模型来构造非流动性惩罚函数，并将其加入均值—方差模型，从而构造出一个考虑非流动性因素的资产配置模型。

12.1.3.1 模型假设

首先，本书构造的加入非流动性惩罚的均值—方差模型是在传统的均值—方差模型基础上加入了非流动性惩罚函数，其意味着此时投资者不再只根据期望收益的方差（标准差）来衡量风险，而是以波动风险与流动性风险之和来衡量投资组合的总风险，并在此基础上在收益与总风险之间进行均衡。除此之外，虽然Hayes等（2015）没有给出非流动性惩罚函数的理论表达式，但其对非流动性惩罚函数应当满足的条件做出了说明，其包括：惩罚函数可以反映投资组合面临的流动性风险；惩罚函数应是关于非流动性水平的单调递增函数，即投资组合的非

流动性水平越高，惩罚函数值也越高；边际惩罚函数应是关于非流动性水平的单调增函数，即当投资组合的非流动性水平越高时，每提高一单位非流动性水平的投资所增加的流动性风险也越高，对应的非流动性惩罚也越大。因此，本书构造的加入非流动性惩罚的均值—方差模型成立的假设条件融合了传统均值—方差模型的假设前提和非流动性惩罚函数成立时应满足的条件。因此，模型的假设条件包括：

（1）投资组合的总风险包含收益波动风险以及流动性风险。

（2）投资组合的流动性风险与其非流动性水平相关：非流动性水平越高，流动性风险也越高，且非流动性水平越高，边际流动性风险也越高。

（3）投资者根据投资组合的总风险和收益来进行投资决策。

（4）在一定的流动性风险水平上，投资者期望收益波动率比（夏普比率）最大；相对应地，在一定的收益波动率水平上，投资者希望流动性风险最小。

12.1.3.2　模型建立

根据上文的论述，流动性期权价格反映了在一定的流动性锁定期限和投资者的调仓需求下，投资者持有某个非流动性资产的（流动性）机会成本。如果以该机会成本来代表投资该资产所面临的流动性风险。那么，投资组合的流动性风险则也可以用流动性期权模型来量化。此时，流动性期权模型中的波动率则为投资组合的非流动性部分的收益波动（后文简称为非流动性波动），对应的非流动性惩罚函数就可以表示为：

$$\Pi_p\ (\tau_p,\ T_p,\ \sigma_p^{il})$$

其中，τ_p、T_p、σ_p^{il} 分别表示投资组合的流动性调整区间、流动性锁定期限以及非流动性波动。根据上文的分析，τ_p、T_p 可以根据投资者的调仓需求和非流动性资产的流动性锁定期限确定。因此，如何确定投资组合的非流动性波动 σ_p^{il} 成为使用流动性期权模型来构造投资组合的非流动性惩罚函数的重点。

这里，笔者借鉴了风险分解的思想，把投资组合的风险分解为各项资产的风险贡献之和。因此，如果以波动率作为风险衡量标准，对于同时包含流动性资产和非流动性资产的投资组合而言，投资组合的波动率则可以分解为流动性波动和非流动性波动：

$$\sigma_p = \sigma_p^{il} + \sigma_p^{l}$$

其中，$\sigma_p = \sqrt{\mathbf{w}'\Sigma\mathbf{w}}$，表示投资组合的波动率；非流动性波动 σ_p^{il} 表示投资组合的收益波动中来自所有非流动性资产的部分，即非流动性资产的风险贡献；流动性波动 σ_p^{l} 则表示投资组合的收益波动中来自所有流动性资产的部分，即流动性资产的风险贡献。根据欧拉风险分解定理，资产组合的总体风险应是各资产的边际风险与所占权重的加和，在波动率指标下投资组合中单个资产 i 的风险贡献度可以表示为：

$$RC_i = w_i \frac{\partial \sigma_p}{\partial w_i} = \frac{w_i^2 \sigma_i^2 + \sum_{i \neq j} w_i w_j \sigma_{ij}}{\sqrt{\boldsymbol{w}' \sum \boldsymbol{w}}} = w_i \frac{\left(\sum \boldsymbol{w}\right)_i}{\sqrt{\boldsymbol{w}' \sum \boldsymbol{w}}} \tag{12-29}$$

其中，$(\sum \mathbf{w})_i$ 则指资产 i 在向量 $\sum \mathbf{w}$ 中的对应值之和。如果以只包含一种完全流动的资产（$l=0$）和一种非流动性资产（$l=1$）的投资组合为例[①]，该投资组合的非流动性波动 σ_p^{il} 则可以表示为：

$$\sigma_p^{il} = \frac{w_{il}^2 \sigma_{il}^2 + \rho w_{il} w_l \sigma_{il} \sigma_l}{\sqrt{\boldsymbol{w}' \sum \boldsymbol{w}}} \tag{12-30}$$

其中：$\mathbf{w}' \sum \mathbf{w} = w_{il}^2 \sigma_{il}^2 + 2\rho w_{il} w_l \sigma_{il} \sigma_l + w_l^2 \sigma_l^2$；$\sigma_{il}$ 和 σ_l 分别表示非流动性资产和流动性资产的波动率，w_{il} 和 w_l 则分别表示投资组合中非流动性资产和流动性资产的占比；ρ 表示两类资产收益的相关系数。此时，投资组合的非流动性水平则可以表示为：$L(\mathbf{w}) = w_{il}$。并且，只考虑充分投资的情况时，即有 $w_{il} + w_l = 1$。在 σ_{il} 和 σ_l 以及 ρ 已知的情况下，投资组合的非流动性波动可以表示为关于 w_{il} 的函数，也是关于 $L(\mathbf{w})$ 的函数：$\sigma_p^{il}(L(\boldsymbol{w})) = \sigma_p^{il}(w_{il})$。由此可见，用流动性期权模型来构造非流动性惩罚函数时，由于 $\prod_p(\tau_p, T_p, \sigma_p^{il})$ 是关于 σ_p^{il} 的函数，而 σ_p^{il} 又可以表达为关于 $L(\mathbf{w})$ 的函数，因而非流动性惩罚函数最终也可以表达为关于 $L(\mathbf{w})$ 的函数[②]，即：

$$\begin{aligned} T(L(\mathbf{w})) &= \prod_p(\tau_p, T_p, \sigma_p^{il}(w_{il})) = \prod_r(\sigma_p^{il}(w_{il})) = f(w_{il}) \\ &= \prod_r(\sigma_p^{il}(L(\mathbf{w}))) = f(L(\mathbf{w})) \end{aligned} \tag{12-31}$$

至此，可以说明使用流动性期权模型构造非流动性惩罚函数时，惩罚函数可以表达成关于非流动性水平的函数。

此外，据模型成立的前提条件，非流动性惩罚函数成立还应满足上文中提到的假设条件 b。那么，用流动性期权模型来构造非流动性惩罚函数是否满足这个假设条件呢？这个问题是能否将流动性期权模型引入到资产配置中的关键所在，

① 当投资组合中含有多个资产时，可以将投资组合中所有的流动性资产构成的投资组合作为一类资产，而所有的非流动性资产构成的组合作为另一类资产，这样所有投资组合则都可以被看作是由一类流动性资产（$l=0$）和一类非流动性资产（$l=1$）构成的组合。

② 由于 $L(\boldsymbol{w}) = w_{il}$，为方便展示，下文在证明过程中有时以 w_{il} 表示投资组合的非流动性水平。

下文则将对该问题展开详细的论证。

首先，根据式（12－30），可以求得投资组合的非流动性波动关于非流动性资产占比的导数为：

$$\frac{\partial\sigma_p^{il}}{\partial w_{il}}=\frac{(2w_{il}\sigma_{il}^2+\rho w_l\,\sigma_{il}\sigma_l)\sqrt{\mathbf{w}'\sum\mathbf{w}}-\frac{(w_{il}^2\sigma_{il}^2+\rho\,w_{il}w_l\,\sigma_{il}\sigma_l)(w_{il}\sigma_{il}^2+\rho w_l\,\sigma_{il}\sigma_l)}{\sqrt{\mathbf{w}'\sum\mathbf{w}}}}{\mathbf{w}'\sum\mathbf{w}}$$

$$=\frac{(w_{il}\sigma_{il}^2+\rho w_l\,\sigma_{il}\sigma_l)(w_l^2\sigma_l^2+\rho\,w_{il}w_l\,\sigma_{il}\sigma_l)+w_{il}\sigma_{il}^2(\mathbf{w}'\sum\mathbf{w})}{(\mathbf{w}'\sum\mathbf{w})^{\frac{3}{2}}}\qquad(12-32)$$

其中，分母 $(\mathbf{w}'\sum\mathbf{w})^{\frac{3}{2}}$ 始终大于0。并且，由于非流动性资产不能做空，本书只考虑不允许做空条件的资产配置问题，即投资组合中的资产权重均满足 $0\leqslant w_i\leqslant1$。此外，风险分配理论的隐含假设还包括每类资产对投资组合的风险贡献不能为负，即 $w_{il}^2\sigma_{il}^2+\rho w_{il}w_l\sigma_{il}\sigma_l\geqslant0$ 和 $w_l^2\sigma_l^2+\rho w_{il}w_l\sigma_{il}\sigma_l\geqslant0$ 始终成立。此时，式(12－32)的分子部分中，$(w_{il}\sigma_{il}^2+\rho w_l\sigma_l)(w_l^2\sigma_l^2+\rho\,w_{il}w_l\,\sigma_{il}\sigma_l)$ 和 $w_{il}\sigma_{il}^2(\mathbf{w}'\sum\mathbf{w})$ 则均不小于0。此时，$\frac{\partial\sigma_p^{il}}{\partial w_{il}}>0$ 始终成立，说明当投资组合中的非流动性水平越高时，投资组合的流动性波动也越大。

其次，根据式(12－3)，非流动性惩罚等于边际惩罚曲线下从0到当前投资组合非流动性水平下的积分，即边际惩罚函数 $c(L(\mathbf{w}))$ 是惩罚函数 $T(L(\mathbf{w}))$ 的一阶倒数。根据式(12－31)和式(12－32)可以推导出以流动性期权模型来构造投资组合的非流动性惩罚函数时的边际惩罚函数为：

$$c(L(\mathbf{w}))=\frac{\partial T(L(\boldsymbol{w}))}{\partial L(\boldsymbol{w})}=\frac{\partial\prod_r(\sigma_p^{il}(w_{il}))}{\partial w_{il}}=\frac{\partial\prod_r(\sigma_p^{il})}{\partial\sigma_p^{il}}\times\frac{\partial\sigma_p^{il}}{\partial w_{il}}\qquad(12-33)$$

其中，前文中已经证明流动性期权价格是关于波动率风险的增函数，即 $\frac{\partial\prod_r(\sigma_p^{il})}{\partial\sigma_p^{il}}>0$，且有 $\frac{\partial\sigma_p^{il}}{\partial w_{il}}>0$。因此，$c(L(\mathbf{w}))>0$，本书提出的构造非流动性惩罚函数的方法可以满足投资组合的非流动性水平越高，非流动性惩罚也越高的假设条件。

最后，可以把进一步将 $c(L(\mathbf{w}))$ 关于 $L(\mathbf{w})$ 的一阶导数写成：

$$\frac{\partial c(L(\boldsymbol{w}))}{\partial L(\boldsymbol{w})}=\frac{\partial^2\prod_r(\sigma_p^{il})}{\partial^2\sigma_p^{il}}\times\left(\frac{\partial\sigma_p^{il}}{\partial w_{il}}\right)^2+\frac{\partial\prod_r(\sigma_p^{il})}{\partial\sigma_p^{il}}\times\frac{\partial^2\sigma_p^{il}}{\partial^2 w_{il}}$$

并且，根据前文中的证明结果可知，当 $(\sigma_p^{il})^2 \leqslant \frac{2\sqrt{\frac{4T-3\tau}{T-\tau}}-4}{\tau}$ 时，$\frac{\partial^2 \prod_r(\sigma_p^{il})}{\partial^2 \sigma_p^{il}} \geqslant 0$。并且，由附录可知，当 $\sigma_p^{il} \leqslant \frac{2}{3}\sigma_p$ 时，$\frac{\partial^2 \sigma_p^{il}}{\partial^2 w_{il}} \geqslant 0$。那么，当 $(\sigma_p^{il})^2 \leqslant \frac{2\sqrt{\frac{4T-3\tau}{T-\tau}}-4}{\tau}$ 且 $\sigma_p^{il} \leqslant \frac{2}{3}\sigma_p$ 时，$\frac{\partial c(L(\boldsymbol{w}))}{\partial L(\boldsymbol{w})} > 0$ 始终成立，即意味着边际惩罚函数是关于非流动性水平的单调增函数。

综上，本节详细说明了如何利用流动性期权模型构造投资组合的非流动性惩罚函数，并且分析指出了当以下条件满足时，该非流动性惩罚函数成立：

$$w_{il}^2\sigma_{il}^2 + \rho w_{il} w_l \sigma_{il}\sigma_l \geqslant 0$$

$$w_l^2\sigma_l^2 + \rho w_{il} w_l \sigma_{il}\sigma_l \geqslant 0$$

$$(\sigma_p^{il})^2 \leqslant \frac{2\sqrt{\frac{4T-3\tau}{T-\tau}}-4}{\tau}$$

$$\sigma_p^{il} \leqslant \frac{2}{3}\sigma_p$$

其中，可以证明当条件 a 和 d 都成立时，条件 b 也成立。因此，本章提出的构造非流动性惩罚函数的方法成立的前提可以概括为：

$$w_{il}^2\sigma_{il}^2 + \rho w_{il} w_l \sigma_{il}\sigma_l \geqslant 0$$

$$(\sigma_p^{il})^2 \leqslant \frac{2\sqrt{\frac{4T-3\tau}{T-\tau}}-4}{\tau}$$

$$\sigma_p^{il} \leqslant \frac{2}{3}\sigma_p$$

进一步来看，第一个条件要求投资组合中非流动性资产对组合的（波动率）风险贡献不为负数；第二个条件要求投资组合的非流动性波动小于某个临界值，并且该临界值是由流动性锁定期限与流动性间隔决定的；第三个条件则要求非流动性资产对投资组合的（波动率）风险贡献占比小于一个固定的比例。具体来看，如果仍以只包含一类非流动性资产和一类流动性资产的投资组合为例，以上三个模型成立的假设前提可以写成：

$$h_1 = -w_{il}^2\sigma_{il}^2 - \rho w_{il} w_l \sigma_{il}\sigma_l \leqslant 0 \tag{12-34}$$

$$h_2 = (w_{il}^2\sigma_{il}^2 + \rho w_{il} w_l \sigma_{il}\sigma_l)^2 / (w_{il}^2\sigma_{il}^2 + w_l^2\sigma_l^2 + 2\rho w_{il} w_l \sigma_{il}\sigma_l) \leqslant M \tag{12-35}$$

$$h_3 = 3(w_{il}^2\sigma_{il}^2 + \rho w_{il} w_l \sigma_{il}\sigma_l) - 2(w_{il}^2\sigma_{il}^2 + w_l^2\sigma_l^2 + 2\rho w_{il} w_l \sigma_{il}\sigma_l) \leqslant 0 \tag{12-36}$$

其中，$M=\frac{2\sqrt{\frac{4T-3\tau}{T-\tau}}-4}{\tau}$，且由于 T 和 τ 均为模型的输入变量，是已知的常量，此处 M 也为已知常量。

首先，结合等式约束条件 $w_{il}+w_l=1$ 则可以将 h_3 重新改写为：

$$h_3=(\sigma_{il}^2+\rho\sigma_{il}\sigma_l-2\sigma_l^2)w_{il}^2+(4\sigma_l^2-\rho\sigma_{il}\sigma_l)w_{il}-2\sigma_l^2 \tag{12-37}$$

这样，由于 ρ、σ_{il}、σ_l 均为模型的输入变量已知的常量，h_3 可以写成关于非流动性资产配置比例 w_{il} 的一元二次函数：

$$h_3(w_{il})=Aw_{il}^2+Bw_{il}+C \tag{12-38}$$

其中，A、B、C 均为已知常量，并且 $A=\sigma_{il}^2+\rho\sigma_{il}\sigma_l-2\sigma_l^2$，$B=4\sigma_l^2-\rho\sigma_{il}\sigma_l$。如果令 $\Delta=B^2-4AC=(\rho^2+8)\sigma_{il}^2\sigma_l^2$，显然可以证明 $\Delta\geqslant0$。此时，当 $A\neq0$ 时，方程 $h_3(w_{il})=0$ 的解可以记为 w_1^* 和 w_2^*：

$$w_1^*=\frac{-B+\sqrt{\Delta}}{2A},\ w_2^*=\frac{-B-\sqrt{\Delta}}{2A} \tag{12-39}$$

那么，当 $\min(w_1^*,w_2^*)\leqslant w_{il}\leqslant\max(w_1^*,w_2^*)$ 时，$h_3(w_{il})\leqslant0$ 成立。由此可见，该假设条件可以转化为对非流动性资产的配置比例 w_{il} 的约束，而 w_{il} 是该模型中唯一的决策变量。因此，只要对模型的可行集加以约束即可满足 $h_3(w_{il})\leqslant0$。此外，由于不允许卖空，模型的可行集约束还包括：$0\leqslant w_{il}\leqslant1$。因此，只有当 $\min(w_1^*,w_2^*)>0$ 或 $\max(w_1^*,w_2^*)<1$ 时，$h_3\leqslant0$ 为必要约束。相反，假设条件 $h_3\leqslant0$ 为多余约束（此时，当 $0\leqslant w_{il}\leqslant1$，$h_3\leqslant0$ 始终成立）。同理，如果 $\min(w_1^*,w_2^*)>1$ 或者 $\max(w_1^*,w_2^*)<0$ 时则模型的可行集为空集，意味着此时惩罚函数成立的假设条件无法成立。同理，约束条件 $h_1\leqslant0$ 同样也可以转化为对非流动性资产配置比例 w_{il} 的约束。

另外，关于假设条件 $h_2=(\sigma_p^{il})^2\leqslant M$，表 12－1 显示了在年度数据频率下，常见的 T 和 τ 的组合所对应的临界值 $\sqrt{M}$。其中 $\tau=1/12$、$1/3$、$1/2$ 和 1 分别代表投资者按月度、季度、半年度以及年度进行调仓。而 T 等于 1～5 则代表流动性锁定期限分别为 1～5 年。此外，由于假设条件 $h_3\leqslant0$ 成立，有 $\sigma_p^{il}\leqslant\frac{2}{3}\sigma_p$。因此，结合表中显示的数据可以看到，此时只要 $\sigma_p<50\%$（$\sigma_p^{il}<30\%$），$h_2=(\sigma_p^{il})^2\leqslant M$ 的假设条件也成立。事实上，在实际应用中，投资者要求的投资组合年化波动率一般也低于 50%，即 $\sigma_p<50\%$ 通常情况均成立。因此，当假设条件 $h_3\leqslant0$ 成立时，假设条件 $h_2=(\sigma_p^{il})^2\leqslant M$ 也成立。

表 12-1　不同 T 和 τ 的组合下的临界值　　单位：%

	T=1	T=2	T=3	T=4	T=5
$\tau=1/12$	73.65	51.01	41.37	35.71	31.87
$\tau=1/3$	85.32	54.44	43.13	36.82	32.66
$\tau=1/2$	97.17	57.15	44.45	37.63	33.22
$\tau=1$	—	68.71	49.26	40.41	35.09

综上，本章提出的使用流动性期权模型来构造投资组合的非流动性惩罚函数成立的前提条件可以转化为对模型可行集的约束。此时，如果可行集为空集，则意味着模型成立的假设前提不满足；相反，当可行集不为空时，则意味在一定的可行集约束下，本书提出的模型是可行的。对此，下文又分情况对模型的可行集进行了进一步的分析：

(1) $\rho\geqslant 0$ 时：

事实上，当资产收益之间不为负相关时，$w_{il}^2\sigma_{il}^2+\rho w_{il}w_l\sigma_{il}\sigma_l\geqslant 0$ 始终成立，且上文已证明当 $A\neq 0$ 时，$h_3(w_{il})\leqslant 0$ 可以转化为对可行集的约束。

此时，如果 $A>0$，即可以推出 $\frac{\sigma_{il}}{\sigma_l}>\frac{\sqrt{\rho^2+8}-\rho}{2}$。并且，根据式(12-39)可知，此时 $\min(w_1^*,\ w_2^*)=w_2^*<0$，而 $\max(w_1^*,\ w_2^*)=w_1^*$，结合 $A>0$ 可以进一步可以证明：

$$-B+\sqrt{\Delta}=\sigma_l^2\left[-4+\left(\sqrt{\rho^2+8}+\rho\right)\frac{\sigma_{il}}{\sigma_l}\right]>\sigma_l^2\left[-4+\frac{\left(\sqrt{\rho^2+8}-\rho\right)\left(\sqrt{\rho^2+8}+\rho\right)}{2}\right]$$

其中，由于 $-4+\frac{\left(\sqrt{\rho^2+8}-\rho\right)\left(\sqrt{\rho^2+8}+\rho\right)}{2}=0$，因此显然有 $-B+\sqrt{\Delta}>0$。

此时，$\max(w_1^*,\ w_2^*)=w_1^*$ 恒为正。结合不能卖空的可行集约束条件，满足模型成立前提的可行集条件即为：$0\leqslant w_{il}\leqslant w_1^*$。同理，可以证明当 $A<0$ 时，$\max(w_1^*,\ w_2^*)=w_2^*>1$ 且 $\min(w_1^*,\ w_2^*)=w_1^*<0$，满足模型成立前提的可行集为：$0\leqslant w_{il}\leqslant 1$。此外，如果 $\sigma_{il}^2+\rho\sigma_{il}\sigma_l-2\sigma_l^2=0$，即 $A=0$ 时，可以求得此时的可行集为：$0\leqslant w_{il}\leqslant\frac{2\sigma_l^2}{2\sigma_l^2+\sigma_{il}^2}$。由此可见，当 $\rho\geqslant 0$ 时，满足模型成立前提的可行集始终不为空集。

(2) $\rho<0$ 时：

当非流动性资产与流动性资产的收益呈现负相关时，$h_1\leqslant 0$ 不再始终成立。

因此，除了满足以上条件外，此时模型成立还应满足 $h_1 \leqslant 0$，即：

$$w_{il} \geqslant -\frac{\rho\sigma_l}{\sigma_{il}-\rho\sigma_l}$$

此时，结合上文的研究，当 $A=0$ 时，可行集应为：$-\frac{\rho\sigma_l}{\sigma_{il}-\rho\sigma_l} \leqslant w_{il} \leqslant \frac{2\sigma_l^2}{2\sigma_l^2+\sigma_{il}^2}$。

由上文可知，当 $A>0$ 时，$\max(w_1^*,\ w_2^*)=w_1^*$，且 $\frac{\sigma_{il}}{\sigma_l}>\frac{\sqrt{\rho^2+8}-\rho}{2}$。如果记 $\nu=-2A\rho\sigma_l-(\sigma_{il}-\rho\sigma_l)(-B+\sqrt{\Delta})$，那么，当 $\nu \leqslant 0$ 时，则有 $-\frac{\rho\sigma_l}{\sigma_{il}-\rho\sigma_l} \leqslant w_1^*$，此时可行集不为空集。反之，若 $-\frac{\rho\sigma_l}{\sigma_{il}-\rho\sigma_l}>w_1^*$，可行集即为空集。

接着，将 ν 进一步化简可得：

$$\nu=\sigma_l\left[-\left(3\rho+\sqrt{\rho^2+8}\right)\frac{\sigma_{il}}{\sigma_l}+\left(4+\rho\sqrt{\rho^2+8}-\rho^2\right)\right] \tag{12-40}$$

代入 $\frac{\sigma_{il}}{\sigma_l}>\frac{\sqrt{\rho^2+8}-\rho}{2}$ 后有：

$$\nu<\sigma_l\left[-\frac{\left(\sqrt{\rho^2+8}-\rho\right)\left(3\rho+\sqrt{\rho^2+8}\right)}{2}+\left(4+\rho\sqrt{\rho^2+8}-\rho^2\right)\right]$$

由于 $-\frac{\left(\sqrt{\rho^2+8}-\rho\right)\left(3\rho+\sqrt{\rho^2+8}\right)}{2}+\left(4+\rho\sqrt{\rho^2+8}-\rho^2\right)=0$，因此有 $\nu<0$，即 $-\frac{\rho\sigma_l}{\sigma_{il}-\rho\sigma_l}<\max(w_1^*,\ w_2^*)$ 成立。

同样地，如果记 $u=-2A\rho\sigma_l-(\sigma_{il}-\rho\sigma_l)(-B-\sqrt{\Delta})$，则当 $u \leqslant 0$ 时，$-\frac{\rho\sigma_l}{\sigma_{il}-\rho\sigma_l} \leqslant w_2^*$。反之，$-\frac{\rho\sigma_l}{\sigma_{il}-\rho\sigma_l}>w_2^*$。将 u 化简后即可以证明：

$$u=\sigma_l\left[\left(-3\rho+\sqrt{\rho^2+8}\right)\frac{\sigma_{il}}{\sigma_l}+\left(4-\rho\sqrt{\rho^2+8}-\rho^2\right)\right]>0$$

即：

$$-\frac{\rho\sigma_l}{\sigma_{il}-\rho\sigma_l}>w_2^*$$

因此，结合以上分析，此时模型的可行集应为：$-\frac{\rho\sigma_l}{\sigma_{il}-\rho\sigma_l} \leqslant w_{il} \leqslant w_1^*$。

同理，如果 $A<0$，可以用类似的方法证明此时 $-\frac{\rho\sigma_l}{\sigma_{il}-\rho\sigma_l}<\max(w_1^*, w_2^*)$ 且 $-\frac{\rho\sigma_l}{\sigma_{il}-\rho\sigma_l}<w_1^*$。结合上文中已经证明 $w_2^*>1$。因此，在该情况下满足模型成立前提的可行集则为：$w_1^*\leqslant w_{il}\leqslant 1$。另外，结合上文的研究，当 $A=0$ 时，可以推导出此时使得模型成立的可行集应为：$-\frac{\rho\sigma_l}{\sigma_{il}-\rho\sigma_l}\leqslant w_{il}\leqslant\frac{2\sigma_l^2}{2\sigma_l^2+\sigma_{il}^2}$。由此可见，当 $\rho<0$ 时，使得模型成立的可行集也不为空集。

综上，无论在什么情况下都可以找到使模型成立的可行集条件，由此说明利用流动性期权模型构造非流动性惩罚函数具有可行性，在此基础上构造的引入非流动性惩罚的资产配置模型可以始终成立。表 12－2 总结了不同情况下满足模型成立的约束条件，该约束条件可以写成对非流动性资产配置比例约束的一般表达形式：$lower\leqslant w_{il}\leqslant upper$。

表 12－2　模型的可行集

	$\rho\geqslant 0$	$\rho<0$
$\frac{\sigma_{il}}{\sigma_l}>\frac{\sqrt{\rho^2+8}-\rho}{2}$	$0\leqslant w_{il}\leqslant w_1^*$	$-\frac{\rho\sigma_l}{\sigma_{il}-\rho\sigma_l}\leqslant w_{il}\leqslant w_1^*$
$\frac{\sigma_{il}}{\sigma_l}<\frac{\sqrt{\rho^2+8}-\rho}{2}$	$0\leqslant w\leqslant 1$	$w_1^*\leqslant w_{il}\leqslant 1$
$\frac{\sigma_{il}}{\sigma_l}=\frac{\sqrt{\rho^2+8}-\rho}{2}$	$0\leqslant w_{il}\leqslant\frac{2\sigma_l^2}{2\sigma_l^2+\sigma_{il}^2}$	$-\frac{\rho\sigma_l}{\sigma_{il}-\rho\sigma_l}\leqslant w_{il}\leqslant\frac{2\sigma_l^2}{2\sigma_l^2+\sigma_{il}^2}$

在利用流动性期权模型构造了非流动性惩罚函数并证明了该方法的可行性后，在 Hayes 等提出的模型构建框架下，将非流动性惩罚函数加入到传统的均值—方差模型中，结合符合模型成立条件的可行集约束，就可以得到考虑非流动性因素的资产配置理论模型的具体形式，即：

$$\max_{\mathbf{w}\in\Omega}\mathbf{w}'\mathbf{r}-\frac{\gamma}{2}\mathbf{w}'\Sigma\mathbf{w}-\prod_p(\sigma_p^{il}(L(\mathbf{w})))$$

$$\text{s.t. }\mathbf{w}'1=1$$

$$lower\leqslant w_{il}\leqslant upper \tag{12－41}$$

其中，$\prod_p(\sigma_p^{il}(L(\mathbf{w})))=1-(1-\prod(\sigma_p^{il}(L(\mathbf{w})))^{m-1}$ 为以流动性期权模型表示的非流动性惩罚函数。从模型的优化目标来看，该模型在传统均值—方差模型

首先，从本书提出的模型的约束条件看，显然该模型符合定义域为凸集且等式约束函数为仿射函数，因此只要证明目标函数为凸函数即可证明求解该模型为一个凸优化问题。

其次，该模型的目标函数还可以写成：

$$\min_{\mathbf{w}\in\Omega} -\mathbf{w}'\mathbf{r} + \frac{\gamma}{2}\mathbf{w}'\Sigma\mathbf{w} + \prod_p(\sigma_p^{il}(L(\boldsymbol{w})))$$

该目标函数可以看作是由两部分组成，其中一部分与均值—方差优化模型的目标函数相同，其满足凸函数性质。因此只需证明 $g(\boldsymbol{w}) = \prod_p(\sigma_p^{il}(L(\boldsymbol{w}))) = f(\sigma_p^{il}(w_{il}))$ 是关于 w 的凸函数即可。根据凸函数的性质，要证明 $g(\mathbf{w})$ 为凸函数则等价于证明海瑟矩阵 $\nabla^2 g(\mathbf{w})$ 为半正定或正定矩阵，即要证明：

$$\nabla^2 g(\boldsymbol{w}) = \begin{bmatrix} \dfrac{\partial^2 g(\boldsymbol{w})}{\partial^2 w_{il}} & \dfrac{\partial^2 g(\boldsymbol{w})}{\partial w_{il} w_l} \\ \dfrac{\partial^2 g(\boldsymbol{w})}{\partial w_{il} w_l} & \dfrac{\partial^2 g(\boldsymbol{w})}{\partial^2 w_l} \end{bmatrix} \geqslant 0 \tag{12-42}$$

根据半正定或正定矩阵的性质，当 $\nabla^2 g(\boldsymbol{w})$ 的所有顺序主子式均不小于 0 或严格大于 0 时，$\nabla^2 g(\boldsymbol{w})$ 满足半正定或正定，即满足式（12-43）和式（12-44）均不为负：

$$\frac{\partial^2 g(\boldsymbol{w})}{\partial^2 w_{il}} \tag{12-43}$$

$$\begin{vmatrix} \dfrac{\partial^2 g(\boldsymbol{w})}{\partial^2 w_{il}} & \dfrac{\partial^2 g(\boldsymbol{w})}{\partial w_{il} w_l} \\ \dfrac{\partial^2 g(\boldsymbol{w})}{\partial w_{il} w_l} & \dfrac{\partial^2 g(\boldsymbol{w})}{\partial^2 w_l} \end{vmatrix} = \frac{\partial^2 g(\boldsymbol{w})}{\partial^2 w_{il}} \times \frac{\partial^2 g(\boldsymbol{w})}{\partial^2 w_l} - \left(\frac{\partial^2 g(\boldsymbol{w})}{\partial w_{il} w_l}\right)^2 \tag{12-44}$$

首先，由上文可知，由 $g(\boldsymbol{w}) = \prod_p(\sigma_p^{il}(L(\boldsymbol{w}))) = f(\sigma_p^{il}(w_{il}))$ 以及 $\sigma_p^{il} = \dfrac{w_{il}^2\sigma_{il}^2 + \rho w_{il} w_l \sigma_{il}\sigma_l}{\sqrt{\boldsymbol{w}'\Sigma\boldsymbol{w}}}$ 可以推出：

$$\frac{\partial^2 g(\boldsymbol{w})}{\partial^2 w_{il}} = \frac{\partial^2 f(\sigma_p^{il})}{\partial^2 \sigma_p^{il}} \times \left(\frac{\partial \sigma_p^{il}}{\partial w_{il}}\right)^2 + \frac{\partial f(\sigma_p^{il})}{\partial \sigma_p^{il}} \times \frac{\partial^2 \sigma_p^{il}}{\partial^2 w_{il}} \tag{12-45}$$

$$\frac{\partial^2 g(\boldsymbol{w})}{\partial^2 w_l} = \frac{\partial^2 f(\sigma_p^{il})}{\partial^2 \sigma_p^{il}} \times \left(\frac{\partial \sigma_p^{il}}{\partial w_l}\right)^2 + \frac{\partial f(\sigma_p^{il})}{\partial \sigma_p^{il}} \times \frac{\partial^2 \sigma_p^{il}}{\partial^2 w_l} \tag{12-46}$$

$$\frac{\partial^2 g(\boldsymbol{w})}{\partial w_{il} w_l} = \frac{\partial^2 f(\sigma_p^{il})}{\partial^2 \sigma_p^{il}} \times \frac{\partial \sigma_p^{il}}{\partial w_{il}} \times \frac{\partial \sigma_p^{il}}{\partial w_l} + \frac{\partial f(\sigma_p^{il})}{\partial \sigma_p^{il}} \times \frac{\partial^2 \sigma_p^{il}}{\partial w_{il} \partial w_l} \tag{12-47}$$

其次，如果将$\frac{\partial^2 f(\sigma_p^{il})}{\partial^2 \sigma_p^{il}}$、$\frac{\partial f(\sigma_p^{il})}{\partial \sigma_p^{il}}$分别用 a、b 表示，并设$\frac{\partial \sigma_p^{il}}{\partial w_{il}} = x_1$，$\frac{\partial \sigma_p^{il}}{\partial w_l} = x_2$，$\frac{\partial^2 \sigma_p^{il}}{\partial^2 w_{il}} = y_1$，$\frac{\partial^2 \sigma_p^{il}}{\partial^2 w_l} = y_2$ 以及$\frac{\partial^2 \sigma_p^{il}}{\partial w_{il} \partial w_l} = y_3$。这样，式(12－44)则可以写成：

$$ab(x_1^2 y_2 + x_2^2 y_1 - 2x_1 x_2 y_3) + b^2(y_1 y_2 - y_3^2) \tag{12-48}$$

其中，由上文可知，$b = \frac{\partial f(\sigma_p^{il})}{\partial \sigma_p^{il}} > 0$，并且当$(\sigma_p^{il})^2 < \frac{2\sqrt{\frac{4T-3\tau}{T-\tau}} - 4}{\tau}$时，有 $a = \frac{\partial^2 f(\sigma_p^{il})}{\partial^2 \sigma_p^{il}} > 0$

再次，根据式（12－30）和式（12－31）可以进一步简化得到：

$$x_1 = w_{il} \frac{\partial^2 \sigma_p}{\partial^2 w_{il}} + \frac{\partial \sigma_p}{\partial w_{il}} \tag{12-49}$$

$$x_2 = -w_l \frac{\partial^2 \sigma_p}{\partial^2 w_l} \tag{12-50}$$

$$y_1 = 2\frac{\partial^2 \sigma_p}{\partial^2 w_{il}} + w_{il} \frac{\partial^3 \sigma_p}{\partial^3 w_{il}} \tag{12-51}$$

$$y_2 = -\frac{\partial^2 \sigma_p}{\partial^2 w_{il}} - w_l \frac{\partial^3 \sigma_p}{\partial^3 w_{il}} \tag{12-52}$$

$$y_3 = \frac{\partial^2 \sigma_p}{\partial w_{il} \partial w_l} + w_{il} \frac{\partial^3 \sigma_p}{\partial^2 w_{il} \partial w_l} \tag{12-53}$$

其中，$\sigma_p = \sqrt{w_{il}^2 \sigma_{il}^2 + w_l^2 \sigma_l^2 + 2\rho w_{il} w_i \sigma_{il} \sigma_l}$，再结合式(12－49)至式(12－53)则可以证明：

$$x_1 = \frac{w_{il}\sigma_{il}^2 + \rho w_l \sigma_{il} \sigma_l}{\sigma_p} + w_{il} \frac{\sigma_{il}^2 (1-\rho^2) w_l^2 \sigma_l^2}{\sigma_p^3} \tag{12-54}$$

$$x_2 = -w_l \frac{\partial^2 \sigma_p}{\partial^2 w_l} = -w_l \frac{\sigma_l^2 (1-\rho^2) w_{il}^2 \sigma_{il}^2}{\sigma_p^3} \tag{12-55}$$

由此可见，$x_1 > 0$，而 $x_2 < 0$。并且，通过简化合并，y_1 可以写成：

$$y_1 = \frac{\sigma_l^2 (1-\rho^2) w_{il}^2 \sigma_{il}^2 (2\sigma_p^2 - 3w_{il}^2 \sigma_{il}^2 - 3\rho w_{il} w_l \sigma_{il} \sigma_l)}{\sigma_p^5} \tag{12-56}$$

其中，由于 $\sigma_p^{il} = \frac{w_{il}^2 \sigma_{il}^2 + \rho w_{il} w_l \sigma_{il} \sigma_l}{\sigma_p}$，因此当 $\sigma_p^{il} \leqslant \frac{2}{3}\sigma_p$ 时，$y_1 \geqslant 0$。此时，$\frac{\partial^2 g(\boldsymbol{w})}{\partial^2 w_{il}} \geqslant 0$，即$\nabla^2 g(\boldsymbol{w})$为半正定矩阵的第一个条件成立。接着，再进一步分析使

$\nabla^2 g(\boldsymbol{w})$为半正定矩阵第二个条件成立的情况。

这里，为了使证明过程更简洁，可以将所涉及的偏导数用符号来代替：令 $\frac{\partial^2 \sigma_p}{\partial^2 w_{il}}=m$，$\frac{\partial^3 \sigma_p}{\partial^3 w_{il}}=n$ 以及$\frac{\frac{\partial \sigma_p}{\partial w_l}}{\frac{\partial \sigma_p}{\partial w_{il}}}=\lambda$。其中，根据式(12－49)～式(12－53)，可以比较容易证明：$\frac{\partial^2 \sigma_p}{\partial^2 w_l}=\frac{w_{il}^2}{w_l^2}n$，$\frac{\partial^3 \sigma_p}{\partial^3 w_l}=\frac{w_{il}^2}{w_l^2}\lambda n$，$\frac{\partial^2 \sigma_p}{\partial w_{il}\partial w_l}=\frac{w_{il}}{w_l}n$，$\frac{\partial^3 \sigma_p}{\partial^2 w_{il}\partial w_l}=\frac{2m}{w_l}+\lambda n$。并且，$\lambda$ 与 σ_p 和 σ_p^{il} 之间的关系满足：

$$\frac{w_l}{w_{il}}\lambda=\frac{\sigma_p}{\sigma_p^{il}}-1 \tag{12－57}$$

此外，还可以进一步证明 m 与 n 之间满足：

$$m=-\frac{w_{il}+w_l\lambda}{3}n \tag{12－58}$$

或者，

$$n=-\frac{3}{w_{il}+w_l\lambda}m \tag{12－59}$$

继而可以发现：$m\geqslant 0$，$n\leqslant 0$

由此，可以进一步将 y_1、y_2、y_3写成：

$$y_1=2m+w_{il}n \tag{12－60}$$

$$y_2=-\frac{w_{il}^2}{w_l^2}m-w_l\times\frac{w_{il}^2}{w_l^2}\lambda n \tag{12－61}$$

$$y_3=-\frac{w_{il}}{w_l}m+w_{il}\left(\frac{2m}{w_l}+\lambda n\right)=\frac{w_{il}}{w_l}m+w_{il}\lambda n \tag{12－62}$$

复次，结合式（12－58）和式（12－59），y_2 可以进一步简化为：

$$\begin{aligned} y_2 &= -\frac{w_{il}^2}{w_l^2}\times\frac{2w_l\lambda-w_{il}}{3} \\ &= -\frac{w_{il}^3}{w_l^2}\times\frac{2\frac{w_l}{w_{il}}\lambda-1}{3}n \end{aligned} \tag{12－63}$$

并且，当 $\sigma_p^{il}\leqslant\frac{2}{3}\sigma_p$ 时，根据式（12－57）有：

$$\frac{w_l}{w_{il}}\lambda=\frac{\sigma_p}{\sigma_p^{il}}-1\geqslant\frac{1}{2}$$

此时，$y_2 \geqslant 0$。

同理，y_3也可以简化为：

$$y_3 = \frac{w_{il}^2}{3w_l}\left(2\frac{w_l}{w_{il}}\lambda - 1\right) \tag{12-64}$$

由此可见，$y_3 \geqslant 0$ 也成立。

最后，设$z = y_1 y_2 - y_3^2$，将式（12－60）至式（12－62）代入后可得：

$$z = -\frac{w_{il}^2}{w_l^2}\left[2m^2 + (2w_l\lambda + w_{il})mn + w_{il}w_l\lambda n^2\right] - \left(\frac{w_{il}}{w_l}m + w_{il}\lambda n\right)^2 \tag{12-65}$$

进一步将 z 简化：

$$\begin{aligned} z &= -\frac{w_{il}^2}{w_l^2}(3w_l\lambda mn + w_{il}w_l\lambda n^2 + w_l^2\lambda^2 n^2) \\ &= -\frac{w_{il}^2}{w_l^2}[w_l\lambda n(3m + w_{il}n + w_l\lambda n)] \end{aligned} \tag{12-66}$$

其中，由于 $m = -\frac{w_{il} + w_l\lambda}{3}n$，因此，$z = 0$

至此，已经可以证明当$(\sigma_p^{il})^2 \leqslant \frac{4}{9}\sigma_p^2$ 时，$\frac{\partial^2 g(w)}{\partial^2 w_{il}} \geqslant 0$，并且此时 a、b、y_1、y_2、y_3以及 x_1 均不为负。由于 $x_2 \leqslant 0$，再回到式(12－44)中就可以看到，此时的式(12－44)也不为负，即$\nabla^2 g(\boldsymbol{w})$为半正定矩阵的第二个条件也成立。同时，前文也已说明模型成立的前提应满足：$(\sigma_p^{il})^2 \leqslant \frac{2\sqrt{\frac{4T-3\tau}{T-\tau}} - 4}{\tau}$且 $\sigma_p^{il} \leqslant \frac{2}{3}\sigma_p$。由此可见，当该模型成立时，本章提出的加入非流动性惩罚的均值—方差模型中的优化问题可以转化为一个凸优化问题。换言之，当模型成立时，该模型存在全局最优解，且通过优化软件则可以对模型轻松求解。

12.3 模拟分析

通过以上两节的研究，本章在均值—方差模型的基础上，利用流动性期权模型，构造了一个考虑非流动性因素的资产配置模型，并证明了该模型的可行性和可解性。本节则会在以上理论研究的基础上通过数值模拟的方法，将该模型得到的优化结果与传统的不考虑非流动性因素的资产配置模型得到的结果进行比较，从而对该理论模型的应用做进一步的分析。

12.3.1　可行集分析

在对模型的优化结果进行模拟分析之前，我们首先需要确定模型的适用条件，只有符合模型的适用条件，模型结果才具有有效性。根据上文的研究可知，模型成立的前提条件可以转化为对可行集的约束，且在任何情况下该可行集均不为空。不过，根据表 12 - 2，比较该模型与传统的只有卖空约束的均值—方差模型的可行集可以发现，该模型将非流动性惩罚函数引入均值—方差模型的同时也对非流动性资产的配置比例增加了更多的限制。当非流动性资产与流动性资产的收益波动正相关时，该模型会增加对非流动性资产配置比例的上限，相当于增加了对投资组合所承担的流动性风险的最大约束，而当非流动性资产与流动性资产的收益波动负相关时，该模型不但对非流动性资产配置比例有上限约束，还增加了对非流动性资产的下限约束。

其中，如果非流动性资产的波动率较高，满足$\frac{\sigma_{il}}{\sigma_l} > \frac{\sqrt{\rho^2+8}-\rho}{2}$时，下限约束条件可以改写为：

$$-\frac{\rho\sigma_l}{\sigma_{il}-\rho\sigma_l}=1-\frac{1}{1-\rho\frac{\sigma_l}{\sigma_{il}}}$$

由此可见，该下限约束条件由流动性资产与非流动性资产的波动率之比及两者之间的相关性决定。当两类资产收益之间的负相关性越高以及流动性资产与非流动性资产的波动率之比越高时，下限值就越大；相反，下限值则越小。这就表明当非流动性资产与流动性资产之间的负相关性越大或流动性资产的波动水平远高于非流动性资产时，该模型要求的最优投资组合中非流动性资产的最低配置比例就越高。事实上，当这两类资产之间呈现负相关时，意味着加入更多的高波动高收益资产可以在不改变投资组合波动率的情况下增加投资组合的预期收益。并且，负相关性越高，风险分散效应也越强，而风险分散化原理也正是均值—方差优化理论的核心价值之一。在均值—方差优化框架下，当资产之间的负相关性越高，低波动资产与高波动资产之间的波动差异越小时，得到的最优投资组合会倾向于配置更多的高波动高收益资产。由此，加入非流动性惩罚的均值—方差模型在非流动性资产与流动性资产收益出现负相关关系时会增加对非流动性资产的配置下限，相当于在加入流动性风险暴露限制的同时还保留了均值—方差模型的风险分散效应。

12.3.2 非流动性惩罚模拟

根据上文的分析，如何量化流动性风险是考虑非流动性因素的资产配置问题的重点之一，而本书利用流动性期权模型对投资组合的流动性风险进行量化。本小节则先对利用流动性期权模型量化流动性风险的情况进行模拟。根据上文已知，在流动性期权模型下，投资组合的流动性风险将由投资组合的非流动性波动 σ_p^{il}、流动性锁定期限 T 以及投资者的流动性需求间隔 τ 三大要素决定，以下部分则分别从这三个角度对由流动性期权模型得到的非流动性惩罚进行模拟。

首先，模拟在固定波动率下，非流动性惩罚与流动性锁定期限和流动性间隔的关系。表 12－3 和表 12－4 分别显示了当投资组合的非流动性波动为 20%①和 30%时根据 OTCP 模型计算得到的不同流动性锁定期限和流动性间隔组合下的非流动性惩罚。从表中的结果可以看到，当波动率一定时，流动性锁定期限越长、流动性需求间隔越短，流动性风险越高，即相应的非流动性惩罚也越大。对比表 12－3 和表 12－4 的结果可以很直观地看到，在相同的流动性锁定期限和需求间隔下，波动率越高意味着流动性风险也越高，对应的非流动性惩罚也越大。在流动性间隔较长的情况下，非流动性惩罚对于流动性锁定期限的变化更敏感。同时，在较长的流动性锁定期限下，非流动性惩罚对流动性间隔的变化也更为敏感。总的来说，流动性期权的价格由流动性间隔区间的总数（T/τ）驱动。其中，上文也已提到，流动性间隔区间可以理解为投资者调整投资组合的间隔时间，那么流动性间隔区间的总数则可以理解为在锁定期限内投资者的调仓次数，调仓次数越多，意味着投资者的流动性需求越高，其所面临的流动性风险也越高，反之则越低。

表 12－3　波动率为 20%时的非流动性惩罚　　单位：%

流动性需求间隔 τ	流动性锁定期限 T				
	1 年	2 年	3 年	4 年	5 年
1 周	0.00	3.67	43.09	91.42	99.83
1 个月	0.00	0.63	10.41	39.71	74.06
3 个月	0.00	0.09	2.40	12.18	31.08
6 个月	0.00	0.01	0.62	4.27	13.17

① 本节中提到的收益率和波动率等均为年化收益率和波动率。

表 12 -4　波动率为 30%时的非流动性惩罚　　单位：%

流动性需求间隔τ	流动性锁定期限 T				
	1 年	2 年	3 年	4 年	5 年
1 周	3.56	82.90	99.97	100.00	100.00
1 个月	4.70	28.46	81.32	98.51	99.96
3 个月	0.03	6.60	34.79	68.81	89.59
6 个月	0.00	1.44	13.18	35.95	60.44

其次，表 12 -5 模拟了在流动性需求间隔一定时，非流动性惩罚与流动性锁定期限和波动率之间的关系。同样地，结果显示非流动性惩罚在较长的流动性锁定期限下，对波动率的变化更敏感。并且，在较高的波动率下，非流动性惩罚对流动性锁定期限的变化更为敏感。

表 12 -5　流动性需求间隔为 3 个月时的非流动性惩罚　　单位：%

波动率 σ_p^{il}	流动性锁定期限 T				
	1 年	2 年	3 年	4 年	5 年
5	0.00	0.00	0.00	0.00	0.00
10	0.00	0.00	0.00	0.00	0.03
15	0.00	0.00	0.05	7.56	3.70
20	0.00	0.09	2.40	12.18	31.09
25	0.00	1.44	14.00	40.58	68.62

最后，在保持流动性锁定期限不变的情况下，从表 12 -6 呈现的结果可以发现，当流动性锁定期限一定时，非流动性惩罚在较短的流动性间隔下，对波动率的变化更敏感。与此同时，非流动性惩罚在较大的波动率下，对流动性间隔的变化也更敏感。

表 12 -6　流动性锁定期限为 5 年时的非流动性惩罚　　单位：%

波动率 σ_p^{il}	流动性需求间隔τ				
	1 周	1 个月	3 个月	6 个月	1 年
5	0.00	0.00	0.00	0.00	0.00
10	0.19	0.04	0.00	0.00	0.00
15%	50.73	13.60	3.70	1.27	0.27
20	99.83	74.06	31.08	13.17	3.80

续表

波动率 σ_p^{il}	流动性需求间隔 τ				
	1周	1个月	3个月	6个月	1年
25	100.00	98.30	68.62	37.03	13.36
30	100.00	99.96	89.59	60.44	26.43

此外，在实际应用中，非流动性资产的流动性锁定期限和投资者的流动性需求间隔通常是已知的，但资产的收益率波动往往需要进行估计。图 12－1 则显示了在给定非流动性锁定期限和流动性需求间隔时，非流动性惩罚随资产收益波动率变化的情况。当资产的收益波动比较小时，流动性风险也较低，对应的非流动性惩罚几乎等于 0。之后，随着波动率的增加，非流动性惩罚也随之增加并且波动率水平越高，每增加一单位收益波动增加的非流动性惩罚也越多，直到波动率达到一定水平后，波动率继续增加带来的非流动性惩罚的增加幅度开始下降，而此时资产的流动性风险也已达到一个较高的水平。具体来说，如果某另类资产（如私募股权投资）的流动性锁定期限为 5 年、投资者的流动性需求间隔为 1 年，当资产收益的年化波动率低于 13% 时，非流动性惩罚接近于 0，而当资产收益在 14% ~35% 波动时，非流动性惩罚则在 1% ~40%。同样地，当某个非流动性资产的流动性锁定期限为 1 年（定向增发）、投资者的流动性需求间隔为 3 个月时，当资产收益的年化波动率低于 16% 时，非流动性惩罚约等于 0，而当资产收益在 17% ~40% 波动时，非流动性惩罚则在 1% ~30%。

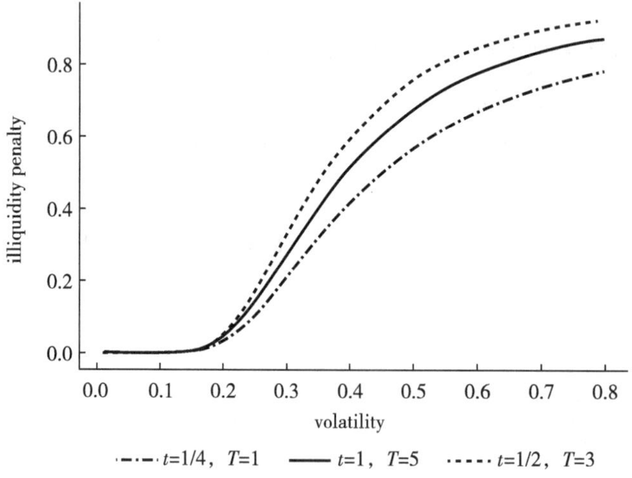

图 12－1 不同波动率下的非流动性惩罚

同时，无论是非流动性惩罚本身还是其增速变化所对应的临界波动率[①]都与流动性锁定期限与流动性间隔之比有关，该比值越高，在相同情况下，其对应的非流动性惩罚越高而临界波动率则越低。根据上文给出的临界波动率的计算方法，表12－7显示了不同流动性锁定期限与流动性间隔之比下对应的波动率临界条件。从中也可以看到，流动性锁定期限与流动性间隔之比 T/τ 越高，临界波动率 σ 越小。

表12－7　不同 T/τ 下的临界波动率

T/τ	临界 σ（单期）
24	14.72%
12	21.26%
6	31.43%
5	35.09%
4	40.41%
3	49.26%

综上，利用OTCP期权模型来估计流动性风险时，波动率越高、流动性间隔区间的总数越大，其风险也越高。并且，当波动率较低于一定水平时，流动性期权价格几乎等于0，意味着流动性风险也较低，甚至可以忽略不计。同样地，当投资者的流动性需求较低或资产的非流动性锁定期限较短导致流动性间隔区间总数小到一定程度时，流动性期权价格也几乎等于0，此时的流动性风险也可以忽略不计。事实上，在实际应用中，如果非流动性资产的波动性较低、流动性锁定期限较短（如定期理财）时，通常在资产组合优化中可以忽略此类资产的流动性风险。

12.3.3　加入非流动性惩罚的均值—方差模型模拟分析

由于非流动性资产和流动性资产的风险收益来源有显著的差异，对两者的风险收益评估不能使用相同的维度，因此需要在衡量包含非流动性资产的投资组合的风险收益时增加对流动性风险的调整。用流动性期权模型估计流动性风险投资

① 临界波动率表示当波动率高于该临界值时，每增加一单位波动率，增加的非流动性惩罚开始下降。

非流动性资产时所承担的隐性成本，可以理解为为了对冲非流动性资产在极端市场环境中由于流动性限制而产生的巨大处置成本所需要支付的费用。具体而言，当出现极端市场行情时（如2008年金融危机），为了防止市场继续下跌带来的更大损失，投资者往往需要出售所持有的有价证券，然而由于流动性限制，非流动性资产很难或需要面临超过正常水平的折价才能进行转让，而如果继续持有就意味着投资者可能还要承受市场进一步下跌所造成的更大损失。在这种情况下，相比于同质的流动性资产，持有非流动性资产相当于增加了更多的出售成本。此时，隐性的非流动性成本也就转变为显性的出售成本。因此，在评估非流动性资产的"真实"收益和风险时，不能忽略会转变为显性成本的隐性成本，只有经过流动性风险调整后的真实收益才能更准确地衡量包含非流动性资产的投资组合的风险收益情况。

上一小节模拟了使用流动性期权模型来量化流动性风险的情况。下面，本小节则将进一步对引入非流动性惩罚的均值—方差模型得到的优化结果做进一步的分析。

相比于传统的均值—方差模型，该模型增加了两个假设条件。并且，上文也已证明，这两个假设条件都可以转化为对非流动性资产配置比例的约束。因此，在求解模型之前，应先根据上文提到的方法确定模型的约束条件。

在确定可行集后，即可对模型进行求解得到最优化的配置结果。其中，模型的输入参数包括各类资产的预期收益、预期收益的方差—协方差矩阵以及流动性锁定期限和流动性间隔。本节仍然以只包含一种非流动性资产和一种流动性资产的投资组合为例对不同输入值下的模型优化结果进行模拟分析，并将该模型得到的结果与传统的不考虑非流动性因素的均值—方差模型得到的结果进行比较。

根据上文，加入非流动性惩罚的均值—方差优化问题可以写为：

$$\max_{\mathbf{w}\in\boldsymbol{\Omega}} \quad \mathbf{w}'\mathbf{r} - \frac{\gamma}{2}\mathbf{w}'\sum\mathbf{w} - \prod_p(\sigma_p^{il}(L(\boldsymbol{w}))$$

$$\text{s. t.} \quad \mathbf{w}'1 = 1$$

$$lower \leqslant w_{il} \leqslant upper$$

$$\sigma_p = \mathbf{w}'\sum\mathbf{w} \leqslant \sigma_{\max}$$

由上文可知，这里 $\mathbf{w}'\mathbf{r} - \prod_p$ （σ_p^{il} （L （$\mathbf{w}$）））可以理解为经流动性风险调整后的投资组合收益。由此，可以得到经过流动性风险调整后的"有效前沿"。以非流动性资产的收益和波动均高于流动性资产构成的投资组合为例，图12－2则显示了加入非流动性惩罚后和不考虑非流动性因素的传统均值—方差模型的有效前沿。除此之外，该图还显示了投资组合的非流动性波动水平。从图中可以直观

地看到，加入非流动性惩罚后使得有效边界向右移动，不过这并不是一个平行的转变，因为对于较低的收益投资组合而言，非流动性惩罚并不那么重要，而这是因为其往往配置了较少的非流动性资产。然而，随着预期收益率的增加，即随着非流动性资产的配置比例的提高，非流动性惩罚的影响也增加，同时投资组合的非流动性波动也上升。另外，当没有考虑非流动性惩罚时，在投资组合波动率相同的情况下，投资组合的非流动性波动更高。因此，从两个模型的有效前沿来看，在相同的目标波动率或目标收益率下，加入了非流动性惩罚的均值—方差模型得到的非流动性资产的配置比例更低，而当目标收益率或目标波动率很低时，非流动性惩罚的作用可以忽略不计，两个模型得到的配置结果相同。除此之外，由于加入非流动性惩罚的均值—方差模型加入了更多关于投资组合非流动性资产配置比例的限制条件，即使在流动性风险不显著的情况下仍然会对非流动性资产的配置比例设置上限。由此可见，加入非流动性惩罚的均值—方差模型相当于在传统均值—方差模型基础上提高了投资者的风险厌恶程度。

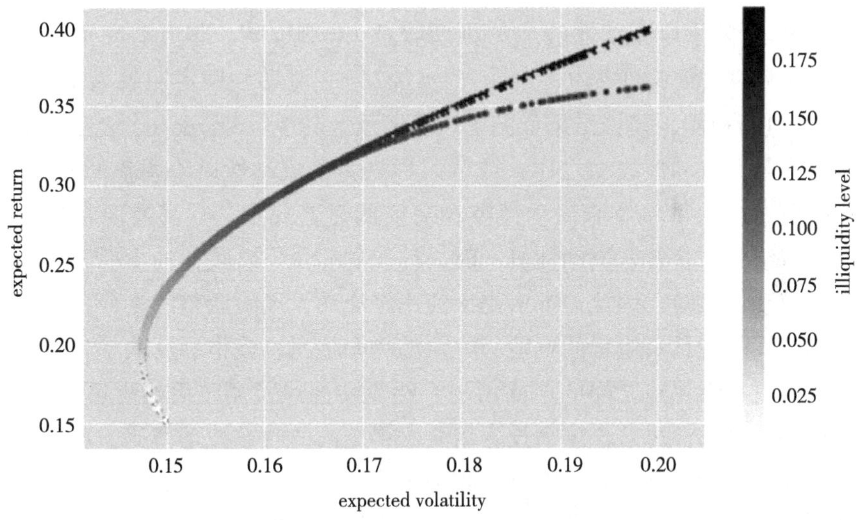

图12－2　加入非流动性惩罚的有效前沿

具体地，后文将研究模拟不同收益率、波动率以及相关性下分别用包含非流动性因素和不包含非流动性因素的两种模型得到的一类非流动性资产和一类流动性资产组成的投资组合。其中，以传统均值—方差模型得到的投资组合代表不考虑非流动性因素时的资产配置结果并以此作为比较基准，后文中所提到的基准组合或MVO组合则均指该组合。并且，为了保证模型结果的可比性，笔者将加入非流动性惩罚的均值—方差模型中的模型约束条件也同时加入到不考虑非流动性因素的投资组合模拟中。由上文可知，加入非流动性惩罚的均值—方差模型的约束条件来源于模型成立的假设前提，其可以表示为对可行集的约束。这样，用于计算基准组合的资产配置模型与加入非流动性惩罚的模型具有相同的可行集，比较结果也更具参考性。

12.3.3.1　非流动性资产和流动性资产完全同质

首先，考虑非流动性资产和流动性资产完全同质的情况，即两者除了流动性水平不同之外，其他特征完全相同，例如已经上市的公司定向增发的股票和其对应的普通流通股。此时，非流动性资产和流动性资产的波动率相同且相关系数等于1（$\sigma_{il}=\sigma_l$，$\rho=1$），而由于缺乏流动性，此时非流动性资产存在非流动性折价，在相同期限内非流动性资产的预期收益更高。并且，由于此时$\frac{\sigma_{il}}{\sigma_l}=\frac{\sqrt{\rho^2+8}-\rho}{2}=1$，根据表 12－2 可知，此时满足模型成立的可行集条件为：$0\leqslant w_{il}\leqslant 66.66\%$。如果以流动性资产的预期收益 $r_l=20\%$①、非流动性资产的收益 $r_{il}=35\%$、流动性需求间隔为 3 个月（$\tau=0.25$）、流动性锁定期限为 1 年（$T=1$）为例来进行模拟，模拟结果如图 12－3 所示。其中，Sharpe/σ_p^{il} 表示投资组合的夏普比率与非流动性波动之比，或可以称之为经流动性风险调整的夏普比率，其代表投资组合中每单位非流动性波动对应的夏普比率。这里需要特别说明的是，当投资组合中含有非流动性资产时，传统的衡量风险收益的指标不能反映投资组合的流动性风险。因此，本书提出使用经流动性风险调整的夏普比率来衡量包含流动性风险的投资组合的风险与收益的均衡情况，该指标反映了传统的收益波动率比与流动性风险之间的均衡情况，经流动性风险调整后的夏普比率越高，说明在相同的流动性风险暴露下投资组合获得更高的收益波动率比，反之则说明投资组合在相同流动性风险暴露下的收益风险比②较低。

从图 12－3 显示的结果可以看到，由于传统的均值—方差优化模型只在收益与波动率风险之间进行平衡，而在相同波动风险下，非流动性资产有更高的收益预期，其收益风险比更高，当两者相关性等于 1 时则意味着对于不同比例的投资组合而言，投资组合的波动率不变，且始终等于非流动性资产的波动率，亦是流动性资产的波动率。因此，在这种情况下，以最大化收益风险比为目标的不考虑

① 预期收益率、流动性需求间隔和流动性锁定期限的设定不影响最终结论。

② 本书中的收益风险比均特指收益率与波动率之比。

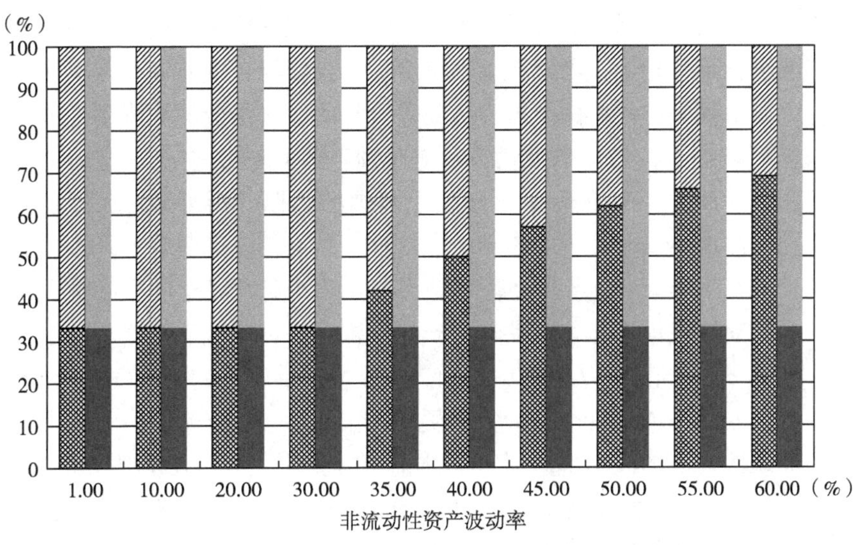

图 12－3　资产配置结果比较（$\sigma_{il}=\sigma_l$，$\rho=1$）

非流动性因素的传统均值—方差模型得到的最优投资组合向收益风险比更高的非流动性资产倾斜。不过，由于受到可行集的约束，此时的非流动性资产的配置上限为 66.67%。因而，无论非流动性资产的波动率如何变动，基准组合中非流动性资产的配置比例始终达到可行集约束下的最大值。很显然，通过这种方式得到的组合不存在动态优化的能力是存在缺陷的。事实上，虽然可以通过限制可行集等方式来设定非流动性资产的配置上限以控制投资组合的流动性风险暴露，但投资组合的流动性风险是随着投资组合的非流动性水平变化而变化的，而传统的均值—方差模型不考虑非流动性水平的变化对投资组合的影响，因而也无法在流动性风险与投资组合的收益风险比之间找到最优的平衡点。反观通过加入非流动性惩罚的均值—方差模型得到的投资组合，其非流动性资产的配置比例随着非流动性资产的波动率变化而变化。起初，当非流动性资产的波动率较低时，两个模型得到的结果相同。这是因为当非流动性资产的波动率较低时，其流动性风险较小，流动性风险对投资组合的收益影响较低，非流动性惩罚几乎为 0，因而在这种情况下该模型就等价于传统的不考虑非流动性因素的均值—方差模型。之后，随着非流动性资产的波动增加，投资组合的流动性风险逐渐显现，非流动性惩罚也逐渐提高，为了达到投资组合总体风险和收益的平衡，加入非流动性惩罚的模型会随着流动性风险的增加而调低非流动性资产的配置比例，此时，模型得到的结果与基准组合不再相同，考虑流动性风险后的投资组合中非流动性资产的配置比例更低。如果我们将使得两个模型达到等价时的投资组合的非流动性波动称为“等价波动率”。那么，该等价波动率即是使流动性期权价格或非流动性惩罚等于0时的非流动性资产的波动率 σ_p^{il}。从上节中的模拟分析可知，在流动性锁定期限和流动性需求间隔分别为1年和3个月时，当年化波动率低于30%时，流动性期权的价格几乎等于0。当非流动性资产与流动性资产完全同质的情况下，投资组合的非流动性波动等于非流动性资产的配置比例与非流动性资产的波动率之积，即 $\sigma_p^{il}=w_{il}\sigma_{il}$。同时，从上文中可知，当非流动性资产的波动率低于30%时，模型成立要求的非流动性资产的最大配置比例上限为66.67%，因此在图中可以看到在非流动性资产的波动率达到30%之前，非流动性惩罚几乎等于0，两个模型得到的最优投资组合中非流动性资产的配置比例均为66.67%，而当投资组合非流动性波动超过等价波动率时，两个模型的结果则不再相等。

此外，从图12－3中还可以发现，随着流动性风险的逐渐增加，非流动性资产配置比例随着波动率增加而下降的速度逐渐放缓，说明当波动率风险比较低时，波动率水平的变化对投资组合的影响较大，但当波动率上升到一定水平时，加入非流动性惩罚的均值—方差模型得到的结果对波动率变化的敏感度下降。这是因为在非流动性资产的波动率低于一定水平时，流动性风险水平较低，非流动性惩罚函数的取值几乎等于0，对模型的优化结果几乎不产生影响，但一旦非流动性资产的波动到达这一水平后，其发生微小变化，流动性风险就会从可以忽略到不可忽略。此外，根据上文可知，当投资组合的非流动性波动高于某个临界值时，边际非流动性惩罚是关于波动率的单调递减函数，因而随着非流动性资产的波动率上升，每增加一单位的非流动性波动时增加的非流动性惩罚变小，从而对投资组合的影响也逐渐降低。此时，模型优化结果对非流动性资产的波动率变化的敏感度则会降低。

更进一步地，从图12－4显示的两个模型得到的不同投资组合的流动性风险与风险收益比的平衡来看。在相同情况下，加入非流动性惩罚的均值—方差模型得到的投资组合对应的经流动性风险调整的夏普比率更高。与图12－2得到的结论一致，考虑了非流动性因素后的资产配置模型对波动率风险的厌恶程度更高，但与直接增加非流动性资产配置比例限制得到的结果相比，通过引入非流动性惩罚函数得到的投资组合可以随着流动性风险的变化在收益风险比与流动性风险之间实现更灵活的动态均衡。

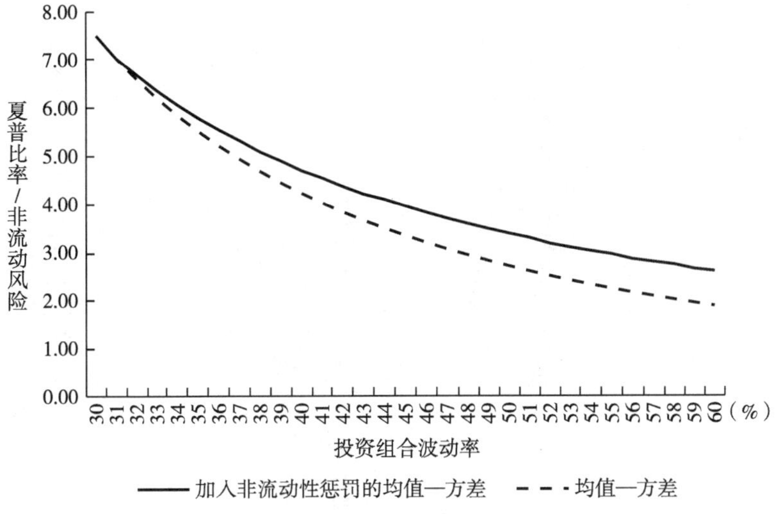

图 12－4 经流动性风险调整后的夏普比率（$\sigma_{il}=\sigma_l$，$\rho=1$）

12.3.3.2 非流动性资产与流动性资产收益波动正相关但不完全同质

上一小节对非流动性资产与流动性资产完全同质的情况下，加入非流动性惩罚的均值—方差模型的配置结果进行了分析。在现实情况中，除了出现定向增发一类的有同质流动性资产存在的非流动性资产外，在大多数情况下，非流动性资产和流动性资产的收益可能高度相关但往往不完全同质。本小节和下一小节则分别针对非流动性资产与流动性资产收益波动正相关但不完全同质和非流动性资产与流动性资产收益波动负相关的情况进行模拟分析。

当非流动性资产与流动性资产收益波动正相关但不完全同质时，比如私募股权投资和二级市场的股票投资，从收益和风险相匹配的角度，由于投资非流动性资产需要承担流动性缺乏可能会带来的收益损失，因而私募股权投资的预期收益也往往更高。已有文献的研究显示，我国私募股权投资与股票投资的波动相关性可达 60%，而 2005～2018 年，根据统计的数据来看，私募股权投资的年平均收益达到了 60%。同期，上证综指的平均年化收益仅有 10%，年化波动率则达到了 30%。对此，本书以 $r_l=20\%$，$r_{il}=60\%$，$\sigma_l=30\%$，$\rho=0.6$ 为例，模拟了在流动性需求间隔为 1 年（$\tau=1$）、流动性锁定期限为 5 年（$T=5$）时，在不同的非流动性资产的收益波动水平下加入非流动性惩罚和不考虑非流动性因素的资产配置模型得到的配置结果，如图 12－5 所示。

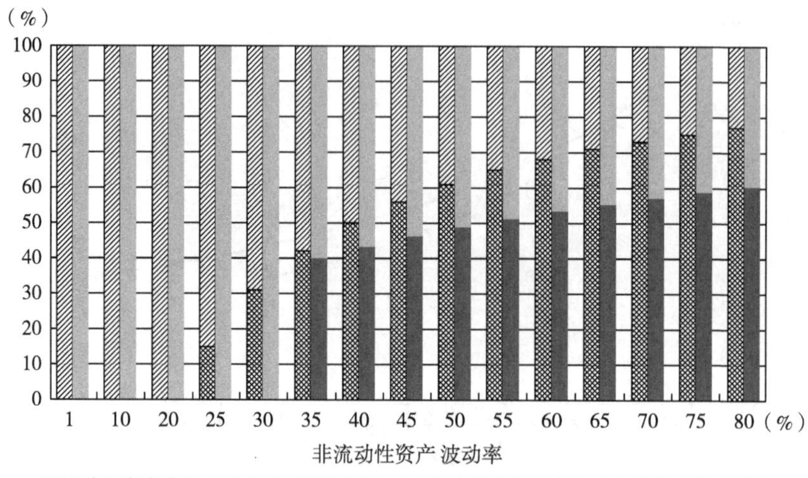

图 12－5　资产配置结果比较（$\rho=0.6$）

首先，根据表 12－2，此时的可行集应为：

$$\begin{cases} 0\leqslant w_{il}\leqslant w_1^*, \ \sigma_{il}>0.34 \\ 0\leqslant w_{il}\leqslant 1, \ \sigma_{il}<0.34 \\ 0\leqslant w_{il}\leqslant 0.30, \ \sigma_{il}=0.34 \end{cases}$$

其中，$w_1^*=\dfrac{\rho\sigma_{il}\sigma_l-4\sigma_l^2+\sqrt{\rho^2+8}\sigma_{il}\sigma_l}{2(\sigma_{il}^2+\rho\sigma_{il}\sigma_l-2\sigma_l^2)}$。

从可行集可以看到，在该情况下，当非流动性资产的波动率大于等于 34% 时，可行集对投资组合中的非流动性资产的最大配置比例进行了约束。从图12－5 显示的两个组合的配置结果也可以看到，此时加入非流动性惩罚的优化模型得到的结果与上一小节中的结论一致。当非流动性资产的波动率比较低（此情形中低于 25%）时，两个模型得到相同的最优投资组合。同样地，当非流动性资产的波动率继续增加时，非流动性资产的收益风险比下降，两个模型得到的投资组合中非流动性资产的配置比例均逐渐下降，但由于加入非流动性惩罚函数增加了对投资组合的流动性风险进行调整，随着非流动性资产波动率的增加，使用该模型得到的最优组合中非流动性资产占比下降得更多、更快。不过，当非流动性资产的波动率上升到一定水平后，随着非流动性资产波动的继续上升，流动性风险的增速开始下降，优化组合中非流动性资产占比的下降速度也逐渐放缓，与不考虑非流动性因素模型得到的投资组合中非流动性资产的比例之差逐渐缩小。进一

步来看，如果没有模型约束条件而产生的配置比例限制，当非流动性资产的波动率达到某个非常高的值后，考虑非流动性因素的资产配置结果也会等价于不考虑非流动性因素的均值—方差模型得到的结果，而产生这一结果则是因为当非流动性资产的波动率不断上升而预期收益不变时，其收益风险比也逐渐下降，当其远低于流动性资产时，即使不考虑流动性风险，配置非流动性资产优化投资组合收益风险比的价值也将逐渐减弱，此时非流动性资产在投资组合中的占比较低，是否加入流动性风险则不会改变投资组合的优化方向。由此可见，加入非流动性惩罚的均值—方差模型仍然保留了均值—方差模型分散（波动率）风险的效应。

其次，从图12－6显示的两个组合经流动性风险调整后的夏普比率也可以更直观地看到，在相同情况下，即使存在对非流动性资产配置比例上限的约束，不考虑非流动性因素的投资组合对应的经流动性风险调整的夏普比率也始终低于加入了非流动性惩罚的投资组合。并且，随着非流动性资产波动率的增加，相比于不考虑非流动性因素的投资组合，加入了非流动性惩罚的模型得到的投资组合对应的经流动性风险调整的夏普比率的下降幅度更低，由此也再次说明了加入非流动性惩罚的均值—方差模型对流动性风险的调整效果更佳，更好地起到平衡投资组合收益风险比和流动性风险的作用。

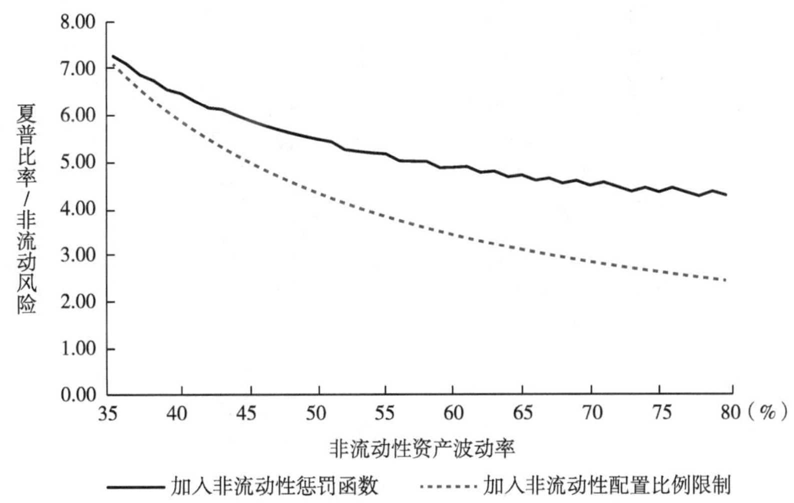

图12－6 经流动性风险调整后的夏普比率（$\rho=0.6$）

最后，图12－7和图12－8分别显示了在其他条件与以上的模拟情况保持一致，当非流动性资产的波动率 σ_{il} 分别为 40% 和 60% 时，设定投资组合的最大波动率限制后两个模型得到的最优投资组合。从中可以看到，在相同的组合波动率限制条件下，当波动率限制条件较低时，两个模型得到的优化结果相同，而当波动率限制提高时，加入非流动性惩罚的组合配置了更少的非流动性资产。与此同时，其经过流动性风险调整后的夏普比率也始终高于不考虑非流动性因素的模型得到的投资组合。除此之外，对比两图也可以发现，当非流动性资产的波动率更高时，加入非流动性惩罚对资产配置结果的影响更大，且特别是在投资组合的波动率限制较高时，加入非流动性惩罚后得到的最优投资组合可以更好地在收益—波动率—流动性风险之间进行平衡。由此可见，在传统的均值—方差模型中引入非流动性惩罚函数可以帮助投资者更科学地在收益风险比与流动性风险之间找到更好的均衡点，且特别是在非流动性资产的波动风险和投资者的风险偏好比较高时。由于更高的风险暴露往往也意味着更高的损失风险，此时投资者的决策应该更加谨慎，在此情况下，加入非流动性惩罚的资产配置模型可以为投资者提供一个优化组合流动性风险暴露的方法，从而帮助投资者能够更好地在收益与总风险之间进行平衡。

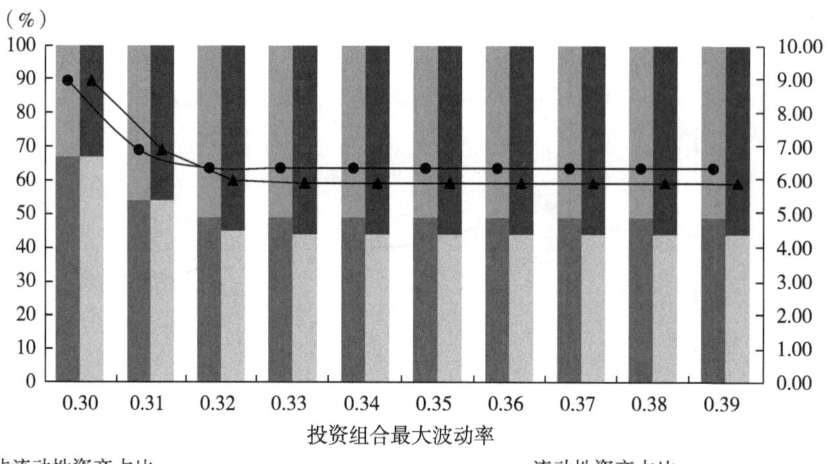

图 12－7　资产配置结果比较（σ_{il}＝40%）

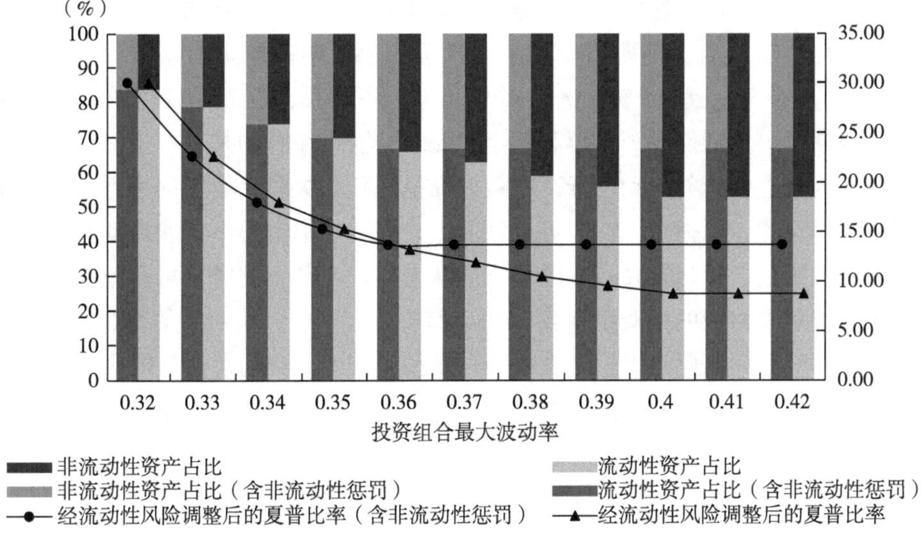

图 12－8　资产配置结果比较（$\sigma_{il}=60\%$）

除此之外，非流动性资产与流动性资产之间的相关性以及两者的收益也会对最优资产配置比例产生影响。然而，由于非流动性惩罚函数主要反映的是投资组合的流动性风险，其本质是对均值—方差模型中风险衡量的调整，因而理论上收益率的变化不会直接影响非流动性惩罚函数的取值，改变两类资产的收益率也不会改变以上模拟分析得到的结论。而对于相关系数ρ，一方面，在$\rho \geqslant 0$时，非流动性资产的配置比例上限会受其影响；另一方面，当两类资产的正相关性越高也意味着在相同波动率和配置比例下，投资组合的波动率风险和流动性风险越高，非流动性惩罚也越大。因此，在相同的最大波动率或流动性风险暴露约束下，资产的正相关性越高，是否加入非流动性惩罚对投资组合的配置比例影响也越大，风险更高的非流动性资产的配置比例会更低。

12.3.3.3　非流动性资产与流动性资产收益波动负相关

以上两小节分别模拟了非流动性资产和流动性资产完全同质以及收益波动正相关但不完全同质的情况。最后，还有一种典型的情况则是非流动性资产和流动性资产的收益波动呈现负相关。此时，两类资产的风险收益特征差异较大，非流动性资产的收益波动可能高于也可能低于流动性资产。因此，本节将从波动率的角度分两种情况对非流动性资产与流动性资产收益波动呈现负相关的情况进行模拟分析。

（1）非流动性资产的收益波动高于流动性资产。

首先，考虑非流动性资产的收益、波动均高于流动性资产的情形。这里，与上文类似地，以模拟5年期国债和风险投资为例，模拟模型的输入变量值。设 $r_l=5\%$，$r_{il}=60\%$，$\sigma_l=3\%$，$\sigma_{il}=40\%$，$\rho_{l,il}=-0.2$，且流动性需求间隔和流动性锁定期限仍分别假设为1年和5年。此时，需要注意的是，在上文中已经指出，当非流动性资产与流动性资产收益波动呈现负相关时，模型的可行集会增加下限约束。对此，根据表12-2可以计算出，在此模拟情形下，非流动性资产的配置比例应满足：$1.48\%\leqslant w_{il}\leqslant 8.99\%$。从中可以发现，此时的可行集范围非常小，可行集范围对应的投资组合收益在5.81%~9.94%，而对应的组合波动率在2.9%~4.0%，那么此时根据流动性期权模型得到的非流动性惩罚则几乎等于0。因此，在这种情况下，是否加入非流动性惩罚函数对模型结果并不造成影响，两个模型得到的优化结果也完全等价。

事实上，在此情形下，由于可行集的范围较小，模型的优化结果受到可行集的限制往往只能得到角点解，非流动性资产的配置比例取值为可行集的上下边界值，而出现这一现象的重要原因则是当非流动性资产与流动性资产的收益波动负相关时，加入非流动性惩罚的均值—方差模型增加了更为严格的可行集约束。根据上文所述，此时模型的可行集可以表示为：

$$\begin{cases} -\dfrac{\rho\sigma_l}{\sigma_{il}-\rho\sigma_l}\leqslant w_{il}\leqslant w_1^*,\ if\ \ \dfrac{\sigma_{il}}{\sigma_l}>\dfrac{\sqrt{\rho^2+8}-\rho}{2} \\ w_1^*\leqslant w_{il}\leqslant 1,\ if\ \ \dfrac{\sigma_{il}}{\sigma_l}<\dfrac{\sqrt{\rho^2+8}-\rho}{2} \end{cases}$$

其中，当 $\dfrac{\sigma_{il}}{\sigma_l}>\dfrac{\sqrt{\rho^2+8}-\rho}{2}$ 时，可行集的范围大小由 w_1^* 与 $-\dfrac{\rho\sigma_l}{\sigma_{il}-\rho\sigma_l}$ 之差决定。并且，根据上文可知，w_1^* 与 $-\dfrac{\rho\sigma_l}{\sigma_{il}-\rho\sigma_l}$ 之差又由流动性资产的波动率 σ_l、非流动性资产与流动性资产的波动率之比 $\dfrac{\sigma_{il}}{\sigma_l}$ 以及两者的相关系数 ρ 决定。由此可以推断出，当 $\rho<0$ 时，σ_l 越小、$\dfrac{\sigma_{il}}{\sigma_l}$ 越大或 $|\rho|$ 越小时，w_1^* 与 $-\dfrac{\rho\sigma_l}{\sigma_{il}-\rho\sigma_l}$ 之差也越小，非流动性资产占比的取值范围随之越小，而严格的约束条件则会使得模型往往出现角点解。随着流动性资产波动率的提高以及非流动性资产波动率与流动性资产波动率之间的差距逐渐缩小，可行集的范围也会逐渐扩大，加入非流动性惩罚的均值—方差模型得到的结果也不再只有角点解。

对此，表12-8和表12-9的第2~4列分别显示了当流动性锁定期限仍为为 1 年和 5 年，非流动性资产和流动性资产收益波动的相关性仍然保持 $\rho=-0.2$，当非流动性资产的波动率分别为 40% 和 60% 时，在不同的流动性资产波动率取值下，加入非流动性惩罚的均值—方差模型的可行集以及在该可行集下投资组合对应的流动性风险 σ_p^{il} 的取值范围和非流动性惩罚函数的取值范围，表中的第 5 列和第 6 列则显示了在对应的情形下加入非流动性惩罚的均值—方差模型与基准模型得到的优化结果的对比情况。首先，从中可以看到，当 σ_l 越小时，不仅对应的可行集范围越小，投资组合的流动性风险也越低，此时的非流动性惩罚也几乎等于 0，因而此时加入非流动性惩罚对模型优化结果的影响并不显著，两个模型结果等价，并且此时两个模型得到的均是角点解。但随着流动性资产波动率的提升，$\frac{\sigma_{il}}{\sigma_l}$越小时，不但可行集的范围扩大，此时由于投资组合的流动性风险上升，非流动性惩罚函数对投资组合选择的影响也越来越显著，两个模型的结果也不再等价，加入非流动性惩罚的资产配置模型的最优解也不再是角点解。

其次，同时也可以看到，随着 σ_l 的增加，当$\frac{\sigma_{il}}{\sigma_l}<\frac{\sqrt{\rho^2+8}-\rho}{2}$时，模型的可行集变为 $w_1^* \leqslant w_{il} \leqslant 1$，此时非流动性资产的下限约束提高，而配置上限则被放宽。并且，此时非流动性资产的配置比例非常高。其实，出现这种结果的原因则是模型的假设条件要求投资组合的流动性风险与投资组合的非流动性水平正相关，而在用流动性期权模型构造的非流动性惩罚函数中，当$\frac{\sigma_{il}}{\sigma_l}<\frac{\sqrt{\rho^2+8}-\rho}{2}$时，增加投资组合的非流动性水平反而使投资组合的波动率降低，此时的“非流动性惩罚”反而转变为了“非流动性奖励”，直到非流动性水平达到一定程度后，投资组合的流动性风险才与投资组合的非流动性水平正相关，此时模型才有效。因此，在此情况下，非流动性资产的最低配置比例是使投资组合的非流动性水平达到该临界水平时非流动性资产在投资组合中的占比。不过，即便是不考虑流动性风险，在此情况下非流动性资产的收益风险比也远高于流动性资产，传统的均值—方差优化也会偏向于配置更多的非流动性资产。因此，即便存在下限约束，由于对流动性风险的调整，加入非流动性惩罚函数的资产配置模型得到的组合非流动性资产的占比也始终不高于基准组合，其对应的经流动性风险调整后的夏普比率也依然不低于基准组合，表明考虑非流动性因素的资产配置方法仍然具有稳定的平衡流动性风险的能力。

表 12－8　加入非流动性惩罚的模型可行集（$\sigma_{il}=40\%$，$\rho=-0.2$）

σ_l	w_{il}取值范围	σ_p^{il} 取值范围	非流动性风险惩罚	等价于MVO	最优解为边界值
35%	[53.55%，100%]	[16.11%，40%]	[0.59%，50.83%]	否	否
30%	[49.71%，100%]	[14.90%，40%]	[0.26%，50.83%]	否	否
27%	[47.08%，100%]	[14.16%，40%]	[0.13%，50.83%]	否	否
26%	[11.5%，46.14%]	[0%，13.88%]	0%	是	是*
20%	[9.09%，39.72%]	[0%，11.95%]	0%	是	是*
15%	[6.98%，33.07%]	[0%，9.95%]	0%	是	是*
10%	[4.76%，24.78%]	[0%，7.45%]	0%	是	是*

注：标注＊表示取值为可行集的上限，不标注＊则表示取值为可行集的下限。

表 12－9　加入非流动性惩罚的模型可行集（$\sigma_{il}=60\%$，$\rho=-0.2$）

σ_l	w_{il}取值范围	σ_p^{il} 取值范围	非流动性风险惩罚	等价于MVO	最优解为边界值
50%	[52.33%，100%]	[23.61%，60%]	[10.19%，77.15%]	否	是
45%	[49.71%，100%]	[22.42%，60%]	[7.76%，77.15%]	否	是
40%	[46.77%，100%]	[21.10%，60%]	[5.41%，77.15%]	否	是
39%	[11.50%，46.14%]	[0%，20.82%]	[0%，4.96%]	否	否
35%	[10.45%，43.46%]	[0%，19.61%]	[0%，3.30%]	否	否
30%	[9.09%，39.72%]	[0%，17.92%]	[0%，1.63%]	否	否
20%	[6.25%，30.52%]	[0%，13.77%]	[0%，0.09%]	是	是*

注：标注＊表示取值为可行集的上限，不标注＊则表示取值为可行集的下限。

最后，为了进一步说明相关系数变化对投资组合的影响，表 12－10 显示了在其他设定保持不变，非流动性资产的波动率为 60%、ρ 变为 －0.05 时不同的流动性资产波动率取值下，加入非流动性惩罚的均值—方差模型的可行集、对应的投资组合非流动性波动 σ_p^{il} 的取值范围和非流动性惩罚函数的取值范围以及加入非流动性惩罚的均值—方差模型与基准模型得到的投资组合结果的对比情况。从中可以看到，当两类资产的相关性变弱时，即 $|\rho|$ 越小时，其他条件不变的情况下可行集范围扩大。并且，与上文得到的结论一致，相关系数的变化会影响加入非流动性惩罚模型与基准模型结果之间的差异。其中，相关性越弱，差异则越小。其中，当 $\rho=-0.05$，非流动性惩罚显著不为 0 时，两个模型的结果仍然等价；而在 $\rho=-0.2$，非流动性惩罚显著不为 0 时，两个模型结果的差异显著。

表 12－10　加入非流动性惩罚的模型可行集（$\sigma_{il}=60\%$，$\rho=-0.05$）

σ_l	w_{il}取值范围	σ_p^{il} 取值范围	非流动性风险惩罚	等价于MVO	最优解为边界值
50%	[53.66%，100%]	[25.81%，60%]	[15.35%，77.15%]	是	是
45%	[51.03%，100%]	[24.55%，60%]	[12.30%，77.15%]	是	是
42%	[49.31%，100%]	[23.72%，60%]	[10.42%，77.15%]	是	是
41%	[3.30%，48.7%]	[0%，23.42%]	[0%，9.77%]	否	否
35%	[2.83%，44.77%]	[0%，21.54%]	[0%，6.14%]	否	否
30%	[2.44%，40.99%]	[0%，19.72%]	[0%，3.44%]	否	否
20%	[1.64%，31.65%]	[0%，15.22%]	[0%，0.32%]	是	是*

注：标注＊表示取值为可行集的上限，不标注＊则表示取值为可行集的下限。

（2）非流动性资产的收益波动低于流动性资产。

当非流动性资产的波动低于流动性资产而两者的相关性为负时，比如固定期限的固定收益投资与股票投资。此时，非流动性资产的收益率往往也比较低，对应的波动率也较低。假设根据上文的分析可知，此时满足$\frac{\sigma_{il}}{\sigma_l}<\frac{\sqrt{\rho^2+8}-\rho}{2}$，加入非流动性惩罚的模型对非流动性资产的配置比例会有一个下限约束。并且，由于此时非流动性资产的波动率较低，整个投资组合的流动性风险水平始终较低，非流动性惩罚几乎为0，如表 12－11 和表 12－12 所示。因此，在该情况下，是否加入非流动性惩罚对模型结果的影响不显著，两个模型得到的结果等价。事实上，当非流动性资产的波动率小于流动性资产时，忽略流动性风险并不会对投资组合带来较大的潜在风险隐患。同样地，随着非流动性资产的波动率提升或两类资产负相关性减弱，投资组合的流动性风险会逐渐上升，当非流动性资产的波动率越接近于流动性资产时，即在收益预期不变的情况下，非流动性资产的收益风险比越接近于流动性资产时，非流动性惩罚函数的值不再等于0，非流动性资产的配置比例在此时会相应降低。

表 12－11　加入非流动性惩罚的模型可行集（$\sigma_l=30\%$，$\rho=-0.2$）

σ_{il}	可行集	σ_p^{il} 取值范围	非流动性惩罚
25%	[61.44%，100%]	[12.10%，25%]	[0%，13.36%]

续表

σ_{il}	可行集	σ_p^{il} 取值范围	非流动性惩罚
20%	[66.40%, 100%]	[9.99%, 20%]	[0%, 3.80%]
15%	[72.49%, 100%]	[8.18%, 15%]	[0%, 2.70%]
10%	[79.81%, 100%]	[6.00%, 10%]	0%

表 12-12 加入非流动性惩罚的模型可行集（σ_l =30%，ρ = -0.05）

σ_{il}	可行集	σ_p^{il} 取值范围	非流动性惩罚
25%	[62.51%, 100%]	[12.53%, 25%]	[0%, 13.36%]
20%	[67.57%, 100%]	[10.83%, 20%]	[0%, 3.80%]
15%	[73.53%, 100%]	[8.84%, 15%]	[0%, 2.70%]
10%	[80.65%, 100%]	[6.47%, 10%]	0%

综上，本节分别从包含与流动性资产完全同质和不完全同质的非流动性资产的角度出发，通过模拟非流动性资产的波动率的变化以及流动性资产与非流动性资产之间的相关系数的变化，对加入非流动性惩罚的均值—方差模型的优化结果进行了分析。研究结果表明：①加入非流动性惩罚的均值—方差模型可以帮助投资者实现收益—波动率风险—流动性风险的动态平衡，与直接对非流动性资产的配置比例进行固定限制相比，将非流动性惩罚函数引入均值—方差模型使得优化结果可以更加灵活地根据投资组合的非流动性水平变化在收益风险比与流动性风险之间实现平衡。②加入非流动性惩罚的均值—方差优化相当于在传统的均值—方差优化基础上增加了更严格的风险约束，类似于提高了投资者的风险厌恶程度，在相同情况下，该模型得到的最优投资组合中配置了更低比例的非流动性资产，暴露每单位流动性风险该模型得到的投资组合的收益风险比更高，表明该模型能够在均衡收益和波动率风险的基础上优化组合的流动性风险暴露。③当非流动性资产的波动率越高、流动性资产与非流动性资产之间的相关系数越大时，该优化作用也越显著，考虑非流动性因素的资产配置方法对流动性风险的调整作用更显著。④当非流动性资产自身的波动风险较低时，组合的流动性风险可以忽略不计，该模型等价于不考虑非流动性因素的均值—方差模型。

12.4　本章小结

本章在 Hayes 等（2015）提出的在传统资产配置模型中加入非流动性惩罚的思想基础上，提出了使用流动性期权模型构造非流动性惩罚函数的方法，并将该惩罚函数引入均值—方差模型，提出了一种科学且比较实用的考虑非流动性因素的资产配置模型来解决包含非流动性资产时资产配置中遇到的流动性风险问题。本章从模型构建、模型求解和模拟分析三个方面对该资产配置理论方法进行了研究，结果显示：使用流动性期权模型可以对流动性风险实现科学量化，将其引入均值—方差模型可以为包含非流动性资产，且特别是当该非流动性资产为高波动的风险资产的资产配置问题提供了一个更好的平衡组合收益与流动性风险暴露的方法。在实际应用中，这种方法也存在着显著的优势：

（1）该方法用一种更科学的方式把非流动性因素纳入资产配置过程且不失灵活性，在应用时还可以根据投资者的流动性风险厌恶调整非流动性因素的纳入比例。在现实中，如果只以波动率作为风险衡量指标，投资者面对的非流动性资产往往具有非常高的夏普比率。此时，如果不考虑非流动性因素，传统的资产配置模型得到的结果则会偏向于配置尽量多的非流动性资产。虽然在实际操作中有一部分资产管理人会选择在均值—方差模型上直接对非流动性资产的配置比例进行限制，以带有约束的均值—方差模型管理包含非流动性资产的投资组合。这种方法虽然简单直观，但其没有在非流动性资产的限制比例与流动性风险之间建立一个合理的均衡方法，对非流动性资产投资比例的限制带有较大的主观随意性，这就造成人为因素对优化结果的影响较大，失去了量化方法尽量降低主观风险的意义。本书提出的加入非流动性惩罚的均值—方差模型的方法则通过流动性期权模型将投资组合的流动性风险量化，这种量化方式具有坚实的理论背景支撑，其能够根据资产的收益波动、流动性锁定期限、投资者的流动性需求间隔等反映出资产的流动性风险，将其引入到传统的资产配置模型中可以将流动性风险与投资组合的非流动性水平相关联，从而可以更科学地依据非流动性水平的变化设置风险约束，这在一定程度上避免了人为主观设置比例限制的风险。与此同时，从上文关于流动性期权模型的讨论中也可以看到，投资者在应用该模型时可以通过调整一触即付式期权的触发条件$c_{\text{general}} = \gamma B/S_0$ 的方式将流动性风险厌恶也纳入优化模型中。其中，γ 越大表明投资者的流动性风险厌恶程度越高；当 $\gamma=1$ 时，我们称之为流动性风险中性；当 $\gamma<1$ 时，则表明投资者偏好流动性风险；而当 $\gamma>1$ 时，表明投资者厌恶流动性风险。由此可见，使用流动性期权模型构造的非流动性惩罚函数具有非常高的灵活性，加入非流动性惩罚的均值—方差模型不仅能够科学地将流动性风险纳入到资产组合优化过程中，而且能够灵活地针对不同流动性风险厌恶的投资者进行应用。

（2）该模型形式简单、易于求解，具有较高的实用价值。尽管均值—方差模型存在一定的缺陷，但由于其简单易解，均值—方差模型至今仍是实务界应用最广泛的资产配置模型之一，而本书提出的加入非流动性惩罚的均值—方差模型也保留了均值—方差模型的良好性质。该模型未增加除资产收益和波动率预期之外的其他需要进行预测的输入变量，且模型中的优化问题为凸优化问题。因此，从模型形式和求解难易程度上看，与传统的均值—方差模型相当。事实上，在上文中也已提到，传统的均值方差模型可以看作是加入非流动性惩罚的均值—方差模型的特例。当投资组合中的资产均为完全流动的资产时，投资组合不存在流动性风险，此时模型中的非流动性惩罚函数始终等于 0，模型等价于没有考虑非流动性因素的传统均值—方差模型。因此，从理论上说，该模型可以看作是均值—方差模型在投资组合中加入非流动性资产时的更为一般化的形式，所有能够用均值—方差模型解决的资产配置问题理论上都可以用该模型替代，因而该模型的应用空间更广。

当然，没有一个模型或方法是完美无缺的，该模型与传统的均值—方差模型遇到的问题一样，模型的输出结果对输入参数比较敏感，输出结果的准确性和有效性依赖于对资产收益和方差协方差预期的准确性，并且从上文的模拟分析中也可以看到，模型输出结果对波动率的变动比较敏感。因此，在模型的应用过程中，输入参数的质量会影响输出结果的稳健性，微小的参数误差可能会产生较大的结果偏误，从而可能给投资者带来严重的预期外损失。不过，自均值—方差模型提出至今将近 70 年的时间里，学者们已经提出了许多有关改进资产收益率和方差—协方差预测的方法，本书的第 4 章也是对包含另类资产的多资产收益预测方法的研究，这些方法都可以帮助投资者提高对模型输入参数的预测质量，将输入参数造成的模型风险降到最低。因而，得益于该模型保持了对流动性风险估计和收益、方差—协方差估计的独立性，对于资产收益和方差—协方差估计的改进方法也都可以直接应用到该模型而不会改变模型的优化过程。

参考文献

[1] Alexander G. J., A. M. Baptista. Economic implications of using a mean - VaR model for portfolio selection: A comparison with mean - variance analysis [J]. Journal of Economic Dynamics and Control, 2002, 26 (7 - 8): 1158 - 1193.

[2] Amihud Y., H. Mendelson. The effects of beta, bid - ask spread, residual risk, and size on stock returns [J]. The Journal of Finance, 1989, 44 (2): 478 - 486.

[3] Ang A., D. Kristensen. Testing conditional factor models [J]. Journal of Financial Economics, 2012, 106 (1): 132 - 156.

[4] Ang A., D. Papanikolaou, M. Westerfield. Portfolio choice with illiquid assets [R]. National Bureau of Economic Research, 2013.

[5] Ang A., G. Bekaert. Short rate nonlinearities and regime switches [J]. Journal of Economic Dynamics and Control, 2002, 26 (7 - 8): 1243 - 1274.

[6] Ang A., G. Bekaert. How regimes affect asset allocation [J]. Financial Analysts Journal, 2004, 60 (2): 86 - 99.

[7] Ang A., M. Sorensen. Risks, returns, and optimal holdings of private equity: A survey of existing approaches [J]. The Quarterly Journal of Finance, 2012, 2 (3): 1 - 27.

[8] Anson, M. J. Financial market dislocations and hedge fund returns [J]. The Journal of Alternative Investments, 2002, 5 (3): 78 - 88.

[9] Arditti, F. D., H. Levy. Portfolio efficiency analysis in three moments: The multiperiod case [M]. Academic Press, 1977.

[10] Asness C. S., R. J. Krail, J. M. Liew. Do hedge funds hedge? [J]. The Journal of Portfolio Management, 2001, 28 (1): 6 - 19.

[11] Asness C. S., F. Andrea, L. H. Pedersen. Leverage aversion and risk parity [J]. Financial Analysts Journal, 2012, 68 (1): 47 – 59.

[12] Athayde G. M. D., R. G. Flores Jr. Finding a maximum skewness portfolio—A general solution to three – moments portfolio choice [J]. Journal of Economic Dynamics and Control, 2004, 28 (7): 1335 – 1352.

[13] Baker H. K. and G. Filbeck. Alternative investments: Instruments, performance, benchmarks, and strategies [M]. John Wiley & Sons, 2013.

[14] Barone – Adesi G., K. Giannopoulos. Non parametric VaR techniques [J]. Myths and Realities, 2001, 30 (2): 167 – 181.

[15] Behr P., A. Guettler, F. Miebs. On portfolio optimization: Imposing the right constraints [J]. Journal of Banking & Finance, 2013, 37 (4): 1232 – 1242.

[16] Benbachir S., B. Gaboune, M. Alaoui. Comparing portfolio selection using CVAR and mean – variance approach [J]. International Research Journal of Finance & Economics, 2012 (88): 6 – 15.

[17] Best M. J., R. R. Grauer. Sensitivity analysis for mean – variance portfolio problems [J]. Management Science, 1991a, 37 (8): 980 – 989.

[18] Best M. J., R. R. Grauer. On the sensitivity of mean – variance – efficient portfolios to changes in asset means: Some analytical and computational results [J]. The Review of Financial Studies, 1991b, 4 (2): 315 – 342.

[19] Best M. J., R. R. Grauer. The analytics of sensitivity analysis for mean – variance portfolio problems [J]. International Review of Financial Analysis, 1992, 1 (1): 17 – 37.

[20] Bhattacharya P. K., A. K. Gangopadhyay. Kernel and nearest – neighbor estimation of a conditional quantile [J]. The Annals of Statistics, 1990, 18 (3): 1400 – 1415.

[21] Black F., R. Litterman. Global portfolio optimization [J]. Financial Analysts Journal, 1992, 48 (5): 28 – 43.

[22] Broadie M. Computing efficient frontiers using estimated parameters [J]. Annals of Operations Research, 1993, 45 (1): 21 – 58.

[23] Bruder B., T. Roncalli. Managing risk exposures using the risk budgeting approach [J]. Social Science Electronic Publishing, 2012.

[24] Buckley I., D. Saunders, L. Seco. Portfolio optimization when asset re-

turns have the Gaussian mixture distribution [J]. European Journal of Operational Research, 2008, 185 (3): 1434-1461.

[25] Byrne P., S. Lee. Real estate portfolio analysis under conditions of non-normality: The case of NCREIF [J]. Journal of Real Estate Portfolio Management, 1997, 3 (1): 37-46.

[26] Carroll R. B., T. Perry, H. Yang. A new approach to component VaR [J]. Journal of Risk, 2001 (3): 57-68.

[27] Chaffe D. Option pricing as a proxy for discount for lack of marketability in private company valuations [J]. Business Valuation Review, 1993, 12 (4): 182-188.

[28] Chan L. K., J. Karceski, J. Lakonishok. On portfolio optimization: Forecasting covariances and choosing the risk model [J]. The Review of Financial Studies, 1999, 12 (5): 937-974.

[29] Charlot P., V. Marimoutou. On the relationship between the prices of oil and the precious metals: Revisiting with a multivariate regime-switching decision tree [J]. Energy Economics, 2014 (44): 456-467.

[30] Chaves D., J. Hsu, F. Li. Efficient algorithms for computing risk parity portfolio weights [J]. The Journal of Investing, 2012, 21 (3): 150-163.

[31] Chong J., J. Miffre. Conditional return correlations between commodity futures and traditional assets [J]. Journal of Alternative Investments, 2010, 12 (3): 61-75.

[32] Chopra V. K., W. T. Ziemba. The effect of errors in means, variances, and covariances on optimal portfolio choice [J]. The Journal of Portfolio Management, 1993, 19 (2): 6-11.

[33] Chorafas D. Alternative investments and the mismanagement of risk [M]. Palgrave Macmillan, 2003.

[34] Chunhachinda P., K. Dandapani, S. Hamid, A. J. Prakash. Portfolio selection and skewness: Evidence from international stock markets [J]. Journal of Banking & Finance, 1997, 21 (2): 143-167.

[35] Cochrane J. H. The risk and return of venture capital [J]. Journal of Financial Economics, 2005, 75 (1): 3-52.

[36] Consigli G. Tail estimation and mean-VaR portfolio selection in markets

subject to financial instability [J]. Journal of Banking & Finance, 2002, 26 (7): 1355 - 1382.

[37] Cremers J. H., M. Kritzman, S. Page. Optimal hedge fund allocations [J]. The Journal of Portfolio Management, 2005, 31 (3): 70 - 81.

[38] Danielsson, J. and C. G. De Vries. Tail index and quantile estimation with very high frequency data [J]. Journal of Empirical Finance, 1997, 4 (2 - 3): 241 - 257.

[39] DeMiguel V., L. F. J. Garlappi, R. Uppal. A generalized approach to portfolio optimization: Improving performance by constraining portfolio norms [J]. Management Science, 2009, 55 (5): 798 - 812.

[40] Demsetz H. The cost of transacting [J]. The Quarterly Journal of Economics, 1968, 82 (1): 33 - 53.

[41] Dorsey T. Trade finance stumbles [J]. Finance and Development. 2009, 46 (1).

[42] Dou P. Y., D. R. Gallagher, D. Schneider. Cross - region and cross - sector asset allocation with regimes [J]. Accounting & Finance, 2014, 54 (3): 808 - 846.

[43] Duffie D., J. Pan. An overview of value at risk [J]. Journal of Derivatives, 1997, 4 (3): 7 - 49.

[44] Durand R. B., J. Gould, R. Maller. On the performance of the minimum VaR portfolio [J]. The European Journal of Finance, 2011, 17 (7): 553 - 576.

[45] Elliott R. J., T. K. Siu, A. Badescu. On mean - variance portfolio selection under a hidden Markovian regime - switching model [J]. Economic Modelling, 2010, 27 (3): 678 - 686.

[46] Engle R. F., J. Lange. Predicting VNET: A model of the dynamics of market depth [J]. Journal of Financial Markets, 2001, 4 (2): 113 - 142.

[47] Engle R. F., S. Manganelli. CAViaR: Conditional autoregressive value at risk by regression quantiles [J]. Journal of Business & Economic Statistics, 2004, 22 (4): 367 - 381.

[48] Epperlein E., A. Smillie. Portfolio risk analysis Cracking VAR with kernels [J]. Risk, 2006.

[49] Erb C. B., C. R. Harvey. The strategic and tactical value of commodity

futures [J] . Financial Analysts Journal, 2006, 62 (2): 68 –97.

[50] Fama E. F. The behavior of stock – market prices [J] . The Journal of Business, 1965, 38 (1): 34 –105.

[51] Finnerty J. D. An average – strike put option model of the marketability discount [J] . The Journal of Derivatives, 2012, 19 (4): 53 –69.

[52] Fishburn P. C. Mean – Risk Analysis with Risk Associated with Below – Target Returns [J] . The American Economic Review, 1977, 67 (2): 116 –126.

[53] Franzoni F. , E. Nowak, L. Phalippou. Private equity performance and liquidity risk [J] . The Journal of Finance, 2012, 67 (6): 2341 –2373.

[54] Fraser A. M. Hidden Markov models and dynamical systems [M] . Siam, 2008.

[55] Frost P. A. , J. E. Savarino. For better performance: Constrain portfolio weights [J] . Journal of Portfolio Management, 1988, 15 (1): 29.

[56] Garcia R. , P. Perron. An analysis of the real interest rate under regime shifts [J] . CIREQ, 1994.

[57] Geltner D. M. Smoothing in appraisal – based returns [J] . The Journal of Real Estate Finance and Economics, 1991, 4 (3): 327 –345.

[58] Golts M. , M. Kritzman. Liquidity options [J] . The Journal of Derivatives, 2010, 18 (1): 80 –89.

[59] Gompers P. A. , J. Lerner. Risk and reward in private equity investments: The challenge of performance assessment [J] . The Journal of Private Equity, 1997 (winter): 5 –12.

[60] Gourieroux C. , J. P. Laurent, O. Scaillet. Sensitivity analysis of values at risk [J] . Journal of Empirical Finance, 2000, 7 (3 –4): 225 –245.

[61] Gray S. F. Modeling the conditional distribution of interest rates as a regime – switching process [J] . Journal of Financial Economics, 1996, 42 (1): 27 –62.

[62] Griveau – Billion T. , J. C. Richard, T. Roncalli. A fast algorithm for computing high – dimensional risk parity portfolios [J] . Social Science Electronic Publishing, 2013.

[63] Guidolin M. , A. Timmermann. Asset allocation under multivariate regime switching [J] . Journal of Economic Dynamics and Control, 2007, 31 (11): 3503 – 3544.

[64] Guidolin M. , A. Timmermann. International asset allocation under regime switching, skew, and kurtosis preferences [J] . The Review of Financial Studies, 2008, 21 (2): 888 – 935.

[65] Guidolin M. Markov switching in portfolio choice and asset pricing models: A survey [J] . Advances in Econometrics, 2011 (27): 87 – 178.

[66] Guidolin M. , Ria, F. Regime shifts in mean – variance efficient frontiers: Some international evidence [J] . Journal of Asset Management, 2011, 12 (5): 322 – 349.

[67] Hamilton J. D. A new approach to the economic analysis of nonstationary time series and the business cycle [J] . Econometrica: Journal of the Econometric Society, 1989, 57 (2): 357 – 384.

[68] Hamilton J. D. , R. Susmel. Autoregressive conditional heteroskedasticity and changes in regime [J] . Journal of Econometrics, 1994, 64 (1 – 2): 307 – 333.

[69] Harlow W. V. Asset allocation in a downside – risk framework [J] . Financial Analysts Journal, 1991, 47 (5): 28 – 40.

[70] Harvey C. R. , A. Siddique. Conditional skewness in asset pricing tests [J] . The Journal of Finance, 2000, 55 (3): 1263 – 1295.

[71] Hayes M. , J. A. Primbs, B. Chiquoine. A penalty cost approach to strategic asset allocation with illiquid asset classes [J] . The Journal of Portfolio Management, 2015, 41 (2): 33 – 41.

[72] Harvey C. R. , J. C. Liechty, M. W. Liechty, P. Müller. Portfolio selection with higher moments [J] . Quantitative Finance, 2010, 10 (5): 468 – 485.

[73] He G. , R. Litterman. The intuition behind black – litterman model portfolios [M] . Social Science Electronic Publishing, 2002.

[74] Hicks J. R. Liquidity [J] . The Economic Journal, 1962, 72 (288): 787 – 802.

[75] Honda T. Optimal portfolio choice for unobservable and regime – switching mean returns [J] . Journal of Economic Dynamics and Control, 2003, 28 (1): 45 – 78.

[76] Huang X. Risk curve and fuzzy portfolio selection [J] . Computers & Mathematics with Applications, 2008, 55 (6): 1102 – 1112.

[77] Hull J. , A. White. Value at risk when daily changes in market variables are not normally distributed [J] . Journal of Derivatives, 1998 (5): 8 – 19.

[78] Jagannathan R., T. Ma. Risk reduction in large portfolios: Why imposing the wrong constraints helps [J]. Journal of Finance, 2003, 58 (4): 1651 - 1683.

[79] Jegadeesh N., S. Titman. Returns to buying winners and selling losers: Implications for stock market efficiency [J]. The Journal of finance, 1993, 48 (1): 65 - 91.

[80] Jobson J. D., B. M. Korkie. Performance hypothesis testing with the sharpe and treynor measures [J]. The Journal of Finance, 1981, 36 (4): 888 - 908.

[81] Jondeau E., M. Rockinger. Conditional volatility, skewness, and kurtosis: Existence, persistence, and comovements [J]. Journal of Economic Dynamics and Control, 2003, 27 (10): 1698 - 1737.

[82] Jorion P. International portfolio diversification with estimation risk [J]. The Journal of Business, 1985, 58 (3): 258 - 278.

[83] Jorion P. Bayes - stein estimation for portfolio analysis [J]. Journal of Financial & Quantitative Analysis, 1986, 21 (3): 278 - 292.

[84] Joro T., P. Na. Portfolio performance evaluation in a mean - variance - skewness framework [J]. European Journal of Operational Research, 2006, 175 (1): 446 - 461.

[85] Keynes J. M. The general theory of employment [J]. The Quarterly Journal of Economics, 1937, 51 (2): 208 - 223.

[86] Kinlaw W., M. Kritzman, D. Turkington. Liquidity and portfolio choice: A unified approach [J]. The Journal of Portfolio Management, 2013, 39 (2): 18 - 27.

[87] Kirby C., B. Ostdiek. It's all in the timing: Simple active portfolio strategies that outperform naive diversification [J]. Journal of Financial and Quantitative Analysis, 2012, 47 (2): 437 - 467.

[88] Koenker R., Q. Zhao. Conditional quantile estimation and inference for ARCH models [J]. Econometric Theory, 1996, 12 (5): 793 - 813.

[89] Konno, H. and H. Yamazaki. Mean - absolute deviation portfolio optimization model and its applications to Tokyo stock market [J]. Management Science, 1991, 37 (5): 518 - 531.

[90] Konno H., H. Shirakawa, H. Yamazaki. A mean - absolute deviation - skewness portfolio optimization model [J]. Annals of Operations Research, 1993, 45

(1): 205 – 220.

[91] Kon S. J. Models of stock returns—A comparison [J]. The Journal of Finance, 1984, 39 (1): 147 – 165.

[92] Korteweg A., M. Sorensen. Risk and return characteristics of venture capital – backed entrepreneurial companies [J]. The Review of Financial Studies, 2010, 23 (10): 3738 – 3772.

[93] Kritzman M., P. Sebastien, T. David. Regime shifts: Implications for dynamic strategies [J]. Financial Analysts Journal, 2012, 68 (3): 22 – 39.

[94] Krolzig H. M. Cointegration analysis of VAR models with markovian shifts in regime [M]. Springer Berlin Heidelberg, 1997.

[95] Kumar D. Return and volatility transmission between gold and stock sectors: Application of portfolio management and hedging effectiveness [J]. IIMB Management Review, 2014, 26 (1): 5 – 16.

[96] Lee J. H. Dynamic portfolio management with private equity funds [D]. Stanford University, 2012.

[97] Lee W. Risk – based asset allocation: A new answer to an old question? [J]. Journal of Portfolio Management, 2011, 37 (4): 11 – 28.

[98] Linsmeier T. J., N. D. Pearson. Risk measurement: An introduction to Value at Risk [R]. 1996.

[99] Ljungqvist A., M. Richardson. The cash flow, return and risk characteristics of private equity [R]. National Bureau of Economic Research, 2003.

[100] Lo A. W., C. Petrov, M. Wierzbicki. It's 11 pm—Do you know where your liquidity is: The mean – variance – liquidity frontier [M]. The World of Risk Management, 2006: 47 – 92.

[101] Longstaff F. A. How much can marketability affect security values? [J]. The Journal of Finance, 1995, 50 (5): 1767 – 1774.

[102] Lucey B. M., E. Tully. Seasonality, risk and return in daily COMEX gold and silver data 1982 – 2002 [J]. Applied Financial Economics, 2006, 16 (4): 318 – 333.

[103] Mankert C. The Black – litterman model: Mathematical and behavioral finance approaches towards its use in practice [D]. Sweden: Royal Institute of Technology, School of Industral Engineering and Management. Department of Industrial Eco-

nomics and Management, 2006.

[104] Mark C. , M. Asieh. Real estate in the real world: Dealing with non – normality and risk in an asset allocation model [J] . Journal of Real Estate Portfolio Management, 2005, 11 (1): 37 –53.

[105] Markowitz H. Portfolio selection [J] . Theory & Practice of Investment Management Asset Allocation Valuation Portfolio Construction & Strategies Second Edition, 1952, 7 (1): 77 –91.

[106] Markowitz H. M. Portfolio selection [M] . Basil Blackwell, 1959.

[107] Markowitz H. , N. Usmen. The likelihood of various stock market return distributions, part 2: Empirical results [J] . Journal of Risk & Uncertainty, 1996, 13 (3): 221 –247.

[108] Michaud R. O. The Markowitz optimization enigma: Is "optimized" optimal? [J] . Financial Analysts Journal, 1989, 45 (1): 31 –42.

[109] Mills T. C. Equity prices, dividends and gilt yields in the UK: Cointegration, error correction and "Confidence" [J] . Scottish Journal of Political Economy, 1991, 38 (3): 242 –255.

[110] Mulvey J. M. , Shetty B . Financial planning via multi – stage stochastic optimization [J] . Computers & Operations Research, 2004, 31 (1): 1 –20.

[111] Mulvey. J. M. , Y. G. Zhao. An investment model via regime – switching economic indicators [J] . Risk Management, 2010 (11) .

[112] Nystrup P. , B. W. Hansen, H. Madsen. Regime – based versus static asset allocation: Letting the data speak [J] . The Journal of Portfolio Management, 2015, 42 (1): 103 –109.

[113] Pastor L. Portfolio selection and asset pricing models [J] . The Journal of Finance, 2000, 55 (1): 178 –223.

[114] Pastor L. , R. F. Stambaugh. Comparing asset pricing models: An investment perspective [J] . Journal of Financial Economics, 2000, 56 (3): 335 –381.

[115] Peiro A. Skewness in financial returns [J] . Journal of Banking & Finance, 1999, 23 (6): 847 –862.

[116] Phalippou L. , O. Gottschalg. The performance of private equity funds [J] . The Review of Financial Studies, 2008, 22 (4): 1747 –1776.

[117] Popova I. , E. Popova, D. Morton. Optimal hedge fund allocation with

asymmetric preferences and distributions [J]. Social Science Electronic Publishing, 2006.

[118] Porter R. B. Semivariance and stochastic dominance: A comparison [J]. The American Economic Review, 1974, 64 (1): 200 –204.

[119] Prakash A. J., C. H. Chang, T. E. Pactwa. Selecting a portfolio with skewness: Recent evidence from US, European, and Latin American equity markets [J]. Journal of Banking & Finance, 2003, 27 (7): 1375 –1390.

[120] Qian E. Risk parity portfolios: Efficient portfolios through true diversification. Panagora Asset Management [J]. PanAgora Asset Management, Inc., 2005.

[121] Quaranta A. G., A. Zaffaroni. Robust optimization of conditional value at risk and portfolio selection [J]. Journal of Banking and Finance, 2008, 32 (10).

[122] Rachev S., S. Ortobelli, S. Stoyanov, F. J. Fabozzi, A. Biglova. Desirable properties of an ideal risk measure in portfolio theory [J]. International Journal of Theoretical and Applied Finance, 2008, 11 (1): 18 –54.

[123] Rockafellar R. T., S. Uryasev. Optimization of conditional value – at – risk [J]. Journal of Risk, 2000 (2): 21 –42.

[124] Roncalli T. Introduction to risk parity and budgeting [M]. Chapman and Hall, 2016.

[125] Roy A. D. Safety first and the holding of assets [J]. Econometrica: Journal of the Econometric Society, 1952, 20 (3): 431 –449.

[126] Seaman R. M. A minimum marketability discount [J]. Business Valuation Review, 2005, 24 (4): 177 –180.

[127] Schneeweis T., J. F. Pescatore. The handbook of alternative investment strategies [M]. Institutional Investor, 1999.

[128] Sheikh A. Z., H. Qiao. Non – normality of market returns: A framework for asset allocation decision making [J]. The Journal of Alternative Investments, 2009, 12 (3): 8 –35.

[129] Simkowitz M. A., W. L. Beedles. Diversification in a three – moment world [J]. Journal of Financial and Quantitative Analysis, 1978, 13 (5): 927 –941.

[130] Song N., W. Ching, D. Zhu. Asset allocation under regime – switching models. 2012.

[131] Sorensen M., N. Wang, J. Yang. Valuing private equity [J]. The Re-

view of Financial Studies, 2014, 27 (7): 1977 – 2021.

[132] Sortino F. A., L. N. Price. Performance measurement in a downside risk framework [J]. The Journal of Investing, 1994, 3 (3): 58 – 64.

[133] Spinu F. An algorithm for computing risk parity weights [J]. Social Science Electronic Publishing, 2013.

[134] Stone B. K. A general class of three – parameter risk measures [J]. Journal of Finance, 1973, 28 (3): 675 – 685.

[135] Swedroe L., J. Kizer. An investor's guide to commodities [J]. Journal of Indexes, 2008, 11 (6): 32 – 36.

[136] Swensen D. F. Pioneering portfolio management: An unconventional approach to institutional investment [M]. Simon and Schuster, 2000.

[137] Swensen D. F. Unconventional success: A fundamental approach to personal investment [M]. Simon and Schuster, 2005.

[138] Tasche D. Expected shortfall and beyond [J]. Journal of Banking & Finance, 2002, 26 (7): 1518 – 1533.

[139] Tobin J. Liquidity preference as behavior towards risk [J]. The Review of Economic Studies, 1958, 25 (2): 65 – 86.

[140] Tong H. On a threshold model [J]. Pattern Recognition and Signal Processing, 1978.

[141] Trout R. Minimum marketability discounts [J]. Business Valuation Review, 2003, 22 (3): 124 – 126.

[142] Turner C. M., R. Startz, C. R. Nelson. A Markov model of heteroskedasticity, risk, and learning in the stock market [J]. Journal of Financial Economics, 1989, 25 (1): 3 – 22.

[143] Whitelaw R. F. Stock market risk and return: An equilibrium approach [J]. The Review of Financial Studies, 2000, 13 (3): 521 – 547.

[144] Yardeni E. Fed's stock market model finds overvaluation [J]. US Equity Research, Deutsche Morgan Grenfell, 1997.

[145] 冯玲. 不流动资产的定价与股权分置改革研究 [D]. 厦门大学, 2007.

[146] 冯玲, 郑振龙, 刘晓曙. 动态不完全市场中不流动资产的定价[J]. 金融研究, 2008 (11): 108 – 119.

［147］侯成琪．非正态分布条件下的投资组合模型研究［D］．武汉大学，2005.

［148］胡晓明，李文秀．基于并购的非上市公司非流动性价值度量［J］．中国资产评估，2015（4）：33－37.

［149］姜婷，周孝华，董耀武．基于 Markov 机制转换模型的我国股市周期波动状态研究［J］．系统工程理论与实践，2013，33（8）：1934－1939.

［150］江孝感，万蔚．马尔科夫状态转换 GARCH 模型的波动持续性研究——对估计方法的探讨［J］．数理统计与管理，2009，28（4）：637－645.

［151］李智，林伯强，许嘉峻．基于 MSVAR 的国际原油期货价格变动研究［J］．金融研究，2014（1）：98－109.

［152］梁朝晖，张维．证券流动性折扣的期权定价方法——封闭式基金折价的流动性分析［J］．西南交通大学学报（社会科学版），2005a（1）：84－87.

［153］梁朝晖，张维．流动性的期权定价方法［J］．北京航空航天大学学报（社会科学版），2005b（3）：8－11.

［154］刘颖．带有模糊收益的均值—方差—偏度投资组合选择模型［J］．经贸实践，2016（12）．

［155］卢闯，李志华．投资者情绪对定向增发折价的影响研究［J］．中国软科学，2011（7）：155－164.

［156］沈华玉．增发目的、交易溢价率与定向增发折价率［J］．中国经济问题，2018（1）：120－135.

［157］宋鑫，阮永平，郑凯．大股东认购、产权异质与定向增发折价［J］．预测，2017，36（4）：50－55＋62.

［158］唐晓彬．Markov 机制转换的状态空间模型及其在我国经济周期分析中的应用研究［D］．西南财经大学，2010.

［159］王春峰，李刚．基于分布拟合法的 VaR 估计［J］．管理工程学报，2002（4）：36－40.

［160］王建军．Markov 机制转换模型研究及其在经济周期分析中的应用［D］．厦门大学，2007.

［161］王霖，魏先华．资产收益的区制转换特征与动态大类资产配置［J］．投资研究，2017，36（6）：102－115.

［162］武夏．基于股市状态转换的动态资产配置研究［D］．复旦大学，2011.

[163] 肖春来，宋然．VaR 理论及其应用研究［J］．数理统计与管理，2003（2）：6－10.

[164] 肖春来，柴文义，章月．基于经验分布的条件 VaR 计算方法研究［J］．数理统计与管理，2005（5）：96－99.

[165] 肖冬荣，黄静．基于均值、方差和偏度的投资组合模糊优化模型［J］．统计与决策，2006（14）：37－38.

[166] 张兵．基于状态转换方法的中国股市波动研究［J］．金融研究，2005（3）：100－108.

[167] 张弘，张莹梅．基于 Markov 机制转换模型的期货价格波动实证分析［J］．统计与决策，2015（20）：168－171.

[168] 张萍．均值—方差—峰度资产组合优化模型［J］．科学技术与工程，2008（1）：18－22.

[169] 张其联，胡波，叶思雄．Markov 机制转换模型在黄金价格波动中的研究［J］．山西财经大学学报，2011，33（S3）：66－67.

[170] 张树斌，白随平，姚立．含有交易成本的均值—方差—偏度资产组合优化模型［J］．数学的实践与认识，2004（2）：22－26.

[171] 张同斌，高铁梅．中国经济周期波动的阶段特征及驱动机制研究——基于时变概率马尔科夫区制转移（MS－TVTP）模型的实证分析［J］．财贸经济，2015（1）：27－39.

[172] 郑振龙．牛熊市视角下的资产配置［C］．中国管理现代化研究会．第五届（2010）中国管理学年会——金融分会场论文集．中国管理现代化研究会：中国管理现代化研究会，2010：272－283.

[173] 叶五一．VaR 与 CVaR 的估计方法以及在风险管理中的应用［D］．中国科学技术大学，2006.

附　录

附录1　风险厌恶系数可由投资者最大可承受标准差计算得到

推导1：无风险约束的投资者

假设投资者可以配置无风险资产，或以无风险利率自由借贷，则效用函数为：

$$\max_{w} \mathbf{w}'\boldsymbol{\alpha} + (1 - \mathbf{w}'\mathbf{1}) r_f$$

$$\text{s. t. } \mathbf{w}' \sum \mathbf{w} \leqslant \sigma^2_{\max}$$

其中，r_f 为融资成本。由于 $\lambda > 0$，小于号不成立，此时的约束条件为：

$$\text{s. t. } \mathbf{w}' \sum \mathbf{w} = \sigma^2_{\max}$$

为了后续推导便于表述，我们做如下设定：

$A = \mathbf{1}' \sum^{-1} \boldsymbol{\alpha}, B = \boldsymbol{\alpha}' \sum^{-1} \boldsymbol{\alpha}, C = \mathbf{1}' \sum^{-1} \mathbf{1}$，$D = BC - A^2$，and $\kappa = A/C$.

易得：

$$\boldsymbol{w} = \lambda^{-1} \sum^{-1} (\boldsymbol{\alpha} - rf1) \tag{1}$$

将式（1）代入约束条件，则有

$$\boldsymbol{w}' \sum \boldsymbol{w} = (\lambda^{-1} \sum^{-1} (\boldsymbol{\alpha} - rf\mathbf{1}))' \sum (\lambda^{-1} \sum^{-1} (\boldsymbol{\alpha} - rf\mathbf{1})) = \sigma^2_{\max}$$

可以解得：

$$\lambda = \left(\sqrt{\frac{\sigma_{\max}^2}{B - 2r_f A + r_f^2 C}}\right)^{-1} \tag{2}$$

推导2：存在借贷约束的风险资产投资者

存在借贷约束时，激进型投资者将有限的资金配置在风险资产，此时风险资产的权重之和为1，此时的效用函数为：

$$\max_w \mathbf{w}'\boldsymbol{\alpha}$$

$$\text{s. t. } \mathbf{w}'\sum\mathbf{w} = \sigma_{\max}^2 \mathbf{w}'\mathbf{1} = 1$$

令

$$L = \mathbf{w}'\boldsymbol{\alpha} - \frac{\lambda}{2}(\mathbf{w}'\sum\mathbf{w} - \sigma_{\max}^2) - \gamma(\mathbf{w}'\mathbf{1} - 1)$$

则

$$\frac{\partial L}{\partial \mathbf{w}} = \boldsymbol{\alpha} - \lambda\sum\mathbf{w} - \gamma = 0 \tag{3}$$

$$\frac{\partial L}{\partial \lambda} = \mathbf{w}'\sum\mathbf{w} - \sigma_{\max}^2 = 0 \tag{4}$$

$$\mathbf{w}'\mathbf{1} = 1 \tag{5}$$

求解式（3），可得：

$$\mathbf{w} = \lambda^{-1}\sum{}^{-1}(\boldsymbol{\alpha} - \boldsymbol{\gamma}1) \tag{6}$$

将式（6）代入式（5）可得：

$$\gamma = \frac{\mathbf{1}'\sum^{-1}\boldsymbol{\alpha} - \lambda}{\mathbf{1}'\sum^{-1}\mathbf{1}} = \frac{A - \lambda}{C} = \kappa - \frac{\lambda}{C} \tag{7}$$

将式（7）代回式（6）有：

$$\mathbf{w} = \lambda^{-1}\sum{}^{-1}(\boldsymbol{\alpha} - \gamma 1) = \lambda^{-1}\sum{}^{-1}(\boldsymbol{\alpha} - (\kappa - \lambda/C)\mathbf{1}) = \lambda^{-1}\sum{}^{-1}(\boldsymbol{\alpha} - \kappa\mathbf{1}) + (1/C)\sum{}^{-1}\mathbf{1} \tag{8}$$

将式（8）代入式（4）有：

$$(\lambda^{-1}(\boldsymbol{\alpha} - \kappa\mathbf{1})'\sum{}^{-1} + (1/C)\mathbf{1}'\sum{}^{-1})\sum(\lambda^{-1}\sum{}^{-1}(\boldsymbol{\alpha} - \kappa\mathbf{1}) + (1/C)\sum{}^{-1}\mathbf{1})$$

$$= (\lambda^{-1}(\boldsymbol{\alpha} - \kappa\mathbf{1})' + (1/C)\mathbf{1}')(\lambda^{-1}\sum{}^{-1}(\boldsymbol{\alpha} - \kappa\mathbf{1}) + (1/C)\sum{}^{-1}\mathbf{1})$$

$$= \lambda^{-2}(\boldsymbol{\alpha} - \kappa\mathbf{1})'\sum{}^{-1}(\boldsymbol{\alpha} - \kappa\mathbf{1}) + \lambda^{-1}(\boldsymbol{\alpha} - \kappa\mathbf{1})'(1/C)\sum{}^{-1}\mathbf{1} + (1/C)\mathbf{1}'\lambda^{-1}\sum{}^{-1}(\alpha - \kappa\mathbf{1}) + (1/C)\mathbf{1}'(1/C)\sum{}^{-1}\mathbf{1}$$

$$= \lambda^{-2}(\boldsymbol{\alpha}'\sum^{-1}\boldsymbol{\alpha} - \kappa\boldsymbol{\alpha}'\sum^{-1}\mathbf{1} - \kappa\mathbf{1}'\sum^{-1}\boldsymbol{\alpha} + \kappa^2\mathbf{1}'\sum^{-1}\mathbf{1}) +$$

$$2/C\lambda^{-1}(\boldsymbol{\alpha}'\sum^{-1}\mathbf{1} - \kappa\mathbf{1}'\sum^{-1}\mathbf{1}) + 1/C^2\mathbf{1}'\sum^{-1}\mathbf{1}$$

$$= \lambda^{-2}(B - 2\kappa A + \kappa^2 C) + 2/C\lambda^{-1}(A - \kappa C) + 1/C^2 \cdot C$$

$$= \lambda^{-2}(B - A^2/C) + 1/C$$

$$= \sigma^2_{\max}$$

因此：

$$\lambda = \left(\sqrt{\frac{\sigma^2_{\max}C - 1}{D}}\right)^{-1} \tag{9}$$

推导 3：存在借贷约束的综合型投资者

存在借贷约束时，将无风险资产纳入考虑后，投资者配置风险资产的权重之和可能等于 1，也可能小于 1，此时效用函数如下：

$$\max_w \mathbf{w}'\boldsymbol{\alpha} + (1 - \mathbf{w}'\mathbf{1})r_f$$

$$\text{s. t. } \mathbf{w}'\sum\mathbf{w} = \sigma^2_{\max} \quad \mathbf{w}'1 \leqslant 1$$

这里存在不等式约束，因此我们用 KKT 条件：

$$L = \mathbf{w}'\boldsymbol{\alpha} + (1 - \mathbf{w}'\mathbf{1})r_f - \frac{\lambda}{2}(\mathbf{w}'\sum\mathbf{w} - \sigma^2_{\max}) - \gamma(\mathbf{w}'\mathbf{1} - 1)$$

则

$$\frac{\partial L}{\partial \mathbf{w}} = \boldsymbol{\alpha} - r_f - \lambda\sum\mathbf{w} - \gamma = 0 \tag{10}$$

$$\frac{\partial L}{\partial \lambda} = \mathbf{w}'\sum\mathbf{w} - \sigma^2_{\max} = 0 \tag{11}$$

$$\gamma(\mathbf{w}'\mathbf{1} - 1) = 0 \tag{12}$$

$$\gamma \geqslant 0 \tag{13}$$

γ 分两种不同情况讨论：

（1）$\gamma = 0$

此时有隐含条件：

$$\mathbf{w}'\mathbf{1} - 1 < 0 \tag{14}$$

换言之，此时约束不满足，最优化问题如下：

$$\max_w \mathbf{w}'\boldsymbol{\alpha} + (1 - \mathbf{w}'\mathbf{1})r_f$$

$$\text{s. t. } \mathbf{w}'\sum\mathbf{w} = \sigma^2_{\max}$$

等式约束下，我们用拉格朗日条件。类似地，可以解得：

$$\mathbf{w} = \lambda^{-1}\sum^{-1}(\boldsymbol{\alpha} - r_f\mathbf{1}) \tag{15}$$

将（15）代入 $\mathbf{w}'\sum\mathbf{w} = \sigma^2_{\max}$，有：

$$(\lambda^{-1}\sum^{-1}(\boldsymbol{\alpha} - r_f\mathbf{1}))'\sum(\lambda^{-1}\sum^{-1}(\boldsymbol{\alpha} - r_f\mathbf{1})) = \sigma^2_{\max}$$

因此：

$$\lambda^{-1} = \sqrt{\frac{\sigma^2_{\max}}{B - 2r_fA + r_f^2C}} \tag{16}$$

将式（16）代回式（15），有

$$\mathbf{w} = \lambda^{-1}\sum^{-1}(\boldsymbol{\alpha} - r_f\mathbf{1}) = \sqrt{\frac{\sigma^2_{\max}}{B - 2r_fA + r_f^2C}}\sum^{-1}(\boldsymbol{\alpha} - r_f\mathbf{1}) \tag{17}$$

然而，当且仅当式（14）满足，式（16）、式（17）成立，换言之：

$$\mathbf{1}'\mathbf{w} = \mathbf{1}'\sqrt{\frac{\sigma^2_{\max}}{B - 2r_fA + r_f^2C}}\sum^{-1}(\boldsymbol{\alpha} - r_f\mathbf{1}) < 1$$

此时：

$$\sigma^2_{\max} < \sigma^2_{maxtheresh1} = (B - 2r_fA + r_f^2C)\left(\frac{\mathbf{1}'\sum\mathbf{1}}{\mathbf{1}'(\boldsymbol{\alpha} - r_f\mathbf{1})}\right)^2 \tag{18}$$

因此，当且仅当 $\sigma^2_{\max}$ 满足式（18），λ 与 $\sigma^2_{\max}$ 满足关系式（16）。

（2）$\gamma > 0$

此时隐含约束为：

$$\mathbf{w}'\mathbf{1} - 1 = 0$$

此时约束存在，最优化问题为：

$$\max_w \mathbf{w}'\boldsymbol{\alpha} + (1 - \mathbf{w}'\mathbf{1})r_f$$

$$\text{s.t. } \mathbf{w}'\sum\mathbf{w} = \sigma^2_{\max} \quad \mathbf{w}'\mathbf{1} \leqslant 1$$

根据式（8），我们有：

$$\mathbf{w} = \lambda^{-1}\sum^{-1}(\boldsymbol{\alpha} - r_f\mathbf{1} - \gamma\mathbf{1}) \tag{19}$$

将式（19）代入 $\mathbf{w}'\sum\mathbf{w} = \sigma^2_{\max}$，我们有：

$$(\lambda^{-1}\sum^{-1}(\boldsymbol{\alpha} - r_f\mathbf{1} - \gamma\mathbf{1}))'\sum(\lambda^{-1}\sum^{-1}(\boldsymbol{\alpha} - r_f\mathbf{1} - \gamma\mathbf{1})) = \sigma^2_{\max}$$

因此

$$\lambda^{-1} = \sqrt{\frac{\sigma^2_{\max}}{B - 2(r_f + \gamma)A + (r_f + \gamma)^2C}} \tag{20}$$

将式（20）代入式（19），有：

$$\mathbf{w} = \sqrt{\frac{\sigma_{\max}^2}{B - 2(r_f + \gamma)A + (r_f + \gamma)^2 C}} \sum^{-1} (\boldsymbol{\alpha} - r_f \mathbf{1} - \gamma \mathbf{1}) \tag{21}$$

由 KKT 条件，式（20）和式（21）成立的前提是满足：

$$\mathbf{1}'\mathbf{w} = \lambda^{-1} \sum^{-1} (\boldsymbol{\alpha} - r_f \mathbf{1} - \gamma \mathbf{1}) = 1 \tag{22}$$

从式（22）可知，γ 与 λ^{-1} 正相关。由式（20）可知，λ^{-1} 与 $\sigma_{\max}$ 正相关，因此 γ 与 $\sigma_{\max}$ 正相关。当 $\gamma \to 0$，$\sigma_{\max}^2 \to \sigma_{\text{maxmin}}^2$，意味着当 $\sigma_{\max}^2$ 足够大时式（20）和式（21）成立。

令 $g(\gamma) = \mathbf{1}' \sqrt{\frac{\sigma_{\max}^2}{B - 2(r_f + \gamma)A + (r_f + \gamma)^2 C}} \sum^{-1} (\boldsymbol{\alpha} - r_f \mathbf{1})$

由式（22）可知，$g(0) = \mathbf{1}' \sqrt{\frac{\sigma_{\max}^2}{B - 2r_f A + r_f^2 C}} \sum^{-1} (\boldsymbol{\alpha} - r_f \mathbf{1}) = 1$

则当 $\gamma \to 0$，$\lim\limits_{\gamma \to 0} \mathbf{1}'\mathbf{w} = \lim\limits_{\gamma \to 0} g(\gamma) = g(0)$

因此 $g(\gamma)$ 是关于 γ 的右连续函数，$\lim\limits_{\gamma \to 0} \mathbf{1}'\mathbf{w} = \lim\limits_{\gamma \to 0} g(\gamma) = g(0) = 1$，因此：

$$\sigma_{\max}^2 > \sigma_{\text{maxtheresh2}}^2 = (B - 2r_f A + r_f^2 C) \left(\frac{1}{\mathbf{1}' \sum^{-1} (\boldsymbol{\alpha} - r_f \mathbf{1})} \right)^2 = (B - 2r_f A + r_f^2 C) \left(\frac{1}{(A - r_f C)} \right)^2$$

则：

$$\sigma_{\max}^2 > \sigma_{\text{maxtheresh2}}^2 = \sigma_{\text{maxtheresh1}}^2 = (B - 2r_f A + r_f^2 C) \left(\frac{1}{A - r_f C} \right)^2 \tag{23}$$

此时，将式（19）代入 $\mathbf{w}'\mathbf{1} - 1 = 0$，有：

$$\gamma = \frac{\mathbf{1}' \sum^{-1} (\boldsymbol{\alpha} - r_f \mathbf{1}) - \lambda}{\mathbf{1}' \sum^{-1} \mathbf{1}} = \frac{A - \lambda}{C} - r_f = \kappa - \frac{\lambda}{C} - r_f \tag{24}$$

将式（24）代入式（19），将式（21）代入 $\mathbf{w}' \sum \mathbf{w} = \sigma_{\max}^2$ 有

$$\lambda^{-2} (B - 2(r_f + \gamma) A + (r_f + \gamma)^2 C) = \sigma_{\max}^2$$

因此，

$$\lambda^{-2} D / C + 1 / C = \sigma_{\max}^2$$

$$\lambda^{-1} = \sqrt{\frac{\sigma_{\max}^2 C - 1}{D}} \tag{25}$$

将式（24）、式（25）代入式（20）：